U0915853

2013

福建国税年鉴

福建省国家税务局　编

中国税务出版社

图书在版编目（CIP）数据

福建国税年鉴. 2013 / 福建省国家税务局编.
-- 北京：中国税务出版社，2014.9
ISBN 978-7-5678-0103-5

Ⅰ. ①福… Ⅱ. ①福… Ⅲ. ①国家税收—税收管理—
福建省 -2013- 年鉴 Ⅳ. ① F812.757.042-54

中国版本图书馆 CIP 数据核字（2014）第 127571 号

书　　名：福建国税年鉴（2013）
作　　者：福建省国家税务局　编
责任编辑：陈金艳
责任校对：于　玲
技术设计：刘冬珂
出版发行：中国税务出版社
北京市西城区木樨地北里甲 11 号（国宏大厦 B 座）
邮编：100038
http: //www.taxation.cn
E-mail: swcb@taxation.cn
发行中心电话：(010) 63908889 / 90 / 91
邮购直销电话：(010) 63908837　传真：(010) 63908835
经　　销：各地新华书店
印　　刷：北京联兴盛业印刷股份有限公司
规　　格：889 × 1194 毫米　1/16
印　　张：23.75
字　　数：557000 字
版　　次：2014 年 9 月第 1 版　2014 年 9 月第 1 次印刷
书　　号：ISBN 978-7-5678-0103-5
定　　价：280.00 元

《福建国税年鉴（2013）》编纂委员会

《福建国税年鉴（2013）》编辑部

编辑说明

一、《福建国税年鉴（2013）》是福建省国家税务局组织编纂的反映福建国税系统工作的大型综合性资料工具书，全面系统地记载了2012年度福建国税系统的基本情况，所载资料翔实、准确，为国内外各界人士了解福建国税提供权威信息的史料文献。

二、本卷年鉴采用分类编辑法，共设七个类目：图辑、大事记、专文、全省国税工作概要、设区市国税工作概要、统计资料及附录。类目下设子目、条目，并根据正文需要穿插相应的图表或照片。

三、本卷年鉴稿件由福建省国税局机关各单位、各设区市国税局提供，并经各单位负责人和《福建国税年鉴（2013）》编纂委员会审定。

四、本卷年鉴使用规范的现代语体文记述，行文除引文外，均用第三人称。数字、计量单位、标点符号的使用，执行国家有关部门颁布的标准。

五、本卷年鉴统计资料中各级领导名单，均按2012年12月31日所任职务列表。

六、由于厦门国税局自2012年5月起调整由国家税务总局直接管理（正厅级），不再由福建省国税局管辖，本书有关数据如有包括厦门在内的均有注明，没有注明的，均为不包括。

七、《福建国税年鉴（2013）》编辑部坚持以“存史资政、服务社会”为办鉴宗旨，以全面展现福建国税系统基本工作为办鉴目标，以规范年鉴写作提高年鉴质量为要求，努力做到篇目设计科学、文体文字规范、排版设计美观，以增强年鉴的可读性。

八、本卷年鉴的编辑、出版承蒙各有关部门、单位的大力支持和帮助，在此表示诚挚谢意。疏漏与不足之处，请广大读者批评指正。

编　者

2013年12月

目　录

统计资料 ……………………………………………………（303）

附　录 ……………………………………………………（359）

图辑

2013

福建国税年鉴

领导关怀与鞭策

▲2012年1月11日，福建省省委书记孙春兰批示：过去一年，福建省国税局坚持服务全省大局，深化改革，加强税源管理，优化纳税服务，取得了很好的成效。希望在新的一年更好地服务“主题主线”，落实“稳中求进”的总基调，作出新贡献。

▲2012年8月10日上午，福建省省委副书记陈文清（前排右三）莅临晋江市国税局调研指导税收工作。在参观了办税服务厅后，陈文清对该局推行税源专业化管理，实行“自主申报、按实征收”，还权于纳税人的做法给予了高度肯定。

◀2012年1月5日—6日，全省国税工作会议在福州市召开。福建省副省长王蒙徽出席会议并发表讲话。他充分肯定了国税部门为福建经济社会发展作出的重要贡献，科学分析了2012年税收工作形势，并对进一步扎实做好国税工作提出四点要求：大力组织收入；支持经济发展；优化纳税服务；加强队伍建设。

▲2012年10月15日下午，福建省副省长王蒙徽（右二）一行莅临福州市鼓楼区国税局调研指导“营改增”工作。

▲王蒙徽（内排右三）听取“营改增”工作情况汇报。

▲2012年10月24日上午，国家税务总局副局长解学智（前排左二）一行莅临福州市鼓楼区国税局调研指导“营改增”试点准备工作。

◀解学智（右二）在办税服务厅观摩“营改增”各项工作运转情况，亲自在触摸屏上操作，察看“营改增”政策专栏。

▲2012年8月23日下午，国家税务总局副局长丘小雄（上图前排右）一行深入福建省上杭县国税局古田分局调研。丘小雄看望、慰问了古田分局办税服务厅工作人员，察看了办税服务厅工作环境，深入宿舍、食堂了解干部的生活情况，参观了福建省国税系统干部教育基地——“共和国税收摇篮”陈列展，肯定了龙岩市国税局积极探索“文化兴税”发展和加强国税文化建设工作的理念，并希望龙岩市国税局继承和弘扬古田会议精神，进一步解放思想、创先争优、凝心聚力、开拓创新，履行“为国聚财，为民收税”的神圣使命，务求工作实效，努力在更高起点上实现龙岩市国税局发展的新跨越，为推进闽西老区加快崛起作出国税人新的更大的贡献，以更加优异的成绩迎接党的十八大胜利召开。

▲2012年9月9日下午，国家税务总局总经济师张志勇（中）一行深入上杭县国税局古田分局调研。张志勇肯定了上杭县国税局的工作，并希望上杭县国税局戮力同心、砥砺奋进，为推进闽西老区经济发展和社会进步作出更大贡献。

▲2012年3月29日—31日，国家税务总局总会计师汪康带领相关司局负责人莅临福建省开展落实平潭综合实验区有关税收政策专题调研活动。汪康在听取了福建省国税局和省地税局对落实平潭综合实验区有关税收政策的思路和建议后，肯定了福建省国税局和省地税局所做的前期调研，认为福建省国税局和省地税局提出了很多前瞻性、有针对性、可操作性的意见和建议，为国家税务总局下一步制定《落实平潭综合实验区有关税收政策的实施办法》打下了坚实基础。图为3月29日汪康（右二）在闽侯县国税局调研。

▲福建省国家税务局采取“一会一展”（即召开全省国税系统预防职务犯罪专题教育视频会议和举办廉政文化作品展）的形式，积极推进预防职务犯罪工作。视频会议通报了2009—2011年全省国税系统职务犯罪案件的特点、原因和典型案件，对全省国税系统预防职务犯罪工作进行了再动员再部署；全省国税系统廉政文化作品展共展出获奖书法、摄影、绘画类作品66件。图为国家税务总局监察局正局级监察专员贺振福（前排左）莅临指导福建省国税系统廉政文化作品展。

启动“营改增”

自2012年7月25日开始推进“营改增”试点工作以来，福建省各级国税机关健全工作机制，制订方案，责任落实到人，分步实施培训，持续加大宣传，强化征管措施，建立应急机制，整合技术平台，完善征管系统，全省共确认“营改增”试点纳税人29443户，其中一般纳税人4084户，小规模纳税人25359户。10月22日开始出售普通发票，11月1日成功启动“营改增”试点，12月1日共有518户企业顺利完成首日窗口申报和网络申报，截至12月31日共缴纳税款1.72亿元，顺利实现了“营改增”税制转换。

▲2012年8月初，福建省国家税务局召开由各设区市国税局局长、分管副局长及相关部门负责人参加的全省营业税改征增值税动员部署工作会议。福建省国家税务局局长臧耀民（中）作动员讲话。

▲福建省国家税务局整理出一套完整的《“营改增”师资培训课件》供各地对照研读，并举办“营改增”业务师资培训班，相关处室领导亲自登台授课。图为时任福建省国税局货物劳务税处处长张梦桂为学员授课。

▲8月29日，莆田市荔城区国税局召开“营改增”业务培训。税政科、征管科、纳税服务科、信息中心、收入核算科及各税源管理分局近百名税务干部参加培训。

◀2012年9月20日—21日，漳平市国税局举办“营改增”业务全员培训会。

▶为确保每一位纳税人对“营改增”政策全面准确了解，光泽县国税局对试点纳税人开展了大量走访活动。在实地走访过程中，由分管副局长带队，组织“营改增”宣传小组上门为纳税人服务，送去“营改增”宣传手册，对纳税人进行现场辅导，解答纳税人对“营改增”政策的疑问，并听取企业对试点工作的意见和建议，发掘企业深层次纳税服务需求。宣传小组还在实地走访过程中对企业进行细致“摸底”，核实企业的开业时间、经营范围、财务管理等内容，提醒企业及时前往国税局办理相关涉税事项。

▲福建省国家税务局与东南网联合举办“营改增”专题访谈。

▲2012年10月11日，宁德市国税局与宁德市政府办、宁德网等单位配合，制作了一期“营改增”试点工作专题政务访谈节目，在“中国宁德”政府网站和“宁德网”现场视频直播，并与网民交流互动，回答纳税人的政策咨询问题，引起了社会的广泛关注。

▲2012年10月30日下午，福建省政府新闻办召开福建省营业税改增值税试点新闻发布会。发布会由福建省政府新闻办主任卢承圣（左一）主持，福建省财政厅副厅长王永礼（右二）、福建省国税局副局长陈滨（左二）、福建省地税局副局长施维雄（右一）等省“营改增”改革试点工作领导小组成员出席，新华社、经济日报、福建电视台、福建日报等数十家中央及地方新闻媒体应邀参加。发布会上，福建省“营改增”试点工作领导小组办公室主任、福建省财政厅副厅长王永礼就福建省“营改增”改革试点的主要内容、改革试点的意义、福建省准备工作推进情况等进行了介绍。王永礼、陈滨和施维雄就“营改增”政策进行了说明，并现场回答了记者提出的有关问题。

▲2012年11月1日零点05分，福建省首张货物运输业增值税专用发票在三明市开出。

▲2012年11月1日，福建省国家税务局副局长陈滨（*右四*）与福州市国税局、鼓楼区国税局相关人员在鼓楼区国税局共同见证了福建省首批“营改增”货物运输业和现代服务业增值税专用发票的开出。

征管改革进行时

▲2012年9月11日—12日，福建省国税系统深化税收征管改革会议在泉州市召开。福建省国家税务局局长臧耀民作题为《深化征管改革　转变管理方式　努力推进福建省国税系统税收征管现代化》的讲话。会议贯彻落实全国税务系统深化税收征管改革工作会议精神，回顾总结福建省国税系统近年来征管改革历程和基本经验，交流泉州市国税局税源专业化管理和其他设区市局有关情况，研究部署深化福建省国税系统征管改革工作任务，推进福建省国税系统税收征管现代化。

▲福建省国家税务局局长臧耀民（左三）视察晋江市国税局办税服务厅，对办税服务厅建设和税收征管变革等方面取得的成绩给予肯定。

▲依托信息技术，创新纳税服务手段。“纳税人免填单服务管理系统”的上线及推广以简洁的机打制式表格模式代替手工填写纷繁琐碎的表单手里模式，解决了纳税人填表难、往返多等实际问题，提高了纳税人满意度，降低了办税大厅窗口人员的工作压力和执法风险，实现了服务效率和工作质量的双赢。图为漳州市国税局征管科庄丽云（中）为省国税局总会计师陈慕斌（右一）一行介绍免填单管理系统。

党旗下成长

——国税文化建设侧记

▲2012年3月13日，福建省国税系统党风廉政建设工作会议在福州市召开。会议总结了2011年全省国税系统党风廉政工作，研究部署了2012年工作任务，表彰了福州市鼓楼区监察室等9个全省国税系统纪检监察先进工作者。

▲2012年“七一”前夕，福建省国税局机关举行省局机关“创先争优”活动暨“一先两优”表彰座谈会，纪念中国共产党建党91周年，表彰2010年以来在创先争优活动中涌现出来的先进党支部、优秀共产党员、优秀党务工作者。

2012年3月，按照福建省国税局在全省国税系统广泛开展“福建省百万志愿者学雷锋十大行动”的要求，全省各地国税系统以社会志愿服务为载体，贴近实际、贴近群众，创新内容、创新形式、创新手段，开展学雷锋实践活动和社会志愿服务活动。

①	②
③	
④	⑤

① 3月2日，平和县国税局组织无偿献血活动，当日共献血9800毫升。

② 3月2日，明溪县国税局组织志愿者参加福建省百万志愿者学习雷锋十大行动启动仪式并积极参与县城交通文明督导活动。

③ 3月4日，涵江区国税局学雷锋志愿者在区电影广场参加“弘扬雷锋精神服务项目一线志愿活动同行”启动仪式。

④ 3月4日上午，云霄县国税局组织22名志愿者结合行业特色组织开展“税收志愿服务”活动，通过政策解读和便民利民志愿服务活动，展现国税行业风采。

⑤ 光泽县国税局组织开展城乡环境整治志愿服务。图为3月5日青年志愿服务队冒雨对城乡卫生死角、卫生包干区进行卫生清理。

▲福建省国家税务局局长臧耀民（右二）为宁德市国税局颁发优秀组织奖。

2012年10月，福建省国税系统2012年运动会在宁德市召开，来自全省国税系统共10个代表团29个代表队近200名运动员参加此次运动会。经过篮球、棋牌、象棋等各项赛事的激烈角逐，宁德市国税局代表团荣获团体第1名，泉州市国税局代表团获第2名，漳州市国税局代表团获第3名。福建省国税局机关代表队、三明市国税局代表队和宁德市国税局代表团获得道德风尚奖。此外，宁德市国税局还获得优秀组织奖。

▲下一步

▲紧逼

▲胜利的喜悦

传递诚信纳税正能量

——福建省国税局、地税局表彰2011年度福建省纳税百强企业

▲福建省副省长王蒙徽到会作重要讲话。

2012年4月5日，福建省国税局和地税局联合召开2011年度福建纳税百强企业发布会。发布会由福建省国家税务局党组书记、局长臧耀民主持，福建省政府副省长王蒙徽到会作重要讲话，福建省政府副秘书长、省财政厅和省国税局、省地税局领导为纳税百强企业代表授匾，兴业银行行长李仁杰代表纳税百强企业作大会发言。

▲福建省2011年度纳税百强企业发布会会场。

▲福建省副省长王蒙徽（中）为百强企业颁发牌匾。

▲福建省国家税务局局长臧耀民（左）为百强企业颁发牌匾。

税收宣传月活动

◄2012年3月31日下午，沙县国税局、沙县地税局、沙县财政局及沙县跑协的二十几位马拉松长跑爱好者组成“税收宣传志愿小分队”，以“迷你马拉松”的形式拉开第21个税收宣传月序幕。

►2012年3月31日下午，晋江市国税局召开大企业税收管理月服务创新座谈会。

◄福州市国税局与福州电视台合作开办了“民生面对面 税收热点访谈”栏目，邀请税务干部和专家就税收热点问题进行解读、宣传，每期20分钟，以扩大税收宣传的影响面。

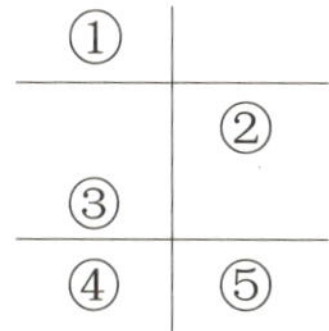

① 2012年4月1日，永春县国税局和县地税局联合举办2012年海峡两岸“永春税务杯”游泳邀请赛，以此拉开2012年税收宣传月的序幕。

② 2012年4月1日，永泰县国税局和县地税局在成峰镇举办第21个税收宣传月启动仪式。

③ 2012年4月1日，龙文区国税局组织“立足岗位学雷锋，帮扶企业促发展”志愿者服务队现场解答热点涉税问题，活动现场分发宣传材料、接受咨询近千人次。

④ 2012年4月6日，长泰县国税局深入挂钩村珠坂村希望小学，以突出宣传“税收带来家乡美”这一主题，为小学生上了一堂税法课，引导学生认识税收对家乡富裕、百叶繁荣的推动作用，教育学生从小养成爱国护税意识。

⑤ 2012年4月6日，宁德市国税局邀请宁德市师院附小十余名小记者参观东侨区办税服务厅，由宁德市国税局志愿辅导员向小记者们讲解办税流程、发票管理的意义及车辆购置税申报缴纳过程。

大事记

1月

1月5日—6日

▲全省国税工作会议召开，王蒙徽副省长出席会议

全省国税工作会议在福州市召开。福建省国税局局长臧耀民作题为《弘扬福建精神　勇于开拓进取　在更高起点上实现福建国税发展的新跨越》的工作报告。福建省副省长王蒙徽出席会议并看望会议代表。他充分肯定了国税部门为福建经济社会发展作出的重要贡献，科学分析了2012年税收工作形势，并对进一步扎实做好2012年国税工作提出四点要求。会议还宣读了国家税务总局关于雷致青、陈慕斌的任职决定，省国税局新任党组成员总经济师雷致青和总会计师陈慕斌分别作了就职发言。

1月11日

福建省委书记孙春兰在《福建省国税局工作汇报》上作出重要批示：2011年省国税局坚持服务全省大局，深化改革，加强税源管理，优化纳税服务，取得了很好的成效。希望在新的一年更好地服务“主题主线”，落实“稳中求进”的总基调，作出新贡献。

1月上中旬

福建省国税局领导分别带队到漳州金峰开发区国税局、长泰县国税局、平和县国税局、龙岩永定县国税局等地开展下基层慰问调研活动。

▲2012年1月20日，福建省国税局局长臧耀民（左二）带领省局相关处室人员，在福州市国税局局长魏润水（左一）的陪同下，赴福清国税局开展慰问和调研工作。

1月17日

福建省国税局领导班子述职述廉报告大会在福州市召开。会议还宣布国家税务总局关于曾光辉任省国税局党组成员、纪检组长的决定。曾光辉作了就职发言。

▲曾光辉在省局领导班子述廉大会上作就职发言

2月

2月13日

福建省国税局局长臧耀民出席福建省委、省政府在北京人民大会堂召开的贯彻落实平潭综合实验区总体发展规划座谈会。会议由福建省省长苏树林主持，省委书记孙春兰讲话。国家税务总局总会计师汪康、巡视员丛明参加会议。

▲贯彻落实平潭综合实验区总体发展规划座谈会在北京人民大会堂顺利召开

3月

3月1日

国家税务总局副局长宋兰在福建省国税局报送的《关于泉州市国家税务局税源专业化管理试点工作情况的报告》上作出批示：“福建泉州国税局积极探索税源专业化管理，取得很好成效，请征科司总结经验，就泉州做法以适当方式转全国。”

3月13日

福建省国税系统党风廉政建设工作会议在福州市召开。福建省国税局局长臧耀民发表重要讲话，纪检组长曾光辉作全省国税系统党风廉政建设工作报告。会上，臧耀民与省局班子成员、各设区市国税局局长签订2012年党风廉政建设责任状，与各设区市国税局局长签订福建省国税系统第七届文明待业创建竞赛活动责任书。

▲福建省国税局局长臧耀民（右）与福州市国税局局长郑元芳（左）签订党风廉政责任书

3月14日

福建省国税系统依法行政工作会议在福州召开。福建省国税局局长臧耀民在会上作了题为《坚持依法行政，服务海西大局，全力促进福建国税科学发展跨越发展》的重要讲话，提出了提高依法行政水平、规范税收行政行为、强化决策管理、加强监督问责和营造良好税收法治环境的五项主要任务。

3月30日

国家税务总局总会计师汪康一行赴闽调研。

▲汪康（右二）在福州市闽侯县国税局调研

3月30日上午

在福建省国税局18楼会场，福建省国税局局长臧耀民接受福建省综合纳税服务平台及东南网联合开展的“税收·发展·民生”在线访谈，主要围绕解读中央结构性减税政策，着力宣传税收基本常识、税收工作理念以及税务部门在依法行政、纳税服务、税收征管、队伍建设和反腐倡廉等方面采取的措施及取得的成效。访谈活动受到社会各界特别是广大纳税人的关注和欢迎，网友踊跃参与热点涉税话题，在互动中增进对税收的认识和理解。由此拉开了福建省第21个税收宣传月的序幕。

4月

4月5日

福建省国税局和地税局联合召开2011年度福建纳税百强企业发布会。发布会由福建省国税局党组书记、局长臧耀民主持，省政府副省长王蒙徽到会作重要讲话，省政府副秘书长、省财政厅和省国税局、省地税局领导为纳税百强企业代表授匾，兴业银行行长李仁杰代表纳税百强企业作大会发言。

4月10日

福建省涉税信息交换平台初步建成，一期项目涉及成员单位11家，包括省发改委、省工商局、省住房和城乡建设厅、省国土资源厅、省公安厅、省质量技术监督局、省交通运输厅、省财政厅、省残联、省地税局和省国税局。

4月11日

福建省省长苏树林在《晋江市国税局创新纳税服务的做法》信息专报上批示：“晋江的做法很好。”充分肯定该局的纳税服务工作。4月17日，福建省副省长王蒙徽对该信息专报批示：“请国税、地税贯彻落实苏省长批示精神，总结推广晋江的经验。”

4月11—17日

福建省国税局在福州左海大厦举办了福建省国税系统第一期县局领导班子法律专题培训。培训对象是来自60个县、区局的分管法规工作的领导。

▲福建省国税系统第一期县局领导班子法律专题研修班

4月13日晚

在由福建省政府纠风办、省效能办、福建电视台经济生活频道联合举办的“省政风行风热线”直播节目中，福建省国税局副局长连开光和相关业务处室负责人一同走进“省政风行风热线”直播间，与广大纳税人就“税收·发展·民生”关系进行了热线交流，并就提高增值税起征点、所得税优惠政策、优化纳税服务等热点问题进行了现场宣传和解答。

4月16日

纳税评估千人培训班开班仪式在福州市举行。福建省国税局总会计师陈慕斌在开班式上作了讲话。千人培训班分6期进行，福建省国税局对全省400名纳税评估业务骨干实施培训，各地国税部门将做好其余600名纳税评估人员培训。

4月18日

福建省国税局在福州举行税收征管改革专题学习会，特邀国家税务总局征管科技司司长李林军来闽作深化税收征管改革的思考专题报告，福建省国税局局长臧耀民主持了报告会。省国税局领导、省国税局机关干部、各设区市国税局分管局长、征管科（处）长，福州、泉州、宁德所属县市区国税局局长，省国税局纳税评估培训班第一期全体学员等共200多人聆听报告。李林军的报告介绍了我国税源管理的概念与现状、国际税收管理的理念与经验以及税源专业化管理的探索与发展，受到全体学员的一致好评。

4月26日

福建省国税局采取“一会一展”（即召开全省国税系统预防职务犯罪专题教育视频会议和举办廉政文化作品展）的形式，积极推进预防职务犯罪工作。视频会议通报了2009—2011年全省国税系统职务犯罪案件的特点、原因和典型案件，对全省国税系统预防职务犯罪工作进行了再动员再部署。全省国税系统廉政文化作品展共展出获奖书法、摄影、绘画类作品66件。

▲国家税务总局监察局正局级监察专员贺振福（左三）莅临指导福建省国税系统廉政文化作品展

4月27日

▲“用好最优税收政策，助力平潭跨越发展”座谈会在平潭举行

福建省国税局和平潭综合实验区管委会联合主办的“用好最优税收政策，助力平潭跨越发展”座谈会在平潭举行，50多位专家学者、税务人士、台资企业和相关部门领导参加座谈会。座谈会上，各界专家围绕平潭税收优惠政策分析、对产业发展影响、如何落实税收政策、两岸税收制度差异比较、周边地区如何与实验区对接等主题展开探讨交流。

4月中旬—5月上旬

▲福建省国税局局长臧耀民（内排右四）带队到厦门航空公司调研

福建省国税局党组集中开展“下基层、解民忧、办实事、促发展”活动。福建省国税局领导分别带队深入省重点项目、重点税源企业开展走访调研，了解企业生产经营状况，宣传税法和税收政策，帮助企业解决实际困难。

5月

5月中旬

在《财政部、国家税务总局关于2011年全国税收调查工作的通报》中（财税〔2012〕44号），福建省国税局再次被评为“全国税收调查工作先进单位”这是福建省国税部门连续第六年获此表彰。

5月30日

▲建立联席会议制度，全省各级国税机关定期召开联席会议，共同预防职务犯罪

福建省检察院与省国税局预防职务犯罪联席会议在莆田市召开。福建省检察院副检察长吴超英、省国税局纪检组长曾光辉及省检察院、省国税局相关处室人员等参加了会议。

6月

6月11日

▲福建省国税局在福州召开出口企业“一对一”帮扶座谈会

福建省国税局副局长连开光一行到福州市国税局召开出口退税重点企业“一对一”帮扶座谈会，省旅游贸易、阳光城集团、福耀玻璃等多家企业总经理、财务负责人参加会议。

6月11日

福建省国税局举办“福建国税文化大讲坛”活动，并通过视频系统向各市、县、区局同步传送，全省国税系统广大干部职工参会收看。

6月25日

福建省国税局机关在龙岩市召开创先争优活动总结暨“一先两优”表彰座谈会。

7月

7月1日

执行国务院批准的《关于印发〈废弃电器电子产品处理基金征收使用管理办法〉的通知》（财综〔2012〕34号），开征废弃电器电子产品处理基金。征收对象为中华人民共和国境内电器电子产品的生产者；征收范围为5类电器电子产品，从量定额计征，出口产品免征；征收标准为电视机13元/台、电冰箱12元/台、洗衣机7元/台、房间空调器7元/台、微型计算机10元/台；征收环节为5类电器电子产品生产者的销售环节；计算公式为应缴纳基金=销售数量（受托加工数量）×征收标准；申报缴纳时间为季度终了之日起15日内。

7月20日

由福建省国税局与福建电视台联合制作的“出口退税新政：简程序　减税负”专题节目在福建电视台经济频道《财富论坛》栏目播出（当日20:00）。

7月25日—27日

福建省国税局局长臧耀民、总会计师陈慕斌和省国税局征管科技处处长林国镜参加全国税务系统深化税收征管改革工作会议。

7月31日

福建省国税局局长臧耀民主持召开局长办公会议并传达国家税务总局局长肖捷关于营业税改征增值税工作的意见。会议听取了省国税局副局长陈滨关于2012年全国营业税改征增值税试点准备工作座谈会情况汇报，研究部署福建省营业税改征增值税试点准备工作。下午，局长臧耀民、副局长陈滨、处长张梦桂到省政府向副省长王蒙徽汇报营业税改征增值税工作。

8月

8月13日—14日

福建省国税局举行“营改增”动员部署工作会议暨业务培训，进行全面动员，统一思想认识，部署“营改增”试点工作。

▲福建省国税局局长臧耀民（中）在营业税改征增值税动员部署工作会议暨业务培训会上发表讲话

8月23日

国家税务总局副局长丘小雄一行深入福建省上杭县国税局古田分局调研。福建省国税局局长臧耀民、省国税局副局长连开光和龙岩市国税局局长黄培强随同调研。

9月

9月9日

国家税务总局总经济师张志勇一行深入福建省上杭县国税局古田分局调研，参观了福建省国税系统干部教育基地——“共和国税收摇篮”陈列展，并与基层干部职工进行座谈。

9月11日—12日

▲福建省国税系统深化税收征管改革会议在泉州召开

福建省国税系统深化税收征管改革会议在泉州召开。福建省国税局局长臧耀民作《深化征管改革，转变管理方式，努力推进我省国税系统税收征管现代化》的讲话。会议贯彻落实全国税务系统深化税收征管改革工作会议精神，回顾总结福建省国税系统近年来征管改革历程和基本经验，交流泉州市国税局税源专业化管理和其他设区市局有关情况，研究部署深化福建省国税系统征管改革工作任务，推进福建省国税系统税收征管现代化。福建省国税局副局长连开光作会议小结。

9月21日—29日

福建省国税局组织全省国税系统在中国（上海）浦东干部学院进行领导干部专题培训班暨党组中心组学习，省国税局领导、各处室负责人和各设区市局局长近40人参加。

10月

10月15日

福建省副省长王蒙徽一行莅临省国税局调研指导“营改增”工作。

10月18日—19日

▲离退休干部李力军（左二）在第三届全省国税系统离退休干部书画笔会上展示书法

第三届福建省国税系统离退休干部书画笔会在武夷山成功举办。福建省局机关、各设区市局有关部门领导、离退休老干部近40人参加笔会。

10月24日

国家税务总局副局长解学智一行来福建省视察“营改增”试点准备工作情况，

10月24日

▲福建省国税系统2012年新招公务员初任培训班结业典礼

福建省国税局局长臧耀民参加省国税系统新招公务员初任培训班结业典礼并作讲话。

11月

11月1日

福建省国税局局长臧耀民、省财政厅副厅长王永礼、省国税局副局长陈滨和省国税局总会计师陈慕斌带领省国税局处室领导分别在三明市梅列区国家税务局、福州市鼓楼区国家税务局办税大厅见证了福建省营业税改征增值税试点企业顺利开出的第一批增值税专用发票和货物运输业增值税专用发票（当日零时）。当天，全省各地相继报告试点纳税人开出了交通运输业、部分现代服务业增值税专用发票。这标志着福建省营业税改征增值税试点启动。

11月21日—22日

福建省国税局在莆田市召开2013年工作思路务虚会，认真总结福建省国税局今年工作情况，谋划2013年全省国税工作思路。

11月29日

福建省国税系统2012年运动会在宁德胜利闭幕，本次运动会设篮球、象棋、桥牌3个项目，经过9天的争夺，宁德市国税局获得团体总分第一名。

▲福建省国税系统2012年运动会闭幕式暨颁奖典礼

12月

12月1日

▲福州市福昕软件有限公司财务人员申报成功

福州福昕软件有限公司在福州市鼓楼区国税局办税服务厅成功申报缴纳首笔“营改增”税款9286.52元（当日上午9时）。

12月5日

福建省国税局召开机关学习贯彻党的十八大精神动员大会，省国税局党组书记、局长臧耀民作《深入学习宣传贯彻党的十八大精神，努力开创福建国税事业科学发展新局面》的报告，动员和组织省国税局机关各级党组织及广大党员干部职工迅速行动起来，深入学习宣传贯彻党的十八大精神。

▲福建省国税系统召开机关学习贯彻党的十八大精神动员大会

12月14日

福建省国税局党组书记、局长臧耀民主持召开党组民主生活会，省国税局人事处通报2011年度民主生活会整改措施的落实情况。臧耀民代表党组通报一年来党组开展各项工作的情况，各党组成员发言，特邀省纪委、组织部和党工委代表莅会指导；分解整理本年度收集的群众意见，明确责任部门和分管领导。

12月25日

全国税务工作会议召开，通过视频会议系统向全国税务系统播放，福建省国税局领导班子成员和机关处级以上干部集中收看。28日，局长臧耀民主持召开局务会议，传达全国税务工作会议精神，研究贯彻落实意见，传达总局关于做好计划单列市国家税务局管理体制调整工作的通知，并研究其他事项。

12月28日

▲福建省国税系统《税收违法违纪行为处分规定》知识竞赛

福建省国税系统《税收违法违纪行为处分规定》知识竞赛在省国税局举行，来自全省8个设区市局和省局机关共9支代表队参加了竞赛。省纪委、省检察院、省公务员局、省国税局相关领导出席并观看了比赛。

12月31日

福建省国税税收总收入1919.5亿元，增收242.6亿元，增长14.5%，其中国税部门组织的收入完成1477亿元，完成年度计划的104.2%，增收184.3亿元，增长14.3%，比全国平均增幅高出4.4个百分点，增幅在31个省市中列第9位，在华东地区国税部门排第1位，税收收入规模从2011年的第15位上升到第12位。全省全年累计出口退（免）税661.7亿元，同比增退118.6亿元，增长21.8%，其中直接出口退税519.2亿元，同比增长14.3%，为福建省外向型经济发展作出了贡献。

（供稿：林建立　黄翎）

专文

2013

福建国税年鉴

在全省国税工作会议上的讲话

福建省副省长　王蒙徽

（2012年1月5日）

同志们：

很高兴来参加全省国税工作会议。我刚来福建没多久，臧耀民局长就向我汇报了福建国税工作情况。我听了很受鼓舞，并和臧局长约好借这次会议来看望大家，为全省国税干部加油鼓劲。在此，我谨代表省政府，向全省国税系统干部职工致以亲切的问候！并向大家长期以来为福建集聚财力、服务发展作出的突出贡献表示衷心的感谢！关于今年的国税工作，臧耀民局长稍后将作具体部署。这里，我讲三点意见。

一、充分肯定国税部门为福建发展作出的重要贡献

2011年，我省认真组织实施“五大战役”，坚持新型工业化、城镇化和农业现代化“三化”并举，推进产业群、港口群、城市群“三群”联动，拓展央企、民企、外企“三维”项目，呈现增长较快、结构优化、后劲增强、民生改善的良好局面，实现了“十二五”良好开局。全年地区生产总值17500亿元，增长12.2%；财政总收入2596.12亿元，增长26.3%，其中地方级财政收入1501.16亿元，增长30.4%。这是全省上下共同努力的结果,也离不开国税部门的大力支持和突出贡献。主要表现在两个方面：一是为做大福建财政蛋糕作出突出贡献。2011年，国税部门直接组织的税收收入首次超过了1200亿元，达到1292亿元，同比增收200亿元以上，增长18.8%，为福建经济社会发展提供了可靠的财力保障。二是为福建经济社会发展作出突出贡献。国税部门扎实推进海西先行先试税收政策研究，加强与国家税务总局的沟通汇报，促进了《海峡西岸经济区发展规划》和《平潭综合实验区总体规划》有关税收优惠政策的批复；深入开展调研，对落实省政府《关于促进总部经济发展的意见》积极建言献策；认真落实结构性减税政策，全年共办理各类税收减免83亿元，有力地支持中小企业、非公有制经济和文化教育产业发展，促进资源综合利用、节能减排、环境保护，推动企业自主创新、改制重组发展；加快出口退税进度，合理安排调库资源，全年共办理出口退（免）税543亿元，同比增长27.7%，规模居全国第六位。

二、科学把握今年税收工作形势

中央经济工作会议对今年经济形势作了全面深刻的分析，指出今年形势比去年更为复杂严峻。从我省看，调结构、转方式的任务仍然很重，惠民生、促发展的财政支出要求仍然很高，组织收入工作仍然不能放松。福建省委九届二次全会提出今年财政总收入增长13%，力争完成3000亿元。这个目标体现了中央经济工作会议“稳中求进”的要求。对于今年的税收工作形势，我们要有清醒的判断，把困难估计

得更充分一些，同时也要看到有利的方面。

有利的方面，主要是政策优势。当前我省正处在十分难得的历史机遇期，去年国务院一年之内连续批复了《海峡西岸经济区发展规划》《平潭综合实验区总体发展规划》和《厦门综合配套改革试验总体方案》，在具体政策支持上力度不断加大。我们要切实用好国家给予的支持政策，抓好项目落地和发展。随着“五大战役”推进，央企、民企、外企项目总投资达2.5万亿元，目前已开工项目539个，投资额超过7500亿元，还有一批项目将相继落地，形成新的经济增长点。这是税收收入稳定增长的有效保障。此外，今年国家继续实施积极的财政政策和稳健的货币政策，结构性减税增多，货币政策有所松动，特别是结构性减税政策,着眼于经济结构调整，将进一步激发经济活力。

不确定的方面，主要是外部经济环境和成本等因素带来的影响。美国和欧盟的经济复苏较为缓慢，全球经济下行风险加大，可能影响我省外向型经济的发展。国内企业劳动力、原材料、物流等成本压力仍然较大，经济结构性矛盾比较突出，中小企业发展不容乐观。

三、进一步扎实做好2012年国税工作

长期以来，国税部门始终对福建经济社会发展给予大力支持，一是抓收入，增强地方财政实力，二是营造环境，给予企业良好的发展空间。新的一年，希望国税部门按照全国税务工作会议和省委九届二次全会的部署，坚持“为国聚财、为民收税”的工作宗旨，积极呼应福建科学发展、跨越发展大局，乘势而上，扎实工作，为福建又好又快发展提供坚实的保障。

（一）大力组织收入。要坚持以组织收入为中心，规范税收执法，扎实推进税收科学化、精细化、专业化管理，做到应收尽收。要进一步加大对重点税源地区、行业和企业的管理，继续深入开展总部经济、区域税收流动等情况的调查研究，加大反避税调查力度和出口退税管理。要继续加强整顿和规范税收秩序工作，严厉打击发票违法犯罪活动，加大对涉税违法案件的曝光力度。要按照苏树林省长提出的“信息管税福建要走在全国前列”指示要求，继续加强税收信息化建设，推进政府部门间涉税信息交换平台建设，积极利用第三方信息加强征管，用信息化推进税收征管的现代化，用科技手段提升税收征管效能。

（二）支持经济发展。经济是税收的源泉。服务经济发展，既是促进税收增长的工作需要，又是国税部门的应有职责。一是当好参谋助手。国税部门要发挥工作优势，密切关注经济形势和税源的变化情况，加强调研和分析，既要强化税源管理，也要深入研究培植税源的办法措施，为做大做强地方财政出谋划策，为地方经济调结构、转方式建言献策。同时，积极向中央争取先行先试的税收优惠政策,最大限度地发挥税收职能作用。二是认真落实税收政策。要用足、用好现行税收政策，不折不扣地落实各项结构性减税政策，推动经济结构调整、自主创新、节能减排和服务民生。要以国务院发布《平潭综合实验区总体发展规划》为契机，认真研究差异化税收政策，建立促进平潭综合实验区开放开发的税收服务体系，重点做好生产有关货物免税或保税的政策促批工作。要密切关注在上海试点的增值税扩围政策执行情况以及对我省的税收影响，加强跟踪调研。要认真落实促进现代物流产业、旅游业、软件服务外包产业和文化产业发展的各项税收政策，全面提高我省现代服务业和文化产业的规模和水平，进一步提高服务业和文化产业占经济的比重。要积极运用税收政策支持就业吸纳能力强的服务业、非公有制经济和小型微型企业加快发展，使其成为新的就业增

长点。要积极落实促进新能源发展的税收政策，促进资源节约和环境保护。要认真贯彻落实福利企业税收优惠政策，加大对弱势群体扶持力度。

（三）优化纳税服务。一是营造公平的纳税环境。各级国税部门要进一步强化法治理念，严格依法办事，统一执法尺度，“一碗水端平”，为企业营造公平公正、竞争有序的纳税环境。要按照建设法治政府的要求，深入推进税务行政审批制度改革，规范行政处罚裁量权行使，防范执法风险。二是创造便捷的纳税平台。全面整合优化纳税服务资源，创新纳税服务方式、内容和手段，争取服务大厅、网上办税、12366服务热线等纳税服务平台互为补充、互联互通，为纳税人提供更加便捷高效的服务。建立健全纳税人诉求的征集、分析、响应和处理机制，努力构建和谐征纳关系。加大税收宣传力度，普及税法知识。

（四）加强队伍建设。要把干部队伍建设作为保证税收事业持续发展的基础性工作来抓，进一步加大教育培训力度，不断提高广大税务干部的综合素质和业务能力。要深入推进廉政建设，开展反腐警示教育，加强政风行风建设，大力治庸治懒，树立国税部门良好形象。

各级政府要继续关心国税工作，大力支持国税部门依法履行职责，帮助国税部门协调解决执法过程中遇到的困难和问题，各有关部门单位要进一步加强与国税部门的配合，形成工作合力，共同营造良好税收环境。

弘扬福建精神　勇于开拓进取
在更高起点上实现福建国税发展的新跨越

——在全省国税工作会议上的讲话

福建省国家税务局局长　臧耀民

（2012年1月5日）

同志们：

全省国税工作会议今天召开。这次会议的主要任务是，学习贯彻党的十七届六中全会和中央经济工作会议精神，全面落实全国税务工作会议和全省经济工作会议各项部署，总结2011年国税工作，部署2012年工作任务。省委、省政府对这次会议十分重视，王蒙徽副省长亲临会议，并就去年和今年的国税工作作了重要指示，提出了殷切希望与具体要求，我们要认真学习领会，深入贯彻落实。下面，我讲三个问题，供大家讨论。

一、齐心协力，奋勇拼搏，“十二五”福建国税实现良好开局

2011年是“十二五”规划的开局之年。一年来，全省国税系统坚持服务科学发展、共建

和谐税收的工作主题，认真贯彻执行国家税务总局和省委、省政府的各项决策部署，主动融入海峡西岸经济区建设，认真制定实施我省国税“十二五”发展规划纲要，以改革创新的姿态扎实推进各项工作，实现了福建国税“十二五”时期的良好开局。

——依法收税，税收收入实现平稳较快增长。各级国税部门把组织收入作为中心工作贯彻始终，严格遵循组织收入原则，准确把握经济税收形势，坚持收入分析会制度，深入拓展经济税收分析。特别是针对下半年经济增速逐季下滑的不利形势，省局适时提出“国税收入弹性系数大于1和争取全省国税收入增幅不低于全国国税收入平均水平”的全年收入奋斗目标，并要求全省工业增值税税负逐步缩小与全国的差距，通过一系列有力措施，牢牢把握组织收入主动权。全年全省国税总收入完成1676.9亿元，增长20.4%。国税部门组织的税收收入完成1292.8亿元，完成年度计划的107.7%，同比增收204.6亿元，增长18.8%，增幅高于东部地区国税平均水平。全省还办理出口退（免）税543.1亿元，同比增退117.7亿元，增长27.7%；其中退税454.2亿元，增长34.7%。苏树林省长一年内四次对国税工作作出重要批示，充分肯定国税部门对地方经济发展的突出贡献。同时，以促进税法遵从为目标，全面规范税收执法。对内，严格规范行政裁量权，在全省范围内统一和规范了7大类38项违法行为的处罚裁量权的执行基准；全面清理税收规范性文件，强化税收规范性文件的审核和备案审查；严格落实税收执法责任制考核，布置开展税收执法检查和执法监察。对外，全面推行设区市局一级稽查、举报案件下查一级管理模式，扎实开展税收检查和区域税收专项整治，加强各税种管理，加大以查促管力度，全年共查补入库税款17.23亿元，组织非居民收入23.3亿元。

——服务海西，落实税收优惠政策取得明显成效。全省国税部门积极呼应福建科学发展、跨越发展大局，主动服务，有效作为，充分发挥税收职能作用。部署开展海西先行先试税收政策研究，引起总局高度重视。总局局长肖捷、副局长王力先后到平潭岛实地考察调研，总局办公厅专门下文就支持海西发展的税收政策提出了具体指导意见。积极建言献策，扶持总部经济发展，在省政府研究出台《关于促进总部经济发展的意见》工作中发挥重要作用。落实上调增值税起征点优惠政策，据统计，惠及全省21万户纳税人，将有力支持小微企业的发展。坚定不移地贯彻落实各项税收政策，规范减免税审批管理，简化审批程序，全年共办理促进资源综合利用、高新技术产业发展等税收优惠减免86.9亿元，增长11.3%；固定资产机器设备进项实际抵扣78.5亿元，增长59.8%；企业因享受税收协定优惠而减免的税款达2亿元，有力助推福建经济发展，得到省委、省政府的高度评价。

——转变理念，优化纳税服务工作持续拓展。牢固树立征纳双方法律地位平等的理念，大力推进纳税服务平台建设。全省89个县（市、区）局办税服务厅均已统一区域规划和窗口设置，明确即办事项94项、非即办事项73项、依职权涉税业务事项19项，实现涉税业务规程的“六统一”，9个设区市局基本实现了涉税业务的“同城通办”，办税服务厅示范点建设也取得显著成效。6月10日正式开通省局“12366”纳税服务热线，业务覆盖八个设区市，已服务纳税人8.1万多人次，人工接通率达97%，社会满意率达99%，“用心倾听，真诚服务”的“12366”纳税服务热线已经成为国税系统优质服务的品牌。不断拓展国税门户网站的办税功能，目前已经覆盖了所有税种的网上申报、税款缴纳，并提供部分涉税事项查询、网上发票认证、出口退税预审等办税服务，网站受理的申报税款占同期直接组织收入的90%以上。加强税法宣传和纳税咨询，积极推进国地税合作，纳税人满意度和税法遵从度不断提升。

——大胆探索，税源专业化管理试点稳步推进。根据总局的工作部署，年初省局确定泉州市国税系统和其他设区市局的各2个县级局作为试点单位，大胆探索税源专业化管理。为指导基层试点工作的开展，省局制定并印发了《关于开展税源专业化管理试点工作的意见》和《涉税业务工作规程》，指导试点单位建立“行业+规模”的税源管理新模式，要求着重抓好税源的科学分类、税源管理职责的划分和县级局税源管理方式的变革。为学习借鉴兄弟单位的实践经验，七八月份省局领导带队，先后赴江苏、安徽等地考察税源专业化管理工作，在广泛调研、认真探讨的基础上，提出并完善了我省以风险管理为导向，开展税源专业化管理的总体思路。同时把行业建模作为加强税源管理和强化纳税评估的重要抓手，开发“行业税源分析监控系统”平台，目前全省共建立行业模型（小类）318个，监控面占总收入的61.22%，为下一步风险分析、风险排序和纳税评估提供了平台和工具，我省的木材加工行业和汽车4S店已被总局纳入纳税评估模型建设项目。按照苏树林省长“信息管税福建要走在全国前列”的指示精神，加大各类信息管理平台的整合力度，全省共有22个县区局540户企业开通试行网络发票系统，税收征管电子档案系统、门户网站二期业务拓展等信息化项目建设也加快推动和落实，为推进税源专业化管理工作的顺利开展提供强有力的信息化支撑。

——激发活力，干部队伍和党风廉政建设全面加强。省局紧紧围绕“激发活力、创新管理”的目标，不断完善人才强税的保障机制。研究制定深化干部人事制度改革、创新人事工作机制的若干意见，健全多种方式并举的干部选拔任用机制，明确选人用人导向。加强各级领导班子建设，总局对省局领导班子进行了充实，全省通过竞争上岗等方式选拔了17名处级干部，并对部分市、县局领导班子进行了调整、交流和补充。稳步推进我省行政执法类公务员试点工作，加强高层次人才和急需人才的专门培养，开展了企业所得税、税务稽查等系列的能手评选活动，举办了初任培训班1期、更新知识培训班4期和专门业务培训班21期，培训1500多人次。严格落实党风廉政建设责任制，在全系统全面推行内控机制建设。结合税源专业化管理的要求，对税收业务流程和行政运转环节进行梳理，突出防范和监控重点。大力抓好领导干部廉洁自律工作，认真开展领导干部经济责任审计，完成了对福州、漳州市局领导班子及其成员的巡视工作。深化反腐倡廉教育，坚持党风廉政建设分析会制度，严肃查处违法违纪问题。围绕庆祝中国共产党成立90周年，大力开展创先争优活动和基层党建工作，全省表彰了30个先进基层党组织和100名优秀共产党员，成功举办了全省文艺汇演等一系列文体活动。厦门市国税局、三明永安市国税局被中央文明委授予第三批全国文明单位称号，全省国税系统有81个单位被评为新一届省级文明单位。

同志们，成绩来之不易，这是总局和省委、省政府正确领导的结果，是各级党委政府、有关部门、社会各界和广大纳税人理解支持的结果，是全省广大国税干部职工团结拼搏的结果。在此，我代表省局党组，向关心支持税收工作的各级领导、各界朋友和广大纳税人表示衷心的感谢！向付出辛勤劳动的全省广大国税干部职工表示崇高的敬意！

在肯定成绩的同时，我们还必须清醒地看到工作中存在的问题：依法行政意识还要继续加强，税收法制环境有待进一步改善；基层征管基础仍然比较薄弱，纳税评估工作还要进一步加强；基层一线人员的专业技能与新形势下税源专业化、信息化管理的要求有较大差距；缺乏有效的激励机制，干部队伍的活力和动力不足；个别干部违纪违法问题还时有发生，党风廉政建设形势依然严峻。这些问题必须引起我们高度重视，切实采取有效措施，认真加以解决。

二、把握形势，领会精神，在更高起点上谋划福建国税工作

去年10月召开的党的十七届六中全会从中国特色社会主义事业总体布局和全面建设小康社会全局出发，审议通过了《中共中央关于深化文化体制改革推动社会主义文化大发展大繁荣若干重大问题的决定》。《决定》确定了我国文化改革发展的奋斗目标和发展前景，既顺应了时代的潮流又体现了人民的愿望，既符合实际又催人奋进。《决定》对充分发挥税收作用也提出了具体要求，表明税收在促进深化文化体制改革、推动社会主义文化大发展大繁荣中肩负着重要职责。

去年底召开的全国税务工作会议和全省经济工作会议，分别对做好今年税收工作和福建经济工作作出全面部署。全国税务工作会议传达了中共中央政治局常委、国务院副总理李克强对税收工作的重要批示，总结了去年全国税收工作，部署了今年税收工作的主要任务。肖捷局长在报告中提出今年七项具体工作任务：一是全面推进依法行政；二是完善落实税收政策；三是继续深化税制改革；四是不断优化纳税服务；五是积极创新税收征管；六是切实加强干部队伍建设；七是扎实推进党风廉政建设。全省经济工作会议确定今年福建省经济社会发展的主要预期目标是：全省生产总值增长11%以上，力争突破2万亿元；财政总收入增长13%，力争完成3000亿元。国家税务总局和福建省委省政府的工作部署对做好今年全省国税工作具有很强的指导性、针对性，各级国税部门必须深入学习领会，迅速贯彻落实。

古人云：不谋全局者不足以谋一域。新的一年，世情、国情、省情和税情都将发生深刻变化，国税工作面临新的发展环境。从国际看，世界经济复苏的不稳定性不确定性上升、新兴经济体通胀压力加大、部分发达国家失业率居高不下、欧洲主权债务危机明显恶化和国际货币体系改革艰难曲折等不利影响，将对今年我国经济社会发展产生重大考验。从国内看，我国经济发展中不平衡、不协调、不可持续的矛盾和问题仍很突出，经济增长存在下行压力，物价上涨压力仍然较大，部分中小企业生产经营困难，节能减排形势严峻。从我省看，经济外向度高，由于国际市场低迷，稳定出口方面困难突出，扩大内需仍待时日；当前中小企业融资成本加大，原材料价格持续上涨，都严重挤压了企业的利润空间，保持经济平稳较快增长面临更大压力。从税情看，经济全球化趋势日益明显，跨国交易不断增加，企业经营方式多样，涉税事项更加复杂，电子商务等新型交易日益增多，防范税收流失和出口骗税风险难度更大，给税收管理工作带来了新的挑战。虽然今年经济形势将更为复杂严峻，但我们也面临诸多发展良机。我国经济总体向好的趋势没有改变，我省更是处在十分难得的历史机遇期，去年中央连续批复了《海峡西岸经济区发展规划》《平潭综合实验区总体发展规划》，在具体政策支持上的力度不断加大，为我省经济发展蓄积了较为强劲的动力。当前，我省正抓住党中央、国务院支持福建发展和海西建设的重大机遇，发挥比较优势，推动跨越发展，这必将为福建国税事业的发展带来新的机遇。

根据上述形势，结合我省国税实际，2012

年全省国税工作的总体要求是：以邓小平理论和“三个代表”重要思想为指导，深入贯彻落实科学发展观，全面贯彻党的十七届六中全会和中央经济工作会议精神，认真落实总局和福建省委省政府一系列工作部署，牢记为国聚财、为民收税的神圣使命，围绕服务科学发展、共建和谐税收的工作主题，坚持依法行政，优化纳税服务，加强科学管理，推进文化建设，激发队伍活力，强化廉洁从税，充分发挥税收职能作用，确保税收收入平稳较快增长，为建设更加优美更加和谐更加幸福的福建作出新的更大的贡献。

贯彻落实上述总体要求，在工作中要着力把握好以下几个方面：

一是更加注重服务大局，主动融入海西建设。当前，海峡西岸经济区建设站在了一个新的起点上，贯彻落实海西《规划》和平潭综合实验区总体发展《规划》的任务更加繁重。国税部门作为重要的经济管理和执法部门，工作标准、工作水平必须与建设海西的目标相适应，才能在服务地方经济发展中有更大作为。这就要求我们必须主动融入、有效运作，争取在政策服务、税收服务、执法服务和纳税服务上有新作为，更好地服务海西发展大局。

二是更加注重履行职责，推动税收稳定增长。要从全局和战略的高度，按照中央经济工作会议提出的“稳中求进”的要求，充分认识保持经济平稳较快发展的重要性，进一步增强责任感和使命感，积极应对，有所作为。要把思想和行动统一到科学发展上来，坚持依法收税与保稳定相结合，抓改革与调结构相结合，优服务与惠民生相结合，把支持经济发展作为国税部门的应尽之责，分内之事，通过不懈努力，确保税收收入随经济发展稳定较快增长。

三是更加注重改革创新，不断改进税收工作。改革创新是时代精神的核心，也是税收事业科学发展的不竭动力。我们要按照中央抓改革的要求，以更宽的视野、更大的魄力推进改革，敢于突破惯性思维和体制障碍，吸收先进发达地方的理念和胆识，勇于先行先试，通过思想大解放促进工作的新跨越。要突出管理创新、体制机制创新，用务实有效的措施解决我省国税工作的深层次问题。要在纳税服务、信息管税、专业化管理、税收风险管理和队伍建设上锐意进取，创造更多的福建经验、福建成果，推进福建国税的科学发展、跨越发展。

四是更加注重承担使命，促进社会和谐稳定。为国聚财、为民收税是我们的神圣使命，社会和谐稳定是人民群众的共同心愿。税收对发展至关重要，与民生息息相关，税收工作的成效直接关系着和谐社会的实现进程。我们在工作中，要把保障和改善民生放在更加突出的位置，既要运用税收政策手段，促进解决人民群众最关心、最直接、最现实的利益问题，又要改进和优化纳税服务，积极构建和谐的税收征纳关系，形成税收惠民生促和谐的综合效应。

五是更加注重自身建设，推动国税事业发展。形势的要求和社会的进步，需要我们以实事求是、与时俱进的态度，不断加强国税部门自身建设。要坚持依法行政、忠诚履职，努力建设法治、服务、责任、和谐、效能、廉洁的国税机关；要加强国税文化建设，大力弘扬正气，努力形成团结一心、奋发向上、共谋发展的局面；要推进效能建设，确保机关高效协调运转；要加强干部队伍和党风廉政建设，恪尽职守，清正廉洁，为全面完成各项任务提供有力的保证。

三、凝聚共识，开拓进取，努力实现我省国税发展的新跨越

2012年是实施“十二五”规划承上启下

的重要一年，也是推进福建科学发展跨越发展的关键一年。做好今年税收工作，具有重要意义。今年全国税收收入增长预期目标为10.3%，总局安排我省国税收入增长预期目标为9.7%。由于经济形势的复杂性和不确定性，制约税收增长的可变因素较多，组织收入工作必须高度重视。各级国税机关一定要保持清醒头脑，把困难估计得更充分一些，把应对措施考虑得更周密一些。按照中央、全省经济工作会议精神和全国税务工作会议的部署，结合我省国税工作实际，今年要重点做好以下几方面工作。

（一）推进依法行政，坚持依法收税，更好地服务海西发展大局

国务院提出建设法治政府、推进依法行政的要求，体现在我们税务部门，“依法行政”的核心就是“依法收税”。要把依法行政的要求贯穿于收好税的决策、执行、落实的全过程，依法履行组织税收和调节经济的职能作用，努力促进我省经济平稳较快发展。

全面推进依法行政工作。认真落实全国税务系统依法行政工作会议精神，紧贴税收中心工作，深入推进依法行政。认真执行规范性文件管理制度，注重从源头上确保规范性文件合法有效，提高税收制度建设质量。健全决策程序，完善重大决策风险评估机制，提高科学民主依法决策水平。开展全省执法案卷评查工作，加强证据制度建设，制定《税收执法证据指引》，提高办案质量。全面落实重大案件审理制度，扎实做好行政复议和应诉工作。开展依法行政考核，强化考核结果运用，全面评价依法行政工作成效。省局将在三月份结合党风廉政建设会议，召开全省国税系统依法行政工作会议，抓紧制定和实施我省国税系统推进依法行政工作五年规划，不断提高税收法治水平。

依法组织税收收入。今年总局下达我省的税收计划增幅虽然不高，但从福建科学发展、跨越发展的要求来看，我们面临的困难和挑战依然严峻。各级国税机关要坚持不懈地从年初抓早、抓紧、抓实组织收入工作，努力实现税收收入稳定均衡增长。在组织收入中要做到四个坚持：一是坚持依法收税。坚决落实组织收入原则，防止和制止应征不征、应退不退、收过头税以及越权减免税现象，依法依规完成税收任务，聚财为国，执法为民，为国家和地方经济建设、民生改善提供强有力的财力支持。二是坚持经济决定税收的理念。综合考虑经济发展、产业结构变化等因素，科学规划税收收入增长预期目标。各级国税部门要密切关注国际国内经济形势的变化，深入开展税源调查，准确了解企业生产经营情况，实现对税源的动态管理，提高税收收入的预见性和前瞻性。三是坚持组织收入质量管理。牢固树立收入质量管理理念，充分认识税收收入质量评价工作的重要意义，继续坚持收入分析会制度，进一步深化和拓展收入分析，及时发现并研究解决组织收入中的困难和问题，通过有针对性地改进措施，努力提高税收收入质量。今年将加大对设区市局（含城区局）和县市局税收收入质量的考核力度，由省局直接下达县市局考核任务。四是坚持与地方党政沟通协调。加强和地方党政领导的沟通协调，防止脱离税源实际层层增加收入指标的现象，防止寅吃卯粮，并在政策、法规的合理范围内，积极支持地方各项工作的开展。

规范税收执法行为。严格执行各项税收法律法规，增强执法的统一性。省局将进行执法督察，重点对国家有关重大决策部署执行情况和税收行政审批、行政处罚、增值税一般纳税人认定、纳税评估、税务稽查等税务裁量权比较集中的执法行为进行监督检查。要深入推行税收执法责任制，完善税收执法管理信息系统，利用人机结合方式加大对执法过错责任的追究力度。要注重运用服务、疏导、教育等柔性执法手段，预防和化解涉税矛盾纠纷。贯彻落实《行政许可法》和《行政强制法》，规范税务行政裁量权，防止执法随意性。要深化税务行政审批制度改革，进一步依法简化审批手续，加强对取消和下放审批项目的后续管理，坚决杜绝变相审批行为。

认真落实税收优惠政策。重点落实好中央促进平潭综合实验区开放开发等一系列税收优惠政策，积极参与制定企业所得税15%税率优惠政策产业目录及促批工作，把国务院批复平潭实行的比经济特区更特殊、更优惠的全岛放开政策中的税收优惠用足用好；认真落实支持高新技术企业发展和促进自主创新的税收政策，促进我省装备制造、电子信息、石油化工主导产业发展，服务好“三群”和“三维”项目，服务好“五大战役”；全力落实好增值税提高起征点、免收发票工本费和支持小型微利企业发展的税收政策；根据福建文化创意产业发展的规划和要求，提出相关措施和建议，积极推动文化产业发展；各级国税部门要高度重视税收优惠政策的兑现，不折不扣地落实，加快涉税优惠事项办理进度，促进我省实现经济转型跨越发展。

（二）促进纳税遵从，着力推进现代纳税服务体系建设

要坚持统筹规划，立足全局，从促进税收遵从入手把握纳税服务规律，不断改进和优化纳税服务，加快推进现代高效的纳税服务体系建设。

突出服务理念转变。以和谐税收理念指导纳税服务工作实践，牢固树立征纳双方法律地位平等的观念，按照总局构建现代纳税服务体系的要求，探索建立纳税服务绩效考评机制，以提高纳税人满意度和税法遵从度为目标全力打造服务型税务机关。认真做好税法宣传引导工作，深入开展税收“六五”普法和全国第21个税收宣传月活动，充分发挥国税网站、“12366”纳税服务热线和办税服务厅在纳税服务、税法宣传和咨询中的主渠道作用，从思想上、舆论上、业务上引导纳税人学法、守法，自觉提升税收遵从意识。

完善纳税服务平台建设。持续推动全省办税服务大厅的规范化建设，力争在今年内全省80%以上县区办税服务厅达到省级示范点标准。不断改进和完善“12366”纳税服务热线的各项工作，加强坐席人员的业务培训，尽快开通短信平台，提供交互式应答服务，实现发票真伪自动语音查询功能，及时发布纳税人需求信息及业务处理规范，保证服务热线平稳高效运行。完善纳税咨询前后台与上下级业务联动机制，加强省局与厦门“12366”服务热线业务交流，共同打造福建国税的优质服务品牌。通过建设“福建国税综合纳税服务平台二期”项目，进一步发挥网上办税大厅的作用，采取先试点、后推广的办法，新增“网上涉税申请、预审批”，“涉税提醒”和“涉税信息查询”等功能。增进网上办税大厅和各地实体办税服务、“12366”纳税服务热线的有机结合和相互支持，推进三大服务平台统筹协调。

不断优化纳税服务。积极推进全职能服务窗口建设，推广部分涉税事项“免填单”业务、短信服务和自助办税方式，逐步扩大“同城通办”业务范围。深化国、地税合作，加强纳税信用评定管理工作，探索国、地税共管纳税信用管理体系的长效合作机制。全面清理并取消要求纳税人重复提供的涉税资料，提高表证单书的科学性和易用性，切实减轻纳税人办税负担，缩短办税时间。完善纳税服务投诉管理运行机制，畅通投诉渠道，切实维护纳税人的合法权益。定期召开纳税人需求座谈会，积极运用调解手段解决涉税争议。坚持鼓励引导与管理监督相结合，完善注册税务师行业监管，强化涉税中介执业质量评估监控和行业诚信建设，促进行业自律。

（三）认真总结提升，不断深化税源专业化管理改革

今年是推进税源专业化管理的关键一年。总局已经确定年中召开全国会议重点研究创新税收征管问题，进一步理清和强化税源专业化管理工作部署。我们要认真总结泉州和其他县级局的试点工作，大胆探索，积极实践，扎实推进税源专业化管理改革。

积极推进税源专业化管理。一是把握总体思路。以纳税人自主申报为前提，以促进税法遵从为目标，以风险管理为导向，以纳税评估为重点，以分类分级管理为基础，以信息管税为依托，以完善制度、机制为保障，努力构建税源专业化管理新体系。按照这一总体思路，进一步解放思想、更新观念，积极稳妥地推进税源专业化管理改革。二是深化和扩大试点。泉州市国税局要继续深化试点工作，以建设规范化办税厅为前提，进一步调整层级、部门职责流程，强化流程监控，认真实施税源分类分级管理，推动市、县局机关向扁平化、实体化转变，明确市局大企业税收管理局和税源管理分局作为专门从事纳税评估的主力军地位，把推进税源风险管理作为主线贯彻到改革的全过程。我希望与会的同志们认真地看一看泉州市局关于推进税源专业化管理改革试点的总结材料，这份材料认真回顾、分析了泉州市局开展试点的进程、具体做法、取得效果以及体会，提出了下一步如何完善的措施。省局认为泉州的试点是成功的，改革的思路符合总局税源专业化管理的要求。省局决定，在2011年试点基础上，再扩大3个设区市作为今年税源专业化改革试点单位，其他设区市局结合实际适当扩大试点范围。三是推进市、县（区）局实体化。在初步划分省、市、县（区）三级国税机关税源专业化管理职责的基础上，进一步落实县（区）局实体化。县（区）局作为最基本的税源管理单位，要根据税收征管的基本流程，推进内设科室的实体化进程，不再当“二传手”。税源管理分局专门从事纳税评估和一些规定的管理工作，减并、简化日常管理事项，并逐步提高纳税评估人员比重；省级、市级在税源专业化管理格局中应该逐步承担风险识别、分析、排序、发布和监督、评价应对效果等部分税源管理的实体性工作。四是完善税源一体化管理互动机制。切实完善和落实税收分析、纳税评估、税务稽查的互动机制，实现税收风险识别与应对工作机构运作的有效衔接，确保税源专业化管理改革运行顺畅有效，为税收征管模式全面转型打下坚实基础。

加快推进信息管税步伐。按照省长苏树林“信息管税福建要走在全国前列”的指示精神和总局加快实施金税三期工程的要求，强化技术与业务的融合。目前省局运行的税源管理软件有行业税源分析监控、纳税评估V3.0、所得税预警、国际税收信息平台、出口退税预警等系统，为提升税收征管质量提供了有力支撑，但也存在管理系统多、数据分散等问题。要加大整合力度，探索建立功能更强大的、操作更便利的“税收风险管理信息系统”，使之成为省、市、县三级税收风险管理的操作平台，实现三级互动。加快推进第三方涉税信息交换平台建设，积极参与“数字福建”平台建设，重点突出工商、电力、金融等部门的信息获取，研究建立与工商部门在股权转让方面的信息共享机制，为税收深度分析和纳税评估提供支持。加快税收征管电子档案系统和网络发票系统的推广步伐，力争4月底前电子档案系统全部推广到位，6月底前全省万元版以上普通发票全部实现网络开票。切实做好财税库银横向联网新旧系统的平稳转换与衔接，确保税款安全、及时入库。

强化税收风险识别与应对。今年要充分发挥各级国税机关税收风险识别分析和税收风险应对小组的作用，进一步明确具体工作职责，统筹安排税收风险的监控、分析、识别、排序和应对工作。在税收风险监控识别方面，各级税务部门要运用好已建成的各类管理系统软件，做好典型调查，不断完善模型指标或参数，有效发挥各类管理系统的作用，着力提高税收风险预警水平。在风险应对方面，省、市局要牵头负责高风险应对，抓好重点税源企业的纳税评估；县（区）局负责中小企业风险应对，重点做好日常管理和纳税评估。在工作考核方面，今年省局将加大对税收风险识别与应对效果的考核，突出考核工业增值税税负率、行业模型应用率、纳税评估的有效率等，不断提升税收风险管理质效。

夯实税源专业化管理基础。一是推动基础事项管理规范化。在税源专业化管理中减少不必要的管理事项和环节，对上级机关没有明确规定且对税源管理没有实质性帮助的管理事项予以清理；对确定保留的事项，规范具体操作流程，并通过信息化手段进一步优化、简化，提高工作效率。二是构建纳税人自主申报的格局。纳税人自主申报是现代税收征管体制的一个重要标志，应明确税务机关和纳税人之间的权利和义务的界限，同时要将纳税人本身应该履行真实、准确申报的职责归还纳税人，切实避免将部分纳税人本身的义务变成了税务机关的责任。三是突出专业化人才支撑。加强专业化人才队伍建设，强化业务培训和实战演练，通过传、帮、带造就一批具有纳税评估能力的税源管理队伍；开展纳税评估能手考评和纳税评估优秀案例评选工作，激发干部积极投身风险应对和纳税评估工作实践，确保税源专业化改革目标的实现。

（四）加强各税种管理，促进征管质量有效提升

要建立各税种统筹管理机制，逐步优化税种管理组织体系和人力资源配置，提升大企业税收管理、反避税等复杂涉税事项的管理层级，实施团队作业，以促进各税种管理质量有效提升。

加强货物劳务税管理。密切关注在上海试点的营业税改增值税政策执行情况以及对我省的影响，做好来自上海交通运输业、现代服务业增值税专用发票的认证、申报、抵扣准备工作。继续拓宽税控发票应用范围和管理水平，建立增值税专用发票存根联滞留票核查的长效机制。通过对消费税重点税源的分析监控，及时发现解决消费税政策执行中存在的问题。实施新的《车辆购置税征收管理办法》，进一步推进车购税电子申报，简化程序，实现增速提效，方便纳税人。

加强企业所得税管理。认真落实企业所得税“分类管理、优化服务、核实税基、完善汇缴、强化评估、防范避税”的总体要求，全面推行企业所得税风险预警信息管理系统，实施风险管理；加强对跨地区经营汇总纳税企业的所得税征管，做好跨地区税源的监控；强化后续管理，对影响企业所得税税基、税额的股权转让、非货币资产评估增值、企业重组、税收优惠和资产损失等一些重要涉税事项，抓住关键环节，建立电子台账，积极探索新的管理方式；切实做好2011年度企业所得税汇算清缴工作，进一步夯实所得税征管基础。

加强出口退税管理。完善出口退税分类管理办法，继续做好跨境贸易人民币结算试点企业退（免）税管理工作，落实货物贸易外汇管理制度改革试点后有关政策，推行出口退税远程申报系统。坚决防范和打击出口骗税违法行为，严格执行出口货物函调制度，构建全方位防范出口骗税体系。省局决定，四月份召

开各设区市和全省出口退（免）税前十位的县（市）局“一把手”、分管局领导、货劳税和出口退税管理部门负责人参加的出口退（免）税管理工作会议，专门研究、讨论部署出口退（免）税管理工作。要加强对出口退（免）税数据的预警分析，2011年福州、厦门海关代征进口环节增值税、消费税384.1亿元，国税部门的出口退（免）税达543.1亿元，同比增退117.7亿元。这个增长是否建立在真实出口的基础上，要分地区、分市县进行数据分析，比较征税和退税的差异，加强征退税工作衔接。管理和服务，两手都要抓，两手都要硬，坚决防止和化解骗取出口退税的风险。要密切关注出口骗税的新动向、新特点，加强对纺织服装、家具、电子产品和农产品等关注商品和货源突增地区的跟踪监测，提高出口退（免）税预警评估分析水平，依法打击出口骗税的不法团伙和犯罪分子，教育、警示少数急功近利的企业。

加强国际税收管理和反避税工作。规范跨境纳税人投资、经营、财产类所得的税源监控、纳税申报、情报交换和协定执行等制度。研究国际避税的新情况及其在我省表现的新特点，提高选案的科学性和可靠性，集中力量突破几户规模和影响力都较大的避税企业和非居民股权转让企业，切实防范各种跨境避税行为。探索与工商局、发改委、外经贸等相关部门建立定期联系制度，积极探索国际税源监控的常态机制，加强第三方信息采集和运用，及时对2011年平价折价股权转让未自行调整到位的企业进行综合调整，及时获取非居民企业承包工程、提供劳务信息，强化非居民税收的源泉控管。加强对“走出去”企业的税收管理和服务，加大对外情报交换工作力度，打击利用避税地跨国避税逃税行为。

加强大企业税收风险管理。积极探索大企业税收风险管理机制，有计划地选择部分重点税源企业进行风险内控机制调查和评估，引导大企业建立税收风险内控体系。根据我省税源专业化管理的要求，设区市局建立大企业税收管理局，直接实施大企业风险应对管理；根据总局的工作要求，研究省级层面大企业税源管理的工作思路和方法，明确职责，避免职能重复交叉。要优化纳税服务，快速响应大企业涉税诉求，动态掌握企业税收风险整体情况。建立省、市局大企业管理联席会议制度，切实加强对大企业的税收风险管理。

严厉打击涉税违法行为。加大对骗取出口退税案件的查处力度；继续与公安等部门密切合作，深入开展打击发票违法犯罪行为的专项斗争，重点查处虚开发票和利用虚假发票侵蚀税基的违法行为；认真查处隐瞒销售收入或利用虚假凭证、做假账、账外经营等手段偷逃税款行为，认真组织税收专项检查和区域税收专项整治，加大对资本交易项目的检查力度；完善市级一级稽查、举报案件下查一级的稽查模式。整合省、市两级稽查队伍的力量，优化人力资源配置，开展交互稽查，每年查办几件有影响力的案件，提高稽查工作的威慑力。积极推进分类分级稽查，大力推广电算化查账，不断提高稽查效能。

（五）弘扬福建精神，创新国税文化建设

福建省第九次党代会提出的“爱国爱乡、海纳百川、乐善好施、敢拼会赢”的福建精神，体现了福建在贯彻落实党的十七届六中全会中迅速表现出的一种文化自觉和文化自信。在全省国税系统大力弘扬和努力践行福建精神，传承与创新国税文化建设，是在更高起点上推动我省国税事业又好又快发展的强大精神动力。

大力培育福建国税核心理念。按照总局提出的加强税务文化建设要求和践行福建精神的需要，省局决定在全系统开展福建国税核心价值的大讨论和调研活动。通过讨论和调研，集中全系统干部职工的智慧，提炼福建国税核心价值的基本框架、主要内容、表达形式，增强其群众基础。大讨论要围绕社会主义核心价值体系的建设要求，从国税使命、责任、服务、形象、贡献等高度，回答好“怎样收好税、怎样带好队和怎样共建福建国税家园，怎样体现与纳税人平等与尊重，怎样服务海西大局”等问题，通过广泛征求意见，提炼福建国税精神。这个精神要高度浓缩福建国税人的奋斗目标、道德规范和行为准则，使之成为我省国税事业科学发展、跨越发展的精神支柱。省局机关各处室要和各市、县、区局一起互动，加强对主题讨论活动指导，力争抓出实效。这次会议印发了福州市局《紧贴干部队伍现实需要，深层探索税务文化建设》的经验介绍。2010年初以来，福州市国税局用了近两年的时间，深入探索推进国税文化建设，利用文化这个重要抓手，着力解决干部队伍和税收管理中存在的突出问题，取得了较好的阶段性成效。他们借助外力开展诊断，通过挖掘提炼，形成了福州国税文化理念体系，其中最重要的福州国税核心价值观确定为“法治、规范、专业、廉洁、和谐”。福州国税文化建设的经验和体会，值得同志们认真思考和研究，以努力推进和创新福建国税文化建设。

着力打造福建国税文化品牌。文化建设要有载体，今年重点打好“四张文化牌”：一是打好闽台税务文化牌。结合落实《海西规划》和福建地缘特点，开展闽台税务合作与交流，举办两岸税收专题论坛，更好地服务海西先行先试。二是打好《海西税务》文化牌。以创刊百期为新起点，策划制作好创刊百期回顾多媒体光盘，开展“书香国税”“品味经典”“主题采风”等多种文化活动。三是打好红色税收文化牌。结合福建中央苏区特色，开展追寻红色税收源头活动，在龙岩国税与古田会议纪念馆共建“共和国税收摇篮”陈列展的基础上，继续整合提升，努力把“共和国税收摇篮”陈列展建成全省广大国税干部了解红色税收文化史和接受革命传统教育的重要基地。四是打好先进典型文化牌。以传承“税务铁人”袁庭钰生命不息、奋斗不止的爱岗敬业精神为主线，以学习厦航、学习詹红荔为契机，在全系统开展争当业务之星、文明之星、服务之星活动，培养和树立先进典型，用模范的行为凝聚力量，用文化的魅力鼓舞士气，在全系统树立追求进步、追求卓越、追求奋进的创先争优氛围。

不断丰富干部职工文化生活。广泛开展以爱岗敬业、公正执法、专业服务、廉洁奉公为基本内容的税务干部职业道德教育，形成知荣辱、讲正气、作奉献、促和谐的良好风尚。深入开展“创文明行业、建和谐海西”竞赛活动，依托创建“文明单位”“青年文明号”“巾帼文明岗”“人民满意的公务员集体”等载体，不断深化精神文明建设。发挥工青妇等群团组织作用，积极开展健康向上、形式多样的干部职工文化生活，增强集体归属感。省局将通过举办国税文化大讲坛，征集《福建国税之歌》，创作播发反映国税先进群体形象的电视片，调动广大干部职工积极地参与到文化建设中来。省局还将举办2012年全省国税系统运动会，各地也要组织干部职工开展各种文体兴趣小组活动，积极营造健康、文明、和谐的国税文化氛围。

（六）激发活力动力，全面加强干部队伍建设

继续深入贯彻落实全国税务系统和全省国税系统干部队伍和党风廉政建设会议精神，以创新管理、激发活力为重点，采取行之有效的措施，努力造就一支政治坚定、业务精湛、作风优良、勤政廉洁、团结和谐的高素质国税干部队伍。

全面加强领导班子建设。坚持把政治思想建设放在首位，增强领导班子党性修养，把各级班子建设成强有力的领导核心。积极推进学习型领导班子建设，今年计划在上海浦东干部学院举办一期省局领导和机关各处室负责人、设区市局局长参加的读书班。继续优化领导班子结构，落实总局“十二五”时期领导干部年轻化的总体要求，积极选拔优秀年轻干部，形成老中青不同年龄的梯次配备。继续执行设区市局、县（市）局主要领导干部职务任期制度；加大干部交流力度，重点推进主要领导干部和纪检组长易地任职交流、关键岗位轮岗交流和优秀年轻干部培养性交流。严格执行《廉政准则》等规定，不断完善领导干部述职述廉、诫勉谈话、函询等制度，落实领导干部廉政承诺制、行政执法责任制，继续开展巡视检查工作。建立健全领导干部调查研究和联系基层制度，转变工作作风，省市局机关要进一步提高为基层服务的自觉性、坚定性。

深化干部人事制度改革。坚持竞争性选拔干部的改革方向，保持干部选拔任用机制办法的相对稳定和干部选拔任用工作的制度化、规范化、常态化。认真贯彻落实省局党组深化干部人事制度改革与创新管理的若干意见，各设区市局要结合本地区实际情况，建立科学规范的选人用人机制，激发干部队伍活力。完善领导干部竞争上岗和考察任用制的办法，增强民主推荐、民主测评、考试和考察的科学性和真实性，突出岗位特点，注重能力实绩，创新选人机制。认真落实干部选拔任用“四项监督制度”，健全干部选拔任用监督机制，提高选人用人公信度。

加强公务员队伍管理。按照总局统一部署，积极推进公务员分类管理，逐步形成科学合理的干部分途发展格局。以福州、南平市局机关及各两个基层单位开展行政执法类公务员管理试点为契机，抓紧熟悉了解相关制度，抓住扩大试点工作的机遇，积极向总局争取在年内全面推广行政执法类公务员管理。积极争取参与总局专业技术类公务员管理试点工作。认真做好省以下三四级管理单位规范津贴补贴准备工作。进一步做好离退休干部服务工作。

加大干部教育培训力度。国家税务总局在抓紧实施“人才强税”战略，落实“千人工程”和“十万人工程”规划，我们要以此为契机，不断改进和加强干部教育培训。一是抓好领导干部培训。健全和完善领导干部脱产培训和在职自学制度，省局今年将继续在清华大学举办第三期全省国税系统副处级干部领导力提升培训班；并以提高科级领导干部的队伍管理能力为目标，举办4～5期县（市、区）局班子成员、设区市局机关科长的业务和专题培训。二是抓紧高层次专业化人才培训。积极选派优秀骨干参加总局专业化人才培养和业务骨干培养，大力培养税收政策法规、纳税服务、纳税评估、出口退（免）税管理、税务稽查、国际税收和反避税等专业化人才，建立和完善省局高层次专业人才库。对在全国、全省范围内各类业务考试中取得优异成绩的干部，给予奖励，重点培养。积极选派优秀中青年干部参加高校委托培养研究生深造，今年省局与厦门大学合作拟培养30名税务硕士。三是抓实基层一线干部的培训。组织实施基层一线业务骨干和基层兼职教师培训，计划举办兼职教师培训班1～2期、专门业务培训班30期，分级分层次培训1000名纳税评估工作人员，下大力气提高基层一线干部的纳税评估水平和风险管理能力。要研究制定相关制度和管理办法，加强培训效果的考核，激发接受培训各级干部学习的动力，培训考核不合格的不上岗。

加强党建和思想政治建设。注重形势政

策教育，使广大党员干部在思想上与时俱进。加强机关党的建设，充分发挥基层党组织的战斗堡垒和党员干部的先锋模范作用，积极推进“三级联创”活动，开展党支部“五有八健全”规范化建设，提高基层党员队伍的凝聚力和战斗力。在全省国税系统窗口单位深入开展“为民服务创先争优”活动，省局将适时召开“为民服务创先争优”活动经验交流会，表彰先进典型。高度重视和认真解决干部职工的实际问题，切实加强人文关怀和心理疏导。努力构建思想政治工作体系，总结推广基层思想政治工作经验，推动全省国税系统思想政治工作的创新。

（七）落实惩防并举，深化党风廉政建设

要充分认识反腐败斗争的长期性、复杂性、艰巨性，把反腐倡廉建设摆在更加突出的位置，以更加坚定的信心、更加坚决的态度、更加有力的措施推进党风廉政各项工作的落实。

认真落实惩防体系建设。今年是落实惩防体系建设五年工作规划的最后一年，要严格按照总局和省局的工作部署和要求，认真梳理本单位、本部门牵头和协办任务的完成情况，省局将继续对各地推进惩防体系建设情况进行督促检查，通报进展情况，切实推动第一个五年规划各项目标任务的完成。认真落实好党风廉政建设责任制，定期开好党风廉政建设情况暨队伍状况分析会，不断增强廉洁从税意识。积极开展廉政文化教育和预防职务犯罪宣传教育活动，学好用好廉政教材，强化道德教化功能。严肃查办各类违法违纪案件，加强典型案件剖析和通报，督促建章立制，充分发挥查办案件的治本功能，努力建设平安福建国税。

不断完善内控机制建设。继续巩固部门内控机制建设成果，围绕决策权、执行权、监督权的行使，明确重点领域、重点部位和关键环节的工作责任。针对推行税源专业化管理改革后税收风险在各职能部门转移的情况，结合实际对内控机制进行相应的调整和优化，做到内部制度建设前瞻于各项业务的发展。继续推动内控机制的信息化建设，提高科技防腐水平。下半年拟组织开展对县市区局内控机制执行情况的跟踪督查，促进基层单位做到“事项办理、内控在先”，最大限度地把预防腐败的要求落实到权力结构和运行机制各个环节。

扎实开展政风行风建设。加强机关作风建设，认真解决不作为、乱作为、效率低下及庸懒散等问题。坚决纠正不正之风，着力解决纳税人反映强烈的突出问题，深化政务公开，打造“阳光税务”。主动接受外部监督，积极参与地方政府组织的政风行风评议和行风热线活动，定期召开税企座谈会、特邀监察员座谈会，适时组织明察暗访、问卷调查，畅通意见建议反馈渠道，以优质的服务促进政风行风建设，努力树立良好的国税形象。

（八）改进工作作风，扎实抓好各项工作落实

要实现今年提出的各项工作目标和任务，关键是要抓好落实。我们要着眼提高效率、严肃纪律、改进作风，把思想统一到总局和省局的工作部署上来，聚精会神、心无旁骛地抓好各项工作的落实，确保圆满完成各项税收任务。

加强目标管理考核。围绕本年度总体工作要求和工作重点，对现有的考核办法进行修订，并调整考核对象。省局将对各设区市局（含区局、稽查局、直属局、大企业局）及58个县（市）局进行直接考核。省局相关考核责任部门要根据考核体系的要求，认真地对被考核单位质量目标完成情况进行考核评比。要充分利用信息技术的应用成果，用数据说话，用事实说话，用成绩说话，减少考核中的人为因素，确保考核结果公平、合理、有效。省局将按照考核结果，奖优罚劣，充分发挥工作目标考核的导向作用和激励约束作用。

加强舆情分析研判。当前，社会各界对税收工作的关注度越来越高，涉税舆情成为网络舆情关注的重点之一。各级国税机关及领导干部要顺应社会各界的新期待，高度重视涉税舆情的引导工作，不断改进新媒体环境下的管理策略、工作方法。科学制定网络舆情应急处置预案，及时掌握舆情动态，一旦出现涉税舆情危机事件，快速反应、积极应对，避免事态扩大和事实被曲解。加强网络舆情监测技术平台和队伍建设，统筹做好涉税舆情引导、信访、应急管理工作，形成“三位一体”的工作格局，努力营造和谐融洽的税收工作环境。

搞好政务事务工作。优化工作流程，不断完善内部行政管理，始终保持机关运转规范高效。少开会、开短会，减少简化会议数量，统筹运用视频会议系统，提高会议效率。始终牢记“两个务必”，大力发扬艰苦奋斗和勤俭节约的精神，认真贯彻党政机关国内公务接待管理规定，严肃财经纪律，进一步控制“三公”经费支出，巩固公务用车、庆典、研讨会、论坛活动、“小金库”等专项治理工作成果，自觉接受群众监督。进一步推进预算绩效管理，严格审计监督，规范政府采购工作，提高资金使用效益。以提高管理、服务、保障能力为主线，加强机关后勤科学化管理，积极建设节约型国税机关。

改进作风抓好落实。确保各项工作落到实处、取得实效，是党的优良作风的重要体现，也是对各级领导干部工作能力的重要检验。要大力弘扬求真务实的工作作风，深入基层，深入群众。各级主要领导要亲自主持重大课题的调研，组织开展依法行政、创新税收征管、国税文化建设、信息管税、加强队伍建设等专题调研。要增强团结协作意识，加强领导班子之间、工作同事之间、国税机关之间、国税局与其他部门之间的协调配合，推动工作的开展。各级国税部门办公室要增强督查督办意识，紧紧围绕各级党组重大决策部署、领导的重要批示和涉及全局性的重大问题开展督查督办。省市国税机关要增强服务基层意识，快速响应基层的需求，用基层满意的程度检验机关干部的作风，用基层工作的质效体现机关工作的业绩。各级领导干部要增强责任意识，主动作为，不等不靠，勇于担当，抓好落实，以强烈的责任感和使命感带好队、收好税、执好法，真正把精力集中到办实事上来，把功夫下到抓落实上来，营造干事创业的良好氛围。

海峡西岸竞跨越，国税争先正当时。同志们，新的一年，福建正站在更高起点上向新的征程迈进，福建国税的工作任务也更加光荣而艰巨。让我们更加紧密地团结起来，全面贯彻落实中央、总局和省委省政府的战略决策，把握历史机遇，履行神圣使命，发挥税收职能，围绕主题主线，勇于开拓进取，努力在更高起点上实现福建国税发展的新跨越，以更加优异的成绩迎接党的十八大胜利召开。

在全省国税系统党风廉政建设工作会议上的讲话

福建省国家税务局局长 臧耀民

（2012年3月13日）

同志们：

今天，我们召开全省国税系统党风廉政建设工作会议。省局党组对这次会议高度重视，为了保证会议开得更加务实、充实，会前专门召开党组会议，认真传达学习中纪委七次全会、省纪委九届二次全会和全国税务系统党风廉政建设工作会议精神，讨论研究我省国税系统的贯彻落实意见。刚才，省局党组成员、纪检组长曾光辉同志代表省局党组作了工作报告，总结回顾了我省国税系统2011年党风廉政建设工作情况，剖析了存在的问题，并对2012年反腐倡廉各项工作做了具体部署，我完全同意。下面，我强调三个方面意见。

一、认真学习、深刻领会，充分认识保持党的纯洁性的重要性和紧迫性

不久前，胡锦涛总书记在十七届中央纪委七次全会上发表了重要讲话，从党和国家事业发展全局和战略高度，全面总结了党风廉政建设和反腐败斗争取得的新成效新经验，科学分析了当前反腐倡廉形势，明确提出了2012年党风廉政建设和反腐败工作的总体要求和主要任务，深刻阐述了保持党的纯洁性的极端重要性、紧迫性以及总体要求、工作重点。胡锦涛总书记强调，全党都要从党和人民事业发展的高度，从应对新形势下党面临的风险和挑战出发，充分认识保持党的纯洁性的极端重要性和紧迫性，不断增强党的意识、政治意识、危机意识、责任意识，切实做好保持党的纯洁性各项工作。胡锦涛总书记的重要讲话，对于指导当前和今后一个时期党风廉政建设和反腐败斗争、全面推进党的建设新的伟大工程，具有重大而深远的意义。全省国税系统一定要认真学习、深刻领会，充分认识保持党的纯洁性的重要性和紧迫性，紧密结合国税工作实际全面贯彻落实，以党风廉政建设和反腐败斗争的新成效、以国税队伍建设的新面貌、以福建国税事业发展的新跨越迎接党的十八大胜利召开。

保持党的纯洁性，才能切实担当起为国聚财、为民收税的神圣使命。当前，世界经济增长放缓，国际贸易增速回落，国际金融市场剧烈动荡，国内经济增长下行压力和物价上涨压力并存，经济发展中不平衡、不协调、不可持续的矛盾和问题仍很突出，全国、全省经济发展都面临着一系列困难和挑战，这将直接给我们的组织收入、税收征管等工作带来严峻考验。在组织收入上，受经济大环境的影响，今年前两个月，我省国税系统累计组织税收收入257.6亿元，增长仅2.9%，而且出现了主体税种“两税”减收、中心城市收入增长乏力等不

容乐观的情况。在税源专业化管理改革上，今年我们将进一步扩大试点范围，不断探索完善模式，总结经验，目前已经进入攻坚阶段。在困难和挑战面前，只有保持好、发扬好党的先进性和纯洁性，才能激发广大党员干部坚持奋发向上、百折不挠的精神，以敢于担当艰巨任务、善于破解复杂难题、勤于履行神圣职责的态度，坚定地面对困难和挑战，圆满完成税收收入任务，不断提升税收征管的质量和效率。

保持党的纯洁性，才能全面落实好服务科学发展、共建和谐税收的工作主题。税收是宏观调控的重要手段，在推动科学发展和加快转变经济发展方式中发挥着重要作用，在发展社会事业和改善民生中履行着重要职责，在深化改革和扩大开放中肩负着重要使命。与此同时，服务海西建设、推动福建跨越发展也要求我们进一步有效发挥税收职能、切实履行工作职责。只有保持好党的先进性和纯洁性，才能使广大党员干部不断增强政治意识、大局意识、责任意识、服务意识，提高服务科学发展、共建和谐税收的主动性、创造性，充分发挥好税收筹集收入、调控经济、调节分配的各项职能作用，促改革、助发展、惠民生、创和谐；才能不断改进和优化纳税服务，推进现代高效的纳税服务体系建设，满足纳税人的合理需求，促进征纳关系更加和谐。

保持党的纯洁性，才能真正带领出一支爱岗敬业、廉洁奉公的干部队伍。经济社会的快速发展和税收工作的不断推进，在思想、工作、生活等方面都对税务干部队伍提出了全方位的新要求、新挑战。受经济体制深刻变革、社会结构深刻变动、利益格局深刻调整、思想观念深刻变化的影响，税务干部职工思想活动的独立性、选择性、多变性和差异性明显增强，税务干部面临诸多风险和考验。只有紧紧抓住保持党的纯洁性这条主线，坚持党要管党、从严治党的方针，加强党员干部思想、队伍、作风、廉政、纪律建设，不断增强自我净化、自我完善、自我革新、自我提高的能力，才能真正带出一支爱岗敬业、廉洁奉公的好队伍，才能有效防范风险、应对挑战。

二、认清形势、查找不足，切实增强做好我省国税系统党风廉政建设工作的责任感和使命感

近年来，我省国税系统高度重视党风廉政建设，切实强化反腐倡廉工作，不断完善惩防体系建设，坚持教育、制度、监督、纠风、惩治各项工作任务协调推进，全面加强干部队伍思想信念教育，大力推进行风、政风和效能建设，努力培育各具特色的税务廉政文化，积极探索建立各个层级的内控机制，深入实施“两权”监督，扎实开展专项治理，不断加大执法检查、执法监察和查处力度，切实解决群众和纳税人反映突出的问题，取得了明显的工作成效，从根本上总体上保证了全省国税干部队伍的平安、稳定、廉政、纯洁。但是，我们也应该清醒地认识到，经济社会和税收发展带来的新形势、新情况，对进一步强化国税系统党风廉政建设工作提出了新课题、新任务。

第一，深刻认识当前国税系统党风廉政建设面临的新形势。一是社会转型期价值多元、思想多变的影响。当前，我国正处于在改革发展的关键阶段，社会结构、利益格局、思想观念都有了深刻变化，整个社会环境也越来越复杂，给干部的价值观、人生观带来了很大冲击。二是改革关键期诱惑多面、问题多发的影响。随着改革持续推进，各种诱惑层出不穷，反腐工作更加艰巨。税务干部长期面临腐蚀与反腐蚀的考验，违纪违法现象易发多发，一些干部经受不住诱惑，最终由公仆变为罪犯，付出了惨痛的代价。而我们对税务干部的激励机制相对不足，激励手段不多，客观上对加强教育、创新管理提出了新挑战。

第二，深刻认识当前国税系统党风廉政建设面临的新情况。一是执法风险性越来越高。随着经济社会科技的发展，纳税人规模、组织结构、经营形式、核算方式、利益诉求、维权意识等都发生了重大变化，税收工作的难度越来越大，税收管理的要求越来越高，税收执法的风险也越来越大，工作责任心不强、业务能力不足、防控风险的敏感性不够都可能引发渎职侵权行为。二是社会关注度越来越高。一些地方党委政府对收入规模要求越来越高，纳税人对纳税服务、税收维权期望越来越高，新闻媒体和社会舆论对税收执法的公平性、透明度关注越来越高，各级纪委检察机关对税务部门预防职务犯罪问题盯得越来越紧。在全国税务系统党风廉政建设工作会议上，税务总局局长肖捷强调指出"在最高人民检察院召开的第四次预防职务犯罪联席会议通报时指出，税务部门是职务犯罪发案数较多的几个部门之一，需要引起我们的高度警觉，必须采取有效措施，切实加以防范。"就在前不久，书记孙春兰、省长苏树林分别在省检察院报送的信息《近年来我省税务系统职务犯罪特点分析》上作出批示，要求"进一步重视惩防结合，加大典型案件剖析以警示干部，从源头防范上研究措施""必须切实采取有效措施，强化管理，预防职务犯罪"。这些都提醒我们要高度重视，并采取措施切实改进。

第三，深刻认识当前国税系统党风廉政建设面临的问题。当前，我们在党风廉政建设上还存在着一些不容忽视的问题，主要表现在：一是少数干部廉洁自律意识不强，贪污受贿和渎职犯罪等案件时有发生。仅2009—2011年，全省国税系统就有26人受到查处。这给我们敲响了警钟，需要引起我们足够的警惕。二是依法行政水平不高，一些干部法治意识、风险防范意识淡薄，执法不公、执法不规范的现象还时常出现。三是一些基层单位对不正之风危害性重视不够，吃、拿、卡、要、报等损害纳税人利益的行为还不同程度地存在。四是加强党风廉政建设的手段仍不够多，有的单位对党风廉政建设工作面上应付多、真正措施少，形式主义多、实际效果少，老套路多、新方法少，落实党风廉政责任制、构建惩防体系的实际效果不明显。因此，全系统党风廉政建设任务仍然繁重，形势依然严峻。对党风廉政建设的长期性、艰巨性和复杂性，我们要有清醒的认识。

面对税收工作的新形势、新要求，面对国税队伍建设的新挑战、新考验，各级税务机关要切实增强忧患意识、危机意识和责任意识，进一步坚定反腐败斗争必胜的信心，更加扎实有效地做好税务系统党风廉政建设和反腐败工作，筑牢干部拒腐防变的思想防线。省局党组决定请基层各县（市、区）局的局长和纪检组长们都来参加今年的全省国税系统党风廉政建设工作会议，一是要让大家尤其是第一责任人更加重视、更加自觉地抓好党风廉政建设和反腐倡廉工作；二是为了少开会、开短会，不必层层开会。省局会议以后，大家回去认真抓落实。

三、完善机制、统筹推进，扎实地把党风廉政建设各项工作任务落到实处

党风廉政建设是各项国税工作的立足之基，事关国税事业的兴衰成败。省委孙春兰书记在省纪委九届二次全会上指出，加强党风廉政建设和反腐倡廉工作，是做好各项工作的前提和保障，是强化队伍建设的重点和关键。我们要按照"标本兼治、综合治理、惩防并举、注重预防"的方针，注重总体规划和机制创新，建立长效机制，健全惩防体系，严格执行党风廉政建设责任制，突出加强党风廉政教育，稳步推进内控机制建设，大力提高干部队伍拒腐防变的能力，为税收工作的顺利开展提

供坚实的基础。在抓落实的过程中，我们要把党风廉政建设工作放进税收工作的总体格局中统筹规划、协调推进。重点应该注意并处理好以下几个方面关系：

第一，把握基准点，落实一岗双责、两手齐抓。既要做好税收征管工作，又要切切实实抓好党风廉政建设。一方面，各级局党组要认真落实党风廉政建设责任制，全面贯彻去年8月总局印发的《税务系统贯彻中央〈关于实行党风廉政建设责任制的规定〉实施办法》，切实承担反腐倡廉工作的主体责任，每半年至少专题研究一次党风廉政建设工作；“一把手”要肩负起反腐倡廉建设的政治责任，带头遵纪守法，带头勤政廉政；班子成员和职能部门领导要自觉履行“一岗双责”，在抓好分管业务工作的同时，必须抓好党风廉政建设和反腐倡廉工作，并承担应有的责任；纪检组长和纪检监察部门要抓好组织协调和监督检查工作，敢抓敢管、善抓善管，形成齐抓共管的工作格局。要坚决克服把党风廉政建设当成一种形式、走过场，只做工作部署、不抓工作落实，以税收工作忙为借口忽视廉政建设工作等现象，养成反腐倡廉警钟长鸣、常抓不懈的工作习惯。另一方面，要围绕服务大局、统筹兼顾的思路，自觉形成在抓税收工作的同时把党风廉政建设工作一起推进，以及通过抓党风廉政建设推动税收征管各项工作全面落实的工作理念。要发挥好纪检监察部门对税收工作和干部队伍建设的监督、督查作用，特别是一些重要事项和活动，纪检监察部门要提前介入、全程参与，要切实抓好中央重大决策部署和上级国税部门重要工作安排落实情况的监督检查，确保政令畅通，促进工作落实。

第二，把握关键点，实施机制创新、强化内控。既要在一般层面上全面实施依法行政，又要突出重点全面深化内控机制建设。胡锦涛总书记近年来多次强调反腐倡廉要注意机制创新问题，强调要坚持统筹兼顾、突出重点，在把经济社会发展各领域各环节协调好的同时，抓住和解决牵动全局的主要工作、关系要害的紧迫任务。对我省国税系统而言，一方面，要大力推进全面实施依法行政。紧紧围绕依法行政这一税收工作的生命线，从推动依法征税、规范执法入手，规范税务行政裁量权，防止执法随意性；深化税务行政审批制度改革，进一步简化审批手续；落实税收执法责任制，加强执法监督，重点抓好税款征收、减免、退税、稽查、评估、处罚等税收执法关键环节存在突出问题的整改。另一方面，要深化内控机制建设，创新工作机制，规范内部行政管理、积极预防腐败。要在去年全省推广内控机制建设的基础上，紧密结合税收征管改革的需求和税源专业化管理的需要，对现有的规章制度、工作流程进行梳理完善，按照新模式，排查风险点，确定控制点，规范工作程序，明晰权责事项，把源头预防腐败的责任细化到部门的具体岗位和人员，最大限度地减少腐败滋生蔓延的土壤和条件，形成结构合理、配置科学、程序严密、制约有效的权力运行机制。要认真开展内控机制建设成效检查，真正使这项工作落到实处、见到实效。

第三，把握着力点，坚持惩防并举、注重预防。既要抓好教育引导，又要抓好查处惩治。加强党风廉政建设和反腐倡廉工作，倡廉是“主旋律”，反腐是“和声”。实践证明，反腐倡廉既不能搞“不教而诛”，也不能相信“教育万能”。一方面，要大力加强思想教育工作。腐败行为的发生，首先是理想信念和思想道德防线出了问题。广大干部只有具备坚定的理想信念、坚强的党性修养和良好的道德品质，才能正确对待和行使权力。要紧紧抓住社会主义核心价值体系这个兴国之魂，认真开展理想信念教育、党性党风党纪教育和从政道德教育，大力加强政治品质和道德品行教育，强化党性修养锻炼，丰富税务文化和廉政文化建设，牢固树立正确的世界观、权力观、事业观。当前，我们要结合弘扬福建精神，在全系统开展“福建国税核心价值观大讨论和调研”活动，深入开展“百万青年志愿者学雷锋”活动，认真组织实施推荐和宣传学习“我身边的好税官”活动，营造良好的税收工作氛围。要加强警示教育、反面教育，按照纪检监察部门的具体部署，2012年上半年集中两个月开展一次预防职务犯罪的专题教育活动，引导干部深刻领会“教训就在身边、诱惑就在眼前、陷阱就在脚下、成败就在手中”的道理，时刻绷紧反腐倡廉的思想防线。另一方面，要加大办案查处力度。特别是要充分发挥好纪检监察等部门在执法检查、执法监察和巡视督导中的作用，加大税务机关主动办案查处力度，使更多的税收违法违纪行为通过内部查处，得到有效遏制，消除在萌芽状态。要重点查处税收业务管理过程中的熟人经济、有税不征、处罚不当、滥用职权、以权谋私等不作为、乱作为问题，以及税收管理、服务、执法过程中存在的群众反映强烈问题；查处好行政管理中的基建、采购、公务消费、跑官要官、“小金库”、超标准配车等问题。要树立查处也是保护的观念，为了爱护绝大多数的干部，确保干部队伍建设的平安，该处理的决不手软。要通过惩治违法违纪行为，来教育引导全体干部职工筑牢反腐倡廉思想防线。要认真分析案件发生的原因，查找管理漏洞和薄弱环节，加强制度建设，有效发挥查办案件的治本功能和综合效应。

第四，把握风险点，上下并重、齐抓共管。既要抓好领导干部廉洁自律，又要抓好基层单位一线干部廉洁办税。反腐倡廉工作是一项自上而下的工程，领导机关和领导干部若没有起好表率作用，就会“上梁不正下梁歪”；基层单位和一线干部廉政工作没抓好，就会“基础不牢，地动山摇”。我们要坚持领导机关、领导干部廉洁自律与基层单位、一线干部反腐倡廉工作上下并重、齐抓共管的方针，坚持抓机关和领导干部廉洁自律带基层一线廉洁办税，抓基层一线廉洁办税促机关和领导干部廉洁自律。省局监察室做了一个统计分析，从2007—2010年，我省国税系统因违法违纪受到纪委、检察机关立案查处的案件38件，涉及干部共60人，其中，副科级以上领导干部有26人，所占比例不低，而且这些案件的社会不良影响也比一般干部的案件要大得多。所以，我们要继续加强对各级领导干部的管理监督，严格执行税务系统领导班子和领导干部监督管理办法，严格执行廉政准则和有关制度纪律，促使各级领导机关成为廉洁从政的表率，首先省局党组成员、省局领导和省局机关要作全省的表率，以促使各级领导“管好自己不出事，管好家人不添乱，管好下属不掉队”。同时，要加大对县局及以下基层单位和广大一线国税干部的思想教育和专项治理，把好关键领域和重要环节的关口，加强执法权、执行权和服务质量、工作效率的监督检查，严肃法律制度和总局相关规定的执行，切实铲除可能滋生腐败问题土壤。当前，要特别关注出口退（免）税审批管理的风险控制和廉政监督。

第五，把握结合点，不断转变政风、行风。既要抓好反腐倡廉工作，又要抓好政风行风建设。如果把一个单位发生腐败案件比作得了“重症”，那么，它在政风、行风、作风建设方面存在问题就是一种“亚健康”。“重症”需要及时救治，“亚健康”同样不能忽视。“亚健康”是一种慢性病、隐性病，如果长期得不到改善，对一个单位的状态和形象必将产生不好的影响，甚至发展成腐败问题。所以，我们要把转变政风、改进行风、端正作风作为推进党风廉政建设的重要抓手抓紧抓实，全面强化效能建设、作风建设、行风建设。

坚持以纳税人需求为导向，优化纳税服务，提升办事效率，减轻纳税人负担，提高纳税人满意度；要把纠正国税干部队伍存在的各种不正之风、不良风气和解决纳税人反映强烈的突出问题结合起来，深入开展纠风治理，彻底破除“我的地盘我做主”的高风险思维模式，切实纠正作风散漫、虚岗脱岗、推诿扯皮、办事不力、效率低下等问题，对内治病救人，对外树立形象；要充分利用12366热线、明察暗访、服务评价、群众评议、媒体报道、网络舆情等途径及时掌握问题；要充分发挥纪检监察部门的监管职能，廉政监督员、行评代表的监督作用，民主评议行风、行风热线的推动作用，坚决改进作风，树立我省国税系统风清气正、文明执法、优质服务的良好形象。

长期以来，全省各级国税机关纪检监察部门和广大纪检监察干部牢记使命、恪尽职守，坚持原则、敢于碰硬，付出了辛勤的劳动，作出了重要贡献。各级国税机关党组要支持纪检监察部门依法履行职责，配齐、配强、配好纪检监察干部队伍，关心爱护纪检监察干部，教育好、培养好、使用好纪检监察干部。各级国税机关纪检监察部门和广大纪检监察干部也要进一步增强责任感和使命感，以身作则，干净干事，模范履职，真正做党的忠诚卫士、干部的贴心人。

同志们，当前乃至今后一段时期，我省国税系统党风廉政建设工作形势依然严峻，任务艰巨，责任重大。我们要认真落实中央、省委和总局的部署要求，创新思路，改进方法，努力保持党员干部队伍的先进性和纯洁性，不断取得党风廉政建设和反腐败工作的新成效，为推动我省国税事业在更高起点上实现新跨越作出更大的贡献，以优异成绩迎接党的十八大胜利召开。

坚持依法行政　服务海西大局
全力促进福建国税科学发展跨越发展

——在全省国税系统依法行政工作会议上的讲话

福建省国家税务局局长　臧耀民

（2012年3月14日）

同志们：

全省国税系统依法行政工作会议今天召开。这次会议的主要任务是深入学习贯彻全国税务系统依法行政工作会议精神，总结十年来我省国税系统依法行政工作，部署当前和今后一个时期深入推进依法行政的总体思路和主要任务。下面，我讲四点意见。

一、福建国税依法行政十年回顾

2001年，总局召开全国税务系统依法治税工作会议，专门研究税收法治工作。十年来，我省各级国税机关以学习贯彻会议精神为契机，始终把坚持依法治税、推进依法行政摆在税收工作的突出位置，加强领导，统筹部署，突出重点，稳步推进，取得了明显成效。主要体现在：

（一）依法行政观念深入人心。树立法治理念、增强依法行政能力，这是落实税务系统依法行政的基础和前提，也是推进依法行政的中心环节。十年来，全省各级国税机关建立健全了学法用法制度，制订落实法律知识培训长期规划，分期、分批、分层次开展全员法律知识培训，以《税收征管法》为基础，学习贯彻税收法律法规。大力加强实践锻炼和岗位练兵，通过以案说法、问题研讨等形式，提升法律应用能力。组织开展征管能手竞赛、百佳管理员评选、所得税业务测试以及执法资格考试等各种考试评比活动，以考促学，以评促学，以学促用，努力提高干部执法水平。落实党组中心组法律知识学习制度，每年安排一到两期党组中心组法律知识讲座。各级国税机关工作人员尤其是领导干部进一步统一思想，增强了法治意识，执法理念和工作方式实现了从粗放行政向现代依法行政的转变，依法决策、依法管理、依法监督的水平显著提高，为深入推进依法行政工作打下了良好的基础。

（二）税收制度建设日臻完善。坚持开展前瞻性研究，及时制订和完善税收政策法规，增强制度的可操作性，保证依法行政源头合法。依托涵盖全省的税收规范性文件管理信息系统，实现了备案审查、定期清理和信息检索的电子化管理，在全国税务系统率先实现了规范性文件的省级集中信息化管理。建立税收政策跟踪反馈和效应分析评估工作机制，强化备案备查工作，确保“有件必备，有备必查，有错必纠”，及时解决规范性文件之间的矛盾和冲突。开展税收规范性文件清理，对1994年以来省局出台的2193份税收规范性文件进行五次全面清理，共清理出全文失效或废止的税收规范性文件982件，部分条款已失效或废止的税收规范性文件66件，并向社会公布文件目录，实现了税收执法依据的明确和规范。梳理各级国税部门工作人员的岗位职责和操作规程，以规范的岗责体系为载体，统一执法权限、执法标准和执法流程。在征管、税源管理、稽查和执法监督等方面，制定实施了有关核定征收、网络发票管理、涉税业务规程、稽查操作指引、重大税务案件审理、行政审批、政务公开、纳税服务等制度，依法行政的制度体系和运行机制日臻完善，为全面推进依法行政奠定了坚实的制度基础。

（三）税收管理方式不断创新。积极转变工作方式，坚持征纳双方法律地位平等，建设便捷高效的服务型税务机关。加强国税门户网站建设，开通“12366”纳税服务热线，建设功能齐全的网上办税服务厅，为纳税人提供专业权威的咨询解答、快速便捷的办税服务，纳税服务窗口建设进一步优化。积极推行劝告、提醒、警示、契约式管理、说理式执法等柔性执法方式，使法的刚性与理的柔性相济并用。福州市国税局在辖区全面推行说理式稽查执法文书，厦门市国税局注重运用和解、调解等方式解决税务行政争议，真正做到“定纷止争、案结事了”，得到了总局法规司的肯定。坚持依法征管，积极稳妥地推进税源专业化管理，加强税收征管数据分析，强化税源联动机制的运作，扎实开展纳税评估工作和行业建模，“十一五”期间评估查补税款30多亿元。认真探索信息管税办法，综合征管软件V2.0、税收管理员工作平台、纳税服务综合平台等系统成功上线，实现了征管数据的省级集中，降低了税收成本，提升了管理效能。

（四）税收执法行为更加规范。注重依法规范行政执法行为，严格按照法定权限、程序、条件行使权力、履行职责。2010年省局出台《福建省国税系统行政处罚自由裁量权指引（试行）》，对七大类三十八项违法行为的处罚裁量权的适用条件、裁量幅度、时限等进行合理细化和分解，为自由裁量权戴上了“紧箍咒”，最大限度地压缩了税收执法人员手中的“弹性空间”。坚持依法征税，应收尽收，积极落实税收优惠政策，认真查处偷、逃、骗税等各类税收违法行为，严厉打击各类涉税违法活动，“十一五”期间，全省国税系统稽查查补各项收入37亿元。严格落实税收执法责任制，上线运行了税收执法管理信息系统，对执法行为进行自动监控和绩效考核。依法加强人事、财务、政府采购等工作，提高规范化管理水平。加强内控机制建设，排查税收执法权和行政管理权的廉政风险点，提出风险防控措施并编制“两权”重点事项运行流程图，使每项权力的运行可查可控。积极配合人大、政协、审计等外部监督，扎实开展经济责任审计、税收执法监察和执法督察，发现违规问题及时整改。高度重视纳税人的意见建议，健全争议纠纷解决机制，妥善解决涉税行政纠纷。

（五）税收法治环境明显好转。通过宣传引导、改进服务、立法保障和接受社会监督等手段，营造良好的税收法治环境。认真落实“四五”“五五”普法规划，做好“六五”普法法律知识测试，切实加强法制宣传教育。广泛深入开展税法宣传活动，组织编写《税收优惠政策摘要》，供公众查阅。坚持政务公开，阳光执法，最大限度地向纳税人明示税务机关的行政要件，包括执法事由、标准、依据、程序、时限、结果，以及违法责任惩戒方法等，及时公之于众。仅2011年，全省国税系统就主动发布政务信息五万余条，有效增强了税收工作的透明度。充分利用新闻媒体，开展税收宣传月活动和日常税法宣传，全面展示国税工作，积极营造有利于福建国税事业科学发展的良好税收法治环境，赢得了党委政府、有关部门和社会各界对税收工作的理解和支持。

十年税收法治工作硕果累累，来之不易。这些成绩来自于总局和各级党委、政府对依法行政工作的正确领导和充分重视，来自于社会各界、有关部门和广大纳税人的支持配合，更来自于全省各级国税机关和广大国税干部的艰苦努力。在此，我代表省局党组向大家表示崇高的敬意和衷心的感谢！

二、福建国税系统推进依法行政的主要经验和体会

十年来，全省国税机关在税收法治建设中取得显著成绩的同时，也总结出推进依法行政的几点经验和体会，值得同志们认真思考和吸收，以努力推进和深化全省国税系统的依法行政工作。

（一）必须把握好四项基本原则。一是要把依法行政作为国税工作的基本准则贯彻始终，将依法行政的要求融入国税工作的全过程，并成为每一位干部员工的自觉行动。二是要把为民收税作为国税部门依法行政的出发点和落脚点，牢记为国聚财、为民收税的神圣使命，充分认识到依法行政的过程也是为民服务的过程。三是要把国税部门带头遵从税法作为提高税法遵从度的有效途径，坚持合法行政、合理行政，规范权力运行，促进征纳和谐，有效引导纳税人遵从税法。四是要把营造公平竞争的税收法治环境作为国税部门依法行政工作的重要目标，坚持法律面前人人平等，公平公开公正执法，营造有利于市场主体平等竞争的税收法治环境。

（二）必须牢固树立好三个理念。一是法治理念。必须严格按照法律规范进行税收管理和税收执法，善于运用法律思维来研究情况、分析问题、提出解决问题的办法，执法理念实现由“重习惯”向“重法治”的转变。二是程

序理念。尊崇程序的独立价值，力求税收执法行为的法定化、程序化和规范化，执法行为实现由“重实体”向“重程序”的转变。三是风险理念。加强税收执法风险点的识别和定位，强化内外税收风险的防控，税收风险的防范化解实现由被动式向主动式的转变。

（三）必须努力建好三项机制。一是税收执法工作机制。按照税收征收、管理、评估、检查、处罚、复议分离和制约的原则，进一步明确税收征管权的行使界限，防止越权执法或滥用执法权。二是行政权力运行机制。对主要行政权力进行分类，逐项登记造册，绘制运行流程，明确行使权力的方法、步骤、时限和责任，及时发现和修补执法过程中可能存在的漏洞。三是权力制约监督机制。推行重大事项集体研究、专家咨询、合法性论证等民主决策方式，全面落实税收执法责任制考核，有效实现分权制衡、过程控制和风险防控。

（四）必须着力提高四种效能。一是培训效能。坚持和创新依法行政教育培训制度、内容、方法和手段，深化全员教育培训，不断提高干部法律素质；大力营造依法行政、为民执法、崇尚法律、敬畏法律、遵守法律、执行法律的良好法治环境，不断增强依法行政的意识和能力。二是调研效能。建立纳税人需求收集和响应机制，深入基层掌握工作动态，及时研究新情况、新问题，为领导和上级部门决策提供有力的参考。三是服务效能。转变工作职能，丰富法治内涵，创建服务型执法机关，使国税系统成为一个提供良好公共服务的机构，始终把服务理念根植于心。四是执法效能。以精简、效能为原则，优化机构设置，减少执法层级，合理配置人力资源，改变管理方式，更加注重运用间接管理、动态管理和备案管理等手段，提高管理质效。

在总结经验成绩的同时，我们也要清醒地看到，全省国税部门依法行政实践中还存在着不少矛盾和问题。主要表现为：一是认识理解不够到位，一些国税干部，特别是部分领导干部法治观念还不够强，依法行政能力有待进一步提升；二是依法行政科学决策体制还不完善，民主决策的力度还不够，缺少科学有效的考核评价机制，部门配合机制和问责机制的执行刚性不足，执法管理体制层级过多，效率不高；三是执法规范化程度还不高，随意执法、滥用权力等有法不依、执法不严、违法不究的现象还时有发生，税收执法风险仍不容忽视；四是执法监督、责任追究还不到位，内部监督制约乏力、外部监督网络尚未形成合力。对于这些问题，我们必须高度重视，在今后的工作中切实加以解决。

三、进一步推进我省国税机关依法行政工作的总体思路

依法行政是现代政治文明的重要标志，也是现代市场经济国家普遍遵循的行为规则。贯彻依法治国基本方略，建设法治政府，是我们党治国理政从理念到方式的革命性变化，具有划时代的意义。美国著名法学家博登海默说：“法律是人类最大的发明，别的发明使人类学会了驾驭自然，而法律使人类学会了如何驾驭自己。”总局根据新时期依法行政的形势发展需要，于去年底召开了全国税务系统依法行政工作会议，局长肖捷作了重要讲话，全面总结了税务系统十年依法行政工作的成效，明确了当前和今后一个时期深入推进依法行政的总体思路和主要任务，副局长钱冠林在会议小结时就贯彻落实会议精神提出了具体要求和措施。全省各级国税机关必须认真学习领会和贯彻落实全国会议的精神，充分认识到全面推进依法行政的重要性和紧迫性，切实采取更加有效的措施，着力提升全省国税系统依法行政水平，努力开创税收法治工作的新局面。

当前及今后一段时期，福建国税推进依法

行政工作的总体思路是：以邓小平理论和“三个代表”重要思想为指导，深入贯彻落实科学发展观，按照建设法治政府和服务型政府的要求，牢记为国聚财、为民收税的神圣使命，围绕服务科学发展、共建和谐税收的工作主题，突出重点，统筹兼顾，积极构建“执法有证据、操作有规范、权力有制约、过程有监控、责任有追究”的法治新模式，为福建国税事业科学发展跨越发展提供有力的保障。贯彻上述依法行政的总体思路，必须努力做到四个“始终坚持”。

始终坚持税务部门依法行政的核心是依法收税。依法行政的基本含义就是行政机关必须依法行使行政权，它包含三个构成要素：一是公权力的取得必须依法设定，凡是没有依法授予的权力，行政机关就不得行使；二是行政机关必须依法行使行政权力，积极履行法定职责，既不失职，也不越权；三是行政权力必须依法受到监督和制约，行政机关违法行政必须承担法律责任。对于税务系统来说，正确认识依法行政的本质特征，就是要牢固树立依法治税理念，坚持对国家制定的税收法律负责，严格依据法律行使收税权。在遵循税收法定原则基础上，作为基层税务机关，最重要的工作职责就是建立健全组织收入机制，充分发挥现有的人力、技术资源优势，切实履行好依法组织税收收入的职责，不折不扣地落实各项税收优惠政策，在依法征税的同时，努力服务好经济社会发展。

始终坚持把依法行政作为经济税收发展的根本保障。市场经济就是法治经济。税务部门作为重要的经济执法部门，同市场主体联系密切，是依法行政的前沿和关键环节。这就要求税务部门必须全面推进依法行政，对各类市场主体依法落实税收政策、提供纳税服务、实施税收管理，维护纳税人的合法权益，做到公平税负，实现税收正义，形成符合社会主义市场经济发展要求的税收管理体制机制。只有坚持依法行政，主动将税收工作融入经济社会发展的大环境中去，营造公平公正的税收环境，才能充分发挥税收的配置资源和调节经济的职能，促进经济持续、稳定和健康发展。有了经济社会的全面进步，依法行政才能持续获得发展的动力。

始终坚持把管理创新作为依法行政的重要推手。要紧紧把握世情、国情、税情的新变化，坚持用创新思维、创新手段、创新机制推进依法行政工作。在工作范围上要逐步实现以规范税收执法行为为主向规范决策、制度建设、规范执法等所有税收行政行为转变，在工作机制上要逐步实现法制部门唱“独角戏”向法制部门牵头、所有部门共同参与整体推进转变，在工作方式上要逐步实现以监督制约为主向预防、教育、引导、监督、激励多管齐下转变。要积极推动、大胆探索征管改革，努力破解税收工作难题，为国税工作不断取得进步注入强大动力活力。要创新风险管理机制，把税源管理的重点转向风险监控评估和风险应对处理上。要推行说理执法、柔性执法，构建和谐征纳关系。强化社会自治管理，变审批管理为标准管理、备案管理，还责还权于纳税人。

始终坚持把依法行政作为强化税务机关自身建设的重要举措。深入推进依法行政，是确保中央关于建设法治政府和服务型政府的决策部署在税务系统得到有效贯彻落实的具体体现，关系人民群众切身利益，关系税务部门的执行力和公信力，这就要求我们必须全面加强税务部门自身建设。要在依法行政中推进税收工作制度化、规范化，促进税务机关正确履行职责，不断提高管理效能和服务水平，在加快转变经济发展方式、保障和改善民生中发挥税收职能的重要作用；要在依法行政中促进广大税务干部增强法治观念，提升法律素质，规范行政行为；要在依法行政中促进税务部门党风廉政建设，完善惩治和预防腐败体系，健全内控机制，预防腐败行为的发生。

四、当前及今后一段时期依法行政工作的主要任务

全面推进依法行政是一项事关税收事业科学发展全局的重要任务。当前和今后一个时期，全省各级国税机关要按照进一步推进依法行政工作的总体思路，抓紧完善和落实推进依法行政“十二五”规划，紧紧围绕着依法收税这个核心，突破影响依法行政的思想障碍，突出抓好能力建设、规范权力运行、强化监督问责、完善考核评价等项工作。

（一）提高依法行政水平。加强对依法行政工作的组织领导，提高领导干部依法行政能力，严格考核评价。

健全依法行政工作机制。建立健全党组统一领导、法规部门协调引导、相关部门各负其责、齐抓共管的依法行政领导体制和工作机制，努力实现法制部门牵头重点推进、所有部门共同参与整体推进的工作模式。各级领导小组要切实发挥督促指导和检查监督的职能，负责研究制定依法行政工作规划，确定工作目标任务，对各部门依法行政工作实绩进行检查评议。要建立依法行政目标责任制，明确依法行政工作分工和任务分解，做到依法行政人人有责任，件件有落实。

推进实施依法行政考核制度。将依法行政考核作为全面推进依法行政的重要抓手和突破口，探索建立科学的依法行政考核指标体系，努力使考核的内容、考核的环节渗透到税收工作的全过程。在总局建立的考核指标体系的总体框架的基础上，省局将根据每年的工作要点，建立对各市、县、区国税机关的考核评价指标体系。这项工作总局今年开始试点，我们要及时跟踪、了解情况，做好准备。同时还要强化考核结果的运用，考核结果与单位考核评比、领导干部业绩评定挂钩。积极开展依法行政示范单位达标创建工作。增强依法行政工作能力。坚持思想认识和业务能力两手抓、两手硬的方针，严格执行领导干部法律知识学习和依法行政知识轮训制度，分层级、分批次举办领导干部法律专题研修班。“十二五”期间要对全省国税干部实行依法行政知识培训。今年重点要抓好《行政强制法》的培训，并把各单位贯彻实施《行政强制法》情况纳入年度考核项目，确保《行政强制法》贯彻实施。突出抓好“三考”，即依法行政考核、法律知识考试、依法行政情况考察。重视提拔使用依法行政意识强，善于运用法律手段解决问题的优秀年轻干部。重视执法资格考试结果的运用，在竞争上岗考试及其他选拔任用工作中，注意考察了解干部的依法行政认知水平和工作实绩。

加强税收法制机构建设。依法行政是一项全局性工作，涉及多税种、多部门业务，法制机构是依法行政工作的牵头和组织引导部门，是落实依法行政各项工作任务的关键部门。要加强基层法制机构建设，充实人员，真正做到“有机构干事、有人员干事、有条件干事”。目前全省还有少部分市、县局没有专门的法制机构，不少基层法制机构反映人才缺乏，与其承担的繁重工作任务不匹配，这种状况已引起省局党组重视，将尽快研究解决。

（二）规范税收行政行为。古人云：“天下之事，不难于立法，而难于法之必行”。规范税收行政行为，必须从以下五个方面着手：

规范税收执法程序。完善税收执法中有关告知、回避、调查取证、听证、说明理由等程序制度，通过程序设计保障纳税人对税收执法的知情权、陈述申辩权和监督权。当前，在纳税人和税务机关的行政复议案件及诉讼案件中，涉及程序方面的条款是纳税人和律师特别关注的，也是税务机关败诉的主要原因之一，可见程序的独立价值和重要意义。要严格落实

《行政许可法》《行政强制法》《行政处罚法》等法律法规，全面梳理税收行政强制执法依据，特别是《税收征管法》及其实施细则和《税务行政复议规则》与《行政强制法》衔接不畅甚至冲突的条款规定，拿出合法、有效的解决办法，不断完善税收执法程序。

规范税收执法案卷。行政执法实行“案卷主义”。税收执法案卷是税收执法活动的重要载体，是税务机关执法水平的重要体现，也是行政复议、诉讼活动的重要证据。文书不规范、案卷缺失，行政机关容易陷入“举证不能”的困境，将导致败诉、被追究行政责任等不利后果。各级税务机关要特别重视执法案卷的制作、归档，要执行统一的执法文书范本和标准。省局今年要开展税收执法案卷评查工作，对于案卷评查中发现的问题，进行跟踪反馈，分类编写执法范本和优秀案例，发挥精品案卷的示范引导作用，推进税务行政执法案卷的规范化、标准化和科学化管理。

规范税收管理方式。认真贯彻组织收入原则，定期开展组织收入原则落实情况检查，开展税收资金安全检查。积极开展税收收入质量评价工作，逐步实现由数量管理、计划管理向质量管理、风险管理的转变。进一步完善规范税收岗责体系，根据税源专业化管理新的征管模式，组织执法部门进一步梳理执法依据、分解执法职权，重新理顺岗责体系和工作规程，实现“职责到岗、到人”的目标，切实做到职权清晰、责任明确。科学设计工作流程，以加强税收分析、纳税评估、税源监控、税务稽查和执法监督等环节的协调配合为目的，建立部门之间的横向联动制约工作机制。配合税源专业化管理改革的深入，适时修订《涉税业务工作规程》。优化税收征管流程，全面清理并取消要求纳税人重复提供的涉税资料，提高表证单书的科学性和易用性，推行征管档案电子化管理，减少直至取消纸质材料报送，切实推进两个减负。开展风险分析，根据纳税人风险程度实行差异化管理，实现执法的针对性、实效性。全面构建设区市一级稽查格局，增强执法合力，强化执法刚性，提升执法效能。

规范行政权力运行。继续规范行政处罚裁量权，对《福建省国税系统行政处罚自由裁量权指引（试行）》进行修订，进一步完善裁量规则和裁量基准，切实规范行政处罚裁量程序。拓展规范行政裁量的领域和深度，将核定征收、行政许可、行政强制纳入调整范畴。继续深化税务行政审批制度改革，进一步减少审批事项，下放审批权限。推行税务审批标准化，通过计算机程序固化、规范审批事项及其审批时间、流程、权限、规则和依据。改革审批方式，探索建设以网上审批机制为目标的行政审批服务平台，对审批事项实行网上自动处理，防止税务审批权的随意行使和滥用，解决“人情税”“关系税”问题。做好税收个案的批复工作，严格执行国家税务总局《税收个案批复工作规程（试行）》。规范稽查工作，稽查的全过程包括立案、调查、审理、执行等环节应严格按照新的《税务稽查工作规程》实施。做好行政执法与刑事司法的衔接，发现纳税人涉嫌犯罪或发现执法人员违法犯罪线索的，应依法及时向司法部门移送。

规范内部行政管理。内部行政管理的有序与否直接影响对外执法的效率。要按照精简效能的原则进行行政管理体制改革，进一步完善机关公文、财务、人事、后勤等方面管理制度，明确岗位职责和工作标准，实现用制度管权、按制度办事、靠制度管人。按照精简程序、清理环节、分清责任、科学管理的要求，优化工作流程，加强工作衔接，形成环环相扣的管理链条。坚持令行禁止，确保各项管理制度和工作任务落实到位，全面提高税务机关执行力。

（三）强化决策管理。坚持科学决策、民主决策、依法决策，努力提高决策水平。

明确重大决策范围。要根据总局和福建省委省政府的工作要求，结合自身实际，研究确定福建省国税系统重大决策事项范围。重大决策范围的选择应当遵循法定原则、大事原则和当事人利益原则，比如与纳税人利益直接相关的重要税收执法事项，重大税收减免，重要行政审批，重大税务案件审理，以及重要干部任免、重大项目安排、大额资金使用等事项，都应列入本机关的重大决策范围。

健全重大决策程序。把群众参与、专家咨询、风险评估、合法性论证和集体讨论决定，作为重大决策的必经程序。落实党组议事规则、局长办公会议、专题会议制度，坚持“确定议题及告知—征求意见—集体讨论—形成决定—执行”的会议决策机制。试行专家咨询论证制度，充分发挥具有专业背景的咨询研究机构、专家学者在决策中的作用；开展多种方案比较制度，坚持在重大问题决策前充分调研，听取意见，并在分析论证的基础上拿出多种方案，对不同方案的利弊进行客观公正的论证、比较。

探索建立重大决策跟踪反馈和责任追究制度。定期跟踪重大决策的实施情况，收集、处理相关信息，全面评估决策执行效果，密切关注舆情动态，通过多种途径了解决策带来的近期效益和长远影响，了解纳税人对决策实施的意见和建议，适时调整、完善重大决策，减少决策失误可能造成的损失。对于违反决策程序、出现重大决策失误、造成重大损失的，要按照“谁决策、谁负责”的原则严格追究责任。此外，凡发生有令不行、有禁不止、行政不作为或乱作为等违法违纪行为的，要严格追究相关人员责任。

（四）加强监督问责。增强监督效能，实现全程监督，使违法行为得到有效预防和控制。内外结合，严格行政问责，切实做到权责统一、违法必究。

事前预防，提高规范性文件质量。严格执行规范性文件归口管理、公告制度，坚持开门立制，引入专家论证、公众参与等程序。全面落实规范性文件合法性审查制度，未经法规部门审核一律不得出台，对不合法、不适当的规范性文件坚决予以纠正。认真落实规范性文件日常清理和定期清理制度，及时检查遗漏和问题并做好补充和调整。当前要抓紧修改或废止与《行政强制法》规定不一致的税收规范性文件，并及时公布清理结果。探索建立税收规范性文件异议处理机制和后评估制度。开展税收规范性文件管理制度执行情况的监督检查。对覆盖全省的税收规范性文件管理信息系统和政策跟踪反馈平台进行二次开发，提高税收规范性文件管理的信息化水平。

事中监管，确保重大案件审理质量。加强重大案件审理和复查工作，探索建立重大案件的分析利用制度，更好地发挥案件审理对执法行为的监督作用。修订重大税务案件审理办法，进一步规范案件审理程序，明确工作责任。为保证案件审理质量，要对案件的程序、证据、法律适用进行全面审查。加强证据制度建设，组织制定《税收执法证据规则》，对税务案件的证据类型、证据形式和取证程序作出基本规定，以指导调查人员取证实务，避免取证不规范、证据效力不高而承担的执法风险，提高办案质量。

事后补救，畅通行政救济渠道。扎实做好行政复议和应诉工作，发挥层级监督和自我纠错功能。随着依法治国方略的深入人心，纳税人的法律意识、维权意识也不断提高。2007—2011年五年间，我省国税系统共发生复议案件91起，应诉案件34起。《行政强制法》实施后，申请行政复议时不必同时缴纳滞纳金，降低了复议门槛，市区推行一级稽查后复议案件

将向设区市局集中。对此，有关单位一定要有思想准备。税务部门必须正确对待行政复议，积极应对。必须畅通复议渠道，坚持以事实为依据，以法律为准绳，对具体行政行为的合法性、合理性进行全面审查，对收到的复议申请和应诉通知，做到不推诿、不搪塞、不徇私。积极运用和解、调解手段解决行政争议，实现法律效果与社会效果的统一。

内外并举，形成监督合力。继续推行税收执法责任制，依托税收执法管理信息系统进行自动考核和监控。全面深化内控机制建设。要研究完善税源专业化管理条件下的执法风险排查和化解。针对推行税源专业化管理改革后税收风险在有关职能部门转移的情况，由纪检监察部门牵头，各职能部门对内控机制进行相应的调整和优化，加强新的执法风险点的分析、监控，做到内部制度建设前瞻于各项业务的发展。加强对内控机制建设情况的考核，对工作落实不到位而发生问题的单位，依法追究相关责任。主动拓宽外部监督渠道，积极配合人大、政协、审计、新闻媒体和纳税人的监督，聘请一批特邀行政执法监督员，健全完善人民群众投诉举报制度，拓宽人民群众监督渠道。

落实责任追究。认真贯彻落实公务员法、行政监察法、行政机关公务员处分条例和关于实行党政领导干部问责的暂行规定，坚持有错必纠、有责必问。通过完善制度，明确问责主体、权限、对象、事由、程序和方式，确保权力与责任一致，监督与责任挂钩，督促和约束税务机关和工作人员依法行使职权、履行职责。

（五）营造良好税收法治环境。要通过扎实有效的宣传、优质高效的服务、积极主动的参与，让公众了解税收、关心税收、支持税收，积极营造有利于发展的良好税收法治环境。

积极开展税法宣传。不断扩大普法工作深度广度，利用办税服务厅、12366热线、门户网站“三大平台”，推进税法宣传的日常化、制度化、长效化，提高纳税人对税收法律法规的知晓度和遵从度。做好政策解读工作，提供政策咨询保障。开展“六五”普法、税收宣传月活动。税收宣传要更加贴近基层、贴近群众，更加注重考察宣传效果。

加强政务信息公开。贯彻“以公开为原则，以不公开为例外”的基本要求，突出税收法律法规和有关政策规定的公开；突出税收优惠政策的公开；突出政府采购信息的公开；突出税收执法的公开。同时还要在财务管理、人事调整等内部行政管理上信息公开。加强公开载体建设，创新公开形式，除了政务公开栏、办税服务厅等传统方式，探索运用电子邮件、在线解答等形式，切实保证公众的知情权和监督权。加快12366纳税服务热线短信平台建设，使纳税人可通过短信提醒及时获知办税信息。

主动服务海西发展。积极融入海西经济社会发展大局，争取在政策服务、税收服务、执法服务和纳税服务上有新作为，努力争取和落实各项税收优惠政策，为地方经济发展方式转型和企业生产经营提供税收支持。去年，国务院批复了《平潭综合实验区总体发展规划》，赋予平潭综合实验区比特区更特殊、更优惠的七项税收政策，我省国税部门也做出了积极的努力。现在，我们要认真研究如何落实这些税收优惠政策，在操作层面上积极主动地提出具体设想和建议，配合总局相关司局制定管理办法。同时要继续落实好支持高新技术企业发展和促进自主创新的税收政策，落实好增值税提高起征点、免收发票工本费和支持小型微利企业发展等各项惠民利民的税收政策，全力促进我省实现经济转型跨越发展。

完善综合治税体系。当前，征管信息不对称，大量涉税信息税务部门难以掌握，无法使用，是影响依法收税的突出矛盾之一。必须紧紧依靠地方党委政府的推动，必须充分发挥相关部门的协调配合作用，调动社会力量加强税源控管。这方面工作省政府主要领导非常重视，有关部门做了大量工作，还要继续努力，促使早日出台涉税信息共享和交换办法，推动建立第三方涉税信息交换平台，提升第三方信息的收集和综合应用水平，落实信息管税，从根本上提升税收征管的质量与效率。要积极推动税收保障立法，使相关部门提供涉税信息等税收协助的义务法定化、制度化，保障税收工作开展，提升依法行政水平。

同志们，全面推进依法行政工作意义深远、责任重大、任务艰巨。当前及今后一段时期，全省国税系统依法行政工作面临着新的形势，新的任务，我们要按照总局和省委省政府的统一部署，统一思想，提高认识，不断开拓进取，努力开创全省国税系统依法行政工作的新局面，努力促进我省国税事业科学发展跨越发展，为服务海西发展建设作出新的更大的贡献！

提高认识　开拓创新　强化管理
努力开创出口退税工作新局面

——在全省进出口税收工作会议上的讲话

福建省国家税务局局长　臧耀民

（2012年4月12日）

同志们：

今天，我们在这里召开全省进出口税收工作会议。这次会议请了各设区市局“一把手”、分管局领导和部分重点县（市、区）局的主要负责人与会，与从事出口退税管理的各部门同志一起研究出口退税工作，这在省内恐怕是第一次。这次会议就是要统一思想，提高认识，研究新时期出口退税工作发展思路与重点，明确出口退税风险管理的方向，推进出口退税管理工作的科学化、精细化。同时，研究布置今年出口退税工作的各项任务。下面，我讲三个方面的问题。

一、2011年我省进出口税收工作成绩显著

2011年是“十二五”开局之年，全省出口退税部门认真贯彻中央决策部署和省局党组要求，围绕中心，服务大局，牢固树立科学发展观，突出服务外经贸出口发展、服务海西建设的思想理念，从加强管理、优化服务入手，认真执行出口退税政策,积极推行出口退税分类管理办法,加快办理出口货物退（免）税，严格落实限时办税服务制，切实防范和打击骗取出口退税违法活动，较好地完成了各项工作任务。2011年全省共办理出口退（免）税543.1亿

元，同比增长27.68%，规模居全国第六位，其中：直接退税454.2亿元，增长34.74%，增幅高于我省出口增长29.9%近5个百分点，占我省国内增值税直接入库568.2亿元的79.9%。

（一）认真贯彻落实进出口税收政策，服务我省外贸出口

一是贯彻落实国家出台的出口退税政策，大力加强政策宣传和辅导力度，引导出口企业及时抓住有利时机，用足用好政策，扶持企业健康发展。二是及时研究解决出口货物退（免）税政策和管理规定存在的问题，保证各项政策和管理规定顺利实施。三是加强调研，适时跟踪政策落实情况，认真评估政策运行效果，及时掌握政策执行中的新情况、新问题，及时收集基层、企业及相关部门的意见和建议，掌握第一手资料，积极向国家税务总局反映，如协调解决泉州出口加工区飞机轮胎反推装置国内维修业务，有效促进我省外向型经济发展。四是做好跨境贸易人民币结算符合试点条件的5791户企业准入条件的认定和第三批试点企业的评审上报工作，协同省外经贸厅、财政厅、省人行、外管、海关等部门联合下发了《关于进一步推进福建省出口货物贸易人民币结算试点工作的若干意见》，并完成《福建省跨境贸易人民币结算业务指南》修订、编制等工作，对跨境贸易人民币结算试点企业出口货物退（免）税相关政策业务问题进行解读和指导，确保试点企业出口退（免）税申报、审核审批工作正常平稳。

（二）优化出口退税服务环境，提高办理出口退税效率和质量

一是规范和优化退税工作流程，加快出口退（免）税进度，做到申报、审核、审批、退税“四个及时”。二是畅通政策宣传渠道，通过省局的内外网、12366服务热线等方式解答出口企业关注的热点和难点问题。三是配合相关部门做好出口企业办税人员的业务培训工作，提高出口企业办税业务水平。四是积极开展出口退税提醒业务，为企业及时办理或提前准备等事项进行事前、事中、事后提醒服务，切实为我省外贸出口企业排忧解难。如莆田最早通过电信公司搭建短信平台，实时为出口企业发送退税提醒内容；莆田、泉州通过外网，及时公布退税提醒的详细内容，便于出口企业快捷查询。

（三）努力提高出口退税信息化应用水平，强化信息管税能力

一是做好出口退税审核维护升级工作，提高出口退税审核的安全性和时效性。二是完善出口退税远程预审，积极拓展远程申报功能，让出口企业足不出户进行预审，提高退税申报的质量和速度。三是建立征退税信息联动平台，依托“三大系统”整合逐步实现征退税衔接信息电子化、传递方式网络化。四是发挥网络信息平台作用，加强税企联系，如福州建立外贸企业出口退税风控QQ群，通过税企内外联动、企业办税员之间的互动，指导企业建立内部风险防范和控制机制；及时发布风险预警信息，及时了解最新的内外部预警信息，比如通过风控QQ群，企业办税员反映河南、云南等地服装供货企业可能存在问题，提醒外贸公司要注意防范风险。

（四）做好调库资源的分析与预测，服务组织收入

一是加强对各地退税管理部门的监督指导，要求各地退税部门加强与收入规划核算部门之间的配合，准确测算免抵调库资源，根据收入实际运行情况和全年调库资源，合理安排调库总量和进度。二是抽调业务骨干组成调研小组，加强我省生产出口企业退税和免抵比例的分析。三是深入基层和重点企业开展调研分析，查找管理过程中存在的问题，提出对策。

（五）加大防范和打击骗取出口退税的力

度，保证国家财政资金安全，维护正常的经济秩序

2011年，各级退税部门坚持“两手抓”，在优化服务，加快退税进度的同时，继续把防范和打击骗取出口退税放在突出的位置。一是加强出口退税审核关注信息管理，及时、准确采集预警信息、涉嫌骗税线索关注信息和关注企业、关注商品、关注口岸等关注信息，并实行动态管理，加大对关注信息的函调力度。二是深入漳州、宁德、三明和龙岩等地开展调研，密切跟踪退税增长异常的农副产品、电子产品、鞋类和纺织服装等出口商品，重视骗税新动向，及时反映发现的问题和线索，要求全省退税部门加强预警监控、严格审核审批，把骗税苗头扼杀在萌芽状态。三是积极与海关、外管、银行等部门配合，建立联动机制，及时掌握第三方信息，严防和严厉打击骗税活动，为合法经营的出口企业创造公平、有序的竞争环境。去年省局根据海关转来的有关信息，抽调全省业务骨干，对有关企业的太阳能电池出口进行评估检查，取得了初步的效果。四是加强函调管理，严格执行税务总局新的函调管理办法。2011年全年共发函2434份，涉及增值税专用发票49100份，金额59.14亿元、进项税额9.99亿元、退税额8.96亿元。发函涉及出口企业407户、供货企业1958户。截至2011年12月31日，共收到复函1916份，其中：复函表明业务正常1762份、业务异常132份，涉及进项税额0.62亿元、存在问题正在调查22份，涉及进项税额0.32亿元。同时将发函、回函未按规定处理的企业户次列入2011年度各设区市国税局工作目标考核项目，要求各地利用函调系统进一步做好发函、回函的统计分析与监控工作，督促下级单位及时办理回函，切实采取有力措施提高本地区发函、回函的质量和效率。据不完全统计，2011年八地市规定期限内回函率从2010年的80.56%提高到85.8%。从2009年新函调系统运行以来,莆田市征税部门回函率连续三年保持全省第一且不存在逾期未回函的情况。泉州市征税部门累计收函全省最多，但近三年回函率也均高于90%。五是坚决打击骗税违法行为，对涉嫌骗税的按规定及时移送稽查部门立案查处，加大与稽查部门的联合办案力度，对大案要案坚决一查到底。六是在严厉打击骗税违法行为的同时，采取各种宣传方式，全方位、多渠道地宣传出口骗税的危害性，树立防范骗税意识，形成全社会协税护税的良好局面。

（六）进一步改变“就单审单”模式，探索出口退税精细化、专业化管理

一是建立健全预警评估工作机制，强化事前预测、事中审核和事后监控功能。科学合理设置预警指标和数值，按季发布预警信息，对预警分析发现的异常情况，深入分析调查，实现预警评估制度化、日常化。例如，宁德市国税局对生产型出口企业采取模拟税负结合应退税比重标准的模式进行预警分析和评估审批退税，将水产品粗加工的预警税负从0.8%提高到2%,水产品出口企业共纳税调整转出进项税额2925万元，产生免抵税额3673万元，补缴增值税641万元，2011年全市水产品实际免抵税额比重达到21.83%，比2009—2010年提高了15.96个百分点。二是一些地市在探索改变“就单审单”模式方面作出了有益的尝试。例如，漳州市局制定了《生产企业出口货物下户核查管理办法》，拓展了生产企业出口货物退（免）税的审核方式，由原来的“就单审单”模式拓展为“审单与实地核查、系统比对”相结合的方式，取得了较好的成效。2011年底发现有2户企业通过自己组装一小部分电视机产品出口来应对税务机关的检查，而实际通过其他手段骗取出口退税款，并申报免抵退税额8500多万元，目前该案件已移交司法机关处理。三是积极探索，在全省税源专业化管理改

革中明确定位。根据省局的工作部署，从2011年开始，在全省范围内开展税源专业化管理改革试点。泉州市局不等不靠，积极探索，大胆尝试，按照省局《关于开展税源专业化管理试点工作的意见》要求，结合本地的工作实际，制定了进出口税收专业化管理制度，进一步优化机构设置和人员配置。如在申报大厅设立专门窗口、安排专职人员负责出口退税申报工作，后台审核审批工作重点放在提高风险防控能力、提升服务层次和加快退税进度上，为全省推进出口退税专业化管理提供了经验。

总结一年来的工作，我们深刻体会到：必须服从、服务于经济社会发展大局，坚决贯彻中央决策部署，才能充分发挥好出口退税的职能作用；必须准确把握出口退税管理的内在规律，熟悉出口退税管理业务，着眼长远发展，处理好服务与防范骗税的关系，才能真正抓好出口退税机制建设；必须紧紧围绕税收工作主题，坚决贯彻税收工作总体要求，才能做好出口退税管理和服务工作。

二、当前出口退税工作中还存在一些不足和不容忽视的问题

在肯定成绩、总结经验的同时，我们也必须清醒地看到，当前出口退税工作中还存在一些不足和不容忽视的问题：

第一，出口退（免）税宏观分析机制尚未建立

自1995年开始对出口退税实行电子化管理以来，出口退税信息化建设对于加强退税管理发挥了至关重要的作用。2010年3月我省（除厦门外）退（免）税数据已实现了省级集中。但这些在日常业务中形成的大量出口退税业务管理数据，包括出口退（免）税的相关电子信息、金税工程信息以及海关提供的出口信息，大部分还仅提供简单的历史查询功能，尚未发挥其应有的分析预警等功能，未能通过对数据的深层次分析查找退（免）税异常增长的原因、分析退税的增长是否建立在真实出口的基础上，数据分析利用远远不够。

第二，出口退税内部管理还存在许多薄弱环节

一是内控机制还有明显漏洞，个别地市出口退（免）税审核系统配置不规范，甚至未按规定设置出口企业审核配置；二是有的地区对规章制度掌握的尺度宽严不一；三是个别地方对政策曲解，税务总局文件已明确仍不执行或寻找所谓的“理由”不执行，如果这样就不仅是失职、渎职，恐怕还存在廉政风险；四是退税信息化管理水平滞后于出口退税工作发展的要求。出口退税审核软件无法适应当前工作的需要，主要表现在：运行速度慢，影响日常退税的工作效率；其次是缺乏远程申报、预审和分析功能。我省从2006年开始自行开发了外挂的远程预审软件，但与出口退税审核系统未能实现无缝链接,不能预审或预审出错等问题时有发生，影响了工作效率。

第三，出口退税“就单审单”的状况仍大量存在，征退税衔接机制有待进一步完善

出口退税管理是为了准确贯彻实施出口退税政策，单证审核是出口退税管理制度的基础，是审批出口退税的前提，但单证审核不是出口退税管理工作的全部内容。随着骗税分子手段的不断翻新，仅靠“就单审单”无法发现潜在的骗税风险。早在2006年税务总局就提出在退（免）税审核过程中要跳出“就单审单”模式。一是仍有不少地方在审核审批过程重单证审核、轻生产能力认定，重电子信息审核、轻业务真实性认定等,难以发现涉嫌骗税行为。二是征退税衔接不畅，主要表现在：①退税管理信息系统自成孤岛，出口退税审核系统、函调系统和预警评估软件，均游离于金税协查和CTAIS系统之外，征退税信息不能充分共享。②缺乏征退税联动机制，征退税衔接的环节、

内容、职责、时限不明确。往往是需要互相配合时，有关部门临时商量一下，管理还存在较大的漏洞。例如，对一些需要征税的出口货物，有些地方退税部门就没有及时通知征税部门；以退抵欠制度未很好落实，对欠税的出口企业，征税部门没有通知退税部门以退抵欠。

第四，出口退税管理与政府有关部门的良性沟通机制尚未建立

出口作为拉动经济的"三驾马车"之一，各级政府历来都非常重视出口和出口退税工作。但出口退税管理与各级政府、有关部门之间尚未建立良性的沟通互动机制，主动汇报的少、被动反馈的多；退税动态汇报的多，出口骗税危害汇报的少。各级政府、有关部门尚未充分认识到出口骗税的严重性和危害性，以致某些外贸公司的片面之词影响了个别地方党政领导、部门的判断，我们不得不花很大精力进行解释、宣传，使工作陷于被动的状态。

第五，防范出口骗税的形势严峻、责任重大

近几年，由于平均退税率维持高位、外贸企业为赚取手续费和地方政府的出口奖励等优惠，在巨大利益的驱动下，不法骗税分子利用税务、海关、外管等部门的管理漏洞，采取各种手段铤而走险，防范骗税的形势严峻，主要表现在：①群发性案件时有发生，涉案金额大。2009年以来,我省有33户外贸企业从安徽、江苏购进纺织服装出口,存在虚开或涉嫌虚开、货源不清等问题,涉及退税额2亿多元。2009—2010年又有8户外贸企业购进的太阳能电池出口存在涉嫌虚开增值税发票等问题，涉及退税额8000多万元；②出口骗税专业化、网络化、团伙化和智能化趋势更加明显，作案手段更加隐蔽，单纯的"就单审单"难以发现问题；③涉嫌出口骗税货物的主要特征：一是体积小、价值高、退税率高的货物。如：CPU等电子产品。二是厂房租赁，设备简单，投入少，一般的工人都懂得操作生产的货物，如：服装。三是一些生产企业购进原材料不需要发票，导致不法分子有机可乘；④常见的涉嫌骗税操作方式方法：一是国外客户、国内货源、货代公司等均由中间人"一条龙"联系，外贸企业作所谓"代理"出口。二是不法分子与货代（报关行）勾结，虚假申报骗取报关单，利用报关单找所谓的供货企业开票。三是个人挂靠某一外贸企业或承包某一出口部，从事不正常出口业务。四是虚构出口货物，虚抬出口价格。五是利用增值税优惠政策、"四小票"、消费者现金购物等增值税监管难度大等方面问题，虚开增值税专用发票。

第六，出口退（免）税管理人员不足、人员素质亟待提高

随着外贸经营权的放开，近几年我省出口企业数量、整体退税规模均快速增长,防范骗税形势严峻、责任重大。不断增加的工作量与人员不足之间的矛盾日益突出，特别是出口量大的沿海地市这个问题尤为突出，有的地市退税人员年度人均办理退税达3.8亿元。工作任务繁重，不仅影响了退税进度，而且在退税审核审批过程中就审单已捉襟见肘,根本谈不上走出"就单审单"模式。2012年3月份，进出口处专门草拟调研提纲并深入有关地市调研和在莆田召开片会，了解各地出口退（免）税管理机构、岗位设置和人员配备的情况。从目前情况看，个别地市虽然已经设立了出口退税管理科，但人员尚未到位；有的地市尚未设立出口退税管理科。各县（市、区）局出口退（免）税的机构设置、岗位和职责划分也有待统一。

出口退税管理比较复杂，专业性较强，近两年政策更替变化频繁，随着干部轮岗交流力度加大，出口退税战线上增添了许多新面孔，一部分人员业务生疏，与出口退税科学化、精细化管理对管理人员的高素质要求差距较大。不久前，孙春兰书记、苏树林省长在省检察院

报送的信息《近年来我省税务系统职务犯罪特点分析》上作出批示，要求“进一步重视惩防结合，加大典型案件剖析以警示干部，从源头防范上研究措施”，“必须切实采取有效措施，强化管理，预防职务犯罪。”应当看到，退税部门、出口退（免）税的审核审批责任重大，也是不法分子拉拢腐蚀的重点对象。当前，要特别关注出口退（免）税审批管理的风险控制和廉政监督。

以上这些问题必须引起我们高度重视，认真对待，并采取切实可行的措施加以解决。

三、认清形势，提高认识，改进和完善出口退税管理

正确的决策，基于对形势的正确分析，只有正确认识和分析当前出口退税工作面临的形势，才能增强我们工作的主动性、有效性、针对性。出口退税工作面临繁重的任务。一方面，由于世界经济下行压力加大，欧洲主权债务风险上升，全球性通胀压力短期内难以缓解，出口面临的外部环境趋紧。美欧日等我国主要贸易伙伴经济增长乏力，消费需求下降，失业率居高不下，进口需求下滑，特别是消费类产品的需求下滑，使我国出口增长乏力。省委省政府提出今年出口要保15%的增长目标，孙春兰书记提出保出口就是保市场，要求各职能部门要增强责任意识和工作的主动性，据估算全年出口退（免）税总额将超过600亿元，出口退税的工作量明显加重，出口退税工作面临着新的考验与挑战；另一方面，虽然这几年来我们对出口汽配、纺织服装、太阳能电池等一批涉嫌骗税活动给予严厉打击和查处，但种种迹象表明，骗税分子并没有销声匿迹，防范和打击骗税形势依然严峻，抓好此项工作具有现实性和紧迫性。因此，各级国税机关应认清形势，提高认识，统一思想，进一步改进和完善出口退（免）税的管理工作。下面，我讲几点意见：

（一）建立健全出口退（免）税分析评估机制，提升信息管税能力

充分发挥信息管税的功能，充分利用现有的信息处理技术对大量的数据资源进行分类、加工、处理、分析，及时掌握出口退（免）税进度、准确掌握出口退（免）税重点行业退（免）税增减变动情况及原因，对加强管理、积极防骗的决策具有重要的参考作用。首先要建立基础数据库。其次建立省、地、县数据定期分析机制,定量定性分析内容，区分生产企业与外贸企业、省内货源和省外货源、本地区与其他地区货源、大宗出口货物与出口关注商品、出口退税率变动与物价汇率变化等因素。在这次会议上，省局进出口处在前期调研的基础上，提交了有关建立定期出口退（免）税分析评估机制讨论稿，供会议讨论。我们已争取税务总局优先安排我省全面升级出口退税审核系统数据库（全国计划第三季度末第四季度初开始升级，拟安排我省在4月底5月初升级），在改进和提高全省电子化运行速度基础上，年内将集中业务骨干，充分酝酿考虑各地的业务需求，结合系统内外部数据，开发出适合我省实际情况的分析软件，并作适时定期的维护、取数、分析和发布预警。

（二）改变“就单审单”状况，建立出口企业生产经营情况核查机制，日常管理要做到一般管理和重点管理相结合

一是拓宽核查的范围。新办理退税业务的企业，办理首笔出口退税前，实行下户全面的实地查验、评估；列入税务总局关注企业名单的出口企业，对长期模拟税负低、免抵税与退税比重异常、计算退税的期末留抵税额长期存在且金额大、退税增长异常以及长亏不倒的风险企业，实行重点管理；强化重点领域的管理。根据一定时期内出口货物的骗税风险不同，退税部门防范骗税风险的

重点领域也应不同。

二是延伸管理的深度，规范下户审核内容。如审核企业出口贸易、增值税及企业所得税申报、资金往来、生产工艺流程、成本核算、产品投入产出、生产能力、内控机制以及备案单证保管等。

省局进出口处就有关如何进一步强化下户审核，改变“就单审单”状况，建立出口企业生产经营情况核查机制，由日常管理向日常管理和重点管理相结合转变，提出了思路和办法讨论稿提交本次会议研究讨论，将尽快下发各地执行。

（三）尽快建立征退税衔接工作机制

一是要提高认识。出口退税是国税管理工作的一个组成部分，是需要货劳、稽查、征管、评估、信息等多个部门相互协调、有机结合的一项工作。出口退税的前提是，出口货物必须是真正的出口了，而且是出口了的货物必须已征足了税款。因此，加强征税管理和加强出口退税管理目的是一致的，征退税部门都要承担出口退税管理工作，只是分工侧重有所不同。二是要建立征退税信息联动平台。依托三大系统整合逐步实现征退税衔接信息电子化，传递方式网络化。三是要制定征退税工作衔接机制，明确退税、征税、稽查、信息等各个部门在退税管理工作中的职责、规范衔接的环节、程序、内容,做到各司其职、各负其责。四是要建立健全出口企业纳、退税预警评估和稽查工作的联动机制。五是要建立征退税部门之间、上下级之间完善有效的监督制约机制和检查考核机制。

（四）加强对一线退（免）税管理部门的监督、检查

各级国税领导要真正担负起领导职责，进一步加强对下级退（免）税管理机关的监督、检查、指导；下级退（免）税管理机关对上级的监督、检查、指导，应当树立全省“一盘棋”，正确对待、认真贯彻，不得以任何理由为借口不执行上级的决策和决定。省局进出口处将进一步突出监督管理职能，深入基层，实现常态化地对各设区市局以及全省出口退（免）税总量大、增幅异常的县（市、区）局出口退（免）税进行检查、指导。2012年全省交叉检查工作安排在5月下旬开始，各地应当将此次全省范围的交叉检查作为整改、促进、提升本地区出口退（免）税管理水平的好机会，认真准备，做好自查，迎接检查。

（五）加大宣传辅导力度，形成全社会协税护税的良好局面

一是密切与各级政府、外经贸、海关等部门的沟通和联系。退税部门要积极主动将出口退税新政策、新动态、新举措向各级政府、外经贸等部门早通报，同时要向当地政府、外经贸等部门及时通报税务部门查处的涉嫌骗税案件，讲清骗税的严重性和危害性。据统计，2011年省外货源占我省外贸企业出口及退税总额四分之一左右。但从这几年我省发生的外贸企业涉嫌骗税案件看，存在货源不清、涉嫌虚开增值税专用发票问题的大部分是收购外地货源。2004年出口退税机制改革后，出口退税超基数部分的7.5%由地方财政负担，以2011年为例，外贸公司收购出口外地货源，省财政为此要负担退税款5.44亿元，但收购外地货源对我省的财政、税收、就业并没有多少贡献，而且管理难度大，涉税风险高。对此类业务，是不是要鼓励、奖励，值得研究。省里提出政府采购要优先采用福建的产品，我们也要明确，扶持出口要优先保证福建的产品。二是加大出口退（免）税政策宣传和辅导。充分利用国税门户网站平台优势和12366服务热线，第一时间将政策规定传达到各基层单位和出口企业，引导其积极主动顺应国家宏观政策导向，加快出口产品转型升级，大力培育品牌产品，提高产品附加值和技术含量以增强出口产品竞争力。

三是及时曝光典型案件，形成打击骗税的高压态势，加强管理，引导出口企业进一步端正经营思想、规范经营行为，严禁违反正常贸易程序违规经营和从事“四自、三不见”的“买单”业务，共同为遵纪守法的企业营造公平竞争的良好环境。

（六）继续保持对骗取出口退税违法行为的高压态势

偷税与反偷税、骗税与反骗税是一项长期的斗争。一是要全面提升出口退（免）税预警评估的质量和效率。出口退税的预警分析评估是强化出口退税管理职能，对出口企业实施监控的重要载体。要继续改进和完善出口退税预警评估软件，健全预警评估岗责体系；对于预警分析中发现的异常情况，及时发布预警信息并对相关企业进行退税评估或重点调查，对涉嫌骗税的及时移送稽查部门，有效防范和化解骗税风险。二是要加强出口货物函调管理。出口货物函调管理办法是目前防范和打击出口骗税的一个重要手段。各地要充分利用出口退税函调系统，加强对供货企业的核查。会议前，进出口处专门针对我省实际情况，结合税务总局函调管理办法，草拟了我省的函调管理规程供会议讨论研究。在实际工作中，要坚决纠正应发函调查的货物，先退税后发函，或者函调未回或回函表明存在问题仍然办理退税的情况。三是要始终保持高度警惕，密切关注可能发生骗税的线索，掌握骗税分子惯用的手法。发现可疑线索要立即暂缓办理退税，并组织力量调查核实；涉嫌违法犯罪的要及时移送稽查等有关部门立案查处。四是要收集、整理各地近几年来预警评估、防范骗税方面的典型案例并编写成册，组织各级退税部门学习，增强在日常审核过程中及时发现涉嫌骗税业务的敏感性和准确性。会前，省局进出口处准备了两份近年来我省查处的骗取出口退税案例，希望大家好好学习借鉴从中得到启示并很好运用到实际工作中去。

（七）健全、规范出口退税管理机构，充实管理力量

按照退（免）税规模大小，健全、规范出口退(免）税管理机构的设置，进一步整合管理职能。建立健全出口退税管理机构，按工作量（如户数和“免、抵、退”税额等）增配人员，进一步完善机制，优化办税流程，整合征退税管理职能。

首先，进一步加强设区市局进出口税收管理科，为各设区市局进出口科（处）增配业务骨干。按照税务总局要求，外贸公司出口退税的审核审批管理由设区市局负责，未经批准不得下放。外贸出口退（免）税2011年达543.1亿元，其中本省货源出口退（免）税470.55亿元，收购外地货源出口退税72.55亿元。外贸公司出口退税管理与生产企业免、抵、退税管理有不同的侧重和内容，加强函调是一个方面，但不能是唯一的手段，如何加强管理，要认真研究。

其次，进一步加强、完善县（市、区）局的生产企业免抵退税管理。一是对县（市、区）局生产企业“免、抵、退”税户数50家以上、年出口额1亿美元以上的，或“免、抵、退”税户数、年出口额在设区市排名前列的县（市、区）局，在现有机构编制内调整，单独设置出口退（免）税管理机构，同时增配人员。二是有单独设置出口退（免）税管理机构的县（市、区）局，对辖区内出口企业的日常管征和“免、抵、退”税业务由专职机构负责，征、退税评估由另一部门负责，达到既实现征退税衔接又相互有效制约。三是尚未达到条件单独设置专门机构的县（市、区）局，对辖区内出口企业的日常管征与“免、抵、退”税业务应相对集中到同一个机构负责，征、退税评估统一由另一个部门负责。

省局进出口处前一段时间已经进行了摸

底调查，并专题提出了各设区市包括县（市、区）局机构调整设置、人员增配方案，会上将征求各地意见，经批准后请各地认真落实到位。

（八）坚持以人为本，努力打造一支政治过硬、业务精通的出口退税干部队伍

培养和造就高素质的出口退税管理干部队伍是做好出口退税工作的根本保证。要坚持以人为本，全面提高干部的综合素质和工作技能。一是加强党风廉政建设。各级退税部门的领导务必保持清醒的头脑，充分认识党风廉政建设和反腐败斗争的重要意义,真抓实管，把保持共产党员先进性教育和公务员廉政教育长抓不懈，不断增强干部的廉政意识、责任意识和公仆意识。从事出口退税管理工作的同志要树立正确的权力观、利益观，按照“立党为公、执政为民”的要求，切实做到依法办事、清正廉洁、不徇私情、文明服务。要加强法律意识和风险防范意识，严格执行各项出口货物退（免）税政策，过好人情关、金钱关。对一些企业借逢年过节之机，赠送礼金、红包、购物券等要坚决抵制，对税务总局、省局三令五申，仍然置若罔闻，有禁不止的，纪检监察部门要坚决查处，绝不护短。二是加大培训力度，拓宽培训内容。省局计划在2012年6月底或7月上旬举办两期出口退（免）税业务培训班，对各地从事出口退税业务的人员进行全面的培训，培训内容不仅包括出口退（免）税相关政策、管理办法，还包括与之相关的海关、外管、货代、贸易常识、财务会计等相关知识。今后，随着出口退税审核审批权限的下放，特别要加强对县（市、区）局出口退（免）税岗位人员的培训，要力争做到“先培训、后上岗”。同时，还要加强对出口企业办税员的培训，统一在纳税综合服务平台开辟一个退税业务辅导专栏，开展政策辅导、办税指南、办税流程以及申报软件的详细操作步骤，申报过程出现疑点如何进行排查、调整等内容的指导，以提高出口企业申报退（免）税质量和办理退税的效率。

同志们，2012年是实施“十二五”计划承前启后的关键一年，出口货物退（免）税工作面临新的挑战，任务艰巨，使命光荣，责任重大。省局要求全系统上下要认清形势，提高认识，振奋精神，扎实工作，努力做好2012年出口退（免）税工作，为海峡西岸外向型经济实现又好又快发展作出新的贡献。

在全省税收交叉检查集训会上的讲话

福建省国家税务局局长　臧耀民

（2012年6月14日）

同志们：

今年我省税收专项检查工作按照税务总局的统一部署，已于4月份拉开序幕。为推动专项检查工作的深入开展，提高专项检查的绩效，省局研究决定，从省局稽查局、各设区市局抽选稽查业务骨干110名，分成8个大组、32

个小组，在全省范围内开展为期48天的税收交叉检查。下面，我提五个方面的要求。

一、提高认识，深刻理解交叉检查的意义

我们首次组织较大规模的税收交叉检查，其主要意义在于推动专项检查真正发挥效果，在于排除干扰、减少人情因素、减轻基层工作负担。当然，这次专项检查也是检查落实“推行市级一级稽查、举报案件下查一级”稽查模式运行情况的一项举措，是改进稽查方式方法、完善执法手段、提高执法效能方面的有益尝试，是考验稽查队伍实战能力和创造交流、学习、锻炼机会的重要平台，是发挥稽查以查促收、以查促管、以查促查的有效途径。各级国税机关和各检查组要统一思想，提高认识，深入理解交叉检查的意义，确保检查不留死角、不走过场、查出实效。

二、认清形势，明确检查目标任务

正确的决策、高效的行动、显著的成效，来自于对形势的正确判断，只有科学认识和分析当前税收和稽查工作面临的形势，才能增强我们工作的有效性、针对性、主动性。当前国际市场低迷，国内经济下行压力增大，组织收入任务繁重，稽查查补收入低位运行。今年省局对稽查查补收入占税收收入比重提出要求，对查办2件经公安机关立案的大要案作为设区市局工作目标考核的内容之一。但是，1—5月份，我省税收直接收入423.16亿元，直接查补收入2.1亿元，占比仅为0.5%，完成年度稽查收入任务差距比较大。因此，各级国税机关要认清形势，加大工作力度，理清工作思路，采取措施抓好各项稽查工作，确保全年稽查任务的圆满完成。这次省局稽查局在相关处室的配合下，科学筛选，确定成品油进项抵扣占总进项抵扣比例30%以上的成品油购销企业106户、资本交易项目17户、高风险企业12户作为交叉检查的目标任务。各检查组要围绕目标任务，精心组织，科学实施，突出重点，创新方法，确保查出成效。

三、强化组织领导，加大协调力度

这次税收交叉检查规模大，人员多，时间长，任务重，近年来在我省内是第一次，各级国税机关和各检查组要通力协助，保证工作有序开展。一要加强组织领导。省局稽查局长要负责督导交叉检查工作；省局稽查局分管税收专项检查工作的副局长要负责具体组织、协调；各个检查组组长要负起责任，实行组长责任制，按照工作进度抓好检查工作，严防“走过场”。二要加大工作协调力度。要加强各检查组与公安、工商、海关、银行等单位的协调配合，加强稽查与系统内其他部门，省局、市局与各个检查组，检查组与检查组，参检人员之间的沟通协调，形成工作合力。三要强化支持力度。各设区市、县、区国税局要大力支持、协调配合检查组的工作，主要领导思想要开明，态度要明确，要欢迎检查组进驻检查，不得人为设置任何障碍，要为检查组提供良好的工作、生活条件。当然，检查组成员也要注重工作方法，要尊重当地国税局领导，及时沟通情况，以便取得有力支持。四要科学分工，人尽其才，才尽其用，突出检查重点，注意工作方法，讲究检查技巧，提高工作绩效，彻底查清主要涉税问题。

四、依法稽查，严守检查纪律

培养和造就一批业务上精通税收政策、懂法律、会查账、办案能力强，政治事业心强、为政清廉、拒腐防变、有高度责任感的高素质稽查人才，是做好稽查工作的根本保证。一要增强学习意识，组织参检人员学习相关法律法规政策，研究相关行业财务会计制度和企业特

点，使检查工作能够有的放矢。今天我们用一天时间组织大家进行有针对性的培训，就是要明确检查重点，确保检查取得实效。二要依法稽查，严格审核证据和适用法律，确保权限合法、程序无误、事实清楚、证据确凿、定性准确、处理恰当。三要强化大局意识，从讲政治的高度考虑问题，区别不同情况采取不同手段，做到刚柔相济，在服务中强化执法，在执法中体现服务。四要保持清醒的头脑，严格遵守工作纪律，切实依法办事、清正廉洁、不徇私情，过好人情关、金钱关，坚决抵制企业赠送礼金、红包、购物券、吃请等行为。

五、以查促管，标本兼治

今年税收工作的一项重要内容是进一步深化税源专业化管理。各级税务机关和检查组要认真研究现代税收征管模式下税务稽查的职能作用，坚持“依法治税、标本兼治”的原则，建立健全“以查促管、以查促查”的长效机制，研究探索建立宏观分析机制、个案分析机制、延伸检查机制、稽查建议机制等工作制度，按照税收征管和稽查工作客观规律要求，在依法查处税收违法案件的同时，探索发案规律、特点和新的动向、趋势，分析税收征管薄弱环节和税收政策缺陷，提出切实有效的征管措施和完善建议，真正实现整顿和规范行业、地区税收秩序的目的，不断提升稽查工作在我省税收征管格局中的重要地位。

同志们，稽查是风险管理的延续和强化，是税收工作公平性和税法刚性的重要体现。我们要全省“一盘棋”、上下一股劲，整合稽查资源，汇集检查人员智慧，以必胜的信念和科学有效的措施，应对各种挑战，破解检查难题，圆满完成检查任务。

在全省国税系统营业税改征增值税试点动员部署工作会议上的讲话

福建省国家税务局局长　臧耀民

（2012年8月14日）

同志们：

今天，我们在这里召开全省国税系统营业税改征增值税试点动员部署工作会议，主要任务是进行全面动员，统一思想认识，部署即将于11月1日在全省正式启动的“营改增”试点工作，同时对与会代表进行培训。参加会议的有各设区市局主要负责人、分管局领导、相关部门负责人以及省局有关处室负责同志。这次会议意义重大。下面我讲四点意见。

一、关于营业税改征增值税试点实施基本情况

为进一步完善税收制度，支持现代服务业发展，去年10月26日，国务院常务会议决定开展深化增值税制度改革试点；11月16日，经国务院同意，财政部和国家税务总局发布《营业税改征增值税试点方案》，同时印发了《关于在上海市开展交通运输业和部分现代服务业营业税改征增值税试点的通知》，从2012年1月1日起，在上海市交通运输业和部分现代服务业等开展营业税改为征收增值税的试点。在上海试点半年多以后，2012年7月25日，国务院常务会议决定，自2012年8月1日起至年底，将交通运输业和部分现代服务业营业税改征增值税试点范围，由上海市分批扩大至北京、天津、江苏、浙江（含宁波市）、安徽、福建（含厦门市）、湖北、广东（含深圳市）8个省（直辖市）。明年年将继续扩大试点地区，并选择部分行业在全国范围试点。

2012年7月31日，财政部和国家税务总局根据国务院常务会议精神，印发了《关于在北京等8省市开展交通运输业和部分现代服务业营业税改征增值税试点的通知》（财税〔2012〕71号），规定8省市应自2012年8月1日起开始面向社会组织实施试点工作，开展试点纳税人认定和培训、征管设备和系统调试、发票税控系统发行和安装，以及发票发售等准备工作，确保试点顺利推进，按期实现新旧税制转换。各地新旧税制转换的时间不同，北京市为9月1日，江苏省、安徽省为10月1日，福建省、广东省为11月1日，天津市、浙江省、湖北省为12月1日。财税〔2012〕71号文的下发，标志着我省申请试点工作任务已经完成，全面进入准备和实施阶段。

二、统一思想，增强责任，充分认识“营改增”试点的重要意义

这次营业税改征增值税试点是货物劳务税制度的一项重大改革，也是一项重要的结构性减税措施，对我省先行先试推进海西建设也有着重要的意义。全省国税系统各单位要提高认识，统一思想，增强责任意识，坚决把这次试点任务完成好。

（一）实施营业税改征增值税改革，是国家结构性减税的重大举措，对经济社会发展将发挥积极作用

1994年形成的增值税和营业税并存的税制格局，是与当时我国市场经济发展阶段和税收征管水平相适应的，对促进我国市场经济的健康发展发挥了重要作用。但随着改革开放的深入，我国经济的市场化和国际化程度日益提高，社会分工进一步细化，新的经济形态不断出现，货物销售和劳务提供的界线日趋模糊，增值税和营业税并存所暴露出来的问题日益突出，尤其是当前在大力发展服务业已成为经济发展方式核心内容的新形势下，两税并存、重复征税的弊端已成为税制制约服务经济发展的瓶颈。

增值税征收范围包括销售货物、进口货物、提供加工劳务、提供修理修配劳务，基本税率为17%。这次改革试点增加了两档税率。提供交通运输业服务，税率为11%；提供现代服务业服务（有形动产租赁服务除外），税率为6%。增值税特点是能消除重复征税，仅对增值额征税，税收负担比较合理，而且有利于促进专业化协作，不因商品周转环节的变化而影响商品最终税负的变化。营业税的计税方法是按照营业额全额征收，进项税不能扣除，因而存在重复征税问题，导致很多企业搞成了小而全、大而全，而不去搞服务外包和分工协作，影响了第三产业发展。

对此，财政部、国家税务总局按照建立健全有利于科学发展的财税制度的要求，对税制促进服务业发展问题进行了认真研究，国务院决定实施营业税改征增值税试点，有利于完善税制，消除重复征税；有利于社会专业化分工，促进三次产业融合；有利于降低企业税收成本，增强企业发展能力；有利

于优化投资、消费和出口结构，促进国民经济健康协调发展。

（二）选择在交通运输业和部分现代服务业进行改革试点，有利于促进经济结构调整和产业优化升级

营业税改征增值税涉及面广，涉及纳税人多，为保证改革顺利实施，在部分地区和部分行业开展试点十分必要。国家选择交通运输业试点主要考虑：一是交通运输业与生产流通联系紧密，在生产性服务业中占有重要地位；二是运输费用属于现行增值税进项税额抵扣范围，运费发票已纳入增值税管理体系，改革的基础较好。选择部分现代服务业试点主要考虑：一是现代服务业是衡量一个国家经济社会发达程度的重要标志，通过改革支持其发展有利于提升国家综合实力；二是选择与制造业关系密切的部分现代服务业进行试点，可以减少产业分工细化存在的重复征税因素，既有利于现代服务业的发展，也有利于制造业产业升级和技术进步。

上海市自今年1月1日至今的试点情况合乎预期，改革的意义日渐显现。7月23日，在部分省市营业税改征增值税试点准备工作座谈会上，国家税务总局副局长解学智指出：上海试点半年进展顺利，与中央调整结构、转方式的要求是吻合的。上海试点运行良好，90%的企业税负下降，小型微利企业全面减负，促进分工细化，技术进步，基本实现预期目标。就10%增加税负的企业也要客观分析：增值税抵扣的链条机制，多个环节，层层抵扣形成税负，不可能是任何时点都减税，即使是低税率，也有可能短期或一时期增加税负，这种税制需要时间检验，上海试点才半年，还不充分；固定资产更新有周期性，固定资产投资遇低点则增负，高峰则减负，或者有的企业几年不纳税，要一定时期才能看出其实际税负。

财政部副部长王军在座谈会上简要介绍上海试点改革的情况：2012年1—6月，上海试点企业一般纳税人税负除交通运输、有形资产租赁服务整体税收略有增加外，其他五个行业整体税负下降，其中一般纳税人整体减少税收6.3亿元，小规模纳税人减少税收6.1亿元，下降幅度40%，出口服务减免税款3.5亿元，试点企业开具发票给非试点企业抵扣税款95亿元，对税负增加企业采取过渡性扶持政策需要资金约5亿元。具体表现为：一是上海试点半年减税115亿元，其中既有上海本地的减税，也含由于开出发票到外省抵扣的部分，减少的总数比预计测算要大。二是试点纳税人税负下降面呈逐步扩大之势，到4月是88.8%、5月89.1%、6月89.6%。有90%的企业税负有不同程度的下降，10%的企业税负有不同程度的增加。在6月份10.4%税负增加的企业当中，有60%的企业月平均税负增加2000元左右。主要原因还是抵扣不充分，这个情况非常复杂，随着时间的推移、经济的回升、范围的扩大，可能会有所好转，但肯定还有部分企业税负有不同程度的增加。三是在交通运输业方面，小规模纳税人占66%左右，是通通减税的；一般纳税人1—6月份有41.1%的企业税负有不同程度的增加，但税负增加的面也是呈逐月减少之势，3月47%、4月45%、5月43%、6月40.1%，这是大家比较关心的问题，这个问题到目前为止还很难找到很好的解决办法。

财政部和国家税务总局领导讲的个别试点企业税负增加的问题，其他试点省市也会出现。要向各方面讲清楚，“营改增”大多数试点企业税负下降，但并不是每户企业都减税。根据国务院的决定，我省的试点政策模式与上海一样，包括试点行业范围、试点工作方案、具体政策安排都一样。“营改增”后，短期内可能不同类型纳税人税负有增有减，但从长期来看，结合经济周期和整个税收链条分析，总体税负趋向减轻。“营改增”与中央提出的调

结构、转方式的要求相适应，有利于促进经济结构调整和产业优化升级。

（三）营业税改征增值税试点有利于我省先行先试推进海峡西岸经济区建设

当前，我省正在全面贯彻实施党中央、国务院批准的《海峡西岸经济区发展规划》和《平潭综合实验区总体发展规划》，全力推进科学发展、跨越发展。特别是发挥对台独特优势，先行先试，积极承接台湾现代服务业转移，着力推动现代服务业与先进制造业的深度融合。营业税改征增值税后将对此产生积极的推动作用。从上海试点情况看，“营改增”政策有明显的“波及效应”和“洼地效应”，政策执行越到位、进项抵扣越彻底，企业及其下游关联企业受惠就越多；而企业受惠越多，就越能吸引同类甚至同一产业链上的企业向当地聚集。上海试点后，周边一些地区的服务业将总部和业务转移至上海，使企业转出地的税收受到影响。福建这次与广东、浙江等沿海省市一起被列为“营改增”新增试点省份，有利于我省创造更好的税收环境，提高经济发展的竞争力，吸引外省企业投资，避免本地税源外流。

三、客观分析，理性看待，积极应对“营改增”试点的困难和挑战

改革试点是新事物，从来都是充满艰辛。“营改增”试点同样存在困难和挑战，给我们税收征管带来一定压力。财政部、国家税务总局领导在7月23日召开的“营改增”试点单位工作座谈会上强调：“试点地区要认真准备，届时开出的票是钱，开不出票是事。”就是说，到11月1日后，试点纳税人要确保开票成功，开票后申报缴纳的就是税款；如果开不出票，就是出事情、出事故。国税系统作为直接面向纳税人的征管单位，如果届时申报不成功，开不出票，那就是我们国税系统“出事情”。所以，我们要清醒看到此次试点工作的艰巨性和复杂性，全力以赴做好各项准备工作，确保试点顺利进行。

（一）试点企业税负减轻，意味着税收收入的减少

营业税改征增值税，企业缴税情况不可避免地会发生变化，因而对税收收入也会产生影响。（1）营业税改征增值税后，一般纳税人会减少一些收入。（2）全省7万户左右的小规模纳税人随着税率下降，税收收入肯定也会减少。（3）纳入试点行业的一般纳税人及小规模纳税人开具增值税专用发票，其他一般纳税人可抵扣，也会造成税款减少。（4）试点企业所得税收入可能会出现增收，但不在国税管征。按照上海试点模式，据省地税局统计测算，我省试点纳税人近7.8万户（不含厦门），占我省全部营业税纳税人的35%。与试点行业对应的营业税收入，2010年为43亿元，2011年为50亿元，占我省全部营业税收入的12.5%。从中可以看出，试点纳税人数量占营业税纳税人的比重大，但税款不大，工作量大。静态预测（不考虑省际间税源变动情况）我省加入试点将产生可抵扣的增值税进项19.6亿元，扣除目前已经按7%扣除率虚拟抵扣的货运部分，新增的可抵扣增值税为17亿元，影响地方财政收入近5亿元。要向各级政府领导讲清楚，对试点的企业，不可能去年收多少亿，今年还收多少亿，肯定会减少，这是结构性减税的必然体现，当然我们也必须应收尽收。

（二）不排除部分一般纳税人短期内税负增加

试点改革解决了重复征税，使税制更加科学合理，企业整体税负会下降，但也不排除部分一般纳税人会增加税负。部分企业税负加重的主要原因有：（1）可供抵扣的进项税额少。比如：交通运输企业的主要资本投

入是车辆，如果纳入改革试点的交通运输企业大部分车辆是在2012年11月之前购置的，就会在改革初期出现可抵扣进项税额较小、销项税额相对较大的情况。（2）作为交通运输企业主要成本的路桥费，因为没有取得增值税专用发票而不能抵扣。（3）由于试点范围限制，无法从未试点地区取得进项发票。路桥费支出是交通运输企业经营成本的重要部分，据中国物流与采购联合会近期发布的报告显示，路桥费平均占运输成本的34%。由于路桥收费还没有纳入营业税改征增值税范围，交通运输企业发生的路桥费支出得不到抵扣，会相应增加税收负担。（4）一些交通运输企业发生的车辆加油费等可以抵扣的支出，因取得增值税专用发票不方便或不及时，也会带来进项税额抵扣不足的问题。这一点要向试点企业宣传，以前不开票不影响企业缴纳营业税，但“营改增”后不开票对增值税有影响，告知企业要积极主动取票。

（三）税务机关将面临更多压力

一方面，面临舆论宣传方面的压力。营业税改征增值税试点，影响大，关注高，涉及纳税人多，尤其是对于部分企业税负不降反增的问题，舆论比较关注。这些既是试点实施过程中出现的正常现象，同时也要引起我们的重视和认真对待，要有专人监控、分析，及时报告。要加强正面宣传，正面引导。另一方面，面临征管准备方面的压力。今天到11月1日开始试点只剩两个多月了，在此期间必须完成试点纳税人税务登记、税种鉴定、一般纳税人和小规模纳税人资格确认，测算上报试点纳税人增值税专用发票和税控器具的用量，制订试点纳税人发票核定、发售的管理办法，落实税务干部和纳税人的培训工作等。现有的税务应用系统也必须做出相应的调整、升级和改造，否则将直接影响营业税改征增值税试点工作能否如期推行。

四、周密部署，精心组织，确保“营改增”试点在我省顺利运行

营业税改征增值税试点是当前及今后一段时期全省国税系统的一项重要工作。全省各级国税部门要高度重视，立足大局，周密部署，精心组织，采取有力的措施，确保“营改增”在我省顺利启动，确保11月1日起试点纳税人能正式开出增值税发票并申报缴纳增值税。

（一）加强领导，落实责任

为加强改革试点工作的组织领导，省政府已成立以副省长王蒙徽为组长，省财政厅、国税局、地税局、发改委、经贸委、交通厅、国资委、工商局、统计局、省委宣传部、人民银行福州中心支行等部门为成员单位的营业税改征增值税改革试点工作领导小组，领导小组办公室设在省财政厅，抽调省委宣传部、国税局、地税局等相关部门同志集中办公。省级财税部门分别成立营业税改征增值税试点工作小组。省国税局“营改增”工作领导小组由局长臧耀民任组长，副局长陈滨任副组长，成员为货物和劳务税处、办公室、法规处、所得税处、收入规划核算处、纳税服务处、征管处、进出口税收管理处、信息中心和服务中心的主要负责人。营业税改征增值税试点准备工作由副局长陈滨具体负总责，货物和劳务税处牵头。全省国税系统各单位也要成立相应的领导小组和工作小组，加强对改革试点工作的统筹协调和业务指导，为改革试点平稳推进、有序运行提供组织保障。

（二）明确分工，强化协作

营业税改征增值税试点涉及面广、部门多、工作量大、落实难度大，各单位要在省局和各地市“营改增”工作领导小组的统一指挥下，理顺各方面关系，加强分工协作。8月初，省政府正式批转了省财政厅拟订的《福建省营业税改征增值税试点改革工作方案》，明

确我局的工作任务包括接收税源信息、制定征管措施、培训税企人员、提供调查数据、拟订应急预案等等，具体工作事项细化分解达91项。省局对这91项工作任务要进一步明确、分解和落实，要求明确责任单位，落实到人；明确工作任务，倒计时制订时间表。同时要加强系统内上下和部门之间的良性互动、协调配合，切忌推诿扯皮，贻误工作。

（三）强化培训，加大宣传

对内加强培训，对外扩大宣传，这是确保“营改增”试点能否顺利推行的重要条件。一方面，要加强业务骨干和基层一线干部的辅导培训，通过召开动员会、开展师资培训、分级培训、开办专栏等方式，使干部吃透方案文件精神，掌握实际操作技能，提高“营改增”纳税人的征管和服务水平。另一方面，要对试点纳税人进行培训。同时采取印发宣传资料、通过12366纳税服务热线、省局门户网站、新闻媒体等各种途径和方式，对“营改增”试点的意义、内容、具体操作等进行全方位的宣传辅导，畅通纳税人咨询渠道，及时解答纳税人关心的问题，使纳税人掌握“营改增”政策，更好地执行政策。在“营改增”宣传工作中，要遵守宣传工作的纪律，把握宣传导向和口径，统一使用财政部、国家税务总局以及省政府营业税改征增值税改革试点工作领导小组办公室确定的口径和资料进行正确解读宣传。个人未经批准，不得擅自接受媒体采访，发布所谓的“营改增”试点信息。

（四）完善平台，提供支撑

改革离不开信息化的依托，这次“营改增”试点工作，涉及征管软件、增值税发票管理、税务端发行发售系统、网络申报等9个软件信息系统的升级和开发，要进一步整合小型机服务器等硬件资源，要搭建3个测试系统，大量数据需要导入清理补录，还要进行基层操作培训环境的设置，最终要在税收生产信息系统上进行通过性检验。在10月中下旬就要全部完成这些工作，信息技术部门的工作项目很多，工作量很大，每项工作都是细活，不能有一点的疏忽。所以一定要做好业务和技术部门的密切配合，加强业务需求和技术实现的融合，技术部门要提供及时良好的技术支持。财务和采购部门也要打破常规，特事特办，主动做好采购服务工作，按时优质提供设备和其他应具备的条件。

（五）加强管理，防范风险

在“营改增”试点准备和推行过程中，相关部门要密切配合，加强管理指导，完善配套措施，规范工作流程，及时应对、解决试点过程中出现的各种问题。特别是营业税改为增值税后，试点行业将纳入增值税专用发票管理，其中涉及大量的征管问题，包括营业税减免优惠的过渡、一般纳税人认定、旧版发票转为新版发票、推行税控设备、抵扣发票认证、发售发票抄报税等管理环节，必须采取相应措施逐一解决，切实做到税务综合征收系统调整到位，各项管理及时跟进。同时，试点纳税人开具的发票具备抵扣功能，虚开、代开发票等违法行为也可能会在这些行业中产生，必须及时收集情况，加强教育，强化管理，有效防范税收执法风险。

同志们，此次营业税改征增值税试点改革工作既是一项重要的税制改革，也是一项重要的政治任务。全省国税系统上下一定要保持良好的精神状态，在财政部、国家税务总局和省委、省政府的坚强领导下，在前期工作的基础上，锐意进取，攻坚克难，平稳有序地推进各项工作，确保此次“营改增”试点改革工作在福建省全面、平稳、顺利地推行。

深化征管改革 转变管理方式
努力推进全省国税系统
税收征管现代化

——在全省国税系统深化税收征管改革工作会议上的讲话

福建省国家税务局局长 臧耀民

（2012年9月11日）

同志们：

全省国税系统深化税收征管改革工作会议今天召开了。这次会议的主要任务是：认真贯彻落实全国税务系统深化税收征管改革工作会议精神，回顾总结我省国税系统近年来征管改革历程和基本经验，交流泉州市局税源专业化管理和其他设区市局有关情况，研究部署深化我省国税系统征管改革工作任务，统一思想，群策群力，努力推进我省国税系统税收征管现代化。下面，我讲四点意见。

一、认真探索，先行先试，近年来我省国税系统税收征管改革取得明显成效

一个良好税制的成功运行有赖于与之相匹配的完善的征管制度。自1994年新税制实施之日起，我省国税系统围绕建立科学严密的税收征管方式进行了艰辛探索，为深化税收征管改革奠定了良好基础。

1997年起，我们积极组织实施国务院批转总局的深化税收征管改革方案，基本形成征管查三分离的征管格局；2001年进一步深化探索，建立以设区市局为中心的专业化体系，形成了“多元申报纳税、市区集中征收、属地分类管理、市级一级稽查”的征管新格局；2004年之后积极探索税收科学化、精细化管理，并于2008年组建纳税服务专门机构，逐步提升纳税服务工作水平。同时，随着金税二期、CTAIS1.0、CTAIS2.0、税库行联网、综合纳税服务平台以及网络办税业务等陆续推行，税收信息化支撑作用不断增强。

2010年以来，我们沿着税源专业化管理的方向积极探索，在全省18个县级单位开展征管方式变革试点的基础上，于2011年选择泉州市国税系统和其他设区市2个县级局作为税源专业化管理改革试点单位。2012年又将税源专业化管理改革拓展至莆田、宁德、漳州三个地市局。经过一年多的探索实践，基本确立了既符合总局思路、又具有福建特色的税源专业化管理的运行模式和机制。主要做法和成效有：

（一）改革完善纳税服务体系，推进纳税

服务便捷化。突出重点，依托“一网、一线、一厅”等平台，建立多元化办税体系，不断满足纳税人多样化、个性化的服务需求。按照“一县一厅”的要求稳步推进办税厅标准化建设，全面推广“一窗通办”和“同城通办”，所有涉税事项一律由办税服务厅集中受理，对非即办事项推行“统一受理、内部流转、限时办结、窗口出件”的全程服务运作模式。建设并不断完善门户网站办税服务功能，积极引导纳税人开展网上办税。2011年，网络申报纳税人占增值税纳税人的89.7%，入库税款占总收入的88.26%。搭建省级12366纳税服务热线，配备20个人工坐席，完善纳税咨询服务制度，建立知识库，及时解答纳税人各类涉税问题。该热线运行以来，总接话量达19.33万个，日均电话630个，涉税问题办结率达99.6%。此外，还推行纳税人部分业务免填单服务，初步解决纳税人涉税资料重复报送问题。

（二）落实层级税源管理职责，推进分类管理科学化。在充分论证研究的基础上，按税源的规模、行业等类别设置若干税源管理科（分局），负责纳税评估和日常管理工作；有的单位设置少量税源管理分局集中负责日常管理或税收特定事项（出口退税、非居民税收及反避税）管理，其余分局均从事纳税评估；反避税等专业化管理事项由设区市局以上机构进行统筹管理；重新调整省、市、县（区）三级税源管理职责，突出省市局两级风险识别能力和县级局风险应对能力建设，推进县局实体化、扁平化，其内设业务科室直接从事税源管理的具体工作，不再是“二传手”；坚定地组织实施“市级一级稽查、举报案件下查一级”的集约化稽查模式。

（三）统一全省涉税业务规程，推进办税流程规范化。根据税收业务需要进行流程再造，对涉税事项进行全面梳理和规范，编写了《福建省国税系统涉税业务规程》，于2011年9月1日起在全省实行，涉税业务规程实现六项“统一”。一是统一规定审批事项类别。梳理后，依纳税人发起涉税业务即办事项为94项、非即办事项为73项、依职权涉税业务事项为19项，扩大了即办事项，压缩了不必要的审批事项。二是统一规定涉税业务审批流转环节和审批时限，县级局审批事项统一为3个环节。三是统一规定涉税附列资料的报送内容与格式。四是统一设置CTAIS业务流程和文书种类。五是统一规定所有涉税事项由办税服务厅办理或受理流转的程序。六是统一规范办税事项的业务描述，并作为12366服务热线解答指南和办税服务厅涉税业务工作执行标准。

（四）重视信息采集分析利用，推进税源管理信息化。一是推进实施征管档案电子化。自主开发“一户式税收征管档案管理系统”，经泉州、福州市局试点后，于2012年4月全省推广，提升了税收征管档案管理和利用效率。二是推行普通发票网络开票。采用总局推荐的模式与电信、移动和联通三家运营商合作建设网络发票管理系统。2012年6月底，万元版普通发票网络开具推广到位，提升了普票管理的信息化水平。三是推动信息交换制度化。福州市人大和福州市政府率先出台了地方税收保障决定和实施办法。目前，省级涉税信息交换平台（一期）已实现省发改委、工商局、住房和城乡建设厅、国土资源厅、公安厅、质量技术监督局、交通运输厅、财政厅、残联、地税局和省国税局等单位涉税信息的交换，征纳双方信息不对称问题得到逐步缓解，为行业建模、纳税评估等提供了支持。

（五）积极实施税收风险管理，推进风险应对高效化。加强组织体系建设，省局建立了收入规划部门牵头的税收风险分析识别工作小组和征管科技部门牵头的税收风险管理工作小组。重视风险管理平台建设，自2011年起全力开展行业建模工作，依托信息技术自主开发使用“行业税源分析监控系统”、纳税评估V3.0等软件，不断提升税收风险应对水平。截至2012年8月31日，按行业子类统计，全省已对297个行业搭建模型941个，纳入到模型监控的纳税人34402户，占可监控总户数的98.52%。通过“纳税评估V3.0系统”，全省目前已对9126户纳税人开展了纳税评估，补税额合计7.88亿元，占国税总收入的1.18%。通过风险管理，促进税务稽查质量不断提升，今年1—8月全省共查补收入6.96亿元；反避税和非居民税收管理实现新的突破，1—8月分别组织入库1.4亿元和6.71亿元。强化人才保障，省局从2012年开始实施纳税评估千员培训工程，每期1个月，采用理论学习与实战演练相结合的培训方式，下大力气提高一线税收管理人员的纳税评估和风险应对能力。

在我省开展税源专业化管理试点的过程中，泉州市局勇于先行，敢于创新，以增强风险应对能力为重点，形成了以“有利于提高税法遵从度和满意度，有利于提升征管质量和效率，有利于队伍和党风廉政建设为目标，以纳税服务标准化、征管流程规范化为突破口，建立一个分析、四个应对”为主要内容的泉州模式。总局副局长宋兰2011年专程来闽调研时，充分肯定了省局和泉州市局的做法，省局和泉州市局的经验还在合肥召开的全国税收征管改革会议上进行了书面交流。

可以说，这些年来我省国税系统的税收征管改革历程很不平凡，改革实践丰富生动，征管面貌日新月异，征管模式日趋科学。目前，纳税人自行申报纳税制度基本确立，纳税服务水平实现极大提升，信息管税取得突破性进展，税务稽查的威慑力不断增强，税收征管质量和效率明显提升，有力地促进了税收收入平稳较快增长。全省国税系统税收收入由1997年的127.6亿元快速增长到2011年的1292.8亿元，年均增长18%。税收调控经济、调节分配的职能作用有效发挥，为支持海西建设作出了积极贡献。这些成绩的取得，是各级党委政府、有关部门和社会各界特别是广大纳税人大力支持、积极配合的结果，是全省国税系统广大干部职工开拓进取、扎实工作的结果。在此，我代表省局党组向大家表示衷心的感谢和崇高的敬意！

在取得良好成效的同时，我们也深刻感受到，与形势发展要求相比，当前我省国税系统的税收管理方式还存在诸多不适应：管理理念有待更新，干部对专业化管理、税法遵从、风险管理的认识还不够到位；风险应对能力还不强，重点税源监控还不到位，纳税评估质量不高，有的单位还存在把评估简单化为按预警值调整的倾向；人力资源配置不尽合理，重点税源管理力量不足，层次较低；信息管税水平还不够高，信息数据没有得到充分利用；干部综合素质有待提高，税收风险分析、纳税评估、反避税、税务稽查等高层次专业化人才比较匮乏。因此，必须客观审视和认真分析当前税收征管工作中存在的不足，通过进一步深化税收征管改革，从体制机制上破解制约征管质量和效率提高的难题。

二、认清形势，转变观念，切实把握新时期全省税收征管改革的总体要求和目标

进入新世纪，尤其是党的十七大以来，全国、全省的税收环境发生了深刻变化，税收工作面临新的形势，转变税收管理方式、推动税收征管现代化成为摆在我们面前的必然选择和紧迫任务。从经济发展上看，当前我国正处于深化改革开放、加快转变经济发展方式的攻坚时期，我省迎来了加快海峡西岸经济区建设的大好前景，积极助力海西建设、推动福建跨越发展，要求逐步形成有利于促进科学发展和加快转变经济发展方式的税收征管制度。从政

府治理上看，随着新公共管理运动的深入推进，建立法治型、服务型税务机关已成为必然趋势；构建社会主义和谐社会，加强和创新社会管理，不仅要求税收征管更加注重优质服务，更要求进一步明晰征纳双方的权利义务，维护纳税人合法权益。从税源变化上看，随着改革开放的深入推进，我省纳税人的数量急剧增长，跨地区、跨行业的大型企业集团相继涌现，税源集中度不断提高，纳税人的经营方式日益复杂，其法律意识和维权意识不断增强，涉税诉求多样化、服务需求个性化的趋势日渐明显，这些都给税收征管工作理念、管理方式、资源配置、人员素质等带来了深刻影响。从技术革命上看，企业管理的电子化趋势日益明显，以云计算等为代表的新一轮信息技术革命方兴未艾，技术变革在为我们加强税收征管提供重要保障的同时，也对税收征管工作提出更加严峻的挑战。从国际环境上看，随着“走出去”战略的实施，税源国际化趋势日益明显，必须进一步加强国际税收管理与协调，切实维护我国税收权益；同时，也应借鉴国外先进成熟的征管经验，改进我们的管理，提高征管的质量效益。

以上五个方面的深刻变化，要求我们必须通过调整和优化税收征管制度安排，更好地适应形势发展要求；必须转变税收管理方式，努力推动税收征管现代化。在不久前召开的全国税务系统深化税收征管改革工作会议上，总局副局长宋兰指出，进一步深化税收征管改革是经济社会发展的迫切需要，是顺应现代信息革命发展潮流的迫切需要，是推进我国税收管理国际化的迫切需要，是适应税源状况深刻变化的迫切需要，是完善我国现行税收管理方式的迫切需要。会议还勾画了建立现代化税收征管体系的基本框架，明确了建立现代化税收征管体系的基本原则，即坚持依法行政、坚持诚信服务、坚持科学效能、坚持监督制约；提出了构建现代化税收征管体系的目标，即全面提高税收征管的质量和效率，具体来说就是要努力做到提高税法遵从度和纳税人满意度、降低税收流失率和征纳成本（“两提高、两降低”）。

根据形势发展要求，结合税收工作实际，全省国税系统进一步深化税收征管改革的总体要求是：以邓小平理论、“三个代表”重要思想为指导，深入贯彻落实科学发展观，牢记为国聚财、为民收税的神圣使命，围绕服务科学发展、共建和谐税收的工作主题，构建以明晰征纳双方权利和义务为前提、以风险管理为导向、以专业化管理为基础、以重点税源管理为着力点、以信息化为支撑的现代化税收征管体系。

围绕这个总体要求，省局提出构建现代化税收征管体系应切实把握以下五个基本点：

一是坚持依法行政。依法行政是税收工作的生命线。税收征管就是要认真贯彻执行国家税收法律法规，坚持依法征税。要将依法行政作为基本准则贯穿税收征管全过程，进一步规范税收执法，切实强化税收执法监督，确保各级税务机关严格按照法定权限和程序行使权力、履行职责，为构建现代化税收征管体系奠定坚实的法治基础。

二是促进税法遵从。它是纳税人按照税法及时准确完成纳税义务的行为，是现代税收征管体系的重要基础。在解决征纳这对矛盾时，与其征者强求，不如纳者遵从。我们要充分认识“服务+执法=税法遵从”的理念，把优化纳税服务、公正税收执法作为重要任务，把明晰征纳双方权利义务关系作为重要内容，通过加强税法宣传、优化办税服务、简化办税程序、公正公平执法等途径，减轻纳税人负担，降低纳税人遵从成本，帮助纳税人方便、快捷、准确地履行纳税义务，构建和谐融洽、信赖合作的税收征纳关系。

三是强化风险管理。它是指对经过风险分析评定后对不同风险等级的纳税人采取不同的风险应对策略的管理方式，这是现代税收征管体系的核心内容。要把风险管理贯穿税收征管的全过程，建立“统一分析、分类应对”的风险管理体系，形成风险分析识别、等级排序、应对处理和绩效评价的闭环系统，对不同税收风险的纳税人采取风险提示、纳税评估、税务稽查等差异化和递进式的风险管理策略，将有限的征管资源优先用于风险大的纳税人和领域，以提高税收征管的质量和效率。

四是深化信息管税。大力推行信息管税，就是要充分发挥信息化的支撑作用，加强对纳税人涉税信息的采集、分析、利用，解决征纳双方信息不对称问题，提高税收征管水平，这是现代税收征管体系的重要支撑。要充分发挥信息化的引擎作用，最大限度地实现税收征管业务的网络化运行、电子化管理，实现业务与技术的有机融合，从而转变原有税收征管的运行模式。

五是推进专业分工。按照专业化管理的要求，对管理对象进行科学分类，对管理职责进行合理分工，对管理资源进行优化配置，以提高税收征管的集约化水平，这是现代税收征管体系的基本架构。要按照纳税人规模、行业，兼顾国际税收、出口退税等特定业务进行分类的基础上，积极推行分类分级管理，并按照专业化管理的思路实现岗位职责、机构设置、人员配置的统一。同时，要适应专业分工的要求，更加注重强化分类培训，提高干部队伍素质，为深化税收征管改革提供专业化人才保证。

根据上述总体要求和基本思路，面对新的形势任务，全省广大国税干部要提高思想认识，转变思想观念，增强进一步深化税收征管改革的紧迫感和责任感，在实施税源专业化管理的基础上全面推进税收征管改革。总体目标是：通过先行先试、典型引路、逐步推广再全面到位等措施，经过三年的努力，到2015年在全省国税系统全面实现税源专业化、信息化管理。即做到取消个人划片管理、税源分类科学合理、省、市、县三级职责合理分工、风险管理有效运行、信息管税作用突出。再经过五年的努力，到2020年基本构建税收征管现代化体系。即在先前的基础上，确立现代化税收征管体系的5个基本框架，使机构、职责、人员与风险管理相适应、与税收征管流程相匹配。全省8个单位要以逐步实现税收管理现代化为目标，按照三个梯次分步实施，推行税收征管改革。泉州市局要按照“国际通行、体现特色、整体设计、示范先行”的要求，以风险管理和信息管税为核心继续探索新路，率先开展税收征管现代化的尝试；宁德、莆田、漳州等3个今年的试点单位要持续推进，不断完善，在年底前将优化的税源专业化管理改革方案实施到位；其他设区市局也要结合本地实际，在这次会议后积极准备，抓紧制订方案，加强宣传动员，2013年全面推开。完成三个梯次、分步实施的目标后，全省再用3—5年的时间探索完善，力争进入全国税收征管现代化的先进行列。

三、明确方向，理清思路，认真抓好下一阶段全省税收征管改革的主要任务

税收征管是税收工作的永恒主题，改革创新是提高税收征管水平的不竭动力。根据全国税务系统深化税收征管改革工作会议精神和上述总体目标要求，今后一段时期，我省税收征管改革的主要任务是：

（一）以优化纳税服务为前置步骤深化征管改革

要充分发挥纳税服务的先导性、基础性作用，系统推进纳税服务体系建设，做到权责明晰、政策透明、流程优化、办事高效，实现纳税服务方便快捷的目标，提高纳税人满意度和

税法遵从度。

1. 力求权责明晰。明晰征纳双方权利和义务是构建现代税收征管体系的前提。要积极借鉴国外先进管理经验，强化征纳双方法律地位平等的理念，明确划分征纳双方的权利义务界限，实现权责明晰。要进一步完善纳税人自主申报纳税制度，使纳税人成为自主遵从税法的主体；理清税务部门的职责，主要在于依法行政，做好纳税服务和税收管理，帮助纳税人便捷准确地履行纳税义务，促进税法遵从。要把不应由税务部门承担的事项还责于纳税人，避免越俎代庖。

2. 继续优化流程。按照总局进一步减少涉税审批事项和受理申报前的调查、认定等制度的要求，修订《福建省国税局涉税业务规程》，进一步简并、重组业务流程与职责分配，减少不必要的事项和环节。同步调整CTAIS管理权限，进一步明确办税事项业务描述、流程、时限、附列资料等，提高办税效率。

3. 确保办税便捷。优化整合纳税服务资源，形成涵盖办税服务厅、税务网站、12366纳税服务热线和短信系统在内的一体化纳税服务平台，让纳税人纳税更加便捷。一是强化办税服务厅的服务主阵地功能。积极推进涉税事项受理、审核、审批等环节向纳税服务部门前移，不断扩大即办事项范围，将原有税收管理员的申报提醒、催报催缴、个体户定额审批审核等职能全部并入办税服务厅，做到“办税集中进大厅、有事不找税管员”；进一步拓展同城通办的业务内容和范围，努力实现设区市范围内通办。全面贯彻落实总局《关于进一步加强办税服务厅管理的意见》，打造规范、便捷、高效、文明的办税服务厅。二是强化省局门户网站的网络办税主平台功能。扩大网上办税事项范围，实现税务登记、网络申报、发票开具、发票认证、网络审批等一体化网上办税服务。三是强化短信服务系统的纳税提醒主渠道功能。通过现代通信信息系统等信息化技术手段实施纳税提醒等事项，减轻税务管理和服务人员的工作量，提高管理效率。

4. 保障合法权益。建立管理措施出台前和执行中征求纳税人意见制度，保障其知情权和参与权。落实政务公开，确保纳税人更加方便地获取税收政策信息。推行公开承诺制度，加大公开承诺内容的宣传力度和执行力度。创新运用政务微博、QQ群组等新载体、新形式加强税法宣传和咨询辅导。做好税收政策解读，探索实施政策咨询书面答复制度，帮助纳税人准确理解政策规定。以完善12366纳税服务热线与省局业务处室的横向联动机制、与基层办税服务厅的纵向指导机制为重点，健全纳税人需求征集、分析、响应、处置机制，快速有效地办理纳税咨询和处理投诉问题。税政和法规部门要强化政策咨询和税收救济，维护纳税人合法权益。坚持鼓励、引导与规范、监督相结合，拓展社会服务资源，充分发挥涉税中介机构对促进纳税人依法自行申报纳税等方面的积极作用。

（二）以分级分类管理为基本框架深化征管改革

分级分类是实施税源专业化管理的主要内容，体现了专业分工这一现代管理方式在税收管理领域的应用，是提高税收征管效率、降低税收成本的重要方法。要科学合理地划分管理对象和管理职责，突出大企业税收管理，构建完善的分级分类管理体系。

1. 围绕“分类+分级”，科学划分管理对象。在《福建省国家税务局关于开展税源专业化管理试点工作的意见》基础上，按照行业、规模和特定业务三个标准，进一步合理划分管理对象。县级局在确定税源分类方式上，应以泉州市局改革做法为重要参考，税源管理分局主要从事风险应对和行业重点税源监控，基础事项除并入办税服务厅外，其余由县区局相关管理部门进行集约化管理。在不同管理层次的职责划分上，由省市局负责大企业管理和反避税工作，并按照省局提出的“省市局集中分析，市县局专业应对”的思路实施风险管理，以加强对后续试点单位和推广单位的指导。

2. 围绕“体制+方法”，重点强化大企业管理。大企业对税收工作全局具有重要影响，大企业税收专业化管理是税收征管改革的着力点和重要突破口。一要完善我省大企业税收管理体制。深入研究论证和完善福建省大企业税收管理体制。明确省局大企业管理部门的职能，目前主要是积极跟踪监控省局定点联系企业税源管理和服务；认真落实总局大企业管理服务制度，有效组织开展总局下达的风险应对任务；协调解决大企业税收管理中的问题，总结各地的管理经验。泉州、福州、莆田、漳州等大企业集中的设区市局建立大企业税收管理局，承担本市大企业的风险管理，税款征收及日常基础管理、一般性纳税服务工作仍由属地税务部门负责；其他设区市局的大企业管理部门参照省局大企业管理部门的职责实施相应层级管理。二要完善大企业管理方式方法。认真落实总局《大企业税收风险管理指引》《大企业税收服务和管理规程》，有效组织开展风险应对任务。加强个性化服务，选择部分大企业签订税法遵从协议并监督实施，建立定点联系企业年度税法遵从报告制度，推动建立彼此信赖、真诚合作的征纳关系。完善对“走出去”大企业的税收服务与管理机制，依法维护企业境外税收权益。要通过创新大企业税收专业化管理，努力实现三个转变：一是从税务机关的单向监管转变为服务与管理并重，税企互信合作，共同防控税收风险；二是由事后管理和检查为主转变为防控和管理相结合的全过程税收风险管理，提升管理效能；三是从基层的分散管理转变为跨层级的统筹管理，实现服务与管理的高效运转。

（三）以风险识别应对为主要方式深化征管改革

运用风险管理理论加强税收征管，是目前世界上许多国家有效防范税收流失的普遍做法。我们深化征管改革的一个鲜明特点就是要把开展风险识别和应对作为主攻方向，它是税收征管的主线。我们讲转变税收管理方式，核心就是要强化风险分析识别和应对。

1. 建立风险管理体系。一是建立税收征管核心流程和风险管理流程体系。借鉴国际上通用的现代税收管理基本程序，健全我省以风险管理为导向的税收征管核心流程，进一步明确纳税服务（申报纳税、信息报送、咨询服务、简易违章处理）、税收风险识别（数据信息情报管理、风险识别、等级排序、风险发布）、税收风险应对（风险提示、纳税评估、反避税、税务稽查）、法律救济（投诉处理、行政复议、行政诉讼）等管理流程，为税收征管改革搭好框架、夯实基础。要与税收征管核心流程的完善相适应，设计风险管理流程，建立“省市局分级分析识别、市县局专业应对”的结构模式。二是建立税收风险识别管理指挥中心。安徽、江苏等省市经验给我们启示，风险管理关键是要建立一个集税收信息汇总、风险分析、识别、风险任务推送、应对结果评价等职能于一身的税收风险识别管理指挥中心，才能有效推进风险管理闭环运行。省局拟将原有的风险分析、应对两个小组改组为风险识别管理指挥中心，分管局领导挂帅，集中有关处室精兵强将，人员报局领导批准，并相对固定，统一开展风险分析和任务推送，探索完善“统筹协调、纵向联动、横向互动、内外协作”的税收风险管理运行机制。各设区市局也要按照这一思路结合本地实际，贯彻落实。

2. 强化税收风险识别。识别是风险应对的首要程序。首先要明确风险识别的办法。用什么方法、什么平台、什么工具实现税收风险分析识别，是当前急需解决的问题。因此亟须完善风险分析识别的平台和工具。目前我省承担风险分析识别的系统有行业建模监控分析系统、出口退税预警系统、所得税预警系统、重点税源分析系统等。指挥中心建立后，要尽快进行系统整合，开发全省统一的税收风险识别管理系统，统一风险分析识别、等级排序，这是一项紧迫的任务，也是我们工作的重点。在此之前，依托“行业税源分析监控系统”等，继续开展行业建模工作，拓展建模范围，完善风险分析指标体系，不断提高税收风险分析能力。

3. 改进税收风险应对。要加快税收风险应对制度和机制建设，切实提高应对的质量与效率。按照税收风险识别管理指挥中心发布的风险信息，对不同风险等级的纳税人采取不同的应对手段。对低风险纳税人，采取风险提示等服务手段督促其消除风险；对中高风险纳税人，采取纳税评估手段进行应对；对发现涉嫌偷逃骗税的纳税人直接实施税务稽查。风险提醒、纳税评估、税务稽查是税收风险应对的三个主要手段，它们既存在一定的递进关系，也相互促进，相互制约。要强化纳税服务、税收分析、纳税评估、税务稽查、法律救济等部门或环节的相互衔接，确保税收风险应对机制运作顺畅高效。

一是规范纳税评估。纳税评估是税收风险应对的主要方式。要把基层税源管理分局的主要职责调整到纳税评估上来。要完善纳税评估程序及其配套制度，明确评估实施前要制作风险指引并下达任务，评估后要有结果反馈。在总局新纳税评估办法出台前，省局将尽快制定下发已经过多次讨论修订的《纳税评估操作规程》，确保全省评估工作有章可循。要加强联动，对纳税人相关涉税信息开展行业综合分析，深入研究相关税种之间的关联关系，进行各税种综合评估。要总结经验，开展团队式评估，探索试行主辅评等制度，提升评估质量。要加强反馈，通过专门机构对纳税评估进行复核，加强监督管理。

二是强化税务稽查。税务稽查是应对税收风险的重要手段。税收风险分析识别部门推送和纳税评估部门移交的高风险纳税人今后要逐渐成为主要的涉税案源。要加大大案要案查处力度，严厉打击涉税违法犯罪活动。要认真组织实施税收专项检查和区域税收专项整治以及开展总局部署的重点税源检查。要继续深化“市级一级稽查、举报案件下查一级”的稽查模式，通过改革，调整县级稽查局的职责，选案和部分案件审理由市局统一实施。要合理调配力量，使稽查人力资源配备与所承担的稽查任务相适应，明年全省稽查人员总数要达到900人以上、占国税系统总人数的比例接近12%。要制定科学的选案方法，提高选案准确性和稽查有效性。要依法稽查，文明执法，完善稽查工作底稿制度，加大稽查全过程控制。要落实案件集体审理和重大案件审理委员会审理制度，规范自由裁量权的使用，做到公平公正，防止畸轻畸重。

三是加强反避税管理。强化反避税调查，加强跨境税源管理，重点关注跨国交易、特许权使用费、股权转让、跨国承包工程等容易出现避税的领域，完善非居民税收管理机制。要与相关部门建立定期联系制度，加强第三方信息采集和运用，积极探索国际税源监控的常态机制。有效运用全省国际税收信息平台，构建完整独立的反避税工作流程体系。建立省市两级立、结案会审及逐级上报制度，提高办案水平。要研究国际避税的新情况及其在我省表现出的新特点，集中力量突破一些上规模、有影响的避税企业和非居民股权转让企业，切实防范各种跨境避税行为。

（四）以深化信息管税为有力支撑深化征管改革

加强业务与技术的融合，强化税收信息的采集分析应用，深化信息管税，是现代税收管理的重要支撑。要大力加强数据管理，充分利用各种信息，实现涉税信息的高度集中和全面共享。要以信息化手段改进户籍管理、档案管理和发票管理，推动基础管理再上新台阶。

1. 扎实推进信息利用高效化。一要加大第三方信息采集力度。积极参与“数字福建”平台建设，落实涉税信息交换制度，不断拓展范围和内容，重点获取地税、工商、电力、银行等部门的涉税信息。积极敦促省政府出台税收保障办法，提高省级涉税信息交换共享平台的覆盖面，统一数据口径，规范数据采集标准和操作规程。二要尽快实现已交换数据的分析利用。充分挖掘现有信息的利用空间，提高内外部信息数据的加工处理和运用能力，建设数据仓库，依据各方面信息，建立数据模型和风险分析识别指标体系，搭建税收信息综合利用平台，为税收风险分析、识别和风险排序、任务推送提供坚实基础。通过深化内外部数据信息采集、存储、分析和运用，实现信息管税。

2. 扎实推进基础管理信息化。基础管理信息化有利于集约管理、提高效率。重点要强化：一要加强户籍管理。要与办税服务厅职能完善相配套，明确户籍管理事项，探索信息化条件下的户籍管理方式。通过办税服务厅的税务登记、业务提醒、税政部门的审核审批、评估部门的实地审核等方式适时修订户籍信息。当前要认真做好“营改增”纳税人的户籍接收管理，切实做好所接收信息整理、导入和分发、核对、补充采集等工作。二要加强档案管理。“一户式税收征管档案系统”全省已基本推广，下一步要继续整合、拓展电子档案系统的功能和覆盖范围，实现我省电子档案的真正一户式集中。三要加强发票管理。重点提高网络发票使用覆盖面，加快推行进度，力争在年内实现千元版发票网络开具。

（五）以执法风险防范为重要保障深化征管改革

加强内控制衡、防范执法风险，是推进惩防体系建设的重要举措，也是税收征管改革和构建现代化税收征管体系的重要内容。要把预防执法风险和廉政风险的要求融入税收征管改革的各个环节，从源头上增强征管体系内在的自控力。

1. 减少制度性执法风险。以明晰征纳双方法律权利和义务为契机，对现有规范性文件进行清理或修订，尽可能在政策层面上减少基层税收执法风险因素。要规范税收风险应对工作流程，特别是对移送稽查、移送司法部门的案件，要明确具体的标准和程序，从制度上防止干部因不理解政策而造成执法风险。

2. 减少操作性执法风险。对税源专业化运行模式中可能产生的风险进行预研、预估、预判，对风险点进行重新界定，相应进行监督管理机制同步设计和实施。针对改革后产生的权力分解、集中审批等新情况，要结合执法管理信息系统，进一步完善风险防控体系，加强风险应对各个环节的监督。要严格规范行政裁量权，进一步细化自由裁量权指引，在全省范围内统一和规范税收违法行为处罚裁量权的执行标准。要结合税收征管改革，有针对性地开展税收执法监督，发挥税收执法监督在规范执法行为、防范执法风险方面的重要作用；要加大税收执法过错责任追究力度，进一步推进税收执法责任制。通过上述措施，构建内容科学、程序严密、配套完善、有效管用的税务监督制度体系和内控机制。

四、加强领导，统筹协调，落实推动我省税收征管改革的工作措施

进一步深化税收征管改革，推动我省税

收征管走向现代化，是事关税收事业长远发展的战略性、系统性工程，涉及业务、技术、机构、人才等多方面的因素，必须统筹兼顾、周密部署、整体推进，才能有效突破，取得实效。

（一）增强合力，整体推进

上下联动，才能形成推动改革的合力；统一思想，才能减少推进改革的阻力。深化税收征管改革，必须做到思想统一。一是广泛宣传，提高认识。要深入宣传引导，转变认识观念，把全系统干部思想统一到总局和省局的决策部署上来，形成征管改革全系统"一盘棋"的局面。要积极倡导国税精神和核心价值观，为征管改革提供强大的精神动力。二是加强领导，健全组织。要建立"一把手"亲自抓、其他分管领导分工负责、征管科技部门牵头组织、其他各部门协作配合、广大税务干部共同参与的领导体制和工作机制。各设区市局要建立健全相应的领导机构，敢闯敢试，敢于担当，争做改革的示范引领者和坚强推动者。三是上下联动，协调配合。征管改革是一项全局性的工作，涉及各个部门。无论是业务的重组、职责的重置、人员的调配等都是牵一发而动全身，涉及诸多矛盾，必须处理好公平执法与促进遵从的关系、信息获取与加强应用的关系、风险识别与风险应对的关系、专业分工与机构职责的关系，同时还要加强与地方党政领导、有关部门的沟通协调、做好对纳税人的宣传引导等。只有加强上下联动、强化协调，才能破解难题，扎实有效地推进全省征管改革。

（二）增强能力，培养人才

努力造就一大批高素质专业化人才，对于进一步深化税收征管改革起着至关重要的保障作用。一是加大干部培训力度。积极实施"百人工程"和"千人工程"，加快各专业化系列的领军人才和业务骨干培养。持续开展岗位练兵，尤其要在今年纳税评估实战演练的基础上，将演练范围拓展到税收分析识别、反避税、大要案稽查等重大业务，把实战演练作为培养骨干人才的重要方式，通过实践锻炼增长才干、提升素质。二是加快人才引进步伐。推进人才队伍梯次建设，是深化征管改革、促进税收事业持续发展的重要保障。2011年以来我们加大了引进新生力量的力度，去年招录了100名公务员，今年又招录了197名。今后要适应税收征管改革、信息管税的需要，争取在招录指标上有更大的突破。三是完善人才培养机制。围绕"创新管理、激发活力"的要求，建立完善有利于干部成长、优秀人才脱颖而出的机制，注重在征管改革实践中培养、使用干部，为那些敢于负责、善于管理、甘于奉献的干部提供发展舞台。省局将进一步明确奖励政策，鼓励干部参加注册税务师、注册会计师、律师、计算机高级工程师等执业资格考试，提升专业素质。

（三）增强效力，推进业务和机构重组

深化税收征管改革必然涉及业务流程和组织体系的调整，业务流程和组织体系的完善又将为改革提供有力保证。围绕业务重组的需要配置资源，逐步推进机构调整，这是征管改革的必然要求。一是积极推进业务重组。推进征管改革，必然涉及分级分类管理有效实施、办税厅职能不断完善、征管流程优化、县级局实体化、风险分析和应对等各项业务的重组。要按照专业化分工的要求，进一步梳理和规范税收业务流程，理顺关系，明晰职责，提高效能。二是稳步推进机构调整。适应实施风险管理和推进税源专业化管理的需要，积极稳妥推进机构和职能的调整。机构调整的方案要经省局批准。合理压缩管理层次，县（区）局、设区市局乃至省局都要承担不同的税源管理职责，逐步成为税收服务和管理的实体。县局作为最基本的税源管理单位，集中管理、集中办公，在重点乡镇保留分局要经市局批准。三是优化人力资源配置。在调整税收业务和组织体系的同时，要根据各管理部门的职责，科学配置人力，将人、财、物等资源更多地配置到任务重、风险大的征管领域，使从事纳税服务和风险应对等业务的一线管理人员占大多数。

（四）增强动力，落实目标管理

明年要将征管改革任务纳入绩效考核和目标管理，以此有效增强推进改革的动力。一是认真落实目标管理。将征管改革工作的各项任务进行分解，明确职能部门、责任到人，纳入省局目标管理考核。二是完善绩效考核体系。要结合依法行政考核，围绕“两个提高、两个降低”的目标，探索建立税收征管质量评价指标体系，努力做到能量化可操作。要逐步以反映税务干部主观努力程度的指标体系取代“六率”考核，建立以流失率为主要评价指标的内部评价体系，以遵从度和满意度为评价指标的外部评价体系。

同志们，时代赋予重任，使命呼唤激情。让我们以全国税务系统深化税收征管改革会议精神为指导，以坚定的信心、饱满的斗志、奋进的精神、扎实的工作，深化税收征管改革，转变税收管理方式，努力推动我省国税系统税收征管现代化，为加快海峡西岸经济区建设作出新的更大贡献，以优异成绩迎接党的十八大胜利召开！

在全省前三季度税收收入形势分析会上的讲话

福建省国家税务局局长　臧耀民

（2012年10月12日）

同志们：

今天，我们召开全省国税系统收入形势分析会，分析前三季度税收收入形势，研究布置后三个月税收工作。各设区市局认真分析预测了本地区收入形势，提出了有针对性的工作措施。应该说，在当前相对偏冷的经济大背景下，今年以来我省经济税收发展总体良好，一些经济税收指标居全国、居华东地区前列，成绩取得实属不易。但目前国际政治经济环境复杂多变，影响我国、我省经济平稳运行的不利因素仍然较多。为此，我们要始终坚持稳中求进、好中求快的总基调，牢固树立收入质量意识，动员全省上下集中力量抓重点，全力以赴破难点，努力圆满完成全年各项工作目标。下面，我讲两点意见。

一、前三季度全省宏观经济和国税收入运行情况

（一）经济运行保持平稳较快发展态势

今年以来，我省各级、各部门认真贯彻落实中央和省委、省政府的决策部署及省委九届五次全会精神，牢牢把握“稳中求进”的

总基调，坚持好中求快、又好又快，全力推进科学发展、跨越发展，经济运行保持平稳较快发展态势。1—8月全省生产总值（GDP）完成11258亿元，增长11.4%，工业生产缓中趋稳，规模以上工业增加值完成5005亿元，增长14.7%，增幅比全国平均水平高4.6个百分点，居东部11省市的第2位。

固定资产投资较快增长。1—8月全省社会固定资产投资7487.5亿元，增长28.3%。其中，制造业投资2321.5亿元，增长28.2%，电子、石化、机械三大产业投资增长27.3%；民间投资3841.2亿元，增长28%，投资比重超过50%，达到51.3%。

消费品市场平稳增长。1—8月社会消费品零售总额4480亿元，增长15.5%。

外经贸保持增长。1—8月全省外贸进出口971亿美元，增长10.4%，其中，出口604.8亿美元，增长6.3%，进口增长17.8%。

（二）国税收入完成情况总体较好

前三季度全省国税总收入共完成1427.6亿元，同比增收150.1亿元，增长11.7%。扣除海关代征后，国税部门组织收入1096.8亿元，完成年度计划的77.3%，超序时进度2.3个百分点，同比增收123.4亿元，增长12.7%（计划单列市厦门入库284.7亿元，增收28.7亿元，增长11.2%；八市入库812.1亿元，增收94.7亿元，增长13.2%）。

分级次看，中央级入库832.5亿元，同比增长12.6%；地方级入库264.3亿元，增长12.8%，两级税收基本实现同步增长。

分单位看，大多数设区市增幅超过或接近全省平均水平，其中莆田、宁德和漳州增幅均超过20%，分别为35.1%、22.2%和21.5%；在98个基层征收单位中，有85个收入实现增长，其中18个单位增幅超过30%，莆田秀屿区局、宁德蕉城区局增幅达到94.2%和93.6%。

在组织收入的同时，全省共办理出口退（免）税487.4亿元，同比增退70.8亿元，增长17%，其中直接出口退税386.4亿元，同比增退42.5亿元，增长12.4%；办理免抵调库101亿元，同比增长38.9%。办理各类税收减免49.8亿元（含征前减免），办理固定资产机器设备实际抵扣69.5亿元，增长18.2%。

税收收入运行主要特点：

一是累计增幅位次持续提升。前三季度全国税收总收入同比增长8.3%，其中国税系统组织的税收收入（不含海关代征）增长8.1%。与全国相比，我省国税税收收入增幅（12.7%），比全国平均水平高出4.6个百分点，在全国31个省市中列第7位，在华东地区居第1位（上海11.3%、安徽4.4%、浙江4.0%、山东3.8%、江西0.7%、江苏0.7%）。分时期看，一季度、上半年和前三季度我省国税收入增幅在全国排名分别为第13位、第10位、第7位，呈稳步上升态势。

二是所得税占比持续提高，增收贡献超四成。前三季度企业所得税入库362.8亿元，占税收收入比重为33.1%，比上年同期提高1个百分点，同比增长16.2%，比税收收入增幅高3.5个百分点，增收50.7亿元，贡献率为41.1%，拉动税收收入增长5.2个百分点；国内增值税和消费税合计入库682.2亿元，占税收收入比重为62.2%，比上年同期下滑0.8个百分点，同比增长11.2%，增幅比上年同期下滑2.8个百分点。

三是股份制企业收入增收贡献过半。前三季度股份公司税收收入入库360.1亿元，同比增长24%，比平均增幅快11.3个百分点；增收69.8亿元，贡献率达56.5%，拉动税收收入增长7.2个百分点。涉外企业税收入库411.4亿元，占全部税收收入的37.5%；同比增收27.6亿元，增长7.2%。国有企业、私营企业税收分别入库130亿元、121.2亿元，增长17.4%、4.7%，合计增收24.7亿元。

（三）当前经济税收运行中存在的问题

总的来看，前三季度我省经济总体平稳较快发展，税收收入增幅在各级国税机关强化征管、狠抓评估稽查的有力推动下也取得华东居首的好成绩，但也要清醒地看到自身经济和税收运行仍面临一些问题和困难，应该引起高度重视。

经济方面，主要表现在：1.当前我省经济增长回升的基础还不牢固，主要指标增幅同比回落；2.受市场需求不足、企业成本上升等因素影响，企业生产经营困难加大，部分企业资金出现沉淀，规模以上工业企业应收账款净额、产成品库存分别增长20.4%和15.3%；3.利润下滑，规模以上工业实现利润增长2.6%，同比回落30.5个百分点；4.亏损企业1597家，同比增亏313家，亏损额同比增长146.2%；5.出口增长乏力，1—8月出口增长6.3%，比上半年回落1.3个百分点。

税收收入方面，主要表现在：1. 即期税源不足。随着国家“稳增长”政策的陆续出台和加大预调微调力度，后期我国经济下行压力有望逐步减轻，但国家经济政策实施对经济的传导需要一个过程，而税收实现较经济又有一定的滞后期，因此，经济税源虽有稳中转好的迹象，但税收可持续增长的基础尚不稳固，组织收入工作压力较往年更大；2. 结构性减税政策带来的减收压力。在当前较为严峻的经济大背景下，国家继续实施结构性减税政策，深化税制改革，提高增值税起征点、支持小型微利企业发展以及实施支持经济社会发展的有关税收优惠政策，也将对税收收入增长带来一定影响；3. 税收期间增幅波动大。在单月增幅最大的3月份，全省税收收入增长40.5%，而8月份收入则下降3.5%，月份之间增幅差达44个百分点，当然，其中也有免抵调库的因素；从季度看，前三个季度全省税收分别增长11.6%、16.4%、9.5%，增幅波动也较大；4. 部分重点税源行业增长放缓。今年以出口为主的电子、纺织等行业，与基建投资相关的钢铁、建材、工程机械等行业生产放缓甚至下降；同时资金、用工等生产成本上升影响企业效益。体现在税收上，1—9月电子、纺织行业税收收入分别增长7.5%、6.9%，增幅比上年同期有较大幅度下滑；石油化工、机械设备、煤炭、钢坯钢材行业税收更是下降了5.8%、13.1%、12.1%、1.6%；房地产市场持续低迷，企业所得税同比下降6.9%。

二、全力以赴，保质保量，扎扎实实做好第四季度各项工作

今年是实施“十二五”规划承上启下的重要一年，党的十八大即将召开，做好第四季度工作意义重大。各级国税机关、各部门要对照年初的《全省国税工作主要任务和责任分解表》的内容和全年目标管理的考核项目，认真梳理、排序未完成工作，及时查找差距，做好补漏补缺，确保全年各项国税工作任务圆满收官。在这里，我再强调以下几点：

（一）不折不扣落实组织收入原则，保质保量完成全年收入任务。根据各市汇报的全年预测数，第四季度全省预计入库365亿元，同比增长14.3%；全年预计为1462亿元（其中厦门377.3亿元，增长14%；八市1084.7亿元，增长12.8%，其中免抵调库需求为22亿元），超额完成年初下达的1418亿元预算目标，同比增加169.2亿元，增长13.1%，但相比“全年国税收入增长率超过15%”的奋斗目标，则全年税收至少需入库1488亿元（各市预测汇总数与这一目标差距26亿元），第四季度全省需入库税收收入390亿元以上，同比增加70亿元左右，增长22%。显然，对当前经济税收发展的困难和挑战，各地都作了较充分的估计。但我想，在强化忧患意识的同时，我们也要增强进取意识，增强发展的信心，看到事物有利的方面。

尽管当前我国经济发展的环境仍然复杂严峻，但党中央、国务院对当前形势和困难早有分析和预判，并适时加大对宏观经济的预调微调力度，出台了一系列有利于稳增长的措施，其综合效应将在后期逐步显现。同时，欧债危机恶化势头有所遏制，美国经济复苏好于预期，我国外贸出口和工业生产将有所回升，这对前期表现相对较好的我省外向型经济将更加有利，一旦大环境出现实质好转，我省经济将更早走出低谷；从税收情况看，前三季度我省的税收完成情况要好于全国平均水平，组织收入超过序时进度要求，这为我省完成全年税收收入的奋斗目标奠定了坚实基础，前三季度各部门大力实施评估、稽查、反避税和专项检查等工作的成果，也将陆续在第四季度体现。因此，综合考虑各方面因素，只要我们继续积极采取有效的措施，努力挖潜增收，实现全年组织收入奋斗目标还是大有希望的。

同时需要强调的是，各征收单位在大力组织收入过程中，必须强化收入质量意识，不折不扣地落实组织收入原则。要按照总局丘小雄副局长近期在全国税收收入规划核算工作会议上的讲话要求，既要坚持依法行政，强化征管，努力减少税收流失，及时足额组织税收收入；又要不折不扣地落实好国家出台的各项结构性减税政策，绝不能以收入任务紧张为由在落实各项优惠政策上打折扣，更不能采取空转、违规调库、转引税款等非法手段虚增收入。要扎实做好税收分析预测工作，各级税务机关要从宏观和微观两个层面及时了解经济运行新动态，根据本地区经济税源实际、政策、征管以及财政需求等因素变化，准确预测税收收入，主动提出统筹规划组织收入工作的意见和建议，确保税收收入持续稳定增长。

（二）全力确保“营改增”试点工作顺利起步。9月27日，省局召开了全省国税系统营业税改征增值税试点工作推进会议，对下一阶段工作重点进行了部署。这次会议既是税收收入分析会，也是“营改增”试点工作再部署、再落实会，各级国税部门一定要按照副省长王蒙徽提出的“确保11月1日开出票”的要求，把各种问题和困难估计得更加充分一些，把各项工作部署和措施准备得更加周全一些，确保“营改增”试点在我省顺利实施。要通过12366纳税服务热线、国税门户网站、新闻媒体等途径加大宣传力度，对交通运输业部分纳税人的税负不降反增和应税服务范围注释模糊不清等问题，派专人监控分析，提出应对措施，加强正面引导。要认真做好普通发票的印制、优惠政策和税控系统的衔接过渡工作。升级和开发征管软件、金税工程、网上申报等9个软件信息系统，整合小型机服务器等硬件资源，确保在税收征管信息系统上进行通过性检验。“营改增”试点开始以后，试点效应分析评估工作由规划核算部门牵头，货物劳务税、征管科技、信息中心等部门参加，研究改革对企业经营和财政收入的影响程度，为制定配套政策提供决策依据。各地也要提前做好相关准备工作，有关责任人员要先落实到位。针对近期在上海发现的3起试点纳税人虚开增值税专用发票重大案件的情况，我省也要积极探索建立税收风险管理机制，及时应对，分类管理，及时纳入税收风险管理监控系统。对于执行差额征税政策和享受税收优惠政策的试点纳税人，各地要及时关注排查风险点，加强跟踪管理，堵塞漏洞，避免税款流失，有效防范税收执法风险。

（三）积极推进税收征管改革前期工作。前不久召开的全省征管改革会议，明确了改革的任务和思路，各级国税机关要主动向地方党政和有关部门汇报沟通有关情况，也要做好对纳税人的宣传解释工作，努力形成推进税收征管改革共识。推进税源专业化管理试点，泉州市局要继续探索创新，率先开展税收征管现代化的尝试；宁德、莆田、漳州三个单位要年底前将优化的税源专业化管理改革方案推进到位；其他设区市局在年底前抓紧制订方案，在明年全面推开。要加快建立省、市两级的税收风险识别管理指挥中心，尽快形成“省市局分级分析识别、市县局专业应对”的结构模式。各地要学会“弹钢琴”，统筹兼顾，以泉州市局改革模式作为重要参照，探索基础事项集约化、纳税评估专业化的管理方式，积极推进机构的实体化、扁平化。要适应税源专业化管理需要，加大教育培训力度，加强税收征管人才库建设，培养选拔具有风险分析、纳税评估、税务稽查、反避税调查和信息技术专业知识的人才。组建专业化管理团队，集中优势力量，应对情况复杂、难度较大的税收管理任务，提升管理、服务的能力和水平。

（四）认真做好各项税收管理工作。要加强对增值税一般纳税人资格认定管理，强化超标准小规模纳税人管理。要按照《国家税务总局关于开展个体工商户税收征管情况检查的通知》要求，以个体工商户税收征管的薄弱环节和突出问题为重点开展自查自纠工作，并做好迎接总局重点抽查的准备工作。要认真落实总局《大企业税收风险管理指引》《大企业税收服务和管理规程》，加强个性化服务，选择部分大企业签订税法遵从协议并监督实施，建立定点联系企业年度税法遵从报告制度。继续深入组织学习晋江国税局纳税服务模式，充分发挥办税服务厅、12366服务热线和门户网站三大平台作用，在10月底前组织开展办税厅规范化建设检查验收，省局将适时对非示范点单位开展抽查。加强税贸协作，继续对240家出口退税重点企业实行“一对一”政策帮扶，加大防范和打击出口骗税工作。积极开展依法行政考核和示范单位创建工作，在全省选择部分县（市、区）税务局作为试点单位，通过强化考核结果运用和树立先进典型深入推进依法行政工作。有针对性地开展税收专项检查和专项整治工作，依法查处税收违法行为。加大税收稽查力度，做好药品、医疗器械生产经营单位和医疗机构发票使用情况专项整治工作。第一期废弃电器电子产品处理基金10月份开始申报，目前省局已完成综合征管系统升级和初始化工作，各地要做好宣传工作，辅导基金缴纳义务人按规定期限向主管国税机关办理基金的申报缴纳。

（五）认真做好企业所得税预缴管理工作，挖掘企业所得税增收潜力。全省今年1—9月，累计入库企业所得税362.8亿元，比上年同期增收50.7亿元，增长16.2%。八市累计入库企业所得税260.4亿元，同比增收34.4亿元，增长15.2%，其中所得税预缴收入为190.7亿元，汇算清缴收入58.5亿元，缴纳以前年度欠税11.2亿元。从进度情况看，收入完成好于其他税种，但与历史同期相比，所得税收入还存在两大问题，一是所得税收入增幅较前两年大幅下降，2010、2011年前9个月八市企业所得税分别增长26.5%和35.5%，今年是15.2%，下降幅度较大；二是预缴税款增幅和占所得税收入比重也明显下降，从增幅看，2010、2011年前9个月预缴税款分别增长52.2%和24.9%，今年是12.5%。从预缴税款比重看，前两年同期该比重分别是81.4%和75%，今年下降到73.2%，两大指标均呈现持续下降态势。

10月份是本年度最后一个季度预缴税款入库的月份，从现在算起只有半个月时间申报期就结束了，各地回去后要马上抓落实，测算一下各自预缴税款增长和比重情况，指标不理想的要抓紧有限时间，及时提醒、督促长期预缴不足的企业，积极采取有效措施努力赶上来按照总局的要求，要力争预缴税款比重达到80%以上。

（六）全面提升纳税评估和税务稽查工作成效，充分发挥税务部门征管主动性。今年以来，我们依托信息化手段，强化税收征管，

深入开展纳税评估、反避税、专项检查和税务稽查等工作，使评估、稽查等非直接申报税款收入比重显著提高，为前9个月税收收入较快增长做出重要贡献。1—9月，八市纳税评估入库10.41亿元，占比1.73%；反避税入库0.88亿元，占比0.15%；稽查部门直接查补收入5.72亿元，占比0.95%，评估和稽查两项合计占比2.68%，较上年同期提高0.91百分点。分单位看，宁德、莆田、漳州、龙岩、南平五市纳税评估和直接查补收入占比超过八市2.68%的平均水平，分别为6.92%，4.76%、4.43%、3.05%和2.69%；其他三个设区市占比低于全年平均水平，第四季度要认真抓落实，暂时落后的要尽快赶上来。

（七）认真做好维护社会稳定工作。党的十八大将于11月8日在北京召开，努力维护和谐稳定的社会局面，为党的十八大胜利召开创造良好环境是当前首要的政治任务。前不久，中央和省委都召开了专门会议，对当前维稳工作进行了部署，各级领导都要立足大局，高度重视，认真贯彻。要加大信访工作力度，深入开展重点排查，落实责任，有效预防突发事件，切实把问题解决在基层。要加强涉税舆情引导，最近要特别注意监控“营改增”试点和征收废弃电器电子产品处理基金的舆情，发生重大涉税舆情，要采取措施及时妥善处置。要认真贯彻《福建省国家税务局关于进一步加强国税人员作风纪律的通知》和《福建省国家税务局关于领导干部廉政谈话提醒制度》，深入推进廉政风险防控工作，进一步加强干部的法纪教育和社会公德教育，促进税务干部规范执法和严格守法，树立税务机关良好社会形象。

（八）集思广益开好明年工作务虚会。省局将于11月中旬召开明年国税工作务虚会，对明年各项税收工作发展及早谋划。会后希望大家结合各自工作实际，深入基层，加强调研，先行开好本地务虚会，总结工作、谋划思路、统一认识、形成合力，这对于各单位做好今年乃至明年工作都具有重要意义。在此基础上，我们再把大家召集过来，为做好明年全省国税系统工作出谋献策，集思广益。请大家立足今年，着眼明年，既谈工作成绩，也讲工作不足，既有工作措施阐述，也有创新思路谋划，重点围绕组织收入、依法行政、征管改革、管征绩效（主要包括税务稽查、纳税评估、反避税工作）、队伍建设、党风廉政建设等重点工作，从不同角度畅所欲言，提出真知灼见，共同研究谋划好明年的全省国税系统发展思路和主要工作任务。

同志们，鼓劲加压就能乘势而上，稍有松懈就会功亏一篑。前三季度我们各项工作都取得很大成绩，为实现全年工作目标奠定了扎实基础，第四季度还有两个半月时间，“行百里者半九十”。希望同志们以全力拼搏的精神、只争朝夕的干劲，振奋精神，勇于挑战，认真做好第四季度的各项工作，保质保量完成全年各项工作任务，以优异成绩迎接党的十八大胜利召开！

深入学习宣传贯彻党的十八大精神 努力开创福建国税事业 科学发展新局面

——在省局机关深入学习宣传贯彻党的十八大精神动员部署大会上的讲话

福建省国家税务局局长 臧耀民

（2012年12月5日）

同志们：

今天，省局机关召开深入学习宣传贯彻党的十八大精神动员部署大会，主要任务是认真贯彻落实中央、省委和国家税务总局的部署，动员和组织省局机关各级党组织及广大党员干部职工迅速行动起来，深入学习宣传贯彻党的十八大精神，切实把思想和行动统一到党的十八大精神上来，进一步振奋精神，凝聚力量，扎实推动福建国税事业科学发展，为夺取全面建成小康社会新胜利而努力奋斗。

认真学习宣传贯彻党的十八大精神，关系党和国家工作全局，关系中国特色社会主义事业长远发展，是当前和今后一个时期首要的政治任务。省局党组对学习宣传贯彻党的十八大精神高度重视，11月8日，组织了省局机关全体党员干部集中收听收看了胡锦涛同志在十八大开幕式上所作的工作报告；11月13日，省局党组理论学习中心组组织了集中学习，对十八大报告展开了热烈的讨论；11月15日又专门组织机关广大干部收看了新一届中央政治局常委集体亮相的实况报道；昨天，十八大精神中央宣讲团到福建，我和省局机关部分同志到福建会堂听了报告。各单位、各部门也都积极行动，开展了形式多样、扎实有效的学习宣传活动。可以说，近一段时间以来，全省系统上下情绪高涨，学习氛围浓厚。今天召开动员部署大会，就是对下一步如何按照上级的要求，更好地学习宣传贯彻十八大精神，再次作出动员和部署。下面，我讲几点意见。

一、统一思想，充分认识学习宣传贯彻党的十八大精神的重大意义

党的十八大是在我国进入全面建成小康社会决定性阶段召开的一次十分重要的会议，是一次高举旗帜、继往开来、团结奋进的大会。党的十八大报告，准确判断国际国内发展大势，回顾总结过去5年工作、10年奋斗历程以及取得的历史性成就，确立了科学发展观的历史地位，确定了全面建成小康社会和全面深化改革开放的目标，对新的时代条件下推进中国特色社会主义做了全面部署，对经济建设、政治建设、文化建设、社会建设、生态文明建设

以及提高党的建设科学化水平等方面提出了明确要求，是我们党团结带领全国各族人民夺取中国特色社会主义新胜利的政治宣言和行动纲领，是马克思主义的纲领性文件。《党章（修正案）》与时俱进地反映党的理论创新和实践发展成果，集中体现党的十八大报告确立的重大理论观点、重大战略思想、重大工作部署，对坚持和完善党的领导、加强和改进党的建设提出了明确要求。大会选举产生了以习近平同志为总书记的新的中央领导机构，体现了全党意志，反映了人民心愿，表明了我们党兴旺发达、充满朝气、富有活力。我们广大党员干部一定要紧密地团结在以习近平同志为总书记的党中央周围，在思想上、政治上、行动上同党中央保持高度一致，坚决贯彻落实中央的路线方针政策和各项决策部署。

党的十八大向全党全国发出了全面建成小康社会的动员令，认真学习宣传贯彻党的十八大精神，对动员全党、全国各族人民在新一代党中央领导下，高举中国特色社会主义伟大旗帜，不断夺取中国特色社会主义新胜利，创造中国人民和中华民族更加幸福美好未来具有极为深远的历史意义。在当前推进福建经济社会科学发展、跨越发展的关键时期，学习宣传贯彻好党的十八大精神，对于进一步提振士气和斗志，凝聚信心和力量，鼓舞全省国税系统广大干部职工同全省人民一道，在党中央和省委坚强领导下，加快建设更加优美更加和谐更加幸福的福建，具有重大现实意义。认真学习宣传贯彻党的十八大精神，以科学发展观统领税收工作，必将进一步指导我们有效突破体制机制障碍，破解税收改革发展中的各种矛盾和问题；必将进一步推动全省国税系统各级党组织切实加强自身建设，不断增强创造力、凝聚力和战斗力；必将进一步激发广大干部群众干事创业、创造美好生活的热情和干劲，形成强大合力，推动福建国税事业科学发展。省局机关作为全省国税系统的领导机关，必须当好学习宣传贯彻党的十八大精神的表率，按照省委和省直机关工委的要求，扎扎实实地开展学习宣传活动，切实把广大党员和干部群众的思想统一到十八大精神上来，把智慧和力量凝聚到实现党的十八大确定的各项任务目标上来。

二、深刻领会，全面准确把握党的十八大精神实质

学习贯彻党的十八大精神，关键在于深刻领会，牢牢把握精神实质。要认真研读党的十八大文件，原原本本学习党的十八大报告和党章，认真学习习近平同志在党的十八届一中全会上的重要讲话精神，全面准确把握十八大提出的重大理论观点、重大战略思想和重大工作部署。当前学习贯彻党的十八大精神，需要重点把握以下几个方面：

一要深刻领会党的十八大的主题。党的十八大的主题是：高举中国特色社会主义伟大旗帜，以邓小平理论、“三个代表”重要思想、科学发展观为指导，解放思想，改革开放，凝聚力量，攻坚克难，坚定不移沿着中国特色社会主义道路前进，为全面建成小康社会而奋斗。这一主题鲜明回答了我们党举什么旗帜、走什么道路、保持什么样的精神状态、朝着什么样的目标继续前进的重大问题。中国特色社会主义是当代中国发展进步的旗帜，也是全党全国各族人民团结奋斗的旗帜。解放思想是推动党和人民事业发展的强大思想武器，改革开放是推动党和人民事业发展的强大动力，凝聚力量、攻坚克难是坚持和发展中国特色社会主义的基本要求，全面建成小康社会是党和国家到2020年的奋斗目标，是全国各族人民的根本利益所在。

二要深刻领会科学发展观的历史地位和指导意义。把科学发展观同马克思列宁主义、毛泽东思想、邓小平理论、“三个代表”重要思

想一道，确定为党的指导思想并写入党章，这是十八大最大的理论亮点和历史贡献。科学发展观对在新形势下实现什么样的发展、怎样发展等重大问题作出了新回答、指明了新方向，是中国特色社会主义理论体系最新成果，是中国共产党集体智慧的结晶，是指导党和国家全部工作的强大思想武器。要深刻领会和把握科学发展观的实践要求，必须把科学发展观贯彻到我国现代化建设全过程、体现到党的建设各方面，更加自觉地把推动经济社会发展作为深入贯彻落实科学发展观的第一要义，更加自觉地把以人为本作为深入贯彻落实科学发展观的核心立场，更加自觉地把全面协调可持续发展作为深入贯彻落实科学发展观的基本要求，更加自觉地把统筹兼顾作为深入贯彻落实科学发展观的根本方法，以更坚定的决心、更有力的举措、更完善的制度来贯彻落实科学发展观。解放思想、实事求是、与时俱进、求真务实，是科学发展观最鲜明的精神实质。

三要深刻领会中国特色社会主义的丰富内涵。中国特色社会主义是当代中国发展进步的根本方向，只有中国特色社会主义才能发展中国。中国特色社会主义道路，中国特色社会主义理论体系，中国特色社会主义制度，是党和人民90多年奋斗、创造、积累的根本成就，必须倍加珍惜、始终坚持、不断发展，坚定道路自信、理论自信、制度自信。中国特色社会主义道路是实现途径，中国特色社会主义理论体系是行动指南，中国特色社会主义制度是根本保障，三者统一于中国特色社会主义伟大实践，这是党领导人民在建设社会主义长期实践中形成的最鲜明特色。建设中国特色社会主义，总依据是社会主义初级阶段，总布局是五位一体，总任务是实现社会主义现代化和中华民族伟大复兴。在新的历史条件下夺取中国特色社会主义新胜利要牢牢把握“八个必须”的基本要求：必须坚持人民主体地位，必须坚持解放和发展社会生产力，必须坚持推进改革开放，必须坚持维护社会公平正义，必须坚持走共同富裕道路，必须坚持促进社会和谐，必须坚持和平发展，必须坚持党的领导，并使之成为全党全国各族人民的共同信念。党的基本路线是党和国家的生命线，要坚持把以经济建设为中心同四项基本原则、改革开放这两个基本点统一于中国特色社会主义伟大实践，扎扎实实夺取中国特色社会主义新胜利。

四要深刻领会全面建成小康社会的奋斗目标。十八大报告提出在中国共产党成立一百年时全面建成小康社会，在新中国成立一百年时建成富强民主文明和谐的社会主义现代化国家，这是我们党在21世纪上半叶要团结带领人民完成的两个宏伟目标。在十六大、十七大提出的“全面建设小康社会”目标要求基础上，十八大在报告主题中鲜明做出“全面建成小康社会”的新部署——从“建设”到“建成”，虽一字之别，但内涵深刻，意味着中国全面小康社会的目标更明确、要求更严格、未来发展的信心更充足。十八大报告提出，要在发展平衡性、协调性、可持续性明显增强的基础上，实现国内生产总值和城乡居民人均收入比2012年翻一番。这是中国共产党人作出的郑重承诺，这个具体目标对于凝聚人心、鼓舞斗志，充分调动一切积极因素，加快推进我国的社会主义现代化建设，必将产生十分重要而深远的影响。

五要深刻领会“五位一体”的总体布局。十八大明确提出要全面落实经济建设、政治建设、文化建设、社会建设、生态文明建设五位一体的总布局，并把生态文明建设的内容写入党章。在经济建设上，必须坚持发展是硬道理的战略思想，以科学发展为主题，以加快转变经济发展方式为主线，坚持走中国特色新型工业化、信息化、城镇化、农业现代化道路，打胜全面深化经济体制改革和加快转变经济发展方式这场硬仗，把我国经济发展活力和竞争力提高到新的水平；在政治建设上，必须坚持走中国特色社会主义政治发展道路，继续积极稳妥推进政治体制改革，坚持党的领导、人民当家做主、依法治国有机统一，发展更加广泛、更加充分、更加健全的人民民主；在文化建设上，必须走中国特色社会主义文化发展道路，加强社会主义核心价值体系建设，丰富人民精神文化生活，提高国民素质，增强文化整体实力和竞争力，扎实推进社会主义文化强国建设；在社会建设上，必须加快健全基本公共服务体系，加强和创新社会管理，解决好人民最关心、最直接、最现实的利益问题；在生态文明建设上，必须树立尊重自然、顺应自然、保护自然的生态文明理念，坚持节约资源和保护环境的基本国策，努力为建设美丽中国，实现中华民族永续发展作出我们应有的贡献。

六要深刻领会全面提高党的建设科学化水平。十八大报告进一步丰富和完善了党建工作“一条主线、五大建设”的总体思路，并从八个方面对加强党的自身建设进行了全面部署，提出了新思路、增加了新表述，体现出我们党面对各种执政风险和考验，更加注重保持自身肌体的健康，表明我们党对执政党建设规律的把握更加自觉、更加全面、更加深刻。我们要继续坚持用马克思主义中国化最新理论成果武装全体党员干部，加强党的基层组织建设，构建基层党建工作的新格局，巩固基层党组织战斗堡垒作用。要发挥党员先锋模范作用，保持创先争优活动常态化。加强干部队伍建设，打造一支作风优良、视野开阔、务实干事、廉洁自律的干部队伍，使我们的党始终成为中国特色社会主义事业的坚强领导核心。

三、结合实际，把学习贯彻党的十八大精神具体落实到税收工作中

学习宣传贯彻党的十八大精神，重在实践，贵在落实。要紧密联系当前改革开放和福建发展实际，紧密联系福建国税工作实际，紧密联系省局机关广大干部群众思想实际，坚持学以致用、用以促学，把党的十八大精神落实到做好今年年末各项税收工作和谋划明年工作思路、推动国税事业科学发展的新要求上来，凝心聚力，真抓实干，努力开创福建国税事业科学发展新局面。

一是按照科学发展的要求，努力在谋划明年福建省国税事业发展上取得新思路。明年是深入贯彻落实党的十八大精神的重要一年。要充分认识十八大为税收事业发展带来的新机遇，按照十八大的总体要求，早做打算，统筹安排，高起点、高标准地谋划好明年全省国税工作，确保明年实现良好开局。在谋划明年税收工作时，要以党的十八大精神为指导，把科学发展观贯穿于税收事业发展的全过程，牢记为国聚财、为民收税的神圣使命，更好地体现服务科学发展、共建和谐税收的工作主题。要站在全局和战略的高度，把税收工作融入福建经济发展和海西建设大局，把学习贯彻党的十八大精神和落实省第九次党代会的部署结合起来，始终贯彻主题主线，始终坚持改革开放，始终突出民生优先，始终注重生态建设，始终服务统一大业，充分发挥税收筹集财力、调控经济和调节分配的职能作用，在促进经济发展方式转变、推进经济结构调整和提供财力保障中有更大作为，为构建五位一体总体布局、夺取中国特色社会主义新胜利提供财力保障和税收政策支持，为全面建成小康社会和建设更加优美更加和谐更加幸福的福建作出新的更大贡献。

二是按照民主法治的要求，努力在推动依法行政上实现新进展。全面落实依法治国基本方略，坚持把依法行政作为税收工作的生命线，以法治理念统领税收各项工作，牢固树立“法律至上”和“征纳双方法律地位平等”的

理念，在思想上从税务机关权力本位向纳税人权利本位转变，使税收管理全面走向“法治”轨道。税务部门依法行政的核心是依法收税，要严格依据法律法规行使收税权，在税收法律和政策的框架内收好税，坚决落实组织收入原则，既不寅吃卯粮，也要防止有税不收；既要防止和制止越权减免税，也要防止为完成任务而“克扣”税收优惠的倾向，做到依法征收、应收尽收。要建立健全依法行政的考核评价机制，深入推进税收执法责任制，加强和改进税收执法检查和执法监察工作，不断规范税收执法行为。要将规范、制约权力作为推进税务机关依法行政的主线，大力推行政务公开和办税公开，不断完善裁量权指引，让权力在阳光下运行，加强税收“两权”监督，压缩权力寻租空间，规范权力运行，营造良好的税收法治环境。

三是按照改革创新的要求，努力在税收重要领域和关键环节改革上迈出新步伐。改革创新是税收工作的强大动力。要创新税收发展理念，以理念创新带动各方面创新，不断深化税收领域的各项改革。要适应形势发展要求，按照十八大报告中提出的“加快改革财税体制，健全中央和地方财力与事权相匹配的体制，完善促进基本公共服务均等化和主体功能区建设的公共财政体系，构建地方税体系，形成有利于结构优化、社会公平的税收制度”的财税改革思路，大力开展调查研究，为税制改革提供有价值的决策参考。继续落实好“营改增”工作，确保“营改增”试点工作在我省顺利推进。按照“积极推进，大胆探索”的要求，进一步深化税收征管改革，全面实施以风险管理为导向、以纳税评估为重点、以分类分级管理为基础、以信息管税为依托的税源专业化管理模式，积极构建税收征管现代化体系。广泛应用现代信息技术，着力改革不适应科学发展的税收征管方式，改进纳税评估的手段和方法，创新纳税服务的载体和平台，探索适应我省国税工作实际的人力资源配备方法和人事管理制度，积极推动福建国税改革发展和先行先试。

四是按照改善民生的要求，努力在优化税收政策服务上推出新举措。按照创新社会管理的新要求，进一步加强和创新税收管理，服务和促进改善民生，努力构建和谐社会。进一步落实好结构性减税政策，最大限度地发挥税收职能作用，让纳税人切实享受到税收优惠。加强跟踪督导，确保中央促进平潭综合实验区开放开发、支持高新技术企业发展、支持小型微利企业发展等一系列税收优惠政策的全面、及时落实，增强企业发展后劲。加强出口退（免）税政策的执行落实，进一步规范出口退免税管理，兑现限时办税服务承诺制，继续落实出口退税“一对一”帮扶工作机制，帮助出口企业走出困境。完善支持文化产业发展的税收政策，用足用好发展文化产业、现代服务业、文化旅游业等行业优惠政策，为我省深化文化体制改革、加强文化事业和文化产业发展提供税收服务。加强税收政策引导，将社会管理创新中的先进理念引入税收管理，使税收工作为推进绿色发展、循环发展、低碳发展，为建设美丽福建作出新贡献。大力改进和优化纳税服务，要由管理型机关向服务型机关转变，建立完善规范的纳税服务体系，有效开展税法宣传咨询，加大“免填单”业务推广，减轻纳税人办税负担，促进依法诚信纳税与文明征税，构建和谐的税收征纳关系，营造公平公正、文明和谐的税收环境。

五是按照党建科学的要求，努力在干部人才队伍建设上展现新气象。要认真把握、全面贯彻党的十八大报告和新党章对推进党的建设新的伟大工程的新要求，牢牢把握加强党的执政能力建设、先进性和纯洁性建设这条主线，贯彻为民、务实、清廉的要求，进一步加强和改进机关党的建设，提高机关党建科学化水

平。着力加强领导班子建设，提升领导科学发展、应对复杂局面、驾驭工作全局的能力。着力加强思想作风建设，深入开展以“为民、务实、清廉”为主要内容的党的群众路线教育实践活动，教育引导党员、干部牢固树立正确的世界观、权力观、事业观，引导机关党员增强忧患意识、创新意识、宗旨意识和使命意识，解放思想、与时俱进、求真务实、不懈奋斗，始终保持党的先进性和纯洁性。着力加强人才队伍建设，大力实施人才强税战略，加快推进人才工作体制机制创新，加快人事制度改革，盘活人力资源，努力造就一支素质优良、门类齐全、结构合理的人才队伍。着力加强反腐倡廉建设，全面贯彻标本兼治、综合治理、惩防并举、注重预防方针，扎实推进惩治和预防腐败体系建设，努力实现干部清正、政府清廉、政治清明的目标要求。着力加强党的纪律建设，严明党的纪律特别是政治纪律，加强对中央重大决策部署执行情况的监督检查，教育引导广大党员干部，特别是领导干部在思想上政治上行动上同以习近平同志为总书记的党中央保持高度一致，坚决维护中央权威。

四、精心组织，迅速掀起学习宣传贯彻党的十八大精神热潮

学习宣传贯彻党的十八大精神，是当前和今后一个时期的首要政治任务。省局机关各级党组织要以强烈的政治责任感加强领导、精心组织，推动学习宣传贯彻党的十八大精神在省局机关乃至全省系统形成热潮，把学习活动不断引向深入，取得实效。

第一，加强组织领导，实现全面覆盖。机关各职能部门要迅速组织推动，将十八大精神传达到每一个党员干部，传达到基层，宣传到群众，确保覆盖到每一个国税干部职工。各级领导干部要带头学习，带头宣讲，带头贯彻，以实际行动带动本部门开展学习活动，努力成为学习贯彻十八大精神的精心组织者、积极促进者和自觉实践者。省局机关的学习，机关党委要统筹安排，列出学习专题，制订系统的学习计划，区分层次，精心组织。一是坚持以党组理论学习中心组为龙头，以处级以上领导干部为重点，开展专题学习，把集中学习与个人自学、通读文件与专题研讨结合起来，做到真学真懂真信真用，确保党的十八大精神入脑、入心。二是以支部学习为依托，以支部书记为带头人，发扬理论联系实际的良好学风，结合各自分管的工作实际，对照十八大报告提出的工作要求和努力方向，将理论学习与业务工作相结合，坚持学以致用，用以促学，在实际工作中学习贯彻十八大精神。三是以三级联创为载体，以机关带基层，以上级带下级，实现学习活动的上下联动，从而带动全系统形成学习热潮。

第二，加大宣传力度，营造浓厚氛围。省局机关要做好党的十八大精神宣讲辅导系列活动，在广泛开展培训的基础上，充分利用内部刊物、办公网络、公告长廊等宣传平台，全面准确、深入系统地向广大党员干部宣传党的十八大精神，宣传机关学习贯彻党的十八大精神工作的新成效新风貌。宣传职能部门要以高度的政治责任感、饱满的工作热情、务实的工作作风，多角度、多层次、全方位组织好主题宣传、专题宣传、典型宣传，结合“走基层、转作风、改文风”活动，组织新闻工作者深入基层一线采风，力争在报纸、电视台、广播电台等各类媒体上推出一批来自我们国税的生动鲜活的图文和声音。教育部门要组织好十八大报告的理论阐释，反映好全省国税系统的学习情况和贯彻成果。科研所要充分发挥《海西税务》的窗口优势，推出重点文章和专题报道，做到有声势、有力度，形成轰轰烈烈的舆论宣传态势，营造浓厚氛围。机关工青妇组织也要发挥各自优势，开展各具

特色的学习宣传活动。

第三，拓展学习载体，创新方式方法。坚持贴近实际、贴近生活、贴近群众，创新形式载体，探索方法手段，努力增强学习活动的吸引力感染力和针对性鲜活性。善于运用群众乐于参与、便于参与的方式，采取富有时代特色、体现实践要求的方法，在拓展广度和深度上下功夫。以“国税文化大讲堂”“三会一课”、青年读书漂流活动、“读书月”等活动为载体，组织专家学者到机关、到基层开展宣讲活动，尽快扩大学习宣传的覆盖面和实际效果。积极拓展网络学习阵地，机关党委要精心策划党的十八大精神重大主题网上宣传，在办公网上设置“党的十八大学习专栏”，及时报道各支部学习实践情况，鼓励党员干部积极撰写并交流学习十八大的心得体会，宣传通报在学习贯彻过程中的好做法、好措施、好经验，切实把学习贯彻活动不断引向深入。

第四，加强督促检查，确保取得实效。机关党委要加大督促检查力度，对各支部学习宣传贯彻活动进度、成效进行专项督查，杜绝形式主义。各级党组织也要通过多种形式加强对全系统学习宣传贯彻活动的督查，避免学习活动走过场，确保取得实效。要以岗位工作的实际成效来衡量学习活动的效果，切实将学习宣传贯彻党的十八大精神和高质量完成全年工作目标任务结合起来，努力把十八大提出的新思想、新观点、新论断，转化为推动工作的新思路、新方法、新举措，铆足干劲，全力冲刺，扎实做好当前各项工作，确保各项工作任务的圆满完成。

同志们，党的十八大为我们描绘了全面建成小康社会的美好蓝图。在新的历史时期，让我们紧密团结在以习近平同志为总书记的党中央周围，高举中国特色社会主义伟大旗帜，凝聚力量，开拓进取，真正用十八大精神武装头脑、指导实践、推动工作，努力开创福建国税事业科学发展的新局面，为推动全面建成小康社会、夺取中国特色社会主义事业的伟大胜利而努力奋斗！

全省国税工作概要

2013

福建国税年鉴

概　况

领导批示

2012年1月11日，福建省委书记孙春兰在《福建省国税局工作汇报》上批示：“2011年省国税局坚持服务全省大局，深化改革，加强税源管理，优化纳税服务，取得了很好的成效。希望在新的一年更好地服务‘主题主线’，落实‘稳中求进’的总基调，作出新贡献。”

2012年 3月1日，国家税务总局副局长宋兰在福建国税局报送的《关于泉州市国家税务局税源专业化管理试点工作情况的报告》上批示：“福建泉州国税局积极探索税源专业化管理，取得很好成效，请征科司总结经验，就泉州做法以适当方式转全国。”

2012年 4月11日，福建省省长苏树林在《晋江市国税局创新纳税服务的做法》专报件上批示：晋江的做法很好。

2012年4月17日，福建省副省长王蒙徽对该专报批示：“请国税、地税贯彻落实苏省长批示精神，总结推广晋江的经验。”

2012年6月25日，福建省省长苏树林、副省长倪岳峰相继在省口岸办报送的《关于促进贸易便利化政策措施落实情况的报告》上作出批示。苏树林省长批示：“口岸各部门和国税局行动快、力度大，工作卓有成效，感谢口岸各部门和国税局的支持。”倪岳峰副省长批示：“促进贸易便利化政策实施以来，口岸、国税各部门均积极作为。请口岸各部门和国税局继续优化服务。”

2012年6月27日，福建省省长苏树林在福建国税局报送的《关于2012年1—5月国税组织收入情况的报告》上批示：“地方级收入保持较快增长，感谢耀民及国税局同志。”

2012年8月20日，福建省副省长倪岳峰批示：“在当前外贸出口形势严峻的形势下，国税系统积极作为，帮扶企业，作出重要贡献。请外经贸厅和国税局继续密切配合，确保支持政策切实落实到位。”

2012年 8月28日，福建省副省长倪岳峰批示：“口岸通关和国税部门认真落实省政府工作要求，促进贸易便利化，成效显著。当前，外贸形势依然十分严峻，口岸通关和国税部门要进一步挖掘潜力，进一步优化服务，力促全省外经贸年度目标的实现。”

2012年9月14日，福建省副省长王蒙徽在《省国税局扎实推进“营改增”试点准备工作》专报件上作出批示：“很好！请继续努力，确保11月1日开出票。”

2013年1月6日，福建省省长苏树林在福建国税局报送的《关于全国税务工作会议精神及我局贯彻意见的报告》上批示："2012年，省国税系统做了大量卓有成效的工作，改革创新、优化服务，支持企业发展和平潭开放开发，为福建经济社会发展作出了重要贡献，感谢全省国税系统同志的不懈努力。"

税收收入与税源结构

【组织税收收入】 2012年，福建省国税总收入（含海关代征）共完成1919.5亿元，比上年增收242.6亿元，增长14.5%。全省国税系统组织的税收收入完成1477亿元，完成年度计划的104.2%，比上年增收184.3亿元，增长14.3%。与地方财力挂钩的国税收入（不含车购税和中央固定收入）完成1406.1亿元，增收177.9亿元，增长14.5%。

【各设区市国税局税收收入情况】 厦门、福州、泉州市国税局税收收入突破300亿元，分别为379.2亿元、321.7亿元和336.1亿元。莆田、漳州、宁德、福州、厦门市国税局税收收入增幅超过全省平均水平，分别增长32.8%、29.6%、16.4%、14.9%、14.6%，其中厦门、福州市国税局合计增收90亿元，贡献率达48.8%。南平、龙岩、泉州、三明市国税局税收收入增幅分别为13.6%、10.6%、9.1%、8.4%。

表1　2012年分设区市税收收入完成情况

单位：亿元

地区	税收收入	比上年增减	
		增收	增减（%）
全省	1477.0	184.3	14.3
厦门	379.2	48.3	14.6
小计	1097.8	136.0	14.1
福州	321.7	41.7	14.9
三明	51.7	4.0	8.4
南平	40.0	4.8	13.6
宁德	41.9	5.9	16.4
莆田	66.7	16.5	32.8
泉州	336.1	28.0	9.1
漳州	91.9	21.0	29.6
龙岩	147.7	14.2	10.6

注：本表中税收收入不含海关代征。

【税收弹性系数】 福建省实现地区生产总值（GDP）19701.8亿元，比上年增长11.4%。全省国税税收收入增长14.5%，税收可比价弹性系数为1.26，现价弹性系数为1.17，税收收入总体增长快于经济发展。工业增值税直接收入与规模以上工业增加值弹性系数为1.19，商业增值税与社会消费品零售总额弹性系数为0.92，均处于合理区间。

【税种税收结构】 国内增值税、企业所得税分别入库759.2亿元、461.1亿元，分别增长15.5%、15.6%，占税收收入比重为51.4%、31.2%，比2011年提高0.6个、0.4个百分点；合计增收164.4亿元，贡献率为89.2%。国内消费税和车辆购置税分别入库186.7亿元、70亿元，增长8.4%、8.6%，占税收收入比重分别为12.6%、4.7%。

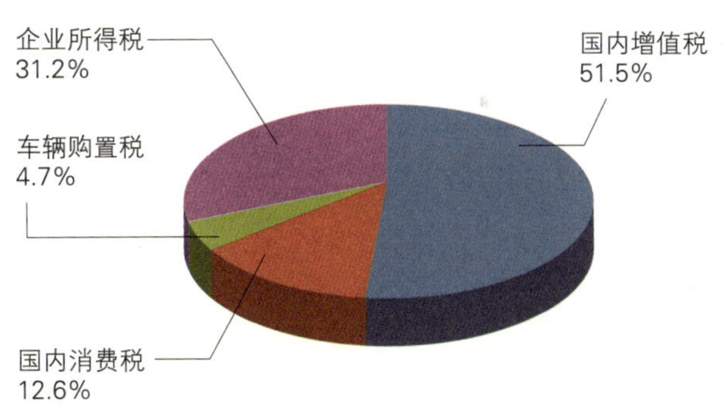

图1 2012年税收收入分税种比重图

【行业税收结构】 纺织服装、烟草制造、建材、食品制造、造纸业税收收入分别入库155亿元、139亿元、56.7亿元、30.5亿元、16.9亿元，增长25.5%、12.7%、12.8%、28%、17.2%，合计增收60.7亿元，占税收收入增收总额的32.9%。电力、热力生产和供应业增收最多，入库78.3亿元，增长35.6%，增收20.6亿元，贡献率达31.3%。金融业税收增长最快，入库116.3亿元，增收33.6亿元，增长40.7%。

【重点税源税收结构】 福建省纳入国家税务总局监控的重点税源企业户数共计1471户，入库国税税收收入790.4亿元，比2011年增加56.6亿元，增长7.7%。分税种看，增值税入库319.1亿元，比2011年增收6.1亿元，增长2%；消费税入库185.9亿元，增收14.2亿元，增长8.3%；企业所得税入库285.4亿元，增收36.3亿元，增长14.6%。分行业看，烟草制造业、电力、热力生产和供应业、批发和零售业及金融业4个行业税收收入合计399亿元，增长16.9%，比重达到50.5%。分设区市看，厦门、福州和莆田增收较多，分别入库187.8亿元、176.7亿元、34.4亿元，增长4.9%、13.5%、51.8%，合计增收43.1亿元，贡献率达76.1%。

业务工作

福建省国税系统坚持以科学发展观为统领，牢记为国聚财、为民收税的神圣使命，坚持服务科学发展、共建和谐税收的工作主题，强化收入质量管理、大力推进依法治税、不断优化纳税服务、全面推进征管改革、加强干部队伍建设，凝心聚力，开拓创新，圆满完成了各项税收工作任务，福建省省长苏树林多次对省国税局开展教育实践活动和税收工作服务经济社会大局做出重要批示。

【征收管理】 按照全国税务工作会议提出的“积极推进，大胆探索”的要求，加快推进税源专业化、信息化管理，推进税收征管改革。3月1日，国家税务总局副局长宋兰对泉州市国税局税源专业化管理试点工作作出批示：“福建泉州国税局积极探索税源专业化管理，取得很好成效，请征科司总结经验，就泉州做法以适当方式转全国。”在总结泉州市局税源专业化管理试点改革经验的基础上，2012年又将改革试点拓展至莆田、宁德、漳州三个设区市国税局，初步建立起以风险管理为导向、以税源分级分类管理为基础、“省市局集中分析、市县局分类应对”以及税收风险识别应对统一归口管理的税源专业化管理模式。开发“税收风险管理信息系统”平台，加强行业数据分析和税收风险管理。采用理论培训和实战演练相结合的方式，实施“纳税评估千人培训”计划。运用各类管理系统开展税收风险识别和排序，福建省共评估入库税款19.4亿元，占直接收入比例的1.9%。网络发票全省推广，“一户式税收征管档案系统”全省基本推行到位，做好第三方信息的采集和处理，完成省级税收保障立法前期工作。

【营业税改征增值税】 按照国务院“营改增”工作座谈会精神和“营改增”“试点当月顺利开票、试点次月顺利申报、试点第三月开展分析评估”的工作要求，从7月25日开始推进“营改增”试点工作。福建省共确认“营改增”试点纳税人29443户，其中一般纳税人4084户，小规模纳税人25359户。10月22日开始出售普通发票，11月1日成功启动“营改增”试点，12月1日共有518户企业顺利完成首日窗口申报和网络申报，截至12月31日，共缴纳税款18351万元，实现了“营改增”税制转换。财政部、国家税务总局和省政府多位领导对福建省“营改增”试点工作给予了高度评价。“营改增”信息技术保障工作得到国家税务总局通报表扬。

【依法治税】 积极构建“执法有证据、操作有规范、权力有制约、过程有监控、责任有追究”的法治新模式，不断提升依法治税水平。进一步健全规章制度。与福建省地税局联合出台《福建省税务系统行政处罚自由裁量权基准》，为推进依法行政提供制度保障。加强监督检查，开展税收执法督察、执法监察、经济责任审计和巡视监督，加大责任追究，不断规范和纠正税收执法行为。积极开展行政争议化解工作，解决了福州四家出口企业的重大涉税行政诉讼事务。

【税务稽查】 大力整顿和规范税收经济秩序，组织为期48天的全省性税收交叉检查，集中力量查处大要案，严厉打击发票违法犯罪活动。全省累计查补各项收入15.1亿元，占直接收入的1.1%。深化税务稽查改革，在推行市局集中稽查的基础上，部分县国税局试点推行稽查选案、审理上移设区市局管理。落实税收协定优惠政策，打击滥用税收协定的避税行为，全年反避税共入库税款2.6亿元。

【纳税服务】 按照“示范引导、以点带面、逐步推进”的工作思路，全力推进办税服务厅规范化建设，实现了服务能力、服务品质、服务效率和精神风貌的“四个提升”。2012年4月11日，福建省省长苏树林对晋江市国税局创新纳税服务的做法作出批示：“晋江的做法很好。”副省长王蒙徽作出批示：“请国税、地税贯彻落实苏省长批示精神，总结推广晋江的经验。”改进和完善省国税局门户网站功能，稳步推进二期功能拓展，全省网上办税纳税人 21.19万户，网上申报缴纳税款723.67亿元，网上认证增值税专用发票1065.24万份。持续提升12366服务热线服务质量，开通运行以来，12366热线服务总量逾27.88万个，接通率88.78%，满意率99.35%。依托信息化创新服务手段，全面推行涉税业务“全市通办”和纳税人免填单系统，福州、莆田、漳州和泉州市国税局均实现“全市通办”。福建省有14个办税服务厅先后被授予全国“巾帼文明岗”，4个办税服务厅被授予全国“青年文明号”。

【税收宣传】 2012年第21个税收宣传月期间，开展一系列税收宣传活动。举行“国税局长在线访谈”，福建省国税局臧耀民局长及各相关处室的负责人回答了网友及纳税人提出的问题，福建省官方第一大网络媒体《东南新闻网》和福建国税门户网站全程直播了局长在线访谈节目；福建省国税局、平潭综合实验区管委会共同主办，福州市国税局及平潭县国税局承办的“用好最优税收政策，助力平潭跨越发展”座谈会，50多位专家学者、税务人士、台资企业和相关部门领导参加座谈，共商推动平潭大开放大开发大计。与省地税局联合开展福建省纳税百强表彰活动和“福建省百万志愿者学雷锋十大行动”等活动。据不完全统计，宣传月期间，福建省国税系统在省级及当地媒体播发新闻稿件超过1000篇（次），省国税局编发税收宣传月专题简报11期，采用信息207条，取得了效果。

队伍建设

【领导班子建设】 通过竞争上岗、考察任用等方式选拔了18名副处级以上领导干部，提高了选人用人的公信度。落实干部交流和岗位轮换制度，2012年，对省国税局机关人事、监察、财务、稽查等重要部门、关键岗位的主要负责人进行了调整和交流，选拔任用了三明、南平市国税局的主要负责人，调整交流了福州、龙岩市国税局的主要负责人，配齐了福州、龙岩和三明市国税局的纪检组长。平潭综合实验区国税局机构设置方案获批。

【队伍建设】 加强学习型领导班子建设，在上海浦东干部学院举办一期省国税局党组中心组（扩大）学习培训班。落实国家税务总局“千人工程”和“十万人工程”规划，2012年举办纳税服务、纳税评估、出口退（免）税管理、国际税收和反避税等专业化人才培训班28期，累计培训1900余人次。福建省国税系统（不含厦门）共招录公务员156人，是历年来招录人数最多的一年。组织开展福建国税文化核心价值观大讨论和福建国税之歌征集评选活动，举办福建国税文化大讲坛系列讲座，推选出16名“我身边的好税官”。开展“为民服务创先争优”“基层组织建设年”和“下基层、解民忧、办实事、促发展”创先争优三大主题活动，全省有5个单位被省委授予“2010—2012年全省创先争优先进基层党组织”称号。

【党风廉政建设】 落实“一岗双责”制度，深化内控机制建设，抓好反腐倡廉工作任务的责任分解与落实。建立健全检税联席会议制度，宣传贯彻《税收违法违纪行为处分规定》，出台领导干部廉政谈话提醒制度和国税人员作风纪律建设八条措施。集中开展预防职务犯罪专题教育活动，通过开展“一会一展”和“七个一”专题教育活动，剖析典型案例，有针对性地进行教育，努力从源头上、制度上加以预防，从监控查处上加以警示。开展廉政文化建设作品征集和廉政文化作品展活动，营造尊廉、崇廉、守廉的氛围。参加政风行风评议活动，强化效能建设、作风建设、纪律建设，在各级党委政府组织的政风行风评议中，福建省各级国税系统均名列前茅。

税收优惠与服务经济

【支持海西建设】 努力争取先行先试的税收政策，参与研究制定的《平潭综合实验区鼓励发展产业所得税优惠目录》和《平潭企业之间货物交易免征增值税和消费税操作办法》相继上报国务院和国家税务总局。

【落实结构性减税政策】 办理各类税收优惠减免63亿元；支持小型微利企业和个体工商户发展，共为21万户纳税人上调增值税起征点，并落实企业所得税减半征税优惠3000多万元；2012年固定资产机器设备实际抵扣87.2亿元，同比增长24.9%。做好废弃电器电子产品基金开征工作，第四季度共征收基金1081万元。

【出口退税】 宣传新出台的出口退税政策，简化和优化出口退税流程，及时办理出口退（免）税，与外经贸、口岸通关、外汇管理、检疫检验等部门建立联系机制，对240家企业实行出口退税“一对一”帮扶。福建省全年累计出口退（免）税661.7亿元，同比增退118.6亿元，增长21.8%，其中直接出口退税519.2亿元，同比增长14.3%，为福建省外向型经济发展作出了贡献。

（供稿：兰延灼）

税收业务工作

税收法治

【行政复议】 福建省国税系统共收到行政复议申请6件，上期结转1件。其中依法受理6件，占2012年全部申请的100%。6起新受理行政复议申请中，被申请人为地市级国税部门的2件，占全部申请的33.33%；被申请人为县区局国税部门的4件，占全部申请的66.67%。从具体行政行为类型看，6件新受理行政复议申请中，行政复议申请事项涉及行政强制措施和行政征收两大类。其中行政强制措施类1件，占全部申请的16.67%；行政征收类5件，占全部申请的83.33%。2012年共审结案件6件，占全部受理案件的85.71%；未审结1件，占全部受理案件的14.29%。其中维持2件，自愿撤回申请4件。

【行政诉讼】 福建省国税系统共办理行政应诉案件8件，其中本期受理案件2件，复议后应诉2件，占全部案件的100%。8起行政应诉案件中，应诉机关为地市级国税部门的7件，占全部申请的87.5%；应诉机关为其他（税务分局）的1件，占全部申请的12.5%。应诉机关为原具体行政行为机关的9件，占全部申请的100%。2012年，福建省国税系统办理应诉案件全部审结。审结案件中，当事人撤诉1件，驳回起诉1件，驳回诉讼请求5件，其他（设区市国税局主动撤销税务处理决定书）1件。

【重大税务案件审理】 共审结税务案件955件，通过重大税务案件审理318件，重案审理率为33.30%，其中维持初审意见243件，维持率76.42%，发回复查28件，改变调查部门拟处理意见47件。

【规范行政裁量权】 与福建省地方税务局联合印发《福建省税务行政处罚裁量权基准适用规则》和《福建省税务行政处罚裁量权基准》，对7大类38种违法行为根据不同的违法情形在法律框架内规定了罚款细化标准，统一全省税务系统行政处罚裁量权的行使规范。

【平潭综合实验区税收优惠政策】 配合“财税小组”其他成员单位共同研讨，完成《平潭综合实验区鼓励发展产业所得税优惠目录》，上报国务院。会同相关处室拟定《平潭企业之间货物交易免征增值税和消费税操作办法》，上报国家税务总局。草拟“二线”海关不予退税的清单，列举出法律、行政法规和相关规定不予以退税的项目共2406项，生活消费类及商业性房地产开发项目不予退税物品目录已划分为24个类别。

【政策调研】 开展促进文化体制改革、促进福建省总部经济发展、体育产业的税收政策措施等方面的工作调研，提出具体的、符合科学发展要求的改革完善建议。办理地方党政部门有关涉税文件征求意见的回复工作，建言献策。参与重大涉税政策落实情况的督促检查，包括农产品流通企业税费负担情况反馈、校车质量督察等。

【执法资格考试】 组织2012年度税务人员执法资格统一考试，参加考试人员155名，及格149人，及格率96.13%，平均分数74.11分，最高分92.5分，其中，80分以上40人；70—79分72人；60—69分37人，60分以上的共计149人，占96.12%；60分以下6人，占3.87%。

【会议与培训】 2012年3月14日，召开全省国税系统依法行政工作会议，省国税局党组书记、局长臧耀民作《坚持依法行政，服务海西大局，全力促进福建国税科学发展跨越发展》的工作报告，福州市国税局、厦门市国税局、漳州市国税局分别就推行说理式稽查文书、发挥行政复议功能、构建立体式执法风险防控体系等工作做经验交流。3月22日，承办国家税务总局政策法规司组织召开的“提高税收制度建设质量”座谈会，就如何提高税收制度建设质量及开展《税收规范性文件制定管理办法》的评估等问题展开讨论，并对《税收规范性文件管理办法》的后评估工作的开展提出了意见和建议。12月18日—20日，举办福建省国税系统政策法规业务培训班，邀请福建省高级人民法院院法官余鸿鹏和省政府法制办副处长黄磊，对福建省国税局法规处全体人员，各设区市国税局政策法规部门负责人及部分县（区）国税局法规科工作人员共50多人进行培训。

▲全省国税系统进出口税收工作会议

【促进就业工作目标责任制】 督查考核促进就业工作目标责任制完成情况，以保证再就业税收优惠政策的贯彻落实，做好减轻企业负担、维护企业合法权益专项工作。截至2012年年底，享受税收优惠政策的个体工商户有18209户、吸纳下岗职工人数582人，减免各项税费2106.10万元，免征税务登记证工本费339119元，受益的下岗职工总人数8303人。

（供稿：陈　泓）

征收管理

【税务登记管理】 福建省国税税务登记总户数520002户，同比增加81467户，增长18.58%；正常营业户数498535户，同比增加75584户，增长17.87%。分类型看：企业纳税人233462户，同比增加42556户，增长22.29%；个体纳税人284815户，同比增加38116户，增长15.45%。分税种看：增值税纳税人501373户，同比增加85966户，增长20.69%，其中增值税一般纳税人户数91180户；企业所得税纳税人163222户，同比增加26921户，增长19.75%，其中居民企业所得税纳税人163051户；消费税纳税人2313户，同比增加206户，增长9.78%。7月开始“营改增”试点，全省共确认“营改增”试点纳税人29443户，其中一般纳税人4084户，小规模纳税人25359户。如图2、图3所示：

【纳税申报管理】 2012年月平均申报户数为297024户，同比减少7.55%，月平均申报率为98.22%，同比下降1.14个百分点。2012年福建省网上办税纳税人 21.19万户，网上申报缴纳税款723.67亿元。如图4、图5、表2所示：

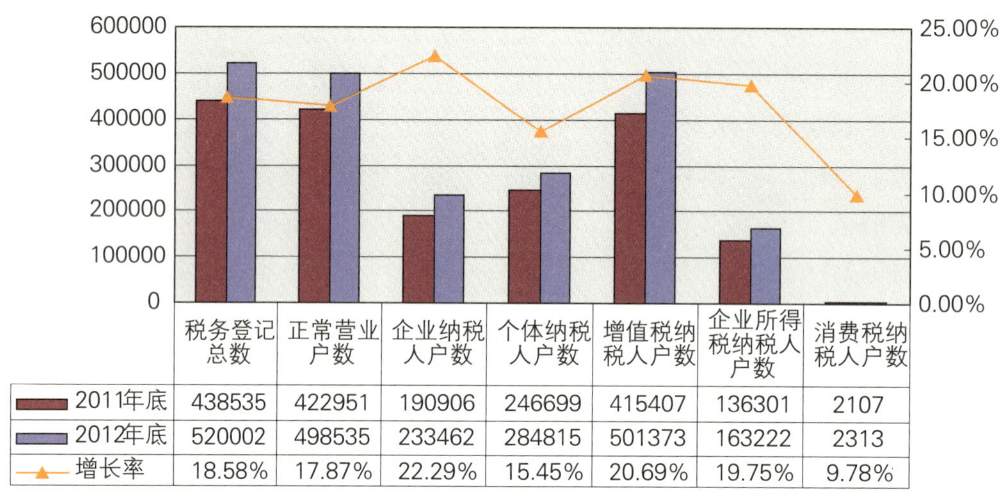

	税务登记总数	正常营业户数	企业纳税人户数	个体纳税人户数	增值税纳税人户数	企业所得税纳税人户数	消费税纳税人户数
2011年底	438535	422951	190906	246699	415407	136301	2107
2012年底	520002	498535	233462	284815	501373	163222	2313
增长率	18.58%	17.87%	22.29%	15.45%	20.69%	19.75%	9.78%

图2　2012年与2011年税务登记状况比较

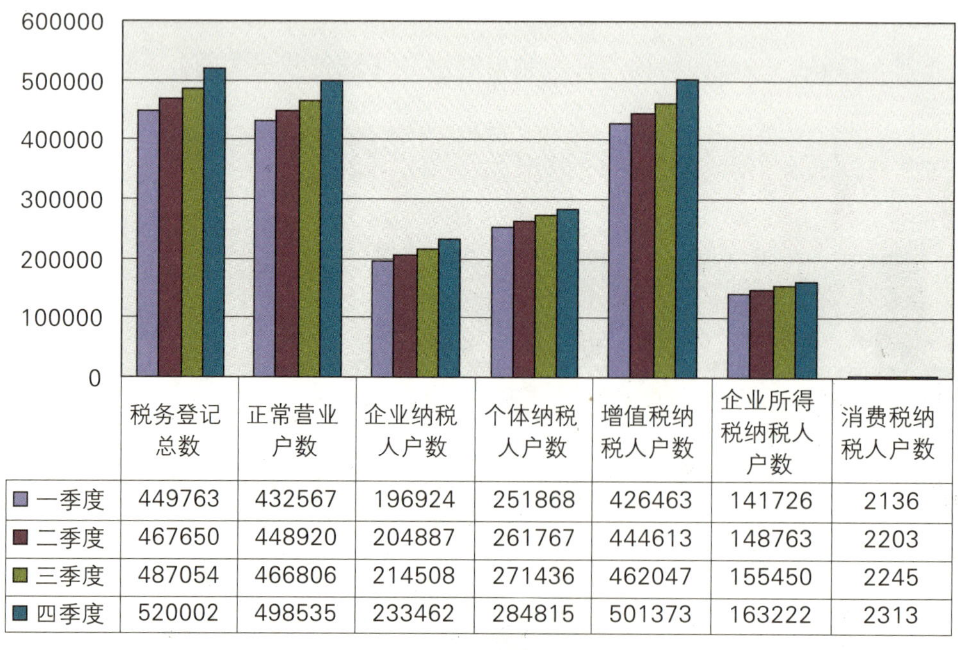

	税务登记总数	正常营业户数	企业纳税人户数	个体纳税人户数	增值税纳税人户数	企业所得税纳税人户数	消费税纳税人户数
一季度	449763	432567	196924	251868	426463	141726	2136
二季度	467650	448920	204887	261767	444613	148763	2203
三季度	487054	466806	214508	271436	462047	155450	2245
四季度	520002	498535	233462	284815	501373	163222	2313

图3　2012年各季度税务登记状况

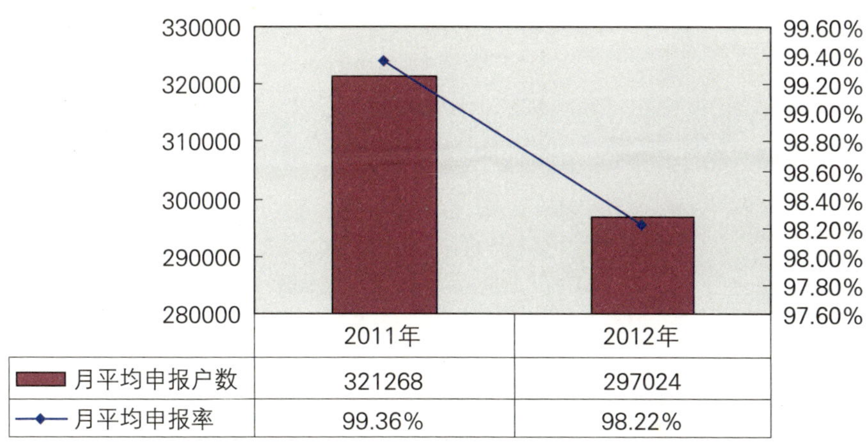

图4　2012年与2011年申报管理状况比较

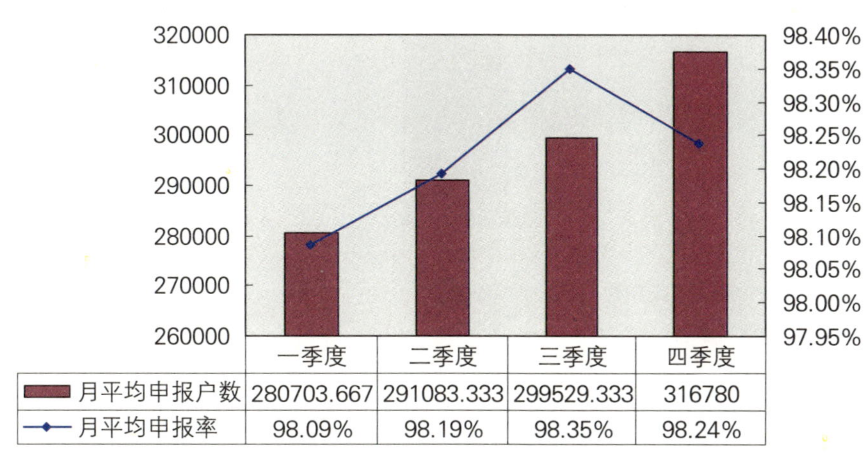

图5　2012年各季度纳税申报状况

表2　　2012年各月申报管理状况

单位：户

月份	1月	2月	3月	4月	5月	6月	7月	8月	9月	10月	11月	12月
已申报户数	402308	219305	220498	410557	234778	227915	430662	232692	235234	446692	241394	262254
应申报户数	408855	224017	225077	415436	240127	232613	435561	236997	240061	452282	246214	267856
申报率（按户）	98.40%	97.90%	97.97%	98.83%	97.77%	97.98%	98.88%	98.18%	97.99%	98.76%	98.04%	97.91%

【税款入库管理】　2012年底，福建省国税系统262254户已申报户数中，应缴款户数为127222户，已缴款入库户数为125427户，按户入库率为98.59%。如表3、图6、图7所示：

表3　　2012年各月缴款入库管理状况

单位：户

月份	1月	2月	3月	4月	5月	6月	7月	8月	9月	10月	11月	12月
已入库户数	217960	100400	103947	127364	119483	110801	131516	111564	112576	134251	114132	125427
应缴款户数	223539	101961	105048	129722	122050	112130	133098	112925	114021	136345	115505	127222
入库率（按户）	97.50%	98.47%	98.95%	98.18%	97.90%	98.81%	98.81%	98.79%	98.73%	98.46%	98.81%	98.59%

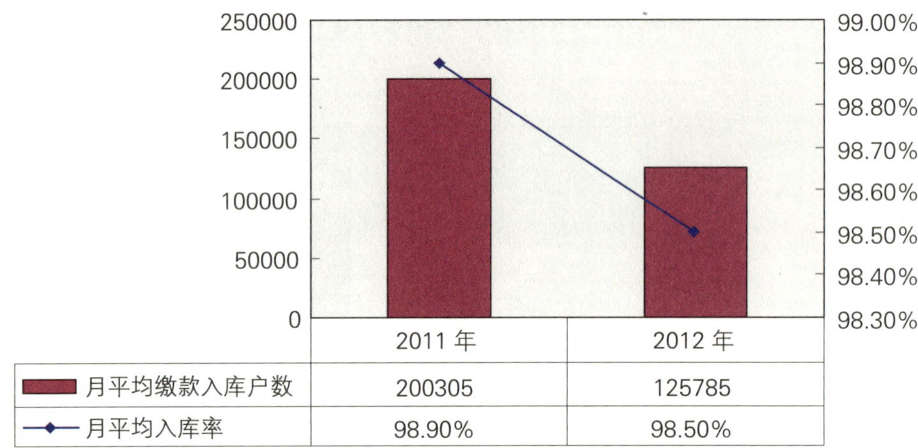

图6　2012年与2011年缴款入库管理状况比较

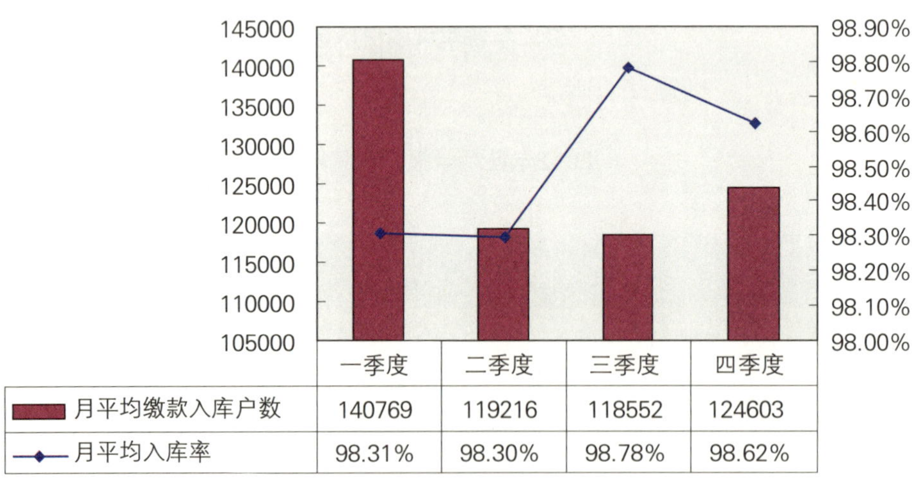

图7　2012年各季度缴款入库状况

【税收集中度】 2012年年末，支撑福建省国税系统收入90%的纳税人户数为20018户，占全省国税系统纳税户数比例为3.85%，户数同比增加1420户，增长7.64%，户比同比降低0.39%；支撑福建省国税系统税收收入50%的纳税人户数为219户，占全省国税系统纳税户数比例为0.04%，与2011年持平，户数同比增加31户，增长14.49%。2012年，个体工商户执行新增值税起征点政策，个体纳税人纳税数量大幅度减少。如表4、表5所示：

表4　　2012年与2011年全省国税收入集中度比较

单位：户

指标名称		2012年	2011年	同比增减
支撑90%全省收入的纳税人户数		20018	18598	+1420
占全省纳税户数比例		3.85%	4.24%	-0.39%
支撑50%全省收入的纳税人户数		219	188	+31
占全省纳税户数比例		0.04%	0.04%	持平
其中：企业类纳税人	支撑企业90%收入的纳税人户数	8954	8566	+388
	占全部企业纳税人比例	3.84%	4.49%	-0.65%
	支撑企业50%收入的纳税人户数	162	137	+25
	占全部企业纳税人比例	0.07%	0.07%	持平
其中：个体纳税人	支撑个体90%收入的纳税人户数	46215	91772	-45557
	占全部个体纳税人比例	16.25%	37.25%	-21%
	支撑个体50%收入的纳税人户数	6246	11663	-5417
	占全部个体纳税人比例	2.20%	4.73%	-2.53%

表5　　2012年各季度福建省国税收入集中度变化表

单位：户

指标名称		第一季度	第二季度	第三季度	第四季度
支撑90%全省收入的纳税人户数		18876	14470	20311	20018
占全省纳税户数比例		4.20%	3.09%	4.17%	3.85%
支撑50%全省收入的纳税人户数		164	175	203	219
占全省纳税户数比例		0.04%	0.04%	0.04%	0.04%
其中：企业类纳税人	支撑企业90%收入的纳税人户数	8253	7347	9066	8954
	占全部企业纳税人比例	4.19%	3.59%	4.23%	3.84%
	支撑企业50%收入的纳税人户数	120	139	146	162
	占全部企业纳税人比例	0.06%	0.07%	0.07%	0.07%
其中：个体纳税人	支撑个体90%收入的纳税人户数	55724	41176	42854	46215
	占全部个体纳税人比例	22.17%	15.75%	15.82%	16.25%
	支撑个体50%收入的纳税人户数	9255	6453	6662	6246
	占全部个体纳税人比例	3.68%	2.47%	2.46%	2.20%

【落实惠民政策】 2012年1月1日，执行福建省政府个体工商户增值税月销售额2万元起征点政策，全省23.52万户个体工商户纳税人享受到免征增值税的实惠。执行国家发展和改革委员会和财政部联合下发的《关于免征小型微型企业部分行政事业性收费的通知》（财综〔2011〕104号）和《国家税务总局关于免收小型微型企业发票工本费有关问题的通知》（国税函〔2011〕759号）规定，福建省免收小微企业发票工本费700万元。继续落实免收税务登记费政策，全省免费发放（变更）税务登记证13万户，免收税务登记工本费260万元。

【税收征管改革】 2012年3月，制定下发《福建省国家税务局关于深入推进税源专业化管理试点工作的意见》（闽国税发〔2012〕29号），将税收征管改革正式拓展至莆田、宁德、漳州3个设区市国税局，初步建立“省市局统一分析、风险管理归口、各级分类应对、县级局应对为主”的具有福建国税特色的税收征管改革和风险管理模式。

9月11日—12日，在泉州晋江市召开全省国税系统深化税收征管改革工作会议。会议的主要任务是：贯彻落实全国税务系统深化税收征管改革工作会议精神，回顾总结福建省国税系统近年来征管改革历程和基本经验，交流泉州市国税局税源专业化管理和其他设区市国税局有关情况，研究部署深化福建省国税系统征管改革工作任务。福建省国税局局长臧耀民在会议上作《深化征管改革，转变管理方式，努力推进我省国税系统税收征管现代化》的报告，总结近年来福建省国税系统税收征管改革取得的成效，提出：要认清形势，转变观念，把握新时期全省税收征管改革的总体要求和目标；明确方向，理清思路，抓好下阶段全省税收征管改革的主要任务；加强领导，统筹协调，落实推动福建省税收征管改革的工作措施等意见。

【涉税业务规程】 对2011年 9月1日起施行的《福建省国税系统涉税业务规程》进行修订，修订后的业务规程共204项，其中即办事项97项，审批事项78项，税务机关依职权的涉税业务19项。

【税收风险管理】 成立福建省国家税务局税收风险分析监控中心（简称风控中心），风控中心主任由省国税局党组成员陈慕斌担任，征管科技处处长林国镜为常务副主任，信息中心主任方新加为副主任，工作人员抽调货劳处庄建顺、孟立文，所得税处朱春发、黄小丽，收规处郑兴俊，出口退税处杨明，大企业处陈建钦，国际处卢兆福、潘晓耿，信息中心周强，征科处黄德兴、杨妹等同志为兼职高级分析员和分析员；专职人员从全省抽调，集中办公、独立运作。机构在国家税务总局正式批复设立前，其日常管理暂时挂靠征管科技处。风控中心主要职责：做好税收风险识别管理，提高风险识别准确率；做好税收风险应对管理，提高风险应对质量；做好税收风险管理绩效考评，指引风险管理方向；做好风险管理信息系统建设和配套制度制定，规范风险管理工作。

【纳税评估】 福建省国税系统（不含厦门）开展纳税评估20498户次，补税12605户，查补税款17.13亿元，是2011年的2倍；入库15.47亿元，占直接收入（年度目标考核口径）的1.9%，是目标考核0.5%的3.8倍；评估移送稽查61户。2012年5月，下发《关于组织开展税收风险应对工作的通知》（2012年第1期），向设区市国税局推送指标异常或风险特征明显企业257户，按户归集后疑点企业239户，除去部分企业正在稽查阶段，实际进入评估224户，查补税款3195.34万元。其中：增值税为2792.43万元，企业所得税为402.91万元，进项税额转出204.43万元，冲减留抵税金1214.66万元，调整以前年度亏损2509.05万元，调增所得额423.96万元，滞纳金113.97万元。10月，福建省国税局针对商业税负等偏离正常的情况，部署开展商业增值税专项纳税评估工作，以设区市国税局为单位直接组织实施，福州市国税局、泉州市国税局为20户，其余6个设区市国税局为30户，实际完成纳税评估252户，查补税款11093.81万元，调整以前年度亏损4597.99万元，冲减留抵税金103.23万元，进项税额转出197.29万元，调增应纳税所得额2356.6万元，滞纳金127.33万元。

【评估模型建设】 2012年，国家税务总局部署开展行业纳税评估模型及案例征集与评审活动。福建省国税局上报的造纸行业评估模型和木制品制造行业纳税评估模型，获全国2012年度“百佳”行业纳税评估模型及案例。评审委员会按照评审工作方案，从领导重视、态度积极、组织得力、建模质量、上报数量和报送及时等多个维度对各地上报的质量进行评审，福建省国税局模型建设工作被通报表扬。2012年，福建省在完成商业增值税专项纳税评估工作的同时，还建立26个商业行业税源监控分析模型。

【增值税行业建模】 福建省增值税行业税源实际分类：按大类涉及95类，建模62个；按小类涉及1008类，建模393个；按子类涉及2854类，建模327个。模型监控覆盖增值税纳税人46328户，涉及入库税款603.35亿元。已实施纳税评估行业占增值税行业税源模型比例为81.58%，行业建模使用第三方信息数据307个。

【基金征收管理】 执行国务院批准的《关于印发〈废弃电器电子产品处理基金征收使用管理办法〉的通知》，从2012年7月1日起开征废弃电器电子产品处理基金。征收对象为中华人民共和国境内电器电子产品的生产者；征收范围为5类电器电子产品，从量定额计征，出口产品免征；征收标准为电视机13元/台、电冰箱12元/台、洗衣机7元/台、房间空调器7元/台、微型计算机10元/台；征收环节为5类电器电子产品生产者的销售环节；计算公式为应缴纳基金=销售数量（受托加工数量）×征收标准；申报缴纳时间为季终15日内。

福建省国税局运用税企QQ群、电子邮件、网站、地方报刊、税企座谈会、下户调研走访等多种方式，对基金征收对象、征收标准、计算公式、申报缴纳时间、免征范围等重点内容进行宣传，辅导填写申报表和完善相关资料，确保义务人按时、准确申报缴纳。2012年，全省申报缴纳基金1029万元，应征数量892363台，其中电视机454311台，电冰箱75台，房间空调器14台，微型计算机437963台。对符合减免政策规定的出口销售9199644台和交叉环节15105台的产品减免了基金征收。

【业务培训】 2012年4月16日，举行第一期开班式，总会计师陈慕斌代表福建省国税局党组在开班式上作讲话，从推进税源专业化管理的时代背景、纳税评估的重要意义、纳税评估的现状等方面，阐述福建省开展纳税评估培训紧迫性和必要性，对参训人员提出学习要求。福建省国税局征管科技处、教育处、税干校处室领导出席开班式。培训期间，先后邀请国家税务总局征管科技司司长李林军、江苏国税局总经济师张爱球、安徽国税局处长来闽作税收征管改革和税收风险管理理论专题讲座。福建省国税系统共有1634人参加培训，其中省国税局直接组织培训6期433名评估骨干，实战演练以设区市为单位将学员分2—3个组，按照省国税局选行业、市国税局选户的要求，回设区市局开展评估实战演练，仅实战演练评估查补税款8461万元，调增企业所得税应纳税所得额12800万元。

【网络发票管理】 到2012年底，福建省国税局已推行网络发票用户65113户，实际开票户数50351户，开票总份数588万份，

开票总金额2075亿元。全省千元版及以上普通发票全部使用网上在线开具，千元版以下普通发票保留手工开具方式。福建省采用电信、联通、移动3大运营商同时搭建平台运作的网络发票系统，符合国家税务总局金税三期网络发票建设推广模式，得到国家税务总局征管科技司领导的肯定。

【普通发票印制】 2012年，全省国税系统印制普通发票210906319份，“营改增”引发普通发票印制量同比增加117875248份，使用159090809份，年末结存83952355份。继续执行依法公开招标采购中标的福建鸿博印刷股份有限公司、泉州市丰泽票据印制有限公司、福建元祥电脑纸印刷有限公司、福建兴达印务有限公司，作为福建省国家税务局系统普通发票定点印制服务供应商，有效期限为2011—2013年。

【财税库银横向联网】 2012年3月13日—15日，在福州福清市举行财税库银税收收入电子缴库横向联网系统培训会，邀请人民银行国库部门专业介绍财税库银系统基本功能与运作流程、财税库银系统与现行的福建省地方税库行联网系统各业务种类的区别、操作技巧以及推广财税库银系统过程中注意事项等进行系统地讲解和操作示范，并就大家系统运行中可能遇到的问题进行解惑答疑。4月，在全省全面推行国家税务总局财税库银税收收入电子缴库横向联网系统，一改使用多年的福建省税库行联网系统，2012年当年实现新旧税库行联网系统的平稳转换和无缝衔接，纳税人在申报纳税时通过该系统同步划缴上解税款。

【个体私营经济税收】 2012年末，全省个体私营经济纳税人318763户，年纳税总额1521104.54万元，其中：其中私营经济89683户，年纳税总额1373191.48万元。采用定期定额税款征收方式的户数214034户，查账征收104729户。全省2012年1月1日起，个体工商户增值税起征点从月销售额5000元调整到20000元后，定期定额税款征收方式的户数增加了99886户。

【集贸市场税收】 2012年末，全省集贸市场675个、摊位62642个、出租摊位57688个，年纳税总额23555.68万元，市场交易年经营额2037236.71万元。其中：年纳税额10万元以下市场375个，年纳税总额1560.71万元；10万—100万元市场265个，年纳税总额2134.78万元；100万—300万元市场14个，年纳税总额2446.41万元；300万—500万元市场11个，年纳税总额3527.84万元；500万—1000万元市场4个，年纳税总额2729.91万元；1000万—5000万元市场6个，年纳税总额11156.03万元。

2012年末，全省集贸市场税务登记户数69333户，其中：个体经济户数61583户，私营经济户数6320户，国有企业85户，集体企业357户，其他988户。在集贸市场纳税人中，已建账9588户，实行查账征收6236户，定期定额户34970户。

【其他征管工作】 提出福建省国税局综合纳税服务（二期）开发项目业务需求，配合做好项目评审相关工作，得到福建省政府支持项目建设395万元补助经费；完成省数字办分配的《在信息化条件下新型政务工作模式的研究——税务数据电文法律有效性及应用》和省国税局安排的《税源专业化管理实践与思考》两个重点课题的研究；做好综合征管软件系统业务运维和行业税源分析监控系统运维工作；协助办好《东南税务》税源专业化管理试点专期，促进福建省税收征管改革深入开展；做好人大、政协税收征管方面的提案和相关信访件的办理；做好12366服务热线后台政策答疑解惑工作。

（供稿：黄德兴）

货物劳务税管理

【营业税改征增值税试点】 成立以福建省国税局局长臧耀民为组长的“营改增”试点工作领导小组，下设政策培训、征管技术和宣传保障3个工作小组，明确职责分工。召开动员部署大会，制订实施方案和倒计时表，将“营改增”试点各项工作进一步细化为98项具体任务，明确各项任务完成的时限、责任单位和责任人。开展内外部培训，省国税局组织举办两期“营改增”师资培训班，参训人员达到500余人。编印“营改增”试点实施办法解读等培训教材；整理一套完整的《营改增师资培训课件》供各地对照研读；利用《海西税务》增刊，编撰涵盖“营改增”全部政策文件的《辅导材料》共9500册分发全省，作为广大税务干部的工作手册。发布纳税人若干征收管理事项、试点增值税一般纳税人认定、试点纳税人增值税优惠政策、增值税税控系统等4份公告和增值税税收优惠政策衔接工作等9份税收管理制度和操作规程，明确“营改增”试点范围、试点纳税人税务登记、发票管理、资格认定、申报征收、税收优惠、防伪税控申请及相关操作流程和应急情况处理等事项。在《福建日报》刊登“营改增”公告；在国税门户网站、内部办公网页开设“营改增”试点专栏，分别向省“营改增”领导小组及成员单位、国家税务总局相关部门报送信息简报32期。2012年9月28日，再次组织召开各设区市国税局分管领导及货物劳务、征管科技、信息中心等部门负责人参加的全省“营改增”工作推进会议，听取各设区市国税局“营改增”准备工作情况汇报，研究相关问题，进一步明确各项任务。采购税控大读卡器1150套和货物运输业增值税专用发票代开设备340套，到10月20日，配合服务单位，全面完成全省增值税税控系统安装、培训、发行工作。完成福建省增值税专用发票、货物运输专用发票、增值税普通发票用量测算以及配送工作，追加440万份增值税发票全部都发放至各申报窗口。按序时进度向试点纳税人出售普通发票。11月1日，成功开出货物运输业增值税专用发票和现代服务业增值税专用发票，顺利启动“营改增”税制转换。截至11月19日，“营改增”试点纳税人共25593户，其中：一般纳税人3267户，小规模纳税人22326户。

【固定资产进项抵扣专项核查】 2012年7月18日—10月19日，组织固定资产进项税额抵扣专项核查小组，对福建省石化、电力两个行业11家重点企业2009—2012年度申报抵扣固定资产情况开展核查。经过3个多月核查，查出近3.3亿元固定资产进项税额不符合抵扣条件，核查需核减进口设备退税约2亿元。

【重点行业增值税专项纳税评估】 2012年初下发《关于开展2012年度增值税专项纳税评估的通知》，部署对增值税滞留票、农产品购销加工企业纳税情况、异常海关完税凭证抵扣情况在福建省开展纳税评估工作。之后，组织2个评估工作小组对税收负担相对较低的食用油加工行业进行增值税专项纳税评估，通过CTAIS系统、防伪税控系统、稽核系统以及互联网等企业信息，实地核查企业账证和生产经营情况，发现食用油加工行业相关指标对比差距明显、企业销售收入申报不及时、不准确、不完整、违规使用发票、利用关联企业之间关系调节进销项税额等问题。并提出加强增值税管理的意见建议。

【农产品进项税额核定扣除】 对各地上报审批的农产品增值税进项税额核定扣除标准企业进行审核，共审定77户，2012年7月1日顺利实施。

【增值税收入分析】 按月上报增值税收入分析报告，分析增值税收入增减变动异常的重点行业、关键企业，查找税收管理中的薄弱环节，研究采取加强管理的措施。福建省国税系统（不含厦门）入库增值税570.21亿元，比2011年同期增加76.79亿元，增长15.6%。

【一般纳税人认定管理】 完成一般纳税人认定、变更、注销等各项工作，以及辅导期转正一般纳税人的审核工作，2012年初，福建省一般纳税人83033户，年底，全省增值税一般纳税人户数增加到90306户，全年一般纳税人管理上未发生差错。

【增值税发票印制】 2012年，印制增值税专用发票三联版1324.4万份，七联版404万份；增值税普通发票二联版338万份，五联版784万份；货物运输业增值税专用发票三联版167万份，六联版127.5万份。

【消费税管理】 福建省国税系统（不含厦门）入库消费税137.39亿元，比2011年同期增收8.9亿元，增长6.9%，完成年度计划的101.2%。（1）卷烟消费税入库78.71亿元，增收8.4亿元，增长12%。福建省卷烟生产重点企业是龙岩烟草工业有限公司，该公司2012年销售卷烟4792184万支，同比上年增加212321万支，增长4.64%；实现销售收入130.42亿元，同比上年增加15.87亿元，增长13.85%；入库消费税63.46亿元，比上年同期增加6.63亿元，增长11.67%。（2）酒类消费税入库酒4.54亿元，增收0.3亿元，增长7.1%；福建省酒类重点企业是英博雪津啤酒有限公司，该公司2012年啤酒销售量为103.72万吨，较去年同期减少1.66万吨，但其中应税高档啤酒增长4万吨，低档啤酒减少5.67万吨，吨酒税负较去年同期增加24.11元。（3）汽车、摩托车消费税入库5.22亿元，减收0.98亿元，下降15.8%。福建省汽车、摩托车消费税的主要税源有东南汽车和福建戴姆勒汽车工业有限公司。①东南汽车2012年累计生产汽车106786辆，同比减少4982辆，下降4.46%；销售汽车107915辆，同比减1460辆，下降1.33%；实现销售收入73.53亿元，同比减少2.14亿元，下降2.83%；入库消费税2.66亿元，同比减收0.18亿元，下降6.21%。②戴姆勒公司2012 年生产汽车7017辆，同比减少4735辆，下降40.29%；销售汽车7416辆，同比减少4169辆，下降35.99%；实现销售收入27.99亿元，同比减少12.42亿元，下降30.74%。入库消费税25529万元，同比减收8035万元，下降23.94%。（4）成品油消费税入库47.91亿元，增收0.76亿元，增长1.6 %。福建省成品油消费税的主要税源是福建联合石化有限公司，由于成品油销量增加带动消费税增长：2012年度销售汽油158.05万吨，同比增加25.69万吨；销售柴油317.16万吨，同比增加56.75万吨。

贯彻执行石脑油、燃料油消费税新政策；对消费税月、季收入变动情况及烟、酒、汽车、成品油等重点税源的生产、销售及税收增减原因进行分析，并形成收入分析简报上报国家税务总局。

【车辆购置税管理】 贯彻执行新的车辆购置税征管办法。福建省国税系统（不含厦门）征收车辆购置税的车辆774211辆，同比增加27416辆，增长3.7%；入库车辆购置税54.31亿元，比2011年同期增收4.55亿元，增长9.14%。其中：汽车类征税车辆367444辆，比2011年同期增加23393辆，增长6.8%，占全部征收车辆的47.46%；入库车辆购置税52.35亿元，比2011年同期增收4.56亿元，增长9.54%，占全部征收税款的96.39%。摩托车征收402916辆，比2011年同期增加3977辆，增长1%，占全部征收车辆的52.04%；入库车辆购置税1.72亿元，与2011年同期持平，占全部征收税款的3.17%。

（供稿：黄　钢）

所得税管理

【概述】 以服务科学发展、共建和谐税收为工作主题，以组织收入为中心，按照国家税务总局提出的“分类管理、优化服务、核实税基、完善汇缴、强化评估、防范避税”24字方针，围绕福建省国税局2012年工作要点，发挥税收职能作用，完成了组织所得税收入、完善所得税政策、加强征管、信息化建设、提高队伍建设等各项工作任务。福建省（不含厦门）累计入库企业所得税336.08亿元，完成年度计划304亿元的110.5%。比2011年同期增收46亿元，同比增长15.9%，比国税部门组织收入累计增幅高1.8个百分点，占国税部门组织收入1097.83亿元的30.61%，比2011年提高0.46个百分点。

【分地区税收分析】 各设区市所得税增长态势良好，莆田累计增幅52.8%，高居全省榜首。三明、福州、泉州、南平、宁德累计增幅超过10%，龙岩同比增收8.1%，漳州同比增收6.1%。

【税收优惠】 一是落实小型微利企业的所得税优惠政策。为将税收优惠政策落实到位，各地采取措施，促进福建省小型微利企业发展。据统计，2012年度，全省符合规定的小型微利企业2702户，减免税额0.15亿元。二是参与“高新技术企业认定领导小组”工作，联合福建省科技厅、福建省财政厅、福建省地税局开展一系列工作，2012年度，分两批共认定92户新申请的高新技术企业及128户复审的高新技术企业。落实国家支持高新技术企业的税收优惠政策，2012年全年减免高新技术企业所得税9.06亿元。三是鼓励企业加大研发费的投入，提升福建省科技发展后劲。根据省委省政府《关于增强自主创新能力推进海峡西岸经济区建设的决定》（省委〔2006〕21号）精神，贯彻执行“研发费加计扣除”政策。协助省科技厅开办“研发费加计扣除培训班”，宣传、解释企业为开发新技术、新产品、新工艺发生

表6 2012年企业所得税分地区完成情况表

单位：万元

地区	累计入库			完成率		企业所得税占比	
	企业所得税额（万元）	比上年同期增减		年度考核计划	完成年度考核计划（%）	国税部门组织收入（万元）	企业所得税占国税部门组织收入比重（%）
		绝对额	增减（%）				
小计	3360189	459977	15.9%	3040000	110.5	10978328	30.61%
莆田	255533	88280	52.8%	174500	146.4	666856	38.32%
三明	109353	15726	16.8%	95900	114.0	516692	21.16%
福州	1566025	206936	15.2%	1418000	110.4	3217490	48.67%
泉州	775526	98688	14.6%	739800	104.8	3361306	23.07%
南平	108350	11775	12.2%	100800	107.5	400406	27.06%
宁德	104080	10087	10.7%	100000	104.1	419383	24.82%
龙岩	180431	13460	8.1%	175000	103.1	1476741	12.22%
漳州	260891	15025	6.1%	236000	110.5	919454	28.37%

▲2011年10月25日，全省国税企业所得税风险预警信息管理系统推广现场会

（摄影/黄小丽）

的研究开发费用加计扣除的税收优惠政策，推动福建省企业研发项目的积极性和科研投入，鼓励企业的自主创新。2012年度，全省涉及开发新技术、新产品、新工艺发生研发费用的266户企业，共加计扣除13.16亿元。

【促进“三农经济”】 为解决福建省农村信用社的实际问题，本着实事求是、公平合理的原则，以基层社2011年度营业收入占全省各基层社合计营业收入的比例，计算分摊省联社的费用，对全省农村信用社2011年度所发生的行政管理服务费、电子化系统运行维护管理及建设折旧费2.11亿元，同意给予税前列支，减轻其税额0.53亿元，促进企业发展，以此带动福建省“三农”经济的发展。

【助推平潭发展】 为了尽快地落实平潭综合实验区企业所得税减按15%税率征收的优惠政策，参与福建省政府《关于企业所得税15%税率优惠政策产业目录》的制定，草拟包括高新技术产业、现代物流业、商贸服务业等11类共212项的《目录》，并随同福建省委、省政府赴财政部、国家税务总局等有关部门，促请目录的早日批复，争取产业优惠目录尽快出台，助推平潭实验区的快速发展。

【强化后续管理】 强化企业所得税后续管理，是各级税务机关的一项重要工作内容。根据国家税务总局关于加强企业所得税后续管理的工作要求，经过反复讨论、修改、完善。省国税局于7月份下发《福建省国家税务局关于做好企业所得税后续管理工作的通知》（闽国税函〔2012〕150号），对后续管理的目标、要求、做法等方面进行强调和明确，要求各地充分依托信息化手段，加强基础信息资料的管理，确保相关信息的真实、准确和完整。

【信息化建设】 一是全省上线运行“企业所得税风险预警信息管理系统”。一年来，各地依托该系统加强数据分析利用，开展风险评估，实施信息管税，取得历史性突破。2012年，福建省评估企业4919户，调增应税所得额30.91亿元，核减亏损额3.77亿元，补征税款7.53亿元，滞纳金3095.86万元，其他税款1010.67万元。二是委托三明市国税局开发企业所得税电子台账管理软件。经过一年的努力，研发了以Oracle数据库为后台数据库的所得税电子台账管理系统，以强化所得税跨年度延续性、减免税等涉税事项管理，并在三明市部分县市试点运行。三是根据国家税务总局关于发布《中华人民共和国企业所得税月（季）度预缴纳税申报表》等报表的公告（国家税务总局公告2011年第64号）及《企业资产损失所得税税前扣除管理办法》（闽国税公告2012年第1号）的规定，提请省国税局信息中心做好所得税电子申报软件的修改和完善，并补充下发了《关于企业资产损失税前扣除申报模块使用说明的通知》（闽国税函〔2012〕42号）。四是企业的资产损失税前扣除实行网上申报后，在广泛调研，并与方欣公司开发人员共同修订、调试的基础上，在福建省国税局的“税源风险管理系统”外挂“资产损失税前扣除申报”子系统的模块，与企业财税服务平台网上申报系统衔接。为方便对本级或下级税务机关的企业资产损失税前扣除网上申报进行统计和查询，对个别不通过网上申报的企业资产损失税前扣除进行补录，并对此子系统的使用进行跟踪，对存在的问题及时予以解决，确保全省企业所得税网上申报的顺利进行。

【汇算清缴】 为完成2012年度企业所得税汇算清缴工作，汇缴前期，多层次开展调研，做好准备工作；汇缴中期，传达新文件，落实相关政策；汇缴后期，下发了《福建省国家税务局关于做好企业所得税后续管理工作的通知》（闽国税函〔2012〕150号），确保汇算清缴的数据质量。2012年福建省（不含厦门，下同）企业所得税登记户164432户，开业户数155241户，应参加汇算清缴户数149571户，实际参加汇算清缴149227户，汇算面99.77%。实际应纳所得税额合计364.7亿元，比2011年增收63.89亿元，增长21.21%。2012年累计实际已预缴的所得税额275.81亿元，预缴率75.63%，本年汇算清缴应补的所得税额88.89亿元。

【人才培养】 为培养企业所得税业务人才，提高所得税队伍人员素质，福建省国税局组织两个主题共3期培训班，参训人员253人。一是以企业所得税汇算清缴为主题的培训班。为进一步做好2011年度企业所得税汇算清缴工作，3月份在武夷山举办了各设区市国税局、县（市、区）国税局业务骨干的培训班，培训主要内容是2011年企业所得税政策变化、企业所得税汇算清缴管理、年度申报表讲解、银行业简介、银行业务及会计核算讲解等，全省参训人员118人。二是以《小企业会计准则》为专题的培训班。为确保2013年《小企业会计准则》在福建省顺利实施，呈省国税局领导批复同意举办4期培训班。11月份，先后举办两期小企业会计专题培训班，参加对象为设区市国税局、县（市、区）国税局分管局长及所得税正副科（处）长，参训人员135人，另两期将于2013 年初举办。

（供稿：黄小丽）

出口退税管理

【概述】 全省共办理出口退（免）税661.7亿元，同比增长21.84%，规模居全国第六位。八设区市国税局共办理出口退（免）税357.7亿元，同比增长20.8%，其中，办理直接出口退税267.2亿元，同比增长10.32%；免抵调库90.5亿元，同比增长67.5%。

【出口退税政策落实】 落实《财政部 国家税务总局关于出口货物劳务增值税和消费税政策的通知》和《国家税务总局关于发布〈出口货物劳务增值税和消费税管理办法〉的公告》，举办2期近200名干部参训的出口业务培训班。草拟平潭综合实验区“二线”不予退税的具体货物清单；配合推行国际运输服务行业“营改增”试点，办理符合条件的12户国际运输服务企业的认定手续，完成“营改增”企业首期“免、抵、退”税申报工作。

【出口退税管理】 下发《福建省国家税务局关于促进外贸出口稳定增长的贯彻意见》，提出符合福建省实际的多项措施，保障“加快出口退税进度，确保准确及时退税”

政策的顺利实施。服务外贸出口，建立“一对一”帮扶工作机制，筛选出口退税重点企业240家为帮扶对象，开辟绿色通道，提升出口退（免）税的申报、审核审批速度。简化和优化退税工作流程，实现即办事项当场办结，审批事项“窗口受理、内部流转、限时办结、窗口出件”，将原先对守法依规经营企业承诺的20个工作日办结退税压缩为15个工作日。

【防范打击出口骗税】 加强预警评估和函调管理，按季开展全省出口退税预警评估工作，加强日常数据分析监控，提高退税风险识别能力；对关注信息、关注企业、关注商品、关注口岸等关注信息进行动态管理，采集预警信息和涉嫌骗税线索。建立信息共享机制，与福州海关、福建省外汇管理局建立定期信息交换和情况通报制度。根据福州海关的信息，发现报关出口“不退税、不收汇”外贸企业骤增，向福建省政府报送《省国税局建议积极关注我省外贸出口“不征不退”税新现象》。加强税贸协作，7月下旬与省外经贸厅在榕联合召开全省税贸协作联系工作会议。执行国家总局函调管理办法，全年共发函4747笔（已回函4430笔），涉及发票67137份（已回函涉及退税额62769份），涉及退税额129822.25万元（已回函121735.48万元）；接受函调5941笔（已复函5497笔），涉及发票51385份（已复函48040份），涉及退税额100179.72万元（已复函涉及退税额92900.7万元）。

【信息管税】 做好出口退税审核系统软件的应用、升级和出口退税函调系统的运行。在研究开发“风险识别辅助系统”，对现有信息进行整合、挖掘、增值利用，加强风险识别。

【出口退税计划管理】 根据福建省出口情况，预测、分配、调整下达2012年度出口退（免）税计划，全年共分六批下达出口退税计划267.2亿元（不含厦门）。

（供稿：刘　琨）

▲2012年6月11日，福建省国税局在福州市举办重点出口企业“一对一”帮扶座谈会

（摄影/谢能雨）

国际税收管理

【概述】 福建省国际税收管理工作主要围绕反避税、非居民税收管理、情报交换、税收协定执行、服务“走出去”企业等展开，重点关注非居民股权转让中的平价、折价转让，并着力打击滥用税收协定的避税行为。完成国际税收信息平台的测试运行。同时，持续加强专业人才培养，在福建省巡回举办“资本运作与反避税高端交流与培训”。福建省（含厦门）反避税在调查、管理和服务环节共调增税税款5.84亿元，其中八地市（不含厦门）反避税结案6户、新立案5户，在调查、管理和服务环节共调增税税款1.34亿元；福建省（含厦门）非居民税收累计入库21.76亿元，其中八地市（不含厦门）收入10.05亿元，比上年增长1.73亿元，增幅20.77%。

【反避税】 福建省在个案调整金额和交易类型上实现新突破，由传统出口关联交易调查向资本弱化问题、股权关联交易、滥用组织形式避税和利用导管公司违规享受协定优惠等调查领域拓展，并加强调整方法的数理分析，利用线性回归的方法量化调整数据指标。2012年结案6户企业，新立案5户企业，补缴税款及利息6282万元。同时，对已结案的22户企业实施了监控管理，2012年在管理和服务环节调增税税款7127万元，在调查、管理和服务环节共调增税税款1.34亿元。

【网上关联申报】 将关联交易申报、同期资料准备等工作纳入县区国税局年度目标管理内容进行考核，福建省国税系统共有4932户企业进行了网上关联申报，关联交易额2602亿元，关联申报审核率达100%，并按照要求做好同期资料准备工作。

【参与双边磋商】 继续对国家税务总局2011年批准的就日本某企业福州有限公司一案开展双边磋商工作，对日本国税厅对该案件的立案依据、关联交易的合理性论证、计算步骤和公式、企业的定价依据、调整方法、可比性因素分析、功能分析等疑问进行准备，并配合国家税务总局与日本国税厅分别在中国和日本开展四轮磋商，双方取得阶段性进展。

【关注非居民企业股权转让】 重点关注非居民股权转让中的平价、折价转让。2012年已申报入库股权转让企业所得税2亿多元，其中上千万元的有4家。《中国税务报》6月6日第一版以《利用三方信息 闽补征非居民股权转让款2180万》为专题，报道了福州市国税局利用第三方信息抓好非居民股权转让管理工作的经验。

【非居民企业重点监控】 对非居民企业在福建省参与工程项目和劳务项目继续实施重点监控，合同金额在5000万元以上的要求将项目名单层报设区市国税局，1亿元以上的要求呈报省国税局，5000万元以下的劳务项目由各县区国税局备案，建好台账。宁德市国税局持续跟踪某核电厂来华提供劳务及特许权使用费的非居民企业所得税，宁德核电1、2号机组DCS供应合同预计可征收税款1300万元，已入库税款585万元。

【非居民企业所得税税源监管】 通过数据组更新了“非居民涉税监控表”软件，导入4100多家外商投资企业的从2008—2010年的所有股息红利分配情况及对外支付等信息，同时通过上市公司信息披露平台关注上市公司股息红利分配情况及对外支付等信息。关注兴业银行股份有限公司等上市公司的企业年报披露，对年报中涉税事项与企业及时沟通并取得共识，督促企业将代扣代缴所得税7170万元申报入库。

【非居民企业汇算清缴】 福建省非居民企业汇算清缴工作中，应汇算158户数户已申报汇算158 户，汇算率为100 %。其中A类企业

（查账征收）50户，应纳税所得额199万元，应纳税额50万元；B类企业108户，其中按收入总额核定应纳税所得额24户，按经费支出换算收入方式征税84户，应纳税额289万元。

【直接支持地市局工作】 福建省国税局直接参加了对宁德某核电株式会社的谈判，并于2012年7月带领办案人员到国家税务总局进行专题汇报。10月11日，在福鼎市召全国国税系统国际税收专题研讨会，并召集福建、广东、广西、大连等四省市国际税收专业人员对该案DCS供应合同涉及特许权使用费的问题进行了讨论并提出解决方案。

【情报交换】 2012年共收集、制作美、日、韩、加、澳等国自动情报299份。发挥情报交换的证据支持作用，各地在反避税调查过程中有意识地利用情报交换获取境外交易信息，为案件突破收集证据。如莆田在调查某轮胎企业案件中，利用与新加坡的情报交换，获取了外方的再销售价格，为外销部分的特别纳税调整奠定基础；又通过国际联合反避税信息中心（JITSIC）中国税务官员代表，与美国税务局实现情报交换，突破了企业关联关系认定的难题。

【税收协定执行】 2012年，继续做好税收协定宣传工作，在内外网上更新发布协定内容，贯彻《非居民享受税收协定待遇管理办法（试行）》，完善审批备案的内控机制，一方面落实福建省企业享受税收协定的有关优惠；另一方面严格征免税的判定，防止协定滥用。2012年，福建省共审批办理非居民享受税收协定待遇79户次，减免非居民所得税1.21亿元。

【国际税收信息平台】 建立起省级反避税监控管理信息平台，内容包括反避税监控、调整、管理、服务等，其运作模式为：监控数据库中的关联交易、企业利润率水平等信息，发现疑点及时进行排查分析；通过调整模块省国税局统筹全省反避税立、结案及调整补税方案；通过管理模块完善内、外两方面的跟踪管理，即对已调整企业继续进行为期5年的跟踪管理，观察企业的利润率和纳税水平，警惕避税现象的反复和反弹及强化对企业调征税款的入库情况的跟踪，掌握入库的时间、金额等详细信息，并督促税款到位；探索进一步提升反避税服务水平的渠道，坚持以税务机关和纳税人双赢为前提，有重点地选择纳税诚信度高、资料提供及时的企业，开展单、双边或多边预约定价谈签，争取以较低成本应对转让定价问题。

【专业培训】 举办“资本运作与反避税高端交流与培训”。该培训在龙岩、泉州、三明、福州四个设区市国税局巡回召开，前后历时一个月，受众430人，涵盖全省八个设区市国税局分管领导、国际科（处）室全体人员，以及各县区国税局分管领导和从事国际税收工作的人员等。交流会的具体内容包括：莆田市国税局《非居民企业承包工程反避税案例》、福州市国税局《福州“三协”反避税案件》、福州鼓楼区国税局《中福股份评估案例》、福州福清市国税局《福耀玻璃评估案例》、三明市国税局《利用增资筹划股权转让案例》，以及福州市国税局《上市公司组工作方法及案例介绍》。

（供稿：严安琪）

大企业税收管理

【税收风险自查督导】 完成对中国石油化工集团公司部分企业在闽11户成员企业（见表7）的税收自查督导、税收风险集中分析评估工作。根据《国家税务总局关于开展中国石油化工集团公司部分企业针对性税收服务和管理工作的通知》（国税函〔2011〕691号）要求，成立福建省国家税务局、地方税务局联合

表7　中国石油化工集团公司部分企业在福建省成员企业

序号	企业名称
1	中国石油化工股份有限公司福建石油分公司
2	中石化森美（福建）石油有限公司
3	中国石油化工股份有限公司福建莆田石油分公司
4	中国石油化工股份有限公司福建三明石油分公司
5	中国石油化工股份有限公司福建泉州石油分公司
6	中国石油化工股份有限公司福建漳州石油分公司
7	中国石油化工股份有限公司福建南平石油分公司
8	中国石油化工股份有限公司福建龙岩石油分公司
9	中国石油化工股份有限公司福建宁德石油分公司
10	福建省高速公路华陆管理有限公司
11	中国石油化工股份有限公司福建福州石油分公司

自查督导、分析评估小组，制订工作方案，向全省设区市局进行部署。通过税收自查督导—发现问题—税收风险集中分析评估等一系列方案的实施，应补税款及滞纳金共计1118.24万元。其中，企业税收自查应补税款384.85万元；风险评估应补税款494.45万元；滞纳金238.94万元。

【税务风险调查问卷验证评估】　开展部分定点联系企业税务风险调查问卷验证及风险评估工作，所涉及的部分在闽企业共21户（见表8）。根据工作计划，围绕《大企业税务风险管理指引》和税务风险评估报告，对被评估企业的税务风险进行测试验证。通过现场验证测试核实企业填报问卷的可信度，发现部分企业填写的部分答案与企业实际情况不符的，约谈企业管理层或税务岗位人员，了解企业涉税内部控制制度，抽查风险调查问卷中企业填报的信息（尤其是企业回答为低风险的问题），对企业涉税内控机制进行穿行测试，并进行修正。结合风险评估报告和现场验证测试工作情况，进一步研究企业税务不合规问题，督促辅导企业改善内部控制，加强风险管理，提高税法遵从度。

【探索大企业风险管理】　全省各县（区）税务机关对部分重点税源企业按照专业化的管理流程和程序，对约500户企业进行风险测评，其中，仅莆田国税大企业局对34户大企业进行税务风险评估，通过筛选评估对象、采集企业涉税风险风信息、评估税务风险、现场验证测试、出具风险评估报告等步骤，分析

表8　部分定点联系企业税务风险评估在福建省成员企业

序号	企业名称
1	龙岩铁路有限责任公司
2	武夷山铁路有限责任公司
3	建瓯市鹭苑茶业有限公司
4	福建省电力有限公司
5	中国工商银行股份有限公司福建省分行
6	福州市万科房地产有限公司
7	东南沿海铁路福建有限责任公司
8	中国银河证券股份有限公司福州中山路证券营业部
9	福建茶叶进出口有限责任公司
10	中建七局第三建筑有限公司
11	福建省邮政公司
12	中国银行股份有限公司福建省分行
13	福建金闽再造烟叶发展有限公司
14	中国邮政储蓄银行股份有限公司福建省分行
15	中国烟草总公司福建省公司
16	中国移动通信集团福建有限公司
17	向莆铁路股份有限公司
18	润雪花啤酒（福建）有限公司
19	泉州铁路有限责任公司
20	福建炼油化工有限公司
21	晋江太平洋港口发展有限公司

相关税务风险可能导致的税收不合规行为，对存在重大税务风险、可能导致税收流失的问题进行研究，与企业沟通，税企达成一致共识，最终30户企业自查补缴各类税款1.86亿元，其中滞纳金1984.91万元。

【转让定价联查调整】 按照国家税务总局统一联查方案，根据《特别纳税调整实施办法》，完成对麦当劳福建有限公司的转让定价全国联查及调整工作，调查调整的年限跨度从1997年到2011年。纳税调整后所得额从2003年的-2133万元逐年调整到2011年的1044万元。

【股权转让税收调整前期准备】 2012年6月美国沃尔玛公司完成了对中国境内65家好又多公司的间接股权收购，涉及福建省的好又多公司有福州好又多百货有限公司、福州诚达黎明百货有限公司、福清好又多百货商业广场有限公司、福建好又多百货商业广场有限公司。根据《企业所得税法》《关于加强非居民股权转让所得企业所得税管理的通知》（国税发〔2009〕698号），按照国家税务总局的统一部署（2012年10月为准备阶段，2013年5月调整结束），完成好又多公司福建有限公司股权转让税收全国联合调整的前期准备工作。

【签订税收遵从协议】 在对部分定点联系企业内控机制建设、税务风险管理状况、管理组织体系及运行情况等进行评估的基础上，福州市国税局与福州兴业银行、福建电力、永辉超市、海峡银行和福建移动5户定点联系企业签订《税收遵从协议书》。遵从协议的签订是我省定点联系企业税企合作共建企业税务风险防控体系，健全税务风险管理机制迈出的关键一步，标志着税企双方共建和谐、合作的新型税企关系的建立。

【编制大企业税收管理年度报告】 对国家税务总局、省国税局2012年度的定点联系企业的管理构架、组织形式、核算方式、税务管理、税务风险内控机制、税务遵从等情况，以及税务机关对企业提供纳税服务，实施针对性风险管理的工作内容和结果进行综合反映，并对定点联系企业的经济税源、政策效应和管理风险进行分析，提出可行性的意见和建议，并上报国家税务总局大企业司。

【数据统计】 大企业税收管理是一项建立在优良数据质量基础上的工作，大企业税收征管信息的采集是开展大企业税源分析和纳税评估的基础性工作。因此，每月对45户税务总局定点联系企业的增值税、消费税、营业税、企业所得税和其他税种缴纳情况，以及企业的利润、资产负债、现金流量等数据进行采集，通过大企业数据采集分析平台（VICDP）运行系统进行归集分析，并上报税务总局大企业司。

（供稿：王丽华）

税收规划核算

【税收计划】 贯彻落实“依法征税、应收尽收、坚决不收过头税、坚决防止和制止越权减免税、坚决落实各项税收优惠政策”的组织收入原则，依法组织税收收入，防止和纠正各种应收不收、应抵不抵、应退不退、应减免不减免行为。遵照从经济到税收的原则，根据福建省税收计划总量、设区市经济增长的预期目标、近年来税收与经济的弹性关系、税负情况以及影响税收收入的重大增减收因素，科学分解收入计划，统筹规划组织收入，首次由省国税局直接下达县（市、区）局税收收入计划。巩固月度和年度税收收入预测机制，及时掌握相关经济数据，深化经济税收关联度分析，提高预测的技术含量，正确预计税收收入形势。

【税收分析】 落实《税收分析工作制度》，坚持按季召开税收收入形势分析会，及时发现组织收入中的新情况、新问题，提出工作建议和措施，科学指导各地组织收入工作。积极开展税源调研和专题分析，运用宏观税负分析、弹性分析、税源关联分析、税收预警分析等方法，深化经济税源分析，把握税收收入主动权。密切关注各项税收政策的变动，加强政策效应分析。积极开展预警分析，进一步发挥税源监控分析在组织收入和税源管理中的导向作用。

【税收会计统计】 加强基础数据的审核把关，改进审核体系和方法，梳理会统报表数据差错，规范税收会统报表。协助做好财税库银横向联网的全省推广工作，解决推行过程中出现的问题，与人行、银联进行沟通协调，配合制定应急预案，协助银联公司完成POS机空号信息的处理。针对基层单位存在的入库信息不完整现象进行分析，进一步完善TIPS功能，确保税款准确、及时入库。做好减免税统计调查与分析，总结上报减免税统计调查工作。

【重点税源监控】 福建省国税系统监控的独立纳税企业共计1471户，比上年增加174户。从提高数据质量入手，探索数据比对方式。加强分级审核，提高重点税源数据的采集效率和质量。对重点税源企业的税收运行情况开展季度和年度分析，反映税源现状及发展趋势，为加强管理、挖潜增收、判断组织收入形势提供参考依据。与省地税局联合发布2012年福建省“纳税百强”排行榜。

【“营改增”效应分析】 增加有关“营改增”试点情况的报表及项目，协助做好税源的移接工作。与财政、人行沟通协调，做好“营改增”纳税人税款征缴方式的确认工作。对涉及的13张静态分析报表栏目及口径进行了修订核对，与财政部门一起编制税负情况变化申报表，掌握纳税人税负变化情况。全年全省“营改增”入库税款26179万元，其中交通运输业5745万元，部分现代服务业20434万元。

【税收调查】 实行抽样调查与重点调查相结合方式，全省共调查各类纳税人16001户，其中企业集团57户。全部独立申报调查企业2011年度共入库各项税收收入1002亿元，其中国税收入（增值税直接收入、消费税、企业所得税和车购税）822亿元，占福建省国税直接收入的61.6%。全省福建国税税收调查工作连续第七年被财政部和国家税务总局评为“全国税收调查工作先进单位”。

【税收票证】 强化税票日常管理，规范税收票证的领发、填用、保管、审核、检查等环节的管理。遵守“分级负责、逐级领发”的原则，全年向地市发放各类税收票证119万份，基层征收单位共填用各类税收票证122万份，为征管数据的取得和税收会计核算提供真实的基础资料。总结莆田市国税局试运行综合征管（国税）系统征收票证管理模块的经验教训，筹备全省全面推广工作。

（供稿：薛东晖）

纳税服务

【概述】 围绕“服务科学发展、共建和谐税收”的税收工作主题，以纳税人需求为导向，以服务平台为依托，巩固服务成果，推进服务创新，抓平台、创品牌、优环境、强保障。莆田荔城区国税局办税服务厅被授予全国“巾帼文明岗”，5个办税服务厅被授予福建省“巾帼文明岗”，12个办税服务厅和“12366热线”被授予福建省“青年文明号”。省长苏树林对晋江市国税局纳税服务工作给予高度评价。

【制度与基础建设】 制定《福建省国家税务局关于进一步加强办税服务厅管理的实施办法》，福建省办税服务厅实现规范化建设目标。加强纳税咨询工作，制定《12366热线涉

税信息查询暂行办法》，规范涉税信息查询服务，提升纳税服务的质量和水平。落实《福建省国家税务局涉税业务规程》，严格文书受理和内部流转的操作流程，按照“窗口受理、内部流转、限时办结、窗口出件”的要求实行全程服务，实现高效、顺畅、规范化运作。

【办税服务厅建设】 按照“示范引导、以点带面、逐步推进”的工作思路，实现办税服务厅规范化建设。推广晋江市国税局纳税服务工作经验，全省办税服务厅优化服务环境，简化服务流程，完善服务制度，规范服务行为，创新服务举措，全面实现规范化建设目标，实现了服务能力、服务品质、服务效率和精神风貌“四个提升”。开展办税服务厅量化考核激励机制，建立日常工作应急处理机制，建设和谐的工作团队。

【12366热线】 以创建“巾帼文明岗”和“青年文明号”为契机，开展“四个一流”系列创建活动，提升服务形象。借助《海西税务》展示风采，开展团队拓展活动，提高“12366热线”人员集体荣誉感。通过执行制度—分析问题—修订制度的方式，持续推进“12366热线”的规范管理。开展“服务明星”评选工作，激励团队活力。开展质量监控，严格话务管理，对监控中发现的问题及时进行电话回拨及培训指导。开展培训，组织或参加学习60多批次，组织6次业务测试，开展10次调研和交流活动。按照分级维护的原则，完善知识库维护。编写“12366热点”问题集，及时录入知识库系统，并在福建省国税局门户网站公布。2012年，“12366热线”服务总量逾15万个，接通率93%，满意率99%。

【网上办税】 拓展网上办税和网上涉税审批功能。实现增值税、消费税、企业所得税、文化事业建设费的网上申报；实现税款的自动划缴；实现普通发票的网上开具、核销；增值税专用发票、货物运输发票、海关完税凭证的网上认证；实现变更登记、注销登记、税务登记验（换）证、延期申报申请等文书的网上受理。新增车辆购置税网上预申报、出口退税网上预审等业务，这两项业务办理时间由原先十几分钟缩短至两分钟，办税效率同比提高80%。2012年，福建省网上办税纳税人187.7万户，占纳税人总户数的82%，占直接征收税款的72%。

【纳税咨询辅导】 构建以办税服务厅咨询、“12366热线”咨询、网站咨询三位一体的咨询平台。办税服务厅设立咨询窗口，由业务骨干为纳税人提供专业的税法咨询、培训辅导、法律援助等服务。通过“12366热线”的普通坐席、专家坐席、职能部门三级业务支持，解决纳税人咨询的问题。门户网站设立咨询栏目，按政策解读、涉税办理、网站操作三种类型配备相应的专家团队，实时答复纳税人的咨询问题；利用微信、微博、税企QQ群等平台，开展互动式的咨询服务。

【个性化服务】 福州市国税局、莆田市国税局、漳州市国税局、泉州市国税局将涉税业务由原来的“同城通办”“市区通办”进一步拓展为“全市通办”，拓展后的“全市通办”范围覆盖了所有辖区，方便纳税人，减少纳税成本。根据纳税人在办税大厅办理业务类型，推行“免单”“免填单”和“简化填单”等三种类型，涉及项目有税务登记、认定管理、发票管理、证明管理、税收优惠管理、纳税申报等6大类，并逐步扩大外出证明、代开发票、税款核定等免填单业务范围，减少纳税人需要填写的涉税表单。通过税企QQ群、QQ邮箱、QQ微博、QQ空间、短信平台等载体，将相关的税收政策传达给纳税人，搭建与纳税人沟通交流的新平台。福州市国税局开通“福州国税”官方微博，涵江区国税局推行纳税服务QQ和开通“语信通”语音电话通知系统。晋江市国税局开发《涉税业务受理单系统》和

《风险识别系统》，通过QQ群、短信平台等进行提醒，提示企业自查自纠，规避涉税违法风险。晋安区国税局推出微博短信缴税业务便民服务措施，福建省电视台、福州晚报和新浪微博等媒体给予报道。推行在办理税务登记证、纳税信用等级评定、税法宣传和纳税咨询等方面国地税联合办税。宁德市国税、地税联合开发宁德市税源管理信息交换平台，每日自动在信息交换平台比对清分，为双方提供征管基础信息、差异信息。龙岩市国税、地税提出建立中心城区国地税联合办税厅方案报市政府领导审批。

【投诉和反馈】 福建省逐级召开纳税人座谈会、建立定点联系企业制度、开展纳税人需求调查。贯彻落实《全国税务机关十四项公开承诺》，接受纳税人和社会监督。宁德市纪委率先在东侨区局办税大厅安装“阳光行政平台”监控器，全面监督提升服务质效。建立纳税服务投诉处理机制，规范投诉处理流程，建立纳税服务投诉登记、受理、调查、处理制度。利用局长信箱、“12366热线”、门户网站、税企邮箱、投诉信箱、纳税服务定点等多种渠道，了解税收管理，纳税服务现状，分析纳税人服务需求，方便纳税人投诉。2012年共受理纳税人涉税检举621个，服务投诉37个，意见建议25个，办结率100%。

（供稿：江俊强）

【税收宣传】 开展税收宣传月活动，2012年3月30日，举行“国税局长在线访谈”，福建省国税局局长臧耀民及相关处室负责人在线回答网友提问，《东南新闻网》和福建国税门户网站全程直播。4月5日，与省地税局联合召开全省纳税百强新闻发布会，表彰100家2011年度纳税百强企业，副省长王蒙徽到会并讲话，《福建日报》等媒体进行报道。4月20日，与平潭综合实验区共同举办“用好最优税收政策，助力平潭跨越发展”座谈会，50多位专家学者和税企人员参加了座谈，新华社、中新社等15家媒体进行采访报道。宣传月期间，在广播、电视、报纸、网络等各类新闻媒体上共播发稿件1000多条（次），其中在省级以上媒体刊发的稿件120多篇次。此外，还与福建电视台经济生活频道《财富论坛》制作出口退税专期节目，解读国家出口退税新政和福建省国税局优化服务相关举措。在福建门户网站开辟“营改增”宣传专栏，在《福建日报》等媒体上发表征管公告、进行政策解读，在福建电视台新闻频道、经济生活频道和《东南新闻网》分别录制专题访谈节目；举办“营改增”新闻发布会，40多家新闻媒体进行报道；组织新闻媒体对三明市、福州市成功开出第一批“营改增”发票进行宣传。

（供稿：林佳睿）

税务稽查

【稽查查补收入及分析】 福建省国税稽查部门累计检查和组织企业自查2337户，实现查补收入11.35亿元，入库11.24亿元。其中稽查机构检查企业1357户，查补收入9.25亿元，入库9.14亿元，同比增长69.8%，占工商税收收入的1.12%；组织企业自查980户，收入2.10亿元，入库2.10亿元。查处骗取出口退（免）税案件和违规退税案件应退不予退税额2.37亿元，核减企业亏损额1374万元。与此同时，福建省国税稽查部门选案准确率96.68%、结案率99.24%、稽查查补收入入库率99.03%、协查信息完整率98.80%，分别高于年度稽查工作质量标准的6.68%、9.24%、9.03%、3.80%，超额完成总局下达的税务稽查工作考核指标。

【案件查办情况】 2012年共立案检查企业1311户，其中查办国家税务总局督办案件3件、省国税局督办案件6件、省国税局稽

▲2月9日—10日，全省国税稽查工作会议在南平武夷山培训中心召开

查局与省公安厅经侦总队联合督办案件5件。“4·9”专案、福建省金紫阳实业有限公司涉嫌虚开增值税专用发票案等7起案件的侦破工作获福建省国税局表彰，26名办案人员获省国税局立功嘉奖。

【重大案件查处】 查处税额100万元以上大要案62件，同比增加53件，增长156%，其中虚开增值税专用发票、骗取出口退税、偷税等大要案19件，上报总局8件。2012年移送公安机关案件31件，公安机关立案查处24件，逮捕犯罪嫌疑人12人。

【税收专项检查】 成立以福建省国税局局长臧耀民为组长、总经济师雷致青为副组长的税收专项检查领导小组，开展对成品油、资本交易、房地产和建筑安装业、地方股份制银行、地方商业银行等行业税收专项检查和区域税收专项整治。专项检查累计查补收入8.04亿元，入库7.85亿元，入库率为97.57%，其中稽查部门直接检查查补收入6.00亿元，组织企业自查收入2.04亿元。

【接受成品油增值税专用发票企业检查】 以成品油购入企业的涉税风险检查为切入点，以用油合理性为突破口，对企业用油设备数量、耗油量进行实地核查或委托专业机构对企业用油设备耗油量进行测算，分析成品油耗用的真实性，进而查实企业存在的违法涉税事实。2012年共直接检查企业250户，查补收入2735.10万元，入库 2429.44万元；组织企业自查820户，自查补缴税款1032.46万元，入库1032.46万元。检查发现接受成品油增值税专用发票企业，存在取得虚开成品油增值税专用发票抵扣税款和成品油耗用比例过高未作进项税额转出等涉税问题。

【资本交易项目检查】 通过工商、拍卖行等部门和网络、报刊、上市公司披露的信息等途径采集纳税人资本交易信息，筛选确定检查对象开展检查，股权交易项目检查取得突破。2012年共直接检查企业18户，查补收入3922.70万元，入库3869.50万元；组织企业自查21户，自查补缴税款4189.19万元，入库

4189.19万元。检查发现资本交易项目存在未按规定代扣代缴非居民企业所得税、发生股权转让未申报收益、股权转让收益长期挂账等涉税问题。

【出口退（免）税企业及货代公司检查】 与福建省公安厅、福州海关印发《联合开展打击骗取出口退（免）税违法犯罪专项行动方案》通知，于5月—10月在福建省范围内联合开展打击骗取出口退（免）税犯罪专项行动。依托打击骗税国税、公安、海关三方协调机制，对重要线索和重大案件坚持“共同经营、联合取证、同步办案”，专项行动累计检查企业253户，发现有问题76户，追缴已退税款、不予退税、罚款、滞纳金等共计2.98亿元，其中追回已退税款3922.73万元，不予退税2.37亿元。查办了泉州市明轩进出口贸易有限公司和泉州友源家具有限公司涉嫌骗取出口退税和违规退税案、漳州东山圣奇电子有限公司和漳州卓亚数码电子科技有限公司骗取出口退税案、福建省金紫阳实业有限公司涉嫌虚开增值税专用发票和骗取出口退税案、福建中大进出口有限公司涉嫌虚开增值税专用发票案等骗税大要案。

【区域性税收专项整治】 福建省国税局要求各设区市国税局选择税收违法行为比较集中的一个县（市）、区重点，对虚开农产品收购发票、利用伪造海关完税凭证抵扣税款的区域性税收进行专项整治。此外，开展对散装水泥中转库的行业专项整治。区域性税收专项整治共直接检查企业63户，查补收入2594.66万元，入库2464.49万元；自查补缴税款8万元，入库8万元。

【重点税源企业检查】 对将近2年未实施税收检查的福建省国税局监控重点税源企业，以及各设区市国税局选取的较高风险等级重点税源企业作为重点检查项目，共直接检查企业584户，查补收入2.61亿元，入库2.58亿元；组织企业自查1101户，自查补缴税款1.09

▲5月22日—23日，税务稽查现代化建设研讨会在福建省福州市召开。国家税务总局稽查局局长马毅民（左四）出席研讨会并作重要讲话

亿元，入库1.09亿元。

【打击发票违法犯罪活动工作】 福建省打击发票违法犯罪活动累计出动税务执法人员4392名，检查纳税单位3197户，查处发票违法企业2626户、完成国家税务总局1000户目标的263%，查补收入19035万元。2012年会同公安、通信管理等部门查处各类非法发票10万余份，治理发票违法手机短信44万余条，关停手机号码1000个，关停、整顿登载发票违法信息网站300个，治理短信群发器1108台，开展有关发票宣传教育活动155次，曝光典型案例155件。

【涉税违法案件检举】 全省各级税务违法案件举报中心累计受理税收违法检举案件620件，立案查处案件424件，查结案件326件，累计查补收入4861.20万元，入库4307.66万元。

【案件协查工作】 福建省共收到纸质的重大协查案件8件，涉及发票424份、金额8767万元、税额1695万元，累计查补收入1985万元；通过金税协查系统收到受托协查函件1200件，涉及发票3.69万份，其中正常发票2.97万份，有问题发票5445份，无法核实发票1624份，累计回复率100%，受托协查结果单完整率100%。通过金税协查系统发出委托协查函件1057份，涉及发票4.53万份，收到回复发票4.57万份，其中正常发票2.92万份，有问题发票5982份，无法核实发票1.06万份，选票准确率13.08%，委托协查信息完整率98.8%。

（供稿：蔡燕青）

税收信息化建设

【金税三期网络建设】 金税三期广域网建设是金税三期工程第一个在全国范围内实施的项目，福建省国税系统广域网建设共涉及1个省级节点、8个地市级节点、85个县区级节点、146个分局节点，项目建设在现有应用系统不间断运行实施，实现了网络的平稳切换。3月顺利完成全省金税三期工程广域网项目建设任务，建成后的广域网省到地市的主线路带宽由原来的10M扩展到20M，备份线路由原来的2M扩展到10M。

【“营改增”各项技术保障工作】 按照国家税务总局的要求，福建省国税局成立了技术保障工作组，技术保障工作组制定了技术保障工作方案，组织制订了各个应用系统具体的细化升级衔接方案，明确了与业务部门的工作分工及时间安排，搭建好试点所需的各种系统测试平台，做好应用系统正式上线前的测试工作，组织实施总局新配780主机应用迁移，举办了福建省税控系统税务端设备的发行、发票发售及税务局代开发票的操作培训以及全省新增一般纳税人的纳税人端的开票软件培训，实施了“营改增”网上申报软件的开发，协助组织开发“营改增”试点效益分析软件。

【应用系统升级与维护】 完成Ctais2.0_051020版33综合补丁，34综合补丁，35综合补丁，36L01~04补丁升级工作；完成了防伪税控Fwsk_v5.00.02_ZS_20111216补丁、Fwsk_V5.00.03_LS01_20120222补丁、Fwsk_V5.00.03_LS02_20120401补丁、Fwsk_V5.00.03_ZS_20120810补丁升级。完成稽核协查HYFPJH_1.2.02_ZS_20111129和稽核系统“营改增”综合补丁V6.2.03补丁升级。完成车购税15-18和30-35车价补丁升级。完成财务基建子系统1.0安装、货运发票的健康检查、人事系统2.0_01补丁、执法系统9号补丁升级工作，以及出口退税审核系统SQLSERVER版到ORACLE版的升级工作，实现该系统的多种数据库版本数据融合；完成了财务基建子系统的安装，纪检监察、人事、税收执法等行政办公类系统的补丁升级工作；做好行业建模软件系统升级维护，解决了因系统用户访问量持续增加而造成的系统运行瓶颈，为修正纳税人行业分类代码和行业监控模型代码升级工作提供技术支持，共涉及97个行业大类，1094个行业小类，3439个行业子类。

【综合纳税服务平台】 按照《国家税务总局关于清理简并纳税人报送涉税资料有关问题的通知》，进一步拓展综合纳税服务平台的功能，2012年纳税服务平台二期拓展项目主要有发票核销和文书审批两个子系统，发票网上核销系统于上半年成功上线运行。网站访问量共计453.5万次，共发布信息10232条，答复社会公众和纳税人询问3251条。有30.5万户纳税人通过网站办理涉税业务，网站共接受231.8万户次的纳税人申报业务，网上申报税款770.2亿元，其中增值税177.2万户次，申报税款507.3亿元；消费税12590户次，申报税款25.8亿元；企业所得税60.7万户次，申报税款235.5亿元。网上认证专用发票1069万份，网上认证货物运输发票32.9万份，网上抄报税5.7万户次。网上实现扣缴税款768.7万元。

【12366国地税共享短信平台建设】 根据税源专业化管理改革业务需求，福建省国税局联合省地税局，与中国移动、中国联通和中国电信3家运营商协商，于2012年4月6日确定了国税、地税共享12366纳税服务热线短信号码的技术实现方案，建设国税、地税共享12366纳税服务热线短信号码资源。按照技术方案要求，省国税局开展了软硬件采购、运营商线路改造、软件需求分析与测试、系统集成等工作，开通了中国移动手机用户的短信平台，实现手工审批发送、催报催缴自动发送等功能。

【信息系统安全】 配合国家税务总局对福建省国税信息系统进行的为期近一个月的风险评估、等级保护测评和信息安全检查，全面地梳理和检测了福建省国税系统的信息安全现状，并对检查中发现的安全问题进行认真研究，分析存在的信息安全问题产生原因，研讨整改措施，制订整改方案，采取措施进行整改：加强内网终端管理，对未安装桌面防护系统、网络防病毒软件、网络准入软件的电脑设备禁止接入内网；加强移动存储介质管理；对网络、主机系统存在的安全漏洞进行了修复；加强相关人员的安全教育和培训，提高安全意识；做好应对“匿名者”网络攻击工作，保障对外网站的安全。

【信息化制度建设】 2012年9月，根据国家税务总局关于加强电子税收数据质量管理工作意见的要求，制定并下发了《福建省国税系统税收电子数据质量管理办法》。

【软件评审】 2012年10月，福建省国税局信息中心组织相关部门对自行开发的软件进行评审鉴定，其中有漳州市国税局开发的《免填单服务系统》、福州市国税局开发的《汽车销售行业税收风险管理模型》和《房地产行业风险管理模型》。《免填单服务系统》在全省推广使用。

【本年度上线的应用系统】 在2011年福州部分区县国税局成功试点的基础上，2012年5月，在福建省推广使用财税库银横向联网电子缴税系统。

【服务器虚拟化】 实施省国税局中心机房服务器虚拟化项目，通过对业务生产系统和部分重要的办公系统实施虚拟化管理，解决了现有设备资源利用率低、无生产应用系统的完整备份等问题，同时为将来实现把目前系统集中式管理的模式转换成分布式管理提供可靠的物质和技术基础。

【计算机设备配备】 福建国税信息化运行维护投入资金2608.6万元，其中购置服务器18台、台式计算机1389台、便携798台、打印机546台。

（供稿：谢小雄）

税收科研与书刊

【税收调研】 信息专报《论平潭综合实验区的立法权障碍及对策》和《从纳税百强企业名单看福州经济结构调整应着力的方向》等得到福建省委书记孙春兰的批示，信息专报《省国税局建议积极关注我省外贸出口“不征不退”税新现象》《省国税局扎实推进“营改增”试点准备工作》《福州市国税局对推行“营改增”试点工作提出建议》以及《晋江市国税局创新纳税服务的做法》得到省长苏树林、副省长王蒙徽的批示。将省国税局领导深入企业调研活动中收集到的企业需求建议以信息专报呈省委省政府，如《福建联合石化公司反映企业生产经营面临的困难及建议》《福建海峡汽车产业基地发展中面临的困难和建议》《一德石化项目投产多年未见效益，呼吁加快古雷港区配套设施建设》等，为省政府领导决策提供参考。

（供稿：林佳睿）

【课题研究】 福建省国税局围绕着国税文化建设、依法行政、创新税收征管完善税源专业化管理和干部队伍建设这四个方向开展税收调研。一年来，各个课题组在分管局领导的指导下，通过广泛收集材料、深入基层单位开展实地调研、组织座谈、发放问卷等方式，全面了解全省国税系统工作现状和精神面貌。并在此基础上集思广益，有针对性地为具体工作建言献策，完成了四篇税收调研文章。

《基层国税机关推进依法行政的障碍与对策研究》一文，针对“在国家高度重视依法行政，国内经济增速放缓，税收收入呈现低速增长态势，纳税人法制意识和维权意识进一步增强的情况下，如何大力推进基层国税机关依法行政工作”这个问题，提出了推进基层国税机关依法行政的对策建议，主要包括：（1）完善税收规范性文件制定。从源头上规范规范性文件，落实税收政策执行情况反馈机制，并进一步自由裁量权。（2）更新税务干部的执法理念和业务知识。各级基层税务机关要抓紧抓好干部的业务培训，提高税务干部的法律素质和职业道德水平，同时加强法规人才建设，建设高素质的行政执法队伍。（3）大力推行政务公开，增加工作透明度，完善监督体系。在内部监督方面，各级国税机关要探索建立各监督部门之间良性互动、协调配合的工作机制，完善内部监督工作的联动制度。外部监督方面，要主动拓宽渠道，积极配合人大监督，形成对各级人大的重大税收执法问题报告制度和税收执法年度工作报告制度，扩大人大对税务机关的知情权。（4）健全执法责任考核。在考核方式上要解决CTAIS执法岗与非CTAIS执法岗的差异问题。同时全面推进税收执法资格考试，覆盖正式税务干部及劳务派遣员工。（5）明确执法主体资格。对作为内设机构的办税服务厅，需要严格规范各类公章的使用方式；对于税源管理局、直属分局的执法主体资格，建议通过国家税务总局的规范性文件予以确认。

《福建国税系统干部激励机制探讨》一文，采用问卷调查的方式，选取泉州市丰泽区国税局和福州市闽侯县国税局作为问卷调查的样本，对福建省国税系统干部的敬业度进行调查，提出可以从荣誉、晋升、情感、物质、教育培训五个方面设置激励措施，提高福建国税系统干部的敬业度，为国税事业的健康和谐发展造就一支精干、高效、务实、廉洁的干部队伍。具体措施有：（1）营造干部队伍向上氛围，强化荣誉激励。（2）建立公平科学的干部任用机制，完善晋升激励。（3）建立健全国税文化，强化情感激励。（4）建立合理的工资水平决定机制，合理运用物质激励。（5）重视干部的职业发展，创新教育培训激励。

《福建国税文化核心价值观探析与践行》一文，通过广泛座谈和问卷调查，在理论分析和实证研究的基础上形成了“厚德崇法、包容创新、廉明精业、乐税报国”的福建国税文化核心价值观，并提出在福建省系统核心价值观正式确立后，如何去践行应作为以后一个时期的重点工作来研究和部署，以确保将核心价值观的真正践行落到实处。具体践行建议为：（1）强化宣传，构建先进的精神文化。（2）明确主题，构建先进的行为文化。（3）完善机制，构建先进的制度文化。（4）加强投入，构建先进的物质文化。

《税源专业化管理的实践与思考》一文，围绕福建省沿着国家税务总局税源管理专业化、信息化的基本思路，开展税源专业化改革工作实践，反映改革过程中热点难点问题，提出福建省深化改革相关措施，积极探索构建与海西经济、福建社会发展基本相适应的现代化税收征管体系，进而为税收征管方式的全面转型和税收事业科学发展、跨越发展决策提供参考。具体措施建议为：（1）确立税源专业化管理的基本目标，以提高税法遵从度和纳税人满意度，降低税收流失率和征纳成本为目标，按照三个梯次分步改革。（2）建立税源专业化管理标准方式，包括税源分类标准化、职责分工标准化、纳税服务标准化、执法监督标准化、机构设置标准化和绩效评价标准化。（3）着力解决税源专业化瓶颈问题，加快解决税收征管法律缺陷问题，加快出台税收征管改革配套制度，加快营造各类专业管理适用人才，加快搭建信息应用支撑管理平台。（4）正确把握税源专业化若干问题。包括纳税评估和稽查关系，将评估定位于服务管理，将稽查定位于打击威慑；大企业的划分标准应财务定量与定性相结合的方式进行，并进行分层分级的管理方式，明确总局、省局、市局和基层局的管理职责；专业化管理执法监督问题，强化风险管理必须处理好监督制约和保障征管效能的关系。

【海西税务刊物】 《海西税务》编辑部继续坚持自己的办刊理念，围绕为国税中心工作服务的办刊方针，突出税收工作的行业特色，多角度、多方位、广泛深入地报道福建国税工作，充分发挥杂志出版物宣传、教育、传播、导向作用。为进一步提高杂质质量，编辑部创新性地提出“五个办刊”理念，即开门办刊、团队办刊、规范办刊、创意办刊、多样办刊。开门办刊意在让编辑走出编辑部，主动与各部门合作，主动与各地市合作，力求每期杂志都能够反映福建省国税的“热点”和最新动态。合作的形式丰富多样，比如请各处室的专家来做专业文章的审稿人，又如创立特约编辑制度，吸收省国税局机关近年招收的研究生，充实编外力量。团队办刊，这个团队核心是编辑部这个小团队，外延则包含全体撰稿人。2012年，编辑部从一人办刊走向团队办刊。主编集中精力于创意、设计以及评审，两位编辑则执行轮值编辑制度，每一期的主题策划都由当期的责任编辑来完成，主编审定。此外，编辑部主动与特约编辑、专家联系，建立联动机制。了解他们的写作专长、工作近况，有合适的主题就主动约稿，提升稿件质量。规范办刊，编辑部在分工协作的基础上，对杂志的编排流程进行了梳理。确立了“确定主题”“编排方案”“输出初稿”“终稿送印”等几个关键环节，并严格按照时间顺序进行管理，保证高质量准时出刊。创意办刊，编辑部一直坚持每期杂志一个主题策划，让杂志持续保持新鲜感。用更开阔的视野，更开放的胸襟，更开明的思想，去影响别人，鼓舞士气，振奋精神。多样办刊，在主刊之外，我们随刊发行增刊，增刊的定位明确，就是刊发一些实用性强、对基层指导价值大的专业资料和业务手册。除了纸面刊物的拓展，还在内网开设了“海西税

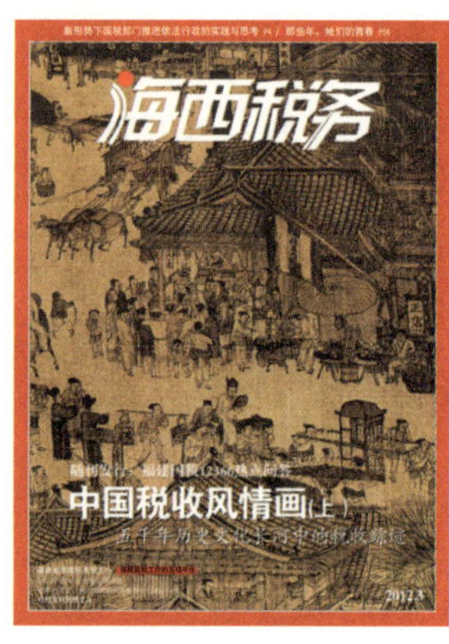

务”的网站，以电子化的手段与广大读者进行交流。全年按期出刊12期，多媒体光盘1张，增刊4期圆满完成年度工作。

第一期：2012：在更高的起点上。以副省长王蒙徽、局长臧耀民在全省国税工作会议上的讲话为主线，回顾福建省国税局2011年的工作，对2012年的工作部署进行详细报道，同时，省国税局各处室向全省国税人表达新春的问候，鼓励全省国税干部牢记使命，开拓进取。

第二期：信息化九堂课——国税干部应该知道的电脑应用常识。以图文并茂的方式讲解电脑硬件、软件和网络应用等知识。包括初识电脑、CPU演义、操作系统与常用软件、互联网的前世今生、电子商务、移动终端、社交网络、信息安全、网络舆情和金税三期等内容。

第三期：中国税收风情画（上）——五千年历史文化长河中的税收踪迹。以中国税收发展史为纲，以历代名画、文物为引，介绍各个历史时期的财税方针、财税领域的重大变革以及赋税同国家、产业和人民生活的联系，用图文并茂的方式让国税干部了解税收文化传统。本期杂志从赋税的起源讲到唐代中后期的两税法。此外还推出“三八”节特别策划——“那些年，她们的青春”，展示福建省国税系统的巾帼风采。

第四期：文以载道——一本杂志和一万名国税干部的文化互动。这是《海西税务》创刊100期特刊。以“为天地立心，为生民立命，为往圣继绝学，为万世开太平”为线索梳理以往编辑的100个专题，与读者共同探讨办刊目的、办刊内容以及如何办刊。同时，编辑了税收宣传月特别策划，用图片形式展示全省税收宣传工作。

第五期：廉文化——社会主义核心价值体系下的自觉与自律。本期杂志以文化的视角，在社会主义核心价值体系下定位廉的坐标体系，反映福建省国税部门的廉政文化建设的丰硕成果。

第六期：中国税收风情画（下）——五千年历史文化长河中的税收踪迹。本期杂志主题是接续第三期的，主要内容是从五代十国的赋税到清代赋税的管理，至此完成了对中国五千年税收文化的回顾。

第七期：在平凡中闪光——寻找最美的国税人。本期杂志介绍了福建省国税局在全省国税系统评选出的16位“我身边的好税官”，从工作、学习、生活、思想等多方面展示了好税官的风采，倡导立足平凡、追求崇高的美好情怀。

第八期：老兵——昨天，他们是国家的脊梁 今天，他们是税务的栋梁。本期杂志主题是纪念“八一”建军节的特别策划。针对福建省国税系统中“军转干”这个特殊群体，用老

照片回顾了他们昔日的飒爽英姿，用新照片展现了他们为国征税的辛勤努力。

第九期：法学九堂课——国税干部应该知道的法律基础知识。包括法的起源、特征与历史，法系、法的渊源与体系，法的效力和法的宏观运行，以及对经济法、民法、刑法、公法和税法这些具体部门的介绍。

第十期：征管改革进行时。本期杂志回顾了福建省自2010年12月开始，以泉州市国税局作为试点单位的一轮征管改革，全面反映各地市在积极探索适合本地特色的税源专业化管理道路上的做法、成效与体会。同时，本期还为2012年福建国税系统初任公务员培训策划了“军训那些事”的专题，反映新招录公务员的思想与生活动态。

第十一期：“营改增”启动。本期杂志记录了2012年11月1日，福建省进入“营改增”试点范围这一关键历史事件，以及全省国税干部为“营改增”顺利进行的台前幕后的故事。同时，本期策划了“从税三十年”的专题，记录了1982年福建省税务局招干进入税务系统的大批税务干部，他们的经历成长与酸甜苦辣。

第十二期：高举旗帜 继往开来 团结奋进——福建省国税系统深入学习宣传贯彻落实党的十八大会议精神。这是一期十八大专刊，在介绍十八大相关理论与精神的基础上，约稿专家深度解读十八大精神，并邀请各地市国税局一把手谈体会，将十八大精神融入税收工作中来。

【编撰税务年鉴】 2012年2月15日，省局局长办公会议研究，决定编辑《福建国税年鉴》。继而成立《福建国税年鉴》编纂委员会。由省局局长臧耀民任编委会主任，省局其他局领导任编委会副主任，省局机关各单位

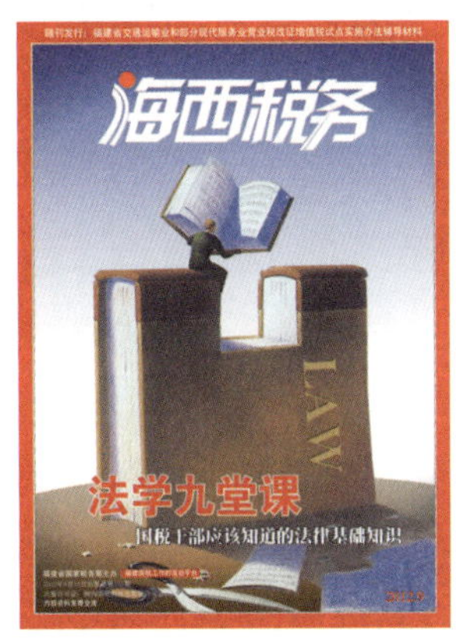

主要负责人和各设区市局局长任编委。下设编辑部，挂靠科研所，由所长包逸生任主编，办公室副主任倪秉莲任副主编，省局机关各单位综合人员和各设区市局办公室主任为年鉴的供稿人。《福建国税年鉴（2012）》是反映福建国税系统工作的大型综合性资料年刊，全面系统地记载了2011年度福建国税系统的基本情况，所载资料翔实、准确，是国内外各界人士了解福建国税的权威性工具书。年鉴采用分类编辑法，全书共设6个类目：图辑、大事记、专文、全省国税工作概要、设区市国税工作概要、统计资料及附录。类目下设小类目、分目、条目，并根据正文需要穿插相应的图表或照片。年鉴坚持以“存史资政、服务社会”为办鉴宗旨，以全面展现福建国税系统基本工作为办鉴目标，以规范年鉴写作提高年鉴质量为要求，努力做到篇目设计科学、文体文字规范、排版设计美观以增强年鉴的可读性。至2012年底，已经完成《福建国税年鉴（2012）》30多万字的初稿编撰，为2013年召开审稿会做好准备工作。

（供稿：杨美珍）

注册税务师管理

【概述】 福建省注册税务师管理中心，是全省注册税务师行业的行政管理部门，负责起草并组织实施注册税务师行业有关行政管理制度、资格资质的审核认定，并对行业协会进行指导、监督。截至2012年年底，全省共有税务师事务所138家，执业注册税务师1101名，非执业注册税务师1028名，从业人员2677名，全行业经营规模达1.97亿元。2012年度，全省注册税务师行业共为32344户企业开展了涉税鉴证业务，其中，为283户企业开展了企业财产损失税前扣除鉴证业务，鉴证额为10.7亿元；为530户企业开展了企业所得税税前弥补亏损扣除鉴证业务，鉴证额为5.6亿元；为31531户企业开展了企业所得税汇算清缴纳税申报鉴证、土地增值税清算鉴证等其他鉴证业务，共调增应纳税额113.3亿元，调减应纳税额59.8亿元，合计调整税额173.1亿元，净调增应纳税额53.5亿元。

【支持行业发展政策】 福建省国税局在《关于营业税改征增值税试点纳税人增值税优惠政策管理事项的公告》（闽国税公告〔2012〕6号）中，要求享受营业税改征增值税优惠政策的试点纳税人，上年度免征增值税或退税款在5万元以上的，应在次年的第一季度内向主管国税机关报送税务师事务所出具的《审核报告》；在《营业税改征增值税试点纳税人差额征税有关事项的公告》（闽国税公告〔2012〕7号）中，明确试点纳税人上一年度应税服务扣除项目实际扣除金额累计超过100万元的，应在次年的第一季度内向主管国税机关报送经税务师事务所出具的差额征税鉴证报告。各设区市税务机关也根据本市税收征管需要出台支持行业发展文件，开展企业所得税汇算清缴、地方税费审计、土地增值税清算等鉴证业务。

【行业监督管理】 福建省国家税务局、福建省地方税务局联合下发了《税务师事务所执业质量检查规程》（闽国税发〔2012〕60号），并根据《税务师事务所执业质量检查规程》，严格开展年检工作。

（供稿：陈丽萍）

机构与队伍管理

人事管理

【机构编制】 福建省国税局机关设16个内设机构，分别为办公室、政策法规处、货物和劳务税处、进出口税收管理处、所得税处、收入规划核算处、纳税服务处、征管和科技发展处、财务管理处、督察内审处、人事处、巡视工作办公室、教育处（思想政治工作办公室）、监察室、大企业处、国际税务管理处；1个直属机构，为稽查局；5个事业单位，分别为信息中心、机关服务中心、税收科学研究所、注册税务师管理中心、福建省税务干部学校；另设机关党委办公室、离退休干部处。下辖8个设区市国税局，分别为福州市国税局、莆田市国税局、三明市国税局、泉州市国税局、漳州市国税局、南平市国税局、龙岩市国税局和宁德市国税局。全省国税系统在编干部职工8962人，其中行政编制8485人、事业编制99人、工勤人员378人；本科及以上学历人员共计5252人，占总人数的58.60%；具有硕士、博士学位216人，占总人数的2.41%；中共党员6364人，占总人数的71.01%。

【班子建设】 2012年福建省国税系统选配龙岩市国税局、三明市国税局、南平市国税局领导班子正职各1人，选配福州市国税局、龙岩市国税局、三明市市国税局领导班子副职各1人。

【人员招录】 2012年新招录公务员196人，其中省国税局机关10人，福州市国税局35人，厦门市国税局35人，莆田市国税局11人，三明市国税局15人，泉州市国税局30人，漳州市国税局17人，南平市国税局14人，龙岩市国税局15人，宁德市国税局14人。接收军转干部2人，其中莆田市国税局1人，漳州市国税局1人。

【人员交流（含调动）】 2012年，福建省国税系统开展龙岩市国税局、三明市国税局、南平市国税局“一把手”易地任职交流工作，开展福州市国税局、龙岩市国税局、三明市国税局纪检组长易地任职交流工作，开展省国税局机关监察室、稽查局、货物和劳务税处、督察内审处等处室负责人的轮岗交流工作，开展省国税局机关教育处、征管和科技发展处等处室副处长的轮岗交流工作。完成接收西藏、新疆挂职干部工作。根据《西藏、新疆区局选派干部赴中东部6省（市）局挂职锻炼工作座谈会》会议精神，西藏自治区国税局的1名科级干部安排到福建省国税局办公室锻炼，新新疆维吾尔自治区国税局的1

▲外省选派干部在福建省国税局机关及市国税局挂职锻炼军训

名处级干部安排到泉州市国税局挂职锻炼、2名科级干部分别安排到福州市福清市国税局和泉州市鲤城区国税局挂职锻炼。

【干部选拔】 福建省国税系统采用竞争性选拔方式选拔正处级领导职务6人，采用考察任用方式选拔正处级领导职务3人，采用考察任用方式选拔正处级非领导职务4人，采用考察任用方式选拔副处级非领导职务3人。

【干部考核】 福建省国税局机关厅级干部考核为优秀等次2人，称职等次4人；省国税局机关处级干部考核为优秀等次14人，称职等次54人；省国税局机关科级干部考核为优秀等次32人，称职等次108人；省国税局机关工人考核为优秀等次1人，合格等次4人；省国税局机关干部考核结果为不定等次12人；设区市国税局处级以上干部年度考核为优秀等次16人，称职等次67人。

【干部奖励】 福建省国税局机关有7人连续3年年度考核评为优秀等次，记三等功一次，有40人年度考核评为优秀等次，给予嘉奖一次；设区市国税局处级以上干部有4人年度考核评为优秀等次，记三等功一次，有14人年度考核评为优秀等次，给予嘉奖一次。

【干部监督】 对干部选拔任用、公务员招录等工作进行全过程监督，提高选人用人的公信度。完成福建省国税局党组民主生活会、督促各设市国税局党组召开民主生活会，反馈2011年整改措施完成情况并提出2012年需整改的问题。完成省国税局党组2011年度干部选拔“任用一报告两评议”、督促各设区市国税局党组完成2011年度干部选拔任用完成“一报告两评议”。

【工资管理】 完成福建省国税局机关工资变动9次，审批设区市国税局工资变动64次。对全省国税系统8个设区市局、88个县（市、区）国税局共计96个预算单位规范津贴补贴的审查与上报工作。

【出国出境】 办理因公出（国）境人员的审批工作31人次，办理因私出（国）境人员的审批工作69人次。对省国税局机关科级以上干部的因私出（国）境护照进行规范管理。

（供稿：温笑露）

廉政建设

【贯彻落实上级精神】 2012年2月27日，组织收看国家税务总局党风廉政建设工作视频会议，学习贯彻中纪委、国家税务总局党风廉政建设工作会议和省纪委全会精神；3月13日，组织召开全省国税系统党风廉政建设工作会议，会议对象扩大到县（区）国税局长和纪检组长，省国税局党组书记、局长臧耀民代表省国税局党组讲话，省国税局党组成员、纪检组长曾光辉代表省国税局党组作题为《强化源头预防　狠抓责任落实　努力开创福建省国税系统反腐倡廉建设新局面》的工作报告，重点对2012年党风廉政建设工作作全面部署。3月22日，印发《福建省国家税务局2012年纪检监察工作要点》，要求各设区市国税局抓好2012年反腐倡廉各项工作的分解，并结合税收征管改革工作的实际，贯彻落实。5月28日，印发《福建省国家税务局2012年纠风工作实施意见》，对全年纠风工作主要任务、工作要求提出明确目标和措施，省国税局机关各处室和8个设区市国税局进行贯彻落实。各级国税局学习贯彻《税收违法违纪行为处分规定》，省监察厅孙阳副厅长到福州市国税局检查指导，省国税局采取文件汇编、业务考试、知识竞赛、印制宣传台历等多种形式进行落实，三明市国税局、南平市国税局到基层开展《处分规定》巡回宣讲，促进《处分规定》内化于心，外化于行。

【党风廉政建设责任制】　贯彻落实国家税务总局党组《税务系统贯彻中央〈关于实行党风廉政建设责任制的规定〉实施办法》，层层签订廉政责任书，检查考核和责任追究。省国税局党组每半年研究一次党风廉政工作，班子成员带队对设区市国税局领导班子开展集体廉政谈话提醒和惩防体系建设检查工作。对莆田市国税局进行巡视检查，对福州、漳州市国税局进行巡视回访；对8个设区市国税局分别开展执法监察、执法督察、财务审计、领导干部经济责任审计，全省对56个下属单位直接进行税收执法督察，责任追究555人次，提出工作建议117项；完成39个内部审计项目，审计查出主要问题1113个，提出审计建议221条；各设区市国税局都根据省国税局制定的办法，由班子成员对县（市、区）国税局长进行廉政谈话提醒。龙岩市国税局制定《重点岗位人员谈话制度》，加强对风险岗位人员提醒，落实一岗双责。

▲召开全省国税系统党风廉政建设工作会议，传达上级党风廉政建设工作会议精神，部署年度党风廉政建设和反腐败工作任务

【廉政文化建设】 编印《海西税务》廉政文化专刊，以“为国聚财、为民收税”为核心，介绍福建省国税系统廉政文化建设工作情况、工作成果和经验交流，突出具有福建国税特色的廉政文化体系。开展廉政文化建设作品征集活动，下发《福建省国家税务局关于开展廉政文化建设作品征集活动的通知》，征集系统内廉政文化建设作品535件，对征集的作品进行无记名评审，并按书法、摄影、绘画、论文和文字类等作品分别评奖。开展廉政文化作品展活动，组织干部观赏征集评选出的获奖作品，同时按照因地制宜、精简实用的原则，布置省国税局办公大楼一楼“廉政文化长廊”和四楼“廉政文化走廊”，国家税务总局监察局领导和省纪委监察厅、省检察院领导现场观摩后给予了肯定。扩大廉政文化建设成果，将优秀廉政文化作品集稿成册，编印《福建省国税系统廉政文化作品集》（画册）和《福建省国税系统廉政文章集》，供全系统学习、交流、借鉴和推广。漳州市国税局联合市监察局、市文联举办“北溪清风促发展、和谐税收惠民生”廉政书画笔会；三明市国税局开展家庭促廉活动，倡导廉洁平安幸福之家的美好愿景；莆田涵江区国税局开设“蓝色港湾”文化论坛，创建“惟勤惟能 不可收买”涵江国税精神。

【预防职务犯罪教育】 2012年3月起集中4个月时间在全省国税系统开展预防职务犯罪专题教育活动，通过“一会一展”等形式，即召开全省国税系统预防职务犯罪专题教育视频会议通报典型案例开展警示教育和举办全省国税系统廉政文化作品展的形式，对专题教育进行动员部署，下发《福建省国家税务局关于贯彻落实省领导重要批示精神深入开展预防职务犯罪专题教育活动实施方案》，分准备、案例剖析、专题教育、完善制度防范措施四个阶段深入开展专题教育活动，有针对性地开展“七个一”专题教育活动，即上一堂廉政课、读一本廉政书、开展一次警示教育、看一场廉政电影、出一期廉政专刊、汇编一本制度汇编和完善一个税务廉政文化教育基地。加强检税协作配合，福建省国税局与省检察院建

▲福建省国税局党组定期召开党风廉政建设分析会

立了定期联席会议制度，福州市国税局与市检察院共同编制《福州检察预防手册》，开展行政执法告知活动。各级检察机关协助国税部门组织预防讲座132场次，提供预防咨询186人次，组织观看预防职务犯罪图片宣传展28场次，共同推进党风廉政建设和预防职务犯罪工作的开展。各级国税机关通过专题教育活动，剖析典型案例，广泛开展针对性教育，从源头上、制度上加以预防，从监控查处上加以警示，增强反腐倡廉教育的说服力、感染力和影响力，确保干部队伍平安。省国税局组织机关干部和市（县、区）国税局长到省廉政警示教育基地接受教育，莆田市国税局出台《关于加强对国税人员操办婚丧喜庆事宜监督管理的通知》，促进重要事项、敏感节点的监督管理，国家税务总局简报刊用了此做法。

【内控机制建设】 出台《福建省税务系统行政处罚自由裁量权基准》《纳税评估操作规程》和《税收征管档案管理办法》等制度性文件；成立税收风险分析监控中心，防范评估风险和队伍风险。根据税收征管改革和职能调整，对内控机制进行相应的调整和优化，修订《福建省国税局机关内控机制建设文件汇编》。省国税局机关各处室在完善本部门内控机制的同时，加大对系统管辖业务范围内的内控机制建设指导力度；各市、县、区国税局结合税源专业化改革不断深化本单位、本系统内控机制建设，围绕决策权、执行权、监督权行使的重点领域、重要岗位和关键环节，加强流程控制和风险管理，防范廉政风险和执法风险。根据国家税务总局纪检组长会议精神，落实制度加科技的方针，启动了福建省国税局内控机制信息化建设系统，把国家税务总局“2+1+4”惩防体系总格局细化于信息化建设之中。落实省纪委召开的省直机关廉政风险防控会议精神，召开省国税局机关廉政风险防控会，通报福建省信息化局2起严重违纪违法案件，局长臧耀民作动员讲话，货劳税处、财务处、稽查局就加强部门岗位风险防控作经验交流，国家税务总局《税务简报》刊登了福建省国税局加强稽查内控机制建设经验材料。泉州市国税局探索税源专业化格局下岗位廉政内控机制，完善管理机制。

【纠风行评和效能】 2012年4月，参加由福建省政府纠风办、省效能办、福建电视台经济生活频道联合举办的“省政风行风热线”直播节目，省国税局领导和相关业务处室负责人在直播间与广大纳税人进行热线交流，就“税收·发展·民生”的关系进行现场宣传和解答。8月，制定《福建省国家税务局关于进一步加强国税人员作风纪律的通知》和《福建省国家税务局关于领导干部廉政谈话提醒制度》，加强对领导干部的教育、管理和监督。根据省委“下基层、解民忧、办实事、促发展”的工作部署，省国税局8位局领导分别带队走访38家重点企业，帮助解决存在的税收问题。宁德市国税局开展“转作风、提效能、促发展”活动，解决纳税人反映强烈的突出问题，维护纳税人合法权益。在各级政府组织的民主评议政风行风活动中，省国税局获省直机关16个司法和行政执法类单位综合评议第二名，漳州市国税局、龙岩市国税局、宁德市国税局获2012年免评单位，莆田市国税局、三明市国税局获第一名，泉州市国税局、南平市国税局获第二名，福州市国税局获第五名；全省81个参评的县（市、区）国税局，有78个单位获得“免评单位”“行风信得过单位”称号或在评议中获得前三名。

【查处违法违纪】 通报石狮市国税局邱于建受贿案件，转发国家税务总局通报的宁波市国税局有关人员受贿案件，要求全省国税系统吸取教训，引以为戒，做到举一反三，警钟长鸣。2012年，全省国税系统纪检监察部门共受理来信来访57件，立案9件，处分18人。信访举报数量连续3年呈下降态势。

（供稿：刘隆贵）

干部教育

【参加国家税务总局组织的培训】 2012年，福建省国税系统共组织了4名厅局级领导干部、5名处级领导干部、8名县级局“一把手”参加国家税务总局党校进修班培训；选派28名处级干部参加国家税务总局的专门业务和知识更新培训；选送55名青年业务骨干参加国家税务总局举办的各类专业化业务培训。

【领导干部培训】 2012年9月21日—28日，福建省国税局在浦东干部学院组织全省国税系统领导干部实践考察和专题学习培训，省国税局领导、省国税局各单位负责人和各设区市国税局局长参加培训。选派3位领导干部参加省委党校正处级领导干部进修班学习。

【高层次专业化人才培训】 福建省国税局共举办专业化管理、纳税评估、纳税服务、税务稽查、反避税、所得税、税收分析、督察内审等28期专业化培训提高班，累计培训1900余人次。

【科级干部更新知识培训】 在江苏省税务干部学校举办3期共计36天的科（局）长更新知识培训班，培训福建省国税局机关干部、县（市、区）国税局领导班子成员、设区市国税局机关科长共180人。

【公务员初任培训】 在预备役高炮师训练中心举办新招录公务员初任培训培训班，培训分为财税班和非财税班。财税班共70人，培训52天；非财税班共96人，培训72天。

【学历教育】 福建省国税局与厦门大学联合办班，培养17名税务硕士专业学位研究生。

【教育管理】 下发《福建省国家税务局关于鼓励考取“四师”资格的通知》，出台奖励政策，鼓励干部考取各类专业资格证书。（“四师”：注册税务师、注册会计师、律师和计算机高级工程师）

（供稿：李叶华）

巡视工作

【制度建设】 成立以福建省国税局局长臧耀民为组长、副局长刘孟全、纪检组长曾光辉和由巡视办、人事、纪检监察、监督内审部门组成的中共福建省国税局党组巡视工作领导小组。

【巡视检查】 2012年7月，福建省国税局党组派出巡视组对莆田市国税局领导班子及其成员开展巡视检查工作，以及对福州市国税局、漳州市国税局党组的巡视回访检查工作。通过巡视，发现问题，并督促整改，进一步规范党组议事规则和程序，完善干部选拔任用机制，推动党风廉政建设，加强领导班子和干部队伍建设。

（供稿：林宗绥）

离退休干部管理

【概述】 截至2012年12月30日，福建省国税系统离退休干部、职工总人数（不含厦门）2132人，其中离休干部95人，5·12退休干部77人，其他干部、职工1960人。省局机关离退休干部、职工47人，其中离休干部2人，厅局级干部（含享受待遇）11人，退休干部27人，退休工人（含瑞兴公司）7人。

【落实政治、生活待遇】 组织离退休干部看文件、听报告、参加重大会议和活动，邀请原党组成员参加福建省国税工作会议，协助

▲第三届全省国税系统离退休干部书画笔会

（黄莉娜提供）

离退休党支部开展每月一次的学习活动。2012年8月2日—5日在鼓岭福州培训中心举办一期福建省国税局机关离退休干部暑期政治理论读书班，近30位机关老干部参加学习。在重阳节、春节等节日期间召开老干部座谈会，通报国税工作情况，听取老同志的意见建议。按时足额发放离退休费和离退休津补贴，按规定及时报销医药费，做好医疗保健工作。坚持为离退休干部家中订阅报纸杂志，为80周岁的老同志举办祝寿活动，组织每年1次的健康体检，处理老干部来信来访3件。

【创先争优】 2012年6月，在福清组织召开福建省国税系统离退休干部党支部书记代表暨省、市国税局老局长座谈会，传达学习习近平总书记在全国老干部工作“双先”表彰大会上的重要讲话精神，部署创先争优活动的主要任务，各单位代表总结离退休干部党支部建设情况和交流开展创先争优活动的经验。省国税局机关离退休党员何敦玉、陈旺生、张如力、林根深被省国税局机关党委评为优秀共产党员，黄邦景被评为优秀党务工作者。

【走访慰问】 2012年元旦、春节期间，由福建省国税局领导、人事处、离退处、党办等部门组成的慰问小组，分赴全省各地上门走访慰问全省系统离退休干部、职工，以及离退休干部职工特困户、遗属特困户，共上门走访慰问老干部48人次，发放全省系统离退休干部职工特困户、遗属特困户慰问金和慰问金。

【考察交流】 2012年6月25日—29日，组织福建省国税局机关离退休干部一行30余人赴青岛、威海等地参观考察。10月16日—19日，在南平武夷山市举办第三届福建省国税系统离退休干部书画笔会，来自全省系统20多位老干部书画爱好者在笔会现场上交流切磋，创作出20多幅书画作品，展出20多位老同志30多幅作品，是全省系统离退休干部“诗书画影抒情怀喜迎十八大”主题实践活动的一项重要内容。

（供：林小鸫）

系统党建和思想政治工作

【系统党建】 组织人员到秀屿区国税局、涵江区国税局、鼓楼区国税局、闽侯县国税局、福安市国税局、翔安区国税局、厦门市国税局12366纳税服务热线等基层单位进行调研，总结基层单位创先争优经验和做法。通过福建省国税局内外网信息平台编发创先争优活动简报，上报国家税务总局和福建省委创先争优办，推广宣传福建省国税系统开展创先争优活动的经验和成效。2012年3月，召开福建省国税系统“为民服务创先争优”经验交流会，对创先争优活动经验和成效进行总结提升。中共闽侯县国税局总支部委员会、中共厦门市同安区国税局总支部委员会、中共长泰县国税局总支部委员会、中共莆田秀屿区国税局总支部委员会、中共福安市国税局机关委员会等5个单位被中共福建省委授予“2010—2012年全省创先争优先进基层党组织”荣誉称号。

【好税官推选活动】 开展福建省国税系统“我身边的好税官”推选活动。2012年2月23日，下发《福建省国家税务局关于开展先进典型学习宣传及“我身边的好税官”评选活动的通知》，在全省系统组织开展“我身边的好税官”评选活动。通过自下而上，逐级推选，全省系统共产生16名“我身边的好税官”并予以宣传表彰。

【道德建设】 部署福建省国税系统市级以上文明单位开展道德讲堂活动，在全省系统开展“道德讲堂建设年”活动，建立建设道德讲堂长效机制。加强志愿服务工作，开展“福建省百万志愿者学雷锋十大行动”。

【精神文明创建】 强化行业创建，成立新一届文明行业创建工作领导小组，制定行业创建工作责任书、签订责任状，下发创建工作方案和年度创建工作计划，构建三级联创机制。在2012年优质服务指数测评中位列福建省行政执法系列第3名。

（供稿：陈　佳）

国税文化建设

【价值观大讨论】 2012年4月，在福建省国税系统组织开展福建国税文化核心价值观大讨论活动。通过层层组织讨论、片区研讨会、问卷调查等方式，共收集到讨论成果近百套，形成福建国税精神初步意见。

【征集福建国税之歌】 面向福建省系统

和社会各界开展福建国税之歌歌词征集，经过近3个月的征集活动，共收到系统内外应征作品60件。省国税局对应征歌词作品进行编号、整理、编印，聘请音乐界人士评审，确定社会应征作品胡强创作的歌词为入选作品。省国税局邀请曲作家给歌词谱曲，经省国税局党组研究，福建省群众艺术馆歌声编辑部王文麟创作的作曲入选。

▲福建省国税局举办国税文化大讲坛

【国税文化大讲坛】 举办福建国税文化大讲坛系列讲座，并在各市、县、区国税局开设视频分会场，邀请中国人民大学教授、博士生导师侯景新讲授《中国传统文化与现代管理》，扬州税务学院教授周敏讲授《税务文化理论与实践》，厦航报告团成员、南平市延平区人民法院党组成员、少年审判庭庭长詹红荔、全国孝老爱亲模范朱邦月等在“英模先进事迹报告会”上演讲。

【举办运动会】 2012年10月21日—29日，在宁德举办福建省国税系统2012年运动会。福建省国税系统8个设区市局和省局机关，及应邀参加的厦门市国税局共10个代表团、181名运动员进行了男子篮球、桥牌和中国象棋等3个项目的角逐。宁德国税代表团、泉州国税代表团、漳州国税代表团和莆田国税代表团分别获得了团体总分前3名，省局机关代表团、三明国税代表团、宁德国税代表团获得团体体育道德风尚奖。

（供稿：李叶华）

▲福建省国税局举办全省国税系统2012年运动会

行政后勤管理

政务管理

【文秘】 做好福建省委书记孙春兰、省长苏树林、副省长王蒙徽和国家税务总局局长肖捷、副局长解学智、副局长丘小雄、总经济师张志勇、总会计师汪康等领导汇报材料，以及各类重要材料的起草和会议会务工作，得到领导的肯定。承办局务会议、局长办公会议及局长办公专题会议并形成会议纪要14期，承办党组会议并形成纪要18期。

【信息】 共刊发《国税要讯》1892条，被国家税务总局采用48条；福建省委办公厅采用189条，名列全省党委系统政务信息第14名；省政府办公厅采用134条，名列省直机关第13名；被省领导批示25条，省委书记孙春兰批示10条，省长苏树林批示4条。报送福建省国税局党组《信息专报》56期，26期得到省国税局领导批示。省国税局办公室被福建省委办公厅和省政府办公厅评为政务信息工作先进单位。

【信访和议提案】 共办理人大及政协议提案反馈15件。落实安全稳定责任制，制定出台信访应急处置预案，阻止化解1次群体性组织上访行动。处理来信来访，共处理来访6次，来信175件，局长信箱来信56件，均按领导批示转职能部门承办。

【公文管理】 制定《福建省国税机关公文处理办法》，组织各市、县、区国税局办公室人员及新录用公务员进行公文规范化管理培训；严格公文审核制度，按季通报公文差错情况并督促整改。按照机要工作规程办理机要文件，运转机要文件及密码电报共213件。联合信息中心，开展上网身份认证，对机关办公电脑配备内网安全监控管理系统，并组织办公网专用优盘的操作使用培训。

【舆情监控与应对】 制定《网络舆情应急处置工作预案》，建立网络税收宣传员队伍，建立QQ群，开展税收宣传员培训和实战演练各1次，成功处置“东山国税干部妻子非法承揽业务”“4000万出口退税成空，四家企业起诉福州市国税局”“原福安市国税局长赵惠忠涉嫌强奸”等网络舆情，提高税收舆情应对处置水平。

【督办】 依托督查工作网络平台，开展对福建省国税局重点工作事项和省国税局党组的重大决策部署的督办工作。完成福建省领导批示件、省政府办公厅文件办理通知单以及省直相关部门征求意见稿的情况反馈工作，全年累计办理反馈件140件。

【目标管理】 根据《福建省国税系统

2011年度工作目标管理考核办法》，首次对市（县、区）国税局进行目标管理考核，评出优秀等级单位21个、良好等级单位63个、合格等级单位18个。制定《福建省国税系统2012度工作目标管理考核办法》，将组织收入、税收征管、纳税服务、规范执法、信息管税、队伍建设、行政管理等7大项内容纳入考核体系。

【门户网站】 做好门户网站的页面设计、内容改版工作，按照“信息公开、办税服务、公众参与、税收宣传”四大类56小类划分板块，并及时审核发布税收宣传作品。2012年，福建省国税局综合门户网站采编各类信息1285条，转载财经信息474条，在国家税务总局网站采用信息量综合排名中第7、国税系统排名第3；全年网站访问量359万次，其中省国税局主站访问量264.94万次，日均访问量5.6万次。网上办税纳税人21.19万户，申报缴纳税款723.67亿元，网上认证增值税专用发票1065.24万份，货运发票32.16万份。在全国71个省级税务机关互联网站评比中综合排名第8、国税系统排名第6。

（供稿：林佳睿）

财务经费

【经费保障】 落实经费最低保障线制度，加大对基层和困难单位的支持力度。安排一次性补助经费520万元，加大对其他收入少、人均经费水平低的地区的扶持力度，尽力缩小地区间经费水平差距；安排特殊困难补助专项经费800万元，集中解决一部分基层单位的特殊困难和历史遗留问题；安排基层离退休人员医疗费补助570万元，有效缓解了基层离退休经费不足的矛盾；动用其他收入安排补助453万元，直接用于部分基层单位改善工作和生活条件。保障税收业务经费需求。取得省级财政“营改增”专项补助经费1000万元，确保了全省“营改增”试点工作顺利开展。保障灾后重建资金需求。取得国家税务总局救灾补助经费800万元，保障了台风、暴雨等灾后，福建省国税局各项工作的稳定开展。

【预算管理】 福建省国税系统各项中央财政拨款的执行情况进一步提升，基本支出预算执行率均达到序时进度要求，项目支出除基建和“三代”因受不确定因素影响较大、执行率偏低外，其余各项经费年度执行率均接近或达到100%。

【国库集中支付】 推进公务卡改革工作。福建省国税局组织所属各预算单位推进公务卡改革，加强对各单位公务卡业务的指导，省国税局2012年发卡4572张，使用公务卡报销还款365万元。全省系统累计发卡6130张，完成所有预算单位公务卡改革的推行工作。

【资产管理】 福建省共上缴资产收入4279.2万元，其中上缴固定资产出租出借收入3893.7万元，上缴国有资产处置收入383.2万元，上缴中央单位土地收益2.3万元，并按要求做好申请出租出借、处置收入返还使用的相关工作。

【基建管理】 规范基建项目开工审批管理，2012年共批准新立项项目14项，批准总投资6842万元。规范竣工项目决算审批和竣工财务决算审核管理，福建省国税系统共委托审核项目10个，办理基建财务决算批复的项目14个。

（供稿：柯文林）

政府采购

【规范化管理】 调整福建省国税系统政府采购领导小组成员。调整后，福建省国家税务局副局长连开光任领导小组组长，财务管理

处处长周元福、财务管理处副处长兼采购中心主任王敏奇任副组长，办公室、监察室、财务管理处、采购中心、信息中心、服务中心主要负责人为成员。

【规模与效益】 福建省国税系统共组织采购901批次，实现采购预算金额 6124.66万元，实际采购金额5101.24万元，节约资金1023.42万元，节约率为16.71%。以公开招标、邀请招标、竞争性谈判、询价、单一来源5种采购方式采购金额，分别占总采购金额的88.22%、1.96%、0.91%、3.07%、5.84%。省国税局机关组织采购34批次，实现采购预算金额874.68万元，实际采购金额752.97万元，节约资金121.71万元，节约率为 13.91 %。

【协议供货】 福建省国税系统共有信息化产品13类（台式计算机、便携式计算机、液晶显示器、服务器、打印机、打印机通用耗材、多功能一体机、扫描仪、计算机通用软件、UPS电源、网络设备、网络存储设备、网络安全产品），汽车4大类（轿车、越野车、多功能乘用车、中大型客车），办公设备3大类（空调机、复印机、投影仪）实行协议供货。

【批量集中采购】 2012年，福建省国税系统台式计算机、打印机继续实行国家税务总局批量集中采购。印发《福建省国家税务局关于开展批量集中采购有关问题的通知》《福建省国家税务局关于完善批量集中采购试点工作的通知》，对批量采购实施范围、配置标准、计划填报、合同签订、货物验收、货款支付、违约责任、审批管理、备案管理作出明确规定。组织参加国家税务总局批量集中采购5批次，采购台式计算机1323台，采购金额409.73万元；打印机655台，采购金额74.81万元。台式计算机中标价格比协议供货价格低10%～15%，打印机低7%～8%，批量采购价格优势明显，经济效益显现。

福建省国税系统普通发票、公务车辆保险、复印纸项目继续实行省国税局集中采购。普通发票在2011年省国税局公开招标确定中标单位和各票种最高限价基础上，由各设区市国税局实行二次竞价采购；公务车辆保险确定中国人民财产保险公司福建分公司为承保单位。建立承保单位与全省国税系统省、市、县三级“一一对应”的保险专员服务机制，各区域保险专员均为省人保公司的授权代表，并负责执行辖区内国税机关公务车辆保险业务，负责上门办理各项手续；复印纸在2011年福建省国税局公开招标确定的定点单位和价格基础上，继续实行定点采购。

（供稿：聂　霞）

督察内审

【税收执法督察】 2012年共发现有问题的纳税人6523户次，已整改2375户次，违规税额4946.49万元，其中少缴税款4922.8元，多缴税款22.96万元；已整改税额4775.40万元，其中已补税款4752.44万元，已退税款22.96万元。加收滞纳金9.34万元，罚款19.09万元。福建省执法督察发现问题责任追究计555人次，其中批评教育253人次，责令作出书面检查34人次，通报批评14人次，经济惩戒254人次，经济惩戒金额14985元。

【税收执法责任制】 2012年税收执法过错责任追究共计3089人（次），其中批评教育602人（次），责令书面检查127人（次），通报批评52人（次），责令待岗1人（次），取消执法资格1人（次），经济惩戒2446人（次），金额177024元。全省税收执法正确率比去年提高0.08个百分点，执法过错减少55.47%。

【财务审计】 福建省国税系统共完成财

务审计项目15个（2个为期末在审项目）。审计查出管理不规范问题252个，查出主要问题涉及金额1898.5万元。

【领导干部经济责任审计】 福建省国税系统共完成领导干部经济责任审计项目24个（其中2个为期末在审项目），其中省国税局组织4个项目，八个设区市国税局组织20个；任中审计19个，占79%；离任审计5个，占21%。离任审计中，先审计后离任的1个；先离任后审计的4个。通过经济责任审计查出主要问题861个，均为管理不规范问题，涉及金额2030.8万元，均属于领导责任。

【疑点信息库核查】 2012年共核查疑点信息4263条，确认过错954条，累计查补税款103.147万元，罚款0.13万元，滞纳金5.2149万元。

【成果运用】 2012年执法督察向被督察单位提出工作建议117项，向本级税务机关及相关业务部门提出工作建议25项。财务审计提出审计建议75条，已被采纳74条。经济责任审计提出审计建议146条，已被采纳116条。

【整改落实】 2012年税收执法督察下发执法督察处理决定书26份，下发执法督察的意见或执法督察通报14份，被督察单位制定整改措施141项、制定或完善制度10项，本级税务机关制定或完善制度13项。财务审计整改调账7.7万元，制定整改措施17条，已纠正金额1307.7万元。经济责任审计制定整改措施188条，被审计单位建立健全规章制度4条，根据审计处理意见上交款项37.9万元，制定整改措施83条。

（供稿：郑忠武）

机关后勤

【设备安全管理】 对办公大楼17—24层消防电梯通道防火门进行改造，更新指纹锁。保证机关大院、院外宿舍、屏西公有房的水、电设备的正常运转，全年零星水、电维修、安装517次、处，电话分机障碍处理、新装机、移机82次、部。与维护单位续签两幢办公大楼消防系统、新楼中央空调主机、新楼中央空调变频节能系统的维保协议；完成新楼中央空调主机维修、振动测试，7号通力电梯随行电缆更换，东楼日立空调更换压缩机等局内设备的日常故障维修。

【车辆安全管理】 执行出车前检查、行车途中和回场检查，确保运行车辆完好率达到100%。对车辆定点停放和在位抽、检查37次，完成出车21963台次，行驶1129679公里（其中长途1356台次，行驶468532公里）。车辆三清保养158台次、小修车辆287台次、总成大修5台次，车辆实行“二定一险”管理，即定点维修、定点加油、统一保险，确保行车安全，全年无车辆交通事故。

【资产管理】 根据2011年，福建省国税局和地税局签署了《关于原福建省税务局宿舍产权划分的协议书》，着手办理划分省国税局的101套宿舍产权变更手续。清理省国税局机关公有住房22户。2012年收回租金和出租户水电费共1173702.32元、培训中心水电费、电话费2072908.79元。完成福圆住宅小区物业委托管理工作，并与乐家家物业公司签订福圆小区C座物业管理补充协议。完成省国税局机关新增固定资产入账330件，调拨设区市国税局120件以及变更470多张卡片。

【合同工管理】 加强对合同工有关政策规定和敬业爱岗教育，评选出2011年度优秀合同工15人。调整合同工社保缴存比例8名，终止劳动合同1位、辞退派遣合同工1名。

（供稿：郭金萍）

社团组织与左海大厦

福建省税务学会

【概述】 福建省税务学会成立于1985年3月，每届届期4年，现是第6届。现有单位会员83个，个人会员1381人。福建省税务学会每年都承接中国税务学会、省社科联、省国税局、省地税局的重点调研课题，结合中国的税收理论和税收实际及福建省经济建设中的热点、难点问题，组织会员，开展群众性调研，宣传调研成果，促进成果转化；同时办好学会会刊、开展税收宣传咨询、积极推进闽台学术交流。福建省学会设有两个内设机构：一是税收学术研究委员会，组建于2005年，现有学术委员22人；二是办事机构秘书处，现有工作人员8人。

【群众性税收调研】 福建省税务学会开展“支持海西经济发展特别是平潭综合实验区开放开发的税收政策研究”“税源专业化管理研究”和“税务机构和队伍如何适应新的征管模式研究”三个课题研究，以及会员自选课题研究，分别在厦门市、泉州市、漳州市召开三场课题研讨会，收到论文106篇。其中2012年7月12日，在厦门市召开“支持海西经济发展特别是平潭综合实验区开放开发的税收政策研究”课题研讨会，收到论文32篇；7月31日，在泉州市召开“税源专业化管理研究”课题研讨会，收到论文41篇；8月7日，在漳州市召开“税务机构和队伍如何适应新的征管模式研究”课题研讨会，收到论文33篇。

【学术委员学术研究】 2012年2月23日，税收学术研究委员会在福州市召开全体委员会议，对2012年税收理论研究工作进行研究和讨论，采用委员认题方式开展税收学术研究。有黄衍电、陈玲、蔡雪雄等3位学术委员完成了重点课题研究，并提交论文3篇（论文及作者：厦漳泉同城化及产业协统、错位发展的税收研究/黄衍电，大力发展我国现代文化产业的税收政策研究/陈玲　林小平　王丹丹　刘佳敏，吸引台资企业在大陆设立企业总部研究/蔡承彬　蔡雪雄）。

【优秀论文评选】 福建省税务学会开展2012年度优秀论文评选，共收到参评论文160篇，经省税务学会税收学术研究委员会评选。评出26篇优秀论文，其中一等奖4篇，二等奖8篇，三等奖14篇（详见表9）。

福建省税务学会开展2009—2012年度税收学术研究优秀成果评选，共收到参评论文91篇，经省税务学会税收学术研究委员会评选，共评出58篇优秀成果，其中一等奖8篇，二等奖9篇，三等奖21篇，鼓励奖20篇（详见表10）。

表9　福建省税务学会2012年度优秀论文获奖名单

奖项	论文题目	作者及作者单位
一等奖4篇	支持和促进平潭开放开发税收与机制问题研究	平潭县地方税务局 陈明炎　李遵云　李加兴
	税收征管基础事项管理实证研究初探	福州市国家税务局　康逢华
	基层税务组织构建以人为本的激励机制探析	厦门市国家税务局课题组
	加大结构性减税力度　促结构调整方式转变	厦门市国家税务局课题组
二等奖8篇	促进两岸旅游业合作与发展的税收政策研究	武夷山市地方税务局 高诗凡　方杰
	促进厦漳泉大都市区同城化发展的财税政策探讨	云霄县地方税务局　方智勇
	泉州市国税局税源专业化管理改革的实践与思考	泉州市国家税务局课题组
	扁平化、专业化税收管理改革构想——结合思明地税税源管理实践的探讨	厦门市思明区地方税务局 陈茵海　吴雅菁　陈萱怡
	完善税收征管组织体系的相关探讨及借鉴启示	漳州市国家税务局　林绍君
	税源专业化管理模式下税务机构设置及队伍建设的研究	漳州市芗城区地方税务局　陈丽娟
	混合税制下个人所得税征管研究——基于台湾模式的借鉴和大陆个税改革的设想	厦门市地方税务局课题组
	高法定税负下的税收征管风险研究	龙岩市地方税务局　兰权昌
三等奖14篇	促进海峡两岸第三产业合作与发展的税收政策研究	厦门市地方税务局课题组
	厦漳泉同城化建设中的税收竞争与协调	漳州市国家税务局　陈文裕
	充分发挥税收作用　助力海西产业结构调整	厦门市国家税务局课题组
	浅析税源专业化管理中的税收风险管理	光泽县国家税务局　柯卉
	金融危机前后东部11省市小微企业绩效比较分析报告	厦门市国家税务局课题组
	我国税源专业化管理的国际借鉴	福建省税务学校 林国庆　许锦成　薛玉连
	浅析税源专业化管理下纳税评估工作存在的问题及对策	松溪县国家税务局　张文连
	新征管模式下基层税务机构变革探索	云霄县地方税务局　方智勇
	税务机构和队伍如何适应新的征管模式研究	南平市延平区国家税务局课题组
	新征管模式下基层税务队伍建设的思考	泉州市丰泽区国家税务局　林敏钦
	当前基层税务机关推进税源专业化管理的实践与思考	屏南县国家税务局　林德岁
	促进小型微型企业发展税收政策的国际借鉴研究	长汀县地方税务局　马灯山
	从税源背离度分析我省税收转移成因	三明市国家税务局课题组
	科学发展视域下的新一轮税制改革：结构优化与体制创新	莆田市地方税务局课题组

表10　　福建省税务学会2009—2012年度税收学术研究优秀成果获奖名单

奖项	论文题目	作者及作者单位
一等奖8篇	福建税收支持海西发展综合报告	福建省税务学会税收学术研究委员会课题组
	促进厦漳泉经济同城化发展的税收政策研究	厦门市地方税务局课题组
	以签署ECFA为契机　—加强台海两岸税收协调	厦门市地方税务局课题组
	转观念　抓创新　提服务——晋江市国税局创新社会管理促发展纪实	晋江市国家税务局课题组
	从税源背离度分析我省税收转移成因	三明市国家税务局　王良辉　黄茂萌
	基层税务组织构建以人为本的激励机制探析	厦门市国家税务局课题组
	服务科学发展观的税收政策研究——关于促进循环经济发展的税收政策研究	福建省税务学校课题组
	我国税款滞纳金问题研究	福州市国家税务局　林雄
二等奖9篇	泉州地方税收与GDP比较分析	泉州市地方税务局课题组
	从台湾转让定价案例看两岸转让定价税务管理的协调与合作	厦门市国家税务局　雷虹云
	促进海峡两岸第三产业合作与发展的税收政策研究	厦门市地方税务局课题组
	税收风险管理机制的构建	晋江市国家税务局　洪连埔
	助推经济跨越库兹涅茨拐点的税收杠杆完善研究	厦门市国家税务局课题组
	基于产业集聚的闽台产业对接税收政策探讨	厦门市国家税务局课题组
	台海两岸房地产税制比较研究	厦门市地方税务局课题组
	税收执法风险的成因与防范	龙岩经济技术开发区国家税务局　程辉
	厦漳泉同城化及产业协统、错位发展的税收研究	集美大学财经学院　黄衍电
三等奖21篇	泉州市国税局税源专业化管理改革的实践与思考	泉州市国家税务局课题组
	海峡两岸税收制度总体比较与合作取向	莆田市国家税务局　林金祟
	税收无过错推定的实践与思考	厦门市地方税务局　吴振坤 厦门市海沧区地方税务局　陈红伟
	加大结构性减税力度　促结构调整方式转变	厦门市国家税务局课题组
	我国税收核定制度存在的问题和对策	宁德市蕉城区国家税务局　吕平 宁德市国家税务局　吕梁 宁德师范学院　杨玉玲
	海峡两岸企业所得税税前扣除制度比较研究	三明市地方税务局　池生清
	现阶段我国产业结构调整与结构性减税政策刍议	宁德市地方税务局　吴明森　陈细飞
	税收执法风险国内外比较研究——结合莆田市地税系统相关情况的分析	莆田市城厢区地方税务局 杨志捷　李剑飞
	新设立逃避缴纳税款罪研究——兼谈税务机关应如何适应刑法修正案（七）对偷税罪的修改	福州市国家税务局　林雄
	海沧建设东南国际航运中心政策研究	厦门市海沧区地方税务局 陈红伟　戴祖彬　张芳　杨素雅
	完善税收征管组织体系的相关探讨及借鉴启示	漳州市国家税务局　林绍君
	厦漳泉同城化建设中的税收竞争与协调	漳州市国家税务局　陈文裕

续表

奖项	论文题目	作者及作者单位
三等奖21篇	促进小微企业创新发展的税收政策借鉴	漳州市国家税务局　陈文裕
	刍议“撬动”海西高新技术产业发展的税收政策杠杆	泉州市地方税务局清濛分局　王玲珠
	支持海西经济发展融资租赁税收政策研究	清流县地方税务局　纪任太
	科学发展观视域下的新一轮税制改革：结构优化与体制创新	莆田市地方税务局课题组
	法律视角下的跨国企业预约定价安排（APA）制度研究	福州市国家税务局　陈挺 福州市鼓楼区国家税务局　曾进
	大力发展我国现代文化产业的税收政策研究	福州大学　陈玲
	促进两岸旅游业合作与发展的税收政策研究	南平市地方税务局　高诗凡 武夷山市地方税务局　方杰
	促进小型微利企业发展税收政策的国际借鉴研究	长汀县地方税务局　马灯山
	浅谈平潭综合实验区先行先试的税收政策研究	光泽县国家税务局　刘芩
鼓励奖20篇	促进海峡西岸高新技术产业发展的税收政策研究	黎明大学　杨京钟
	加强纳税服务，积极构建现代纳税服务平台的实践与思考	厦门市地方税务局课题组
	现行纳税担保制度若干问题的思考	宁德市蕉城区地方税务局　谢明德
	海峡两岸现代服务业税收政策的比较与借鉴	福州市地方税务局课题组
	台湾地区涉税诉愿制度探析与借鉴	福州市国家税务局　陈挺
	台湾金融税收对福建省构建区域性金融中心的借鉴与思考	厦门市地方税务局外税分局课题组
	促进平潭综合实验区开发开放的财税政策建议	云霄县地方税务局　方智勇
	促进小城镇建设财税问题的调查与思考——以上杭县古田镇为例	龙岩市地方税务局课题组
	台湾地区税制中量能课税原则及其对大陆个人所得税改革的借鉴	莆田市地方税务局　许奇
	吸引台资企业在大陆设立企业总部研究	福建省委党校经济学部　蔡承彬 《福建论坛》杂志社　蔡雪雄
	结构性减税与产业结构调研的相关性研究——来自A股上市公司的经验数据	长乐市地方税务局课题组
	完善我国纳税服务若干问题的思考	福建省国家税务局 伍胜利　包逸生　康逢华
	我国产业结构调整与结构性减税政策研究	漳州市地方税务局　陈丽娟
	龙岩市环保产业发展及税收征管情况调查	龙岩市地方税务局　谢宪仪
	促进林业产业科学发展的税收政策研究	三明市国家税务局课题组
	风险管理理论对防范税收执法风险的借鉴	莆田市国家税务局　关学勤
	亟待解决的若干税收强制执行措施问题	福州市国家税务局　林雄
	从立法视角探析我国环境税的构建	莆田市地方税务局 骆跃建　潘金煌　许奇　李春华
	增值税税收执法风险预警体系研究	福州市台江区国家税务局　陈敏
	取消纸质纳税申报表报送法律思考	福州市国家税务局　林雄

▲2012年7月，福建省税务学会在厦门召开“支持海西经济发展税收政策研究”课题研讨会

【参加全国学术研讨】 泉州市国家税务局课题组撰写的《泉州市国税局税源专业化管理改革的实践与思考》论文，参加9月13日—14日中国税务学会在辽宁省沈阳市召开的“深化征管改革研究”课题研讨会；厦门市地方税务局课题组撰写的《促进海峡两岸第三产业合作与发展的税收政策研究》论文，参加9月18日—19日中国税务学会在重庆市召开的“宏观经济与税收政策研究”课题研讨会。

【成果转化】 一年来，通过在福建省税务学会网站上发表论文，向省委、省政府有关部门推荐论文等形式，积极促进研究成果的转化。各设区市税务学会也自行上报优秀成果，得到有关领导的重视。其中厦门市税务学会推荐上报的《关于促进厦漳泉经济同城化发展的税收政策建议》，在中共福建省委办公厅主办的《八闽快讯》2012年第1579期上刊登，并得到了省长苏树林的批示。泉州市税务学会推荐上报的《晋江市国税局创新纳税服务的做法》，被省政府《今日要讯》（增刊）第78期

▲2012年7月，福建省税务学会在泉州召开“税源专业化管理研究”课题研讨会

采用，并得到了省长苏树林的批示“晋江的做法很好”，还得到了副省长王蒙徽的批示“请国税、地税贯彻落实苏省长批示精神，总结推荐晋江的经验”。将2011年“税收执法实务研究”“台湾海峡两岸税收制度比较研究”“支持海峡西岸经济区建设税收政策研究”和自选课题等4个课题30篇优秀论文汇编成《税收与海西经济——2011年税收调研成果荟萃》书籍，在福建人民出版社出版，发行800册。税收学术研究委员会编写了6期《研究报告》，刊发会员优秀文章，供有关部门参考及交流。

【自身建设】 2012年4月5日—19日，福建省税务学会秘书处同志分成两个组，对各设区市税务学会、分会对《关于印发〈进一步加强基层税务学会工作的若干意见〉的通知》（闽税学〔2009〕49号）的落实情况和开展标准化税务学会建设情况进行观摩检查。8月8日在漳州市召开“加强学会建设现场观摩会”，漳州市税务学会作了题为《创新思想观念 拓宽工作局面》典型发言，其他学会也作了经验交流，随后还现场观摩了漳州市税务学会办公场所和相关资料。省税务学会开展2009—2012年度标准化税务学会验收工作，11月5日—15日，省税务学会标准化税务学会验收小组，对申报的税务学会进行了验收。验收小组通过听取汇报，查看各学会软硬件设施及其佐证材料，并按照《标准化税务学会评估考核评分表》的要求打分，最后经省税务学会领导审定，省税务学会授予福州、厦门、漳州、泉州、莆田、南平、宁德、龙岩等8个市税务学会为“2009—2012年度标准化税务学会”称号。省税务学会开展2009—2012年度先进税务学会、税务学会先进工作者评选，经各单位自评、申报，最后经省税务学会领导审定，省税务学会授予漳州、厦门、南平、福州等4个市税务学会为“2009—2012年度先进税务学会”称号，授予官大丰等21位同志为“2009—2012年度税务学会先进工作者”称号。在2012年的3场群众性税收课题研讨会均邀请部分人才库成员参加研讨，并派出两位成员参加中国税务学会举办的理论骨干培训班。

▲福建省税务学会在厦门召开“税务机构和队伍如何适应新的征管模式研究”课题研讨会成功召开

【对外交流】 2012年10月，江西省税务学会一行10人由副会长张焱山带队来闽考察。在闽期间，双方主要围绕如何做好成果转化和提高税收学术研究水平进行了交流。江西客人还赴福州市、莆田市、泉州市、漳州市税务学会进行了考察。10月，省税务学会组织各设区市税务学会、教育分会会长、秘书长前往广西区、贵州省税务学会进行考察交流，并在“进一步提高学会建设水平”“进一步提高税收研究水平”和“进一步发挥税收理论骨干的作用”等方面进行探讨和交流。

▲福建省税务学会组织税收业务骨干参加福建省委宣传部、省社科联举办的社会科学普及宣传周活动

【税收宣传】 2012年9月，福建省税务学会组织税收业务骨干参加省委宣传部、省社科联举办的社会科学普及宣传周活动，以“税收·发展·民生”为主题，重点宣传与群众生活密切相关的税收政策、税收理论、税收知识、纳税人权利与义务、税收优惠政策和纳税服务等有关内容，解答群众提出的有关税收问题，向群众分发税收宣传资料。设计100多道有关税收的问答题和涉税谜语，进行现场有奖问答和竞猜。省税务学会网站“海西税苑”等栏目，长年累月宣传税收，全年共更新160条信息。

（供稿：张云江）

福建省国际税收研究会

福建省国际税收研究会成立于1996年10月，现有单位会员39个，个人会员67人。设置秘书处进行日常工作。研究会每年都承接中国国际税收研究会、省社科联、省国税局、省地税局的重点调研课题，全国国际税收信息资料库布置的外国税收政策的翻译工作。

2012年，研究会完成中国国际税收研究会布置的“促进小型微型企业发展税收政策的国际借鉴研究”和“‘走出去’企业税源监控及税收征管精细化的国际借鉴研究”两个课题和“世界增值税制度改革的趋势”“文化产业税收问题的国际比较与研究”“大企业税收专业化管理的国际经验和借鉴”“税收执法风险管理的国际借鉴”4个省自选课题。全年共收到论文43篇，其中“促进小型微型企业发展税收政策的国际借鉴研究”课题收到论文16篇，“‘走出去’企业税源监控及税收征管精细化的国际借鉴研究”课题收到论文7篇，省自选课题收到论文20篇。年底，研究会将此三大课题43篇优秀论文汇编成册，印刷800册，分发省国税局、省地税局各处室和各设区市国际税收研究会，供有关部门参考及交流。

研究会成立由省国、地税骨干和院校专家组成的评审组，每年都对收到的调研论文进行评审、奖励、交流。2012年评审组对三大专题共43篇论文进行了盲评，经评定，一等奖3篇、二等奖6篇、三等奖10篇，并于2013年3月8日在福州左海大厦召开论文课题交流研讨会，获奖论文作者在会上作了发言、交流，集美大学黄衍电教授应邀在会上对交流论文进行点评。通过交流、点评、讨论，启发了与会各地研究骨干的思路，提高了理论水平，激发了进一步开展税收调研的信心。会上还对获奖论文作者进行了表彰。

参加全国课题研讨：

中国国际税收研究会“促进小型微型企业

发展税收政策的国际借鉴研究”课题结题会于2012年8月7日在江苏无锡召开，省地税局李斌同志参会研讨；中国国际税收研究会“‘走出去’企业税源监控及税收征管精细化的国际借鉴研究”课题结题会于2012年12月4日在湖南长沙召开，本会杨章辉和莆田涵江国税局刘勇同志参会研讨。

受总会委托，省会与福州市国际税收研究会共同承办全国信息资料工作会议。2012年12月18日，全国国际税收信息资料工作会议在福州西湖宾馆召开，会上对2012年工作进行总结并对2013年任务进行分解安排，北京、辽宁、浙江、福建、福州、广东、广西、四川、青岛、深圳10个分部参会。这次会议得到了省国、地税领导的大力支持，福州市国、地税两局从选定会议地点、会议安排方案、经费保障等都做了周密安排，确保会议圆满顺利召开，得到与会领导和代表的赞许。

表11　　福建省国际税收研究会2012年优秀获奖论文

奖项	论文题目	作者
一等奖	促进小型微利企业发展税收政策的国际借鉴研究	漳州市芗城区地税局　陈丽娟
	“走出去”企业税源监控管理的国际借鉴	莆田市涵江区国税局　刘勇　潘虹
	发达国家文化产业的税收政策借鉴	泉州市地税稽查局课题组 陈志疆　蔡鲤毓
二等奖	海峡两岸小微企业税收政策的比较研究	宁德市霞浦县国税局 陈少华　林胜玉　程发捷
	促进小微企业创新发展的税收政策借鉴	漳州市国税局　陈文裕
	“走出去”企业税源监控及税收征管精细化的国际借鉴研究	厦门市国际税收研究会课题组 曾碧惠
	“走出去”企业税源监控及税收征管精细化的国际借鉴研究	龙岩市地税局　马灯山
	税收执法风险管理的国际借鉴	漳州市国税局　陈文裕
	平潭综合实验区：开展两岸预约定价安排的设想	福州市国家税务局　陈挺　曾进
三等奖	促进小型微型企业发展税收政策的国际借鉴研究	泉州市鲤城区国家税务局　王青兰
	支持小型微型企业发展的税收政策建议	漳州地税局　柯伟华
	促进小型微型企业发展税收政策的国际借鉴研究	龙岩市地税局　马灯山
	“走出去”企业税源监控及税收征管精细化的国际借鉴研究	莆田市荔城区国税局　郭嘉志　林福杰
	完善扶持企业“走出去”的税收政策研究	宁德市国税局　冯忠亮　金丹丹
	“走出去”企业税源监控及税收征管精细化的国际借鉴研究	漳州市地方税务局　柯伟华
	关于文化产业税收问题的研究	漳州市地税局课题组 洪文成　苑仁庆　柯月苹
	国外税源专业化管理的借鉴与研究	漳州市地方税务局　陈丽娟　苑仁庆
	完善文化产业税收政策的国际借鉴及思考	泉州市永春县地税局 蔡尔华　郑壁龙　郭传声
	税收执法风险管理的国际借鉴研究	泉州市地方税务局课题组 郑波　蒋劭婧　骆韵芳

（供稿：陈　艳）

福建省注册税务师协会

【概述】 福建省注册税务师协会（英文名称：The Fujian Provincial Certified Tax Agents Association，简称：FCTAA）前身为福建省税务咨询协会，成立于1999年10月25日，更名于2002年4月23日，是由福建省（不含厦门）注册税务师工作者组成的独立、民间和自律的非营利性社会团体。2011年，应福建省民政厅、监察厅《关于加快推进行业协会与行政主管部门脱钩工作的通知》（闽民管〔2009〕164号）文件要求，福建注册税务师管理中心与福建注册税务师协会实现了“四脱钩”，即行业协会与行政主管部门“职能分开、机构分设、人员分离、财产分量”。截至2012年年底，协会共有团体会员138个，个人会员2129个，其中执业会员1101个。全行业共实现营业收入1.97亿元。

【基层调研】 2012年福建省税协调研组先后走访了福州、泉州、莆田、宁德、南平、漳州、三明等地市，召开座谈会十余次，通过走访事务所，召开当地税务机关、税务师事务所联合座谈会，调查了各地业务开展情况，了解了当地促进注册税务师行业发展的做法，分析存在的问题，当场讨论解决问题的对策，加快了有关问题的解决。调查结束后，及时撰写调查报告，提供给有关领导和单位参阅，为行业发展决策提供参考。

【对外交流】 参加在华东地区注册税务师行业第十三次、十四次交流协作会，组团分赴广东、江苏省学习考察注税行业发展先进经验。

【宣传培训】 发行《福建注册税务师》期刊12期。配合税务机关开展税收宣传月活动。组织开展了“税制改革与‘营改增’”专题报告会，邀请国家税务总局原副局长、全国政协委员、全国政协经济委员会委员、中国注册税务师协会会长许善达同志作专题报告；组织开展了“营改增”专题培训会，邀请福建省税协邀请省国税局货物与劳务税处张梦桂处长详细解读了《福建省交通运输业和部分现代服务业营业税改征增值税试点实施办法》，邀请福建省注册税务师行业的专家陈仁同志作了《税务师事务所如何把握机遇，主动介入和争取“营改增”业务》的讲座；分三期组织开展了2012年度执业注册税务师继续教育培训班，受训人数达1000余人。

【行业自律】 开展了2011年度团体会员、个人会员年检工作；联合注册税务师管理中心开展了2011年度税务师事务所执业质量大检查；按照中税协要求组织开展了2011年度税务师事务所等级认定及等级事务所年检工作，重新认定及年检了20家等级税务师事务所。

（供稿：陈丽萍）

福建左海大厦

【概述】 2012年，福建左海大厦共实现经营收入3116万元，其中客房收入1580万元，餐厅收入1507万元，其他收入29万元；生产经营支出2409万元，其中客房支出998万元，餐厅支出1402万元，其他支出9万元；共实现结余（利润）707万元，从主要经营部门客房部和餐饮部的经营情况看，客房全年平均出租率为74.11%，平均房租为277元，按间夜计算共接待宾客约7.36万人次，其中内部收入占比为24.59%。餐饮部全年平均毛利率为39.54%，平均净利率为3.71%，其中内部收入占比为34.19%。

【制度管理】 在制度管理工作中，顺应经营环境的变化，对部分管理制度重新修订，

▲左海大厦

使考勤管理、车辆管理、宿舍管理、物料管理等一系列制度得到了修正和完善，提高了其可行性和科学性；在资产管理工作中，对固定资产重新盘点造册，细化了办公物资申购、领取和耗用的程序，并进一步将各部门次级仓库纳入管理序列；在财务管理工作中，继续完善报销和审核制度，保证费用支出的真实合规，坚持将采购管理制度落到实处，做好供应商合同管理，一方面坚持各项采购活动的标准性、独立性；另一方面保障采购物品的质优价廉；在档案管理工作中，对人事档案注重完整性和真实性，对管理类档案和内外部重要文件，注重发布到位和安全归档，做到各类信息有据可查，并且能够速查、细查；在质量检查工作中，继续坚持公正、公平、客观、严谨的原则，提高各部门对质检工作的了解和认识，促使各部门之间沟通协作，相互监督，共同提高。

【服务质量管理】 科学地设置各基层、管理层的层次和职能，完善逐级责任管理建制，明确各自的分工和职责，坚持例会制度，及时传达各项会议精神，总结日常工作中出现的问题。各部门严格依照大厦的规章制度和操作规范，认真督促做好每日卫生检查与督导工作，执行工作细化考核，对卫生不合格员工责令及时整改，保证卫生质量处于稳定状态。为更好地开展优质服务活动，促进基层管理人员的积极性，严谨地落实各岗位的工作职责，各部门坚持每日的管区早例会并及时分析原因，达到举一反三、防微杜渐的目的。坚持实行走动式管理、检查、落实员工的微笑服务、有声服务、主动服务和针对性服务，以提高服务质量。

【员工管理】 通过登报、网络、员工介绍、外联渠道等招聘模式，共招聘员工70余人次，钟点工20余人次，并对录用人员做了详细的验证与考核，保障各部门的人力供应。继续办好员工食堂，加强工作区域、生活区域和食堂的卫生管理，加强员工宿舍安全保护工作力度，为员工提供良好的工作与生活环境，解除后顾之忧；对优秀员工的评选与表彰坚持典型性与广泛性相结合，共产生80多人次的季度、年度优秀员工；此外，还通过中秋、店庆、春节等重要节日的聚餐、文艺会演等活动，拉近员工与管理层之间的距离。

【人事管理】 对员工人事档案资料不完整的进行补充和整理，同时对资料进行核实，以保证人事资料的真实性。对离职员工和转正员工要求填写书面申请，通过所在部门及综合部的层层把关后整理归档。大厦一线接待岗位实行全天候的服务工作制，针对不同部门的上下班时间不同，在打卡的前提下，要求各部门做好二次考勤记录，并随时接受抽查，全年共查处员工考勤异常现象60多次，并对违反考勤制度的员工予以相应的处罚，对员工迟到、早退、病、事假等严格按照大厦有关规定处理，及时完成员工工资造册审批工作，保证工资按时发放。

【员工培训】 实行集体培训和分部门培训的统筹管理，对于员工思想、素养、执行力、安全意识等具有普遍培训需求的项目，与外部相关单位开展合作，实行了集体培训，对于各部门各岗位的日常培训和业务教学，由各部门分别组织力量开展，拟订对新老员工的岗位培训计划并加以实施，以巩固员工的岗位技能与服务水平；此外还安排了户外拓展训练，并继续组织优秀员工及管理人员到外地同类酒店参观学习。

【安全管理】 在火灾火险、重大人身安全、重大设备设施、食品安全等各个方面，都实现了零事故。主要采取的措施包括：严格按照消防管理规定抓好楼宇消防设施和器材的日常管理；聚合大厦员工力量，落实消防安全“四个能力”建设，通过了消防管理部门的考评验收；加强大厦外围、外租单位的安保工作，通过楼宇实时监控系统，实行全方位监管；加强了重点单位的日间和夜间巡查力度，及时消除各项不安全因素；对餐饮食材的进货实行各部门的层层把关，确保食品卫生安全。

（供稿：刘伟杰）

设区市国税工作概要

2013

福建国税年鉴

福州市国家税务局

经济概况

2012年，福州市实现地区生产总值（GDP）4218.29亿元，比2011年增长12.1%，增速连续7年达到12%以上。其中第一产业增加值367.64亿元，增长4.7%；第二产业增加值1916.99亿元，增长14.8%；第三产业增加值1933.65亿元，增长10.6%。三次产业结构为8.7∶45.5∶45.8。三次产业对经济增长的贡献率分别为3.3%、56.8%和39.9%，分别拉动经济增长0.4个、6.8个、4.8个百分点。完成财政总收入（不含基金）597.39亿元，增长18.1%。公共财政预算收入完成382.01亿元，增长19.4%。公共财政预算支出完成409.37亿元，增长12.7%。

全社会固定资产投资完成3266.49亿元，增长21.0%。工业投资完成829.04亿元，增长23.8%，其中：电子信息、机械装备、石油化工三大主导产业投资增长迅速，完成273.23亿元，增长45.7%。全市新批合同外资项目148项，新批合同外资金额20.56亿美元，增长16.20%；实际利用外资（按验资口径）13.39亿美元，增长4.80%。全年完成进出口总额310.60亿美元，下降10.53%，其中进口总额99.29亿美元，下降6.28%；出口总额211.31亿美元，下降12.40%。

完成工业总产值6353.25亿元，增长15.3%，实现工业增加值1493.48亿元，增长14.0%。全市规模以上工业企业2077家，完成规模以上工业总产值5890.58亿元，增长15.7%，其中产值超亿元企业923家，比2011年增加98家。规模以上工业36个行业中，20个行业增长速度超过全市平均水平，17个行业产值总量超过百亿元。规模以上工业企业实现主营业务收入5389.24亿元，增长14.1%，实现利润331.58亿元，增长13.7%。全市实现社会消费品零售总额2259.03亿元，增长19.1%。

城镇居民人均可支配收入29399元，增长12.9%。农村居民人均纯收入11492元，增长13.7%。农村居民收入增幅连续两年超过城镇居民，城乡居民收入差距缩小。城乡居民收入比例由2007年的2.65∶1、2011年的2.58∶1进一步缩小到2.56∶1。物价涨幅控制在合理水平，全年居民消费价格总水平上涨2.2%。

税收概况

【税收收入总体情况】 2012年共组织入库税收收入321.75亿元，完成年度收入任务306.80亿元的104.87%，同比增长14.87%。税收收入总量居全省第三位，增量居第二位，增幅居第四位。其中直接收入294.15亿元，同比增长12.34%；免抵调库27.60亿元，同比增长51.11%。实现地方公共财政收入221.7亿元，同比增长12.53%。另外海关代征税款68.47亿元，同比增长11.05%。

【税负情况】 全市宏观税负为7.63%，比2011年7.41%提升0.22个百分点。税收增幅（14.87%）与GDP增幅（12.1%）二者的弹性为1.23，与GDP可比价增幅（12.27%）的弹性为1.20。工业增值税宏观税负为1.71%，与2011年1.61%相比提升0.1个百分点。工业增值税增幅与工业增加值（现价）增幅的弹性为1.37。工业增值税一般纳税人税负为2.33%，比2011年2.03%提升0.3个百分点。

【各征收单位税收收入】 城区税收增长明显高于县（市）。城区7个局入库税款227.52亿元，同比增长16.16%，增收贡献率为76%，完成收入预算215亿元的进度为105.82%，占收入总量的比重为71%。8个县（市）局入库税款94.23亿元，同比增长11.87%，完成收入预算91.8万元的进度为102.65%，收入增幅低于城区局4.28个百分点。平潭县国税局2010—2012年连续三年保持全市税收增幅第一。作为福州工业的集中区，“南北两翼”及闽侯五个单位中，长乐市国税局、福清市国税局和连江县国税局收入情况总体较好（见表12）。

【各税种税收结构】 主体税种直接收入增长不均衡，只有企业所得税增幅高于直接收入总体增幅。企业所得税入库156.60亿元，占直接收入总量的比重为53.23%，比2011年比重提高1.32个百分点，同比增长15.23%，拉动直接收入总量增长7.9个百分点，高于增值税直接收入拉动效应3.91个百分点。消费税因福建奔驰和东南汽车减收而下降4.48%（见表13）。

▲2012年10月24日，国家税务总局副局长解学智（右一）到福州鼓楼区国税局调研指导“营改增”试点工作

【各级次税收结构】 各级次收入增幅均超过10%。中央级收入239.98亿元，同比增长14.30%；省级收入16.61亿元，同比增长23.28%；

表12　　2012年福州市国税系统各单位税收收入情况

单位：万元

单　位	计划数	完成数	进度（%）	上年同期	增减	增长（%）
合　计	3068000	3217529	104.87	2800969	416560	14.87
鼓楼区国税局	325000	380360	117.03	298062	82298	27.61
台江区国税局	863000	961031	111.36	798923	162108	20.29
仓山区国税局	147000	147192	100.13	135959	11233	8.26
晋安区国税局	200000	214466	107.23	185090	29376	15.87
福州直属分局	363000	371943	102.46	350487	21456	6.12
开发区国税局	190000	195223	102.75	186228	8995	4.83
琅岐经济区国税局	4500	4959	110.19	3853	1106	28.70
福清市国税局	240000	249378	103.91	225935	23443	10.38
长乐市国税局	163000	177867	109.12	144493	33374	23.10
闽侯县国税局	282000	284226	100.79	281034	3192	1.14
连江县国税局	66000	71441	108.24	63545	7896	12.43
罗源县国税局	39000	40981	105.08	44380	-3399	-7.66
闽清县国税局	58000	64203	110.70	46241	17962	38.85
永泰县国税局	14000	18122	129.44	12855	5267	40.97
平潭县国税局	28500	36137	126.80	23884	12253	51.30

表13　　2012年福州市国税局各税种税收收入情况

单位：万元

项　目	税收收入合计	直接收入						免抵调库
		小　计	增值税	消费税	企业所得税	个人所得税	车辆购置税	
2012年	3217531	2941531	1099240	90442	1566025	197	185628	276000
2011年	2800970	2618320	994786	94684	1359090	720	169040	182650
增减额	416561	323211	104454	-4242	206935	-523	16588	93350
增减幅度（%）	14.87	12.34	10.50	-4.48	15.23	-72.65	9.81	51.11
占直接收入比重（%）		100	37.37	3.07	53.24	0.01	6.31	
直接收入贡献率（%）		100	32.32	-1.31	64.02	-0.16	5.13	
拉动效应（个百分点）		12.34	3.99	-0.16	7.90	-0.02	0.63	

市本级收入20.25亿元，同比增长17.54%；县区级收入44.91亿元，同比增长13.87%。县区级收入增幅最低，与福州市经济税源结构有关，尤其是部分县（市）税源结构较为单一，以钢铁、纺织及汽车制造业为支柱产业，受宏观经济环境影响较大。

【主要行业税收】 货币金融服务业等10个主要行业直接收入合计为213.41亿元，占全部直接收入72.55%，同比增长12.01%，直接收入增收贡献率为70.68%。其中货币金融服务业和电力、热力生产及供应业两个行业合计入库96.58亿元，同比增收27.86亿元，对直接收入增量（32.32亿元）的贡献率达到86.20%，拉动直接收入总量增长10.64个百分点（见表14）。

【重点企业税收】 2012年，纳入福州市国税局重点监控企业272户，入库直接收入180.54亿元，占全部直接收入61.38%，同比增长13.18%，高于全市国税直接收入总体增幅。除了收入贡献较大外，重点企业收入还呈现两个特点：一是增收面收窄明显。2012年，重点监控企业实现增收的户数为127户，占46.69%，与2011年增收面59.47%相比，收窄12.78个百分点。二是增减收企业集中度高。重点监控企业中增减收超过5000万元的企业有21户，增收的有12家，其中电力、热力生产和供应业4家、金融服务4家全部实现增收；减收企业中有4家制造业企业。

征收管理

【税务登记】 截至2012年底，福州市国税局管征各类纳税人12.19万户，同比增加2.17万户，增长21.66%。其中企业7.56万户，个体

表14　　2012年福州市国税局主要行业税收情况

单位：万元

序号	行业名称	2012年	2011年	增减额	增减幅度（%）	直接收入增量贡献率（%）
1	货币金融服务	715855	541736	174119	32.14	53.87
2	电力、热力生产和供应业	249969	145503	104466	71.80	32.32
3	商业	537396	507356	25648	5.06	7.94
4	非金属矿物制品业	74442	70368	4074	5.79	1.26
5	计算机、通信和其他电子设备制造业	64788	61525	3263	5.30	1.01
6	资本市场服务	21663	26610	-4947	-18.59	-1.53
7	汽车制造业	135722	144092	-8370	-5.81	-2.59
8	黑色金属冶炼和压延加工业	20521	33036	-12515	-37.88	-3.87
9	电信、广播电视和卫星传输服务	120747	135058	-14311	-10.60	-4.43
10	房地产业	193014	236004	-42990	-18.22	-13.30
合　计		2134117	1901288	228437	12.01	70.68

工商户4.63万户；一般纳税人2.81万户。

【税收征管改革】 成立税收征管改革推进办公室，对近年来探索税源专业化管理的做法、成效以及存在的问题进行梳理总结。深入调研论证，广泛征集意见，反复修改完善，形成了《福州市国家税务局深化税收征管改革方案》及配套文件。

▲2012年3月30日，国家税务总局总会计师汪康（前排右一）在闽侯县国税局办税服务厅调研

探索税源基础事项集约化管理，对五个试点分局基础事项管理的工作方式方法、工作量以及运行方式等进行总结，交流团队管理经验。开发应用任务管理和服务回访系统，为基础事项集约化管理提供一个具有任务派发、过程控制、评价考核等功能的技术平台。

【税收行业模型】 通过行业建模推进行业管理，全市建立税收行业监控模型151个，纳入监控的工业一般纳税人比重达到35.72%，同比增长21.04%，纳入监控的税额占全市国税总收入的59.24%，同比增长7.59%。开发的“房地产风险管理模型”和“汽车销售行业风险管理模型”通过省国税局专家评审，开发应用房地产风险管理平台受到省国税局嘉奖，出台房地产风险管理办法被省国税局转发全省交流并抄报国家税务总局。

【纳税评估】 建立纳税评估选案与任务推送的联动机制。风险分析小组与风险应对小组扎口管理各类评估任务来源，按行业或特定类别对纳税人进行整体风险识别和等级排序，通过“纳税评估V3.0”统一下达评估任务，解决了长期存在的多头评估的问题。组织开展增值税一般纳税人、水产加工行业、商业增值税等纳税评估以及实战演练，全年评估入库税款1.8亿元。选派57人参加省国税局组织的纳税评估培训。在闽江学院举办首期纳税评估培训班，采取“模拟现场办公”等新方式，集中培训了100名基层一线评估人员。

【信息管税】 召开全市税收保障工作会议，落实福州市人大和市政府出台的税收保障决定。协助市人大在全市开展税收保障执法检查。撰写并报送《进一步完善我市税收保障工作的思考》，提请福州市政府协调解决相关问题。福州市政府召开常务会议研究推出加快第三方信息平台建设、扩大税收保障范围等措施，大力推进构建“政府主导、税务主管、部门配合、社会参与”的税收保障格局。经过持续努力，扭转了第三方信息获取的被动局面，相关部门协税意识明显增强。33个单位向市国税局共88次传递41.97万条第三方信息。建立第三方信息应用平台，充分利用第三方信息开展行业调研、评估，2009—2012年累计补税18.8

▲2012年5月11日，福建省国税局局长臧耀民（右）到兴业银行调研并向企业赠送税法资料

（摄影/魏文忠）

亿元。福州市国税局在全省国税系统深化税收征管改革会议上交流了信息管税工作经验。

【发票管理】 在2011年底开出福州市首张网络发票的基础上，全面部署推广使用网络发票管理系统。截至2012年底，全市已开通网络发票管理系统2.29万户，已开票1.82万户，共开具发票147.34万份，开票总金额634.75亿元。共组织三批次统一印制发票的招投标工作，审批印制普通发票28种3847.96万份，比2011年增加2527.46万份。为其他地市国税机关转办印制普通发票89种4218.96万份。审批企业印制衔名发票申请154户次，共印制企业衔名发票7162.70万份。为其他地市国税机关转办印制企业印制衔名发票申请162户次，共印制企业衔名发票5689.95万份。主要从承印发票的日常管理、安全生产等方面，加强对普通发票印制定点单位的管理和监督，按时完成定点单位的年审工作。为单位和个人鉴定普通发票33批次共22484份。

【大企业管理】 对列入国家税务总局定点企业名单的福州市45户大企业，每月按时上报VICDP（大企业数据采集分析平台）数据。对9户列为省国税局定点联系的企业，进一步完善摸底调查工作。对中国石化集团在福州的4家成员企业[福建石油分公司、福建福州石油分公司、福建省高速公路华陆管理有限公司、中石化森美（福建）石油有限公司]进行税收风险分析评估，补税355.24万元。对其中24户国家税务总局定点联系企业开展税务风险评估。市国税局首次与兴业银行、福建电力、永辉超市、海峡银行和福建移动5家大企业签订《税收遵从协议书》。

【信息化建设】 推进金税三期网络建设，完成福州市国税系统45个网络节点、46台路由器、交换机的软硬件安装调试工作，主线路由SDH改为更先进的MSTP方式，系统内带宽由2M提升到10M，建成了连接总局、省局、市局、县区局与中心分局四级节点的综合性内部通信网络平台，为税收信息系统高效运行打下了坚实的基础。巩固“一户式税收征管档案管理系统”应用成果，协助省国税局在全省推广该系统，撰写《取消纸质纳税申报表报送的法律思考》被财政部科研所《研究报告》采用并呈送高层参阅。2012年征管档案系统共受理涉税事项16.09万件，扫描归档资料134.88万页。

各税种管理

【“营改增”试点】 福建省从2012年11月1日起，在交通运输业和部分现代服务业开展营业税改征增值税试点（以下简称“营改增”试点）。福州市国税局在试点工作中做到“五个到位”：一是户数移接到位。地税移交纳税人10806户，经确认9126户属于“营改增”纳税人，加上主动上门登记2982户，全市共有“营改增”试点纳税人12108户，占全省41.12%。二是准备工作到位。制定了包含41项重点指标的考核体系，实行工作进度定期通报制度，做法被省国税局采纳。税种鉴定完成率和准确率、征收品目鉴定准确率、预算级次鉴定准确率、一般纳税人审批完成率等各项指标均达到100%。三是发票供应到位。紧急印制普通发票2093.5万份，上报需求增值税专用发票389万份。10月31日前已向纳税人发售各类发票4189户33万多份。四是宣传培训到位。通过媒体刊发宣传稿件50多篇，通过网络、微博发布宣传信息310多条。通过省、市、县三级国税局共培训干部职工1709人，集中培训一般纳税人22场1848户，组织防伪税控系统操作培训13班9994户，向近万户小规模纳税人发放宣传材料1.15万份。五是试点运行到位。11月1日零时3分，实华石油运输、福建航天科技分别在鼓楼区国税局办税服务厅开出全市首张货运发票和首张现代服务业专用发票。12月1日上午9时，福昕软件在鼓楼区国税局办税服务厅成功申报缴纳首笔“营改增”税款9286元，标志着福州市“营改增”试点成功运行。全年共申报入库“营改增”税款9655.43万元，占全省的56.14%。

▲2012年11月1日零时3分，福建省实华石油运输有限公司在鼓楼区国税局办税大厅开出全市第一张货运发票，标志着福州市“营改增”试点工作成功启动

（摄影/谢能雨）

【货物劳务税管理】 将增值税专项评估作为提高工业增值税税负的一个重要手段，改变以往“撒大网，抓小鱼”的做法，引入风险管理理念，按照评估对象的特点和风险程度进行科学分类，开展针对性强的专业化评估。2012年完成评估299户，共补税2479.96万元，冲减留抵3867.65万元，合计6347.61万元。自2012年7月1日起，在部分行业试行农产品增值税进项税额核定扣除新办法。确定9户制酒企业、6户植物油生产企业和1户乳制品制造企业合计16户，纳入农产品进项税额核定扣除试点

范围。通过开展政策培训、上门辅导、分析测算、公告结果等，顺利完成16户企业试点工作，转出进项税金3997.43万元，实现增值税收入1058.68万元，税负从新办法实施前的0.17%提高到0.36%。

【企业所得税管理】 落实预缴税款比例不低于70%的要求，全年季度预缴率达到82.49%，同比提高0.45%。探索实施分规模、分行业管理。对重点税源、一般税源和核定征收企业实施不同的管理办法。将2011年度企业所得税超1000万元的149户企业列为市国税局重点监控。控制核定征收的范围和比例，全市核定征收户比例16%，同比下降4个百分点。推行企业所得税风险预警信息管理系统，通过该系统以及税源管理质量监控平台、评估模型等完成评估595户，补缴企业所得税1.18亿元。继续推进房地产企业所得税管理，制定《房地产企业所得税税收风险管理办法》，编写操作指南，完善管理平台，运用“红、橙、黄、绿”4个预警等级，对房地产行业进行全面“体检”，全年房地产企业评估补税1.02亿元。加强融资担保行业管理，运用融资担保评估模型，补缴企业所得税145万元。加强外来建筑安装企业项目部管理，将32个项目部纳入税收征管，入库企业所得税1294万元。做好2011年度企业所得税汇算清缴工作。截至2011年底，全市已办理税务登记企业48672户，开业44518户，开业面91.47%；应参加汇算清缴企业41680户，参加汇算清缴41182户，汇算面98.81%，比2010年度上升0.61%。

【车辆购置税管理】 福州市车辆购置税入库18.6亿元，同比增长10%。其中国产汽车93142辆，入库车购税11.78亿元比增7%；进口汽车11628辆，入库车购税6.66亿元比增15%；摩托车28638辆，入库车购税0.127亿元比增0.7%；其他车辆入库车购税0.033亿元。从缓解办税服务厅压力、方便纳税人申报缴税出发，于9月份在台江区国税局首先进行车购税自助终端产品试点。3家企业通过终端产品自助完成了缴纳车购税、打印税票（通用完税凭证）等事项。该终端还具有自动定位车型、自动计算税金、自动采集电子档案等功能。

【非居民税收管理】 非居民税收管理成效突出，2012年共组织非居民收入4.85亿元，同比增长34.76%。召开福州市国税系统典型案件汇报会，交流非居民税收管理经验。对非居民企业来榕承包工程和提供劳务探索源泉控

▲2012年10月17日，福州市国税局举办非居民税收案件汇报交流会

管，规定合同金额在5000万元以上的要将项目名单上报市国税局，5000万元以下的劳务项目由各县区备案并建好台账。采集应用近百条第三方信息加强非居民股权转让管理，征收税款2000多万元。《中国税务报》报道了福州市国税局非居民股权转让管理工作经验。将4100多家外商投资企业2008—2010年期间所有股息红利分配等信息导入非居民涉税监控软件，督促代扣代缴税款2.75亿元。严格执行税收协定，监控税收筹划行为，防范企业避税风险。对光大路桥境外间接股权转让征回税款2049.85万元。对日立数字映像公司特许权使用费应补税6782.6万元，已缴（即原来在汇算时不予列支的补税部分）2856.8万元，本次应补缴3925.8万元。

【国际反避税】 积极稳妥开展反避税工作，正在结案4户、新立案2户，多家企业转让定价调查取得重大突破，2012年入库反避税税款3036万元。清禄鞋业集团其他三家企业和住电装公司的反避税调查基本结束。福州跃升鞋业、连江清禄鞋业两户以前年度反避税调整税款顺利入库。接受福州市施行《特别纳税调整实施办法》后来自企业的第一份预约定价申请。共有344户企业申报关联交易金额743.34亿元，33户企业进行同期资料准备，43户企业进行监控管理，共调增应纳税所得额1.62亿元、企业所得税2842.34万元，调整后企业平均利润率普遍高于全市制造业平均水平。建立反避税立、结案和案情分析会审工作制度，探索推行反避税月汇报会。开展国际税收情报交换工作，向美国、日本、韩国、加拿大和澳大利亚5个国家提供281条电子自动情报。

【出口退税管理】 针对国际市场不景气、出口增速减缓的局面，采取提高审核审批效率、缩短退税承诺时限、实行每月多次申报和多次退库、对45家重点出口企业实行“一对一”政策帮扶等措施，服务和促进出口企业发展。2012年共为全市3781户出口企业办理退税99.08亿元，同比增长2.14%，办理免抵调库27.6亿元，同比增长51.10%。全面贯彻落实出口退税新政策，通过召开税企座谈会、办税员培训班、在《福州外贸》开设退税专栏、建立出口退税QQ群、开展宣传报道、举办电视访谈、走访重点企业等方式，实现了新政策和审核系统顺利衔接过渡。针对出口企业异常增长、省外货源变化、敏感商品出口等进行测算分析，及时通过函调核查，降低出口退税风险。2012年发出函调件1847份，涉及增值税发票2.09万份税额3.15亿元，处理回函1807份，涉及增值税发票1.99万份税额2.99亿元。推进外贸企业出口退税电子档案建设工作，使用“一户式税收征管档案管理系统”扫描整理7611户次，归档资料40308份。组成4个检查组对6个基层局进行抽查，督促落实和规范退（免）税申报受理、审核审批、退税执法管理、退（调）库办理等，提高出口退（免）税管理质量。

【废弃电器电子产品处理基金征收】 根据《废弃电器电子产品回收处理管理条例》（国务院令第551号）、《国家税务总局关于发布〈废弃电器电子产品处理基金征收管理规定〉的公告》（国家税务总局公告2012年第41号）等文件规定，自2012年7月1日起，福建省国税局负责对福建省（不含厦门市）内电器电子产品的生产者征收废弃电器电子产品处理基金。福州市国税局扎实做好宣传、培训等各项准备工作，7月基金征收工作正式开展，10月第一期基金征收工作顺利完成，全年共征收967.74万元。

税收法治

【税法宣传】 开展全国第21个税收宣

传月活动。与福建省国税局、平潭综合实验区管委会、平潭县国税局等联合举办“用好最优税收政策，助力平潭跨越发展”座谈会，50多位专家学者、台资企业代表参加。与福州电视台联办“民生面对面·税收热点访谈”栏目，全年围绕增值税起征点提高、小微企业税收优惠、平潭税收优惠政策、“营改增”试点等播出6期访谈节目。平潭座谈会和税收热点访谈两个项目被国家税务总局评为2012年税收宣传月优秀创新项目。邀请毕马威合伙人为全市130家外资企业作“维护国家税收权益，降低国际税收风险”专题讲座。联合地税部门评选并发布2011年度福州市纳税百强榜。编印并向全市重点纳税户赠送4期4000份《税法解读》。市国税局税收政策青年评论组撰写了30多篇政策评论、解读文章，被许多报刊、网站转载。全市国税系统全年共在市级以上新闻媒体发表稿件1186篇。印制发放宣传资料1.5万份。进一步完善短信平台，增加缴税情况查询、发票真伪查询等功能，全年通过短信平台向纳税人发送宣传、提醒短信39万条。市国税局在全省国税系统办公室工作会议上介绍了宣传工作经验。

【网络舆情管理】 成立税收网络舆情工作领导小组，制定《网络舆情应急处置工作预案》和《政务微博管理办法》，建立一支由福州市国税局机关业务处室相关人员、市国税局青年政策评论组成员和各基层局指定人员共55人组成的税收网络宣传员队伍。举办网络舆情管理培训班和座谈会，开展网络舆情管理实战演练，培养锻炼了一批网络舆情管理和宣传队伍，提升网络舆情管理水平。4月份在新浪、腾讯网开通“@福州国税”官方微博，已发布信息690多条，粉丝达到8.4万多名，在全国税务系统位居前列。成功处置多起网络舆情事件，被腾讯福建领导作为成功案例在福州市政府网络舆情管理培训班上讲授经验。

【税法咨询维权】 召开福州市国税系统税法咨询维权工作推进会，交流各单位工作经验和典型案例，继续推进“纳税人税法咨询维权中心”建设。进行二次开发，进一步完善咨询维权信息平台。全市国税系统各个“咨询维权中心”全年共受理纳税人现场、电话、网络咨询4105人次，举办税法培训179期，处理维权事项185件。

▲福州市国税局与福州电视台联办“税收热点访谈”栏目。2012年共播出“营改增”等6期访谈节目

（摄影/魏文忠）

【案件审理】 按照国家税务总局、福建省国税局对重大案件审理的要求，进一步加强证据逻辑审理、程序规范审理，建立健全案件适用政策会审制度。退回重大案件补充调查2

件，审理重大案件3件。实行主管业务会审、公开审理和说理式审理，充分听取稽查案件控辩双方的意见，严把证据关口，提高审理质量，改变送审意见3件次。

【复议应诉】 运用法律手段，多层级多角度地解决行政争议，成功办结3件行政复议案件。其中1件运用具体行政行为进行适当性审查，部分撤销决定，合理解决纳税争议，维护纳税人合法权益；2件通过良好的沟通后，纳税人主动撤回申请，和谐结案。在4家企业提起的6件涉及出口退税的行政诉讼案件中，由于网络媒体的片面报道，该案件在全国引起极大关注。福州市国税局从法律和舆情两方面积极应对，加强与相关部门的沟通协作，及时向上级以及地方党政领导汇报，取得各方的理解和支持，最终打赢行政诉讼案件，一审和终审均胜诉，得到国家税务总局等领导的肯定。

【运行税收执法管理信息系统】 建立税收执法管理信息系统定期通报制度，每月对执法考核系统运行情况进行分析，找出过错数量较多指标产生的原因，提出规范税收执法的具体措施，执法过错数呈现逐月下降趋势，执法准确率稳步提高。2012年实际申辩调整前税收执法准确率达99.45%，比2011年提高1.86个百分点；总过错数为2594条，比2011年减少8595条。成立工作小组按时完成21项共1480条疑点信息核查工作，分项对疑点是否成立、过错的条数和产生的原因进行梳理汇总，向福建省国税局提出5个方面8条建议。

【税收执法督查】 抽调50多人组成6个税收执法督察检查组，对台江区国税局、开发区国税局、连江县国税局、罗源县国税局、福清市国税局、永泰县国税局6个单位开展税收执法重点检查，主要检查出口货物退（免）税管理、税务稽查、纳税评估、房地产行业税收管理、金融保险业税收管理、小型微利企业税收优惠政策执行、组织收入情况和招商引资税收政策执行情况等8项具体内容。市国税局对检查中发现的问题进行通报，要求各被查单位切实进行整改，非重点检查单位要对照自查整改。检查结束后，市国税局从查前准备、基层局自查、市局重点检查、典型案例以及建议和意见等5个方面进行系统的总结，巩固税收执法督察成果。

纳税服务

【办税服务厅建设】 以达标验收为契机，全面推进福州市国税系统办税服务厅规范化建设。落实办税服务厅环境规范、服务制度规范、工作纪律规范、管理制度规范。按照规范化标准对永泰县国税局、仓山区国税局、琅岐经济区国税局办税服务厅进行改造。在3个示范点办税服务厅通过省国税局达标验收之后，2012年全市国税系统12个非示范点办税服务厅均通过市国税局组织的规范化达标验收。制定办税服务厅应急处理预案，形成办税服务厅负责人现场管理、分管领导定期巡查、市国税局纳税服务部门不定期检查的管理机制。在3月纳税申报期间，针对晋安区国税局因网络故障导致大量纳税人滞留的问题，市、区两级国税局立即启动应急预案，采取疏导、解释、就近分流、人员跟进等措施，有效地处置了突发事件，积累了办税服务厅应急管理经验。分两期对全市办税服务厅负责人和业务骨干进行培训，提高办税服务人员业务素质。

【创新服务举措】 自2012年1月起全面推行“免填单”服务，涉及范围包括税务登记、发票管理、认定管理、申报管理、证明管理等5大类15项业务，简化的主要表单有税务登记表、个体工商户纳税分月汇总申报表、纳税人存款账户账号报告表、税种登记表、申请开具纳税证明、申请开通网上申报、普通发票领购申请表、定期定额纳税人申报、申请纳税户定额到期调整等。“同城通办”得到纳税人广泛认可，福州市共受理“同城通办”申报征收、发票购销9140户次、发票认证10.3万份。在台江区国税局、晋安区国税局试点推行发票网上核销业务。

【保护纳税人权益】 主要依托“两网两线”（福建省国税局12366热线、福州市政府12345热线、省国税局综合服务平台管理系统和国家税务总局纳税咨询系统），构建起纳税服务咨询体系。2012年共受理回复各类咨询、举报、投诉1517件，回复率达到100%。认真落实国家税务总局纳税咨询税收热点难点问题收集公布制度，积极上报56个税收热点问题，数量和质量均处于全省前列。多个纳税人提出的问题被国家税务总局、省国税局采用。举办两场企业座谈会，听取企业对纳税服务需求等方面的意见和建议。在5月份国家税务总局组织的2012年全国纳税人满意度调查中，福州市国税局纳税人满意度在全国省会城市排名由2010年度第24位大幅提升到第14位。

【纳税信用建设】 与福州市地税局联合开展2010—2011年度纳税信用等级评定工作，共评出A级纳税人528户、B级纳税人97876户、C级纳税人61户、D级纳税人8户，参评面100%。制作颁发纳税信用A级证书，并将A级纳税人可以享受的优惠待遇印在证书上，让诚信纳税人对优惠待遇一目了然。与市文明办、企业与企业家联合会、质量监督局、工商局等部门协作，把纳税信用列为各类评优评先的标准之一，共对306户纳税人进行了信用审查。永泰县国税局建立纳税人违章（法）数据库，用星号记录纳税人违章（法）次数，及时进行税收风险提示和管理。市国税局联合地税部门开展税务师事务所及执业注册税务师年度检查工作，通过年检的税务师事务所60家、执业注册税务师545名。

【行政服务中心窗口建设】 福州市国

▲2012年1月18日，福州市国税局首次评选“十佳纳税服务之星”，并举办服务之星座谈会

（摄影/魏文忠）

税局与福州市地税局在市行政服务中心设立联合办税窗口，承担福州市区（含马尾、琅岐）新设立企业税务登记，以及全市跨区移户受理及衔名发票续印申请审批业务。并共同开发应用“福州市国地税联合税务登记信息平台”，推行“一站式”“一窗式”服务和电子印章打证。将衔名发票续印审批权限由市国税局分管副局长直接下放给窗口工作人员，审批时限由20个工作日变为即办。国地税窗口连续4个月获市行政服务中心先进窗口称号，受到福建省委常委、福州市委书记杨岳的称赞。

▲2012年12月28日，福州市国税局举办纳税服务之星巡回演讲

（摄影/魏文忠）

税务稽查

【概况】 福州市国税稽查机关共检查纳税户235户，有问题户235户，结案户227户，立案户235户，自查户163户。稽查机构直接查补税款19056万元、罚款432万元、加收滞纳金1283万元、没收非法所得14万元；稽查机构组织企业自查收入570万元。合计查补收入21355万元，查补入库收入21713万元（含入库以前年度收入358万元）。

【专项检查】 确定成品油销售增值税专用发票受票企业、资本交易项目、部分出口退（免）税企业、房地产业、建筑安装业等为税收专项检查项目。共检查企业150户，查结91户，有问题户数102户，移送司法机关1户，共查补税款6758万元、滞纳金86万元、罚款56万元，合计6900万元；引导企业自查162户，有问题户15户，企业自查补税266万元。同时，根据福建省国税局要求，派出精干力量前往泉州开展交叉检查，共检查企业32户，查补税款800多万元。

【打击发票违法犯罪活动】 将打击发票违法犯罪活动作为一项重要工作任务来抓，做到“查账必查票”“查案必查票”“大额必比对”“违章必处罚”。加大与公安、地税、通信管理等单位联系协作，掌握情况，交换情报，联合执法，协同作战。将金融、保险、广告、餐饮娱乐、药品与医疗器材、房地产、建筑安装、印刷包装、加油站、移动和电信等十大行业列为打击发票违法犯罪重点检查对象。共检查371户，有问题204户，移送公安4户，查处非法发票份数1147份，涉及金额

7660.65万元，查补税款1791.43万元，加收滞纳金128.31万元，罚款48.58万元，没收违法所得0.45万元。

【案件协查】 共收到受托协查函330件，涉及企业653户次，发票10793份，金额90616.08万元，税额15382.87万元。受托回复发票10696份，其中正常发票10256份，有问题发票126份，无法核实发票314份。委托发出协查函359件，涉及企业361户次，协查发票21177份，涉及金额197331.58万元，税额33536.85万元。

【专项整治】 福建省国税局与公安、海关等部门成立专项行动小组，联合开展打击骗取出口退税违法犯罪专项行动。共检查出口退税企业115户，其中涉嫌违规退税企业12户，其他违法行为2户，共查补增值税1206.44万元，不予退税258.54万元，申请冻结退税款1186万元。联合卫生、监察、公安、食品药监等七部门开展福州市医药行业专项整治工作。开展农村信用合作社专项检查工作，共查补收入2100万元，其中长乐市国税局查补1058万元。开展农副产品专项整治。

【举报案件查处】 共受理检举244件，其中福州市国税局稽查局处理62件；转县（市）、区国税局查处81件；转地税、公安等其他部门处理43件；举报内容不详、无明确线索或内容重复不具备稽查价值，转入暂存处理58件。2012年检举案件查补收入628.05万元，其中查补税款534.69万元、罚款31.98万元、滞纳金61.38万元。

【稽查管理】 城区“一级稽查”管理模式运行顺畅，成效初显。2012年，福州城区查补收入11804万元，与实施“一级稽查”前的2010年相比，查补收入增幅达到191.94%。组织全市稽查系列开展查账软件集中培训、考试，推广使用税务稽查查账软件，已安装奇星国税税务稽查软件22套。继续推行说理式稽查执法文书，并参照全国税务统一执法文书的要求，进一步修正和规范稽查文书。对证据不充分、事实不清、不符合说理式文书要求的，退回补充调查近百户次。全面推行稽查电子档案，将案卷资料全部录入电子档案管理系统。在创新执行手段上下功夫，2012年通过执行入库收入1626.49万元。首次成功拍卖欠税企业不动产，拍卖所得99.47万元已全部入库。充分行使税收优先权，通过法院拍卖欠税企业资产所得优先用于抵缴税款及滞纳金434.17万元，这在福建省尚属首次。强制划缴入库税款及滞纳金392.47万元。加强培训提高稽查干部素质，3位稽查干部入选全国所得税、检查人才库和综合调研人才库。

机构与人事管理

【机构设置】 福州市国税局机关内设12个处室，另设有1个机关党委办公室、1个离退休干部处和3个事业单位（培训中心、信息中心、机关服务中心），2个直属机构［市国税局稽查局、市国税局直属税务分局（福州高新技术产业开发区国税局）］，下辖14个县（市）、区国税局。其中福建省国税局福州培训中心、福州市国税局稽查局、福州经济技术开发区国税局为副处级，其余均为正科级别。《国家税务总局关于设立福建省平潭综合实验区国家税务局的批复》（国税函〔2012〕364号）同意成立平潭综合实验区国家税务局，级别为正处级。省国税局和市国税局成立筹备组，开展调研，推进平潭综合实验区国家税务局组建前期各项准备工作。

【编制人员】 福州市国税系统在编干部职工1709人，其中公务员1612人，事业干部21人，工勤人员76人；大专以上学历人员1550人，占总人数的91%，其中本科学历999人，占总人数的58%，具有硕士、博士学位的41人，占总人数的2.4%；中共党员1143人，占总人数的67%（见表15）。

【班子建设】 2012年2月3日，福建省国税局党组任命郑元芳为福州市国税局党组书记、局长，原任党组书记、局长魏润水调任福建省国税局人事处处长。福州市国税局党组成员、副局长陈爱珠2011年12月21日任调研员，2012年4月1日退休。安排5批次处级领导及基层局班子成员参加国家税务总局组织的领导干部培训。对基层领导班子工作进行考核，评出优秀基层领导干部19名。出台《福州市国税局关于加强各级领导班子民主集中制建设的意见》，进一步完善党组议事规则。推进基层班子民主建设，建立有效的沟通机制，民主生活会形成常态化，班子之间每年开展2—3次谈心交流，提高领导干部沟通协调能力。

【人员招录】 对报考福州市国税系统职位的约1万名考生进行资格审查，招录35名公务员。制订2013年度全市国税系统招录公务员计划。开展2009—2011年度新进公务员及事业干部登记工作，完成42名干部身份确认及登记

表15　　2012年福州市国税系统人员情况

单位：人

单　位	合　计	公务员	事业干部	工人
合　计	1709	1612	21	76
市国税局机关	135	129	1	5
市国税局直属局	61	56	2	3
市国税局稽查局	74	71	2	1
鼓楼区国税局	70	168	1	1
台江区国税局	161	152	1	8
仓山区国税局	117	108	2	7
晋安区国税局	141	136	1	4
开发区国税局	86	82		4
琅岐经济区国税局	13	13		
福清市国税局	144	134		10
长乐市国税局	104	98	2	4
闽侯县国税局	114	110	1	3
闽清县国税局	94	88	3	3
连江县国税局	85	76	1	8
罗源县国税局	70	62	2	6
平潭县国税局	74	68	2	4
永泰县国税局	66	61		5

工作。

【干部管理】 进一步规范基层局符合福建省国税局三类人员晋升副主任科员的程序，对符合条件人员实行考核前资格审查，经福州市国税局审核后再按照规定程序组织选拔工作，共选拔晋升副主任科员85人。严格执行干部职工到龄退休有关规定，落实干部提前退休管理办法。审批办理干部职工退休手续14人，其中提前退休2人。加强与福州市公安局出入境管理处沟通联系，根据全市国税系统人员变动情况，实时维护国家工作人员报备管理系统人员信息。按干部管理权限全年共办理副科以上干部出入境手续151人次。

▲2012年11月6日，福州市国税局与市政法委、市检察院等联合举办廉政文化主题书画笔会

（摄影/谢能雨）

【离退休干部工作】 为福州市国税系统离退休人员月增津贴22.44万元，补发336.6万元。2012年为老干部举办通报、学习等会议100次、文体娱乐活动233次、参观考察19次，走访慰问老干部196次。推行退休时领导谈心、赠送银质退休纪念章等多种人文关怀措施。

廉政建设

【党风廉政建设责任制】 召开年度党风廉政建设工作会议，部署党风廉政建设和反腐败工作任务，签订廉政责任状。制定《福州市国家税务局2012年深化惩治和预防腐败体系建设及落实党风廉政建设责任制有关工作实施方案》，落实惩防体系建设“第一个五年规划”收官之年的各项目标任务。每季度召开一次党风廉政情况和队伍状况分析会，每半年召开一次党风廉政建设汇报分析会，及时发现和整改、解决问题。

【廉政教育】 从2012年4—6月，在福州市国税系统开展预防职务犯罪专题教育活动，重点开展“七个一”活动，即上一堂廉政课、读一本廉政书、开展一次警示教育、看一场廉政电影、组织一次廉政文化建设作品征集活动、完善一个税务廉政文化网络平台、完善一个税务廉政文化教育基地。通过培训、考试等方式组织全员学习《税收违法违纪处分规定》，组队参加全省国税系统《税收违法违纪行为处分规定》知识竞赛荣获第一名。

【廉政文化建设】 通过建立廉政文化示范点、廉政文化教育基地、文化走廊、展览板、电子展示屏、廉政网站等载体，深入推进廉政文化建设。11月，与福州市政法委、市人民检察院和市烟草公司联合举办“喜迎十八大，共谱新篇章”书画笔会，4家单位20位书画爱好者与知名书画家林之本、温心坦等一起开展了为期一天的廉政文化交流创作活动。

【内控机制建设】 总结近年来内控机制建设的有效经验和做法，分析存在的问题，特别是针对新一轮征管模式变革后税收风险在各职能部门转移的问题，进一步完善防控制度，查找风险点，明晰权责事项，制订风险防控措施，形成更加有效地降低执法风险的内控机制，努力做到“事项办理、内控在先”。

【税检协作】 召开税检联席会议，互通情况，共同分析在行政执法过程中存在的问题、原因和对策，提出下一步预防职务犯罪措施。邀请检察院专家领导举办“强化预防，廉洁从税”专题学习讲座，组织座谈会交流讨论。联合开展“行政执法告知”活动，人手一册发放图文版《行政执法告知书》和《廉政日志》。组织干部到榕城监狱和福州市委党校参观警示教育基地、打击贪污贿赂渎职犯罪图片展览。税检共同编撰预防职务犯罪宣传教育手册。

【政风行风作风建设】 落实中央关于改进工作作风、密切联系群众的八项规定以及国家税务总局、福建省国税局的具体实施办法。召开两场行评代表和特邀监督员座谈会。召集福州市行评代表、市政协民主监督员、市国税局特邀监督员等组成三个检查组，对各基层局的政风行风和机关效能建设情况进行明察暗访。全市国税系统2012年公众满意度由2011年度的68%提高到86.55%。在地方政府组织的民主评议政风行风活动中，全市国税系统14个基层参评单位，有6个获得行风免评，7个获得前三名，1个获得优秀单位。罗源县国税局、闽侯县国税局连续4年、平潭县国税局连续2年获免评单位。

【“两权”监督】 加强对税收执法权、行政管理权重点岗位和关键环节的监督，开展2012年度执法监察、效能监察、执法督察和财务内部审计。重点围绕发票管理、纳税评估、出口退税、税务稽查、行政处罚等税收执法环节和涉税审批事项，纠正和防止滥用权力、徇私舞弊等行为，规范权力运行。发挥税收执法管理信息系统执法监察子系统的作用，及时发现税收执法过程中的不良倾向和苗头性问题，利用人机结合方式对执法过错责

▲2012年12月28日，福州市国税局代表队参加福建省国税系统《税收违法违纪行为处分规定》知识竞赛获得第一名

（摄影/谢能雨）

任进行追究，落实执法责任制。

【案件查处】 查办违纪违法案件，2012年信访举报件数量下降。福州市国税局纪检监察部门收到信访举报7件，给予处分记大过1人、效能告诫2人。

党的建设

【学习贯彻十八大精神】 以党的十八大为契机举办系列创建活动，开展“书香满机关，喜迎十八大”读书活动和“深入创先争优，立足岗位作奉献，以优异成绩迎接党的十八大”活动。11月8日上午，福州市国税局组织全体干部职工收看十八大开幕盛况。迅速部署学习宣传贯彻十八大精神，邀请省委党校陈新和张诺夫教授分别做专题辅导讲座。

【学习型党组织建设】 注重在定位、平台、方法、实效等方面下功夫，推动学习型党组织建设向更高层次推进。尤其是开辟网上课堂、大力推行在线学习的特色做法，多次得到福州市委、市政府以及相关部门领导的高度评价。继2011年市国税局党组被福州市建设学习型党组织工作协调小组，确立为福州市首批“学习型党组织建设示范点”后，2012年10月，福州市国税局机关党委又被市直机关工委授予市直机关“学习型党组织建设示范点”，成为全市市直机关6个“示范点”党组织之一。市国税局还作为先进典型在市直机关会上进行汇报交流。

【基层党组织建设】 开展“基层党组织建设年”活动。以机关处室为单位成立党支部，促进党建工作与业务工作更好结合。印发《关于印发党务公开实施意见的通知》，进一步规范和推进党务公开。开展基层党组织分类定级工作。福州市国税局机关党委审定所属46个党支部中，34个定级“好”占73.91%，12个定级“较好”占26.09%。深入推进党建品牌创建工作，福州市国税局机关党委被授予第二批“市直机关党建品牌点”单位，“369工程”党建品牌模式被选入《党员干部丛书——福州市直机关党建品牌》。市国税局机关党委被福州市委市直机关工委授予“争创一流业绩，争当岗位标兵”先进单位称号，闽侯县国税局党总支被福建省委评为“全省创先争优先进基层党组织”。

▲2012年12月21日，福州市国税局代表队荣获福州市直机关全民健身展示大赛特等奖

（摄影/谢能雨）

文化建设和文明创建

【国税文化建设】 在2012年福建省国税工作会议上交流文化建设经验之后，福州市国税系统继续拓展、深化、创新税务文化建设。围绕福州国税核心价值观“法治、规范、专业、廉洁、和谐”持续开展实践活动。开展福建国税精神和共同愿景问卷调查，征集干部群众的意见和建议。邀请福建著名编剧黄锦萍创作国税歌词。开展国税文化作品征集活动，共征集税收专著、文学、摄影、美术等作品20多件。组织干部收看“国税文化大讲坛”视频。全方位多层次推进道德建设，各单位均已成立道德讲堂，组织举办了数十场道德演讲。市国税局机关道德讲堂被福州市委文明办列为首批示范单位。

发挥工青妇组织的作用，组织开展多种文体活动。组队参加福建省国税系统2012年篮球、桥牌、象棋运动会。福州市国税局代表队获得“全民健身与城运同行”福州市直机关干部职工全民健身展示大赛特等奖，市国税局桥牌队获得全省国税系统团体冠军、福州市运动会个人冠军、团体亚军的好成绩。

【精神文明创建】 部署开展新一届（2012—2014年度）文明单位创建工作。推荐闽侯县国税局参评全国文明单位和全国税务系统先进集体。评选福州市国税局监察室等42个单位为全市国税系统先进集体。评选出31名干部为福州市国税系统“我身边的好税官”，并通过网络、报刊、举办演讲等多种方式进行宣传，大力弘扬身边人先进事迹。闽侯县国税局郭爱莲获“全国五一劳动奖章”荣誉称号，还被闽侯县委列为“牵手道德、传承文明”敬业奉献模范榜样。闽清县国税局张俊钦、鼓楼区国税局李健被评为全省国税系统“我身边的好税官”称号，李健还被市直机关授予“岗位标兵”称号。开发区国税局陈金华获得中央文明办秘书组、中国文明网颁发的“中国好人榜”荣誉证书。

▲2012年2月24日，闽侯县国税局局长郭爱莲（左）作为“全省人民满意公务员”代表，在“福建省开展创先争优争做人民满意公务员”大型文艺晚会上接受央视张泉灵（右）专访

以“学厦航、改作风、促发展、求实效”为主题，以“服务之星”评选活动和星级办税服务厅评定为载体，在各办税服务厅等窗口单位开展“争创一流业绩、争当岗位标兵”活动。建立完善注册管理系统和服务信息，将志愿服务纳入税务职业道德规范建设，逐步扩大志愿者队伍。福州市国税系统已有500名税务志愿者。开展“弘扬雷锋精神，开展志愿服务”系列活动，组织干部职工走上街头、走进企业、深入结对帮扶村，开展各种志愿服务活动。积极参与福州创建全国文明城市建设，认真接受创建全国文明城市检查组实地考察测

评。福州市国税局机关、直属局、稽查局组织400多人次上街开展交通劝导勤务活动。市国税局被福州市委、市政府授予"福州市创建全国文明城市工作先进单位"称号。

教育培训

【培训概况】 以专业化培训为主线，强化干部知识更新和税收业务培训。2012年福州市国税系统共开展各类培训123期18957人天，人均11天。主要有：

专业骨干人才培养。印发《关于鼓励税收工作人员参加相关专业资格或职称考试加快专业人才培养的通知》，对取得注册税务师、注册会计师和国家司法考试等资格类的工作人员予以奖励和时间保证，明确各单位"三师"比例的中长期目标。对全市国税系统进出口税收管理业务骨干及分管业务领导等80人开展为期7天的出口退（免）税业务培训。

岗位业务培训。以福州市国税局各业务处室、专业化调研组等为主导，组织开展纳税评估、办税服务、数据分析、税务稽查、所得税管理等专项培训，共组织专业培训21期，6000人天。开展"营改增"试点业务培训，共培训干部职工1766人次。

领导素质培训。在浙江大学举办一期领导干部素质提升专题研修班，福州市国税局中层正职以上领导干部及基层局正职领导50人参加。培训内容主要包括经济形势、税收业务、公共管理、领导能力、个人素养等。

【网上税校】 以"福州市国家税务局网上学校"为载体，开展干部在岗学习讨论。调整网络税校版面，新增"政治理论"和"辩论赛场"栏目。利用网上税校"政治理论"专栏，组织全体党员进行党建理论学习和党史知识网络测试。以税收业务培训为主线，辅以百家讲坛、注册会计师、注册税务师课件等内容开展在线学习，通过升级、评选"学习之星"等激发干部职工学习热情。网上学校点击量已超过9万人次。

【鼓岭培训基地】 整合鼓岭培训基地资源，更加突出为基层干部学习服务。共承办各类培训、会议等31场，1200多人次，3000人天。其中承办福州市国税局稽查局、仓山区国税局、开发区国税局、福清市国税局等基层干部培训9期，培训人员1000多人天。

财务经费管理

【推行公务卡】 深化国库集中支付制度改革，完成福州市国税系统16个预算单位的公务卡推行工作，共发放公务卡719张，报销金额10万元。制定《福州市国家税务局公务卡管理暂行办法》，明确公务卡日常管理、支付管理、财务报销管理等，进一步规范财务支出，减小现金结算，提高支付透明度。

【政府采购】 落实采购预算，采取公开招标、协议供货、询价、竞争性谈判等方式，2012年共组织采购26批次。主要有通过公开招标方式采购市国税局大楼中央空调246.99万元，福州市国税局物业管理91万元等。

【财务监督】 布置开展福州市国税系统各预算单位财务自查工作，在此基础上对福清市国税局等5个基层预算单位实施2010年度、2011年度财务审计，重点对结余资金管理、项目资金管理和政府采购管理情况等进行检查，发现个别单位存在预算执行不够到位、会计基础不够规范等问题，提出审计意见要求逐项整改。在2011年公务用车专项治理工作取得阶段性成果的基础上，进一步明确政策界限和目标要求，重点开展全市国税系统超标车、超编车清理工作，清理超编车8部，没有发现超标车问题。

【基建管理】 上报上级局批复同意进入基建项目库有4个，分别是长乐市国税局综合办公楼新建项目、闽侯县国税局白沙分局办公楼改造项目、晋安区国税局办公楼办税大厅工程改造项目、平潭县国税局办公楼外立面改造项目，总建筑面积11000平方米，总投资为3030万元。办理了福州市国税局空调改造项目等4个改造项目开工审批，以及直属局办公楼装修等2个项目竣工财务决算。完成了市国税局大楼7—19层中央空调改造。

（供稿：魏文忠）

漳州市国家税务局

经济概况

【经济规模指标】 2012年漳州市实现地区生产总值（GDP）2017.8亿元，比2011年增长12.6%。财政总收入205.48亿元，比2011年增收30.95亿元，增长17.7%。全年财政支出220.93亿元，比2011年增长21.1%，年末金融机构本外币存款余额1525.74亿元，比2011年增长19.4%。

【经济结构指标】 第一产业增加值占地区生产总值的比重为15.9%，第二产业增加值比重为48.0%，第三产业增加值比重为36.1%。第一产业实现增加值320.45亿元，同比增长4.6%；第二产业实现增加值967.71亿元，同比增长17.3%；第三产业实现增加值729.64亿元，同比增长10.0%。

【开发程度指标】 2012年实现进出口总值98.31亿美元，比2011年增长1.3%。其中出口69.9亿美元，进口28.41亿美元，分别比2011年增长7.7%和下降11.8%。新批利用外资项目129个，其中投资总额1000万美元以上的有60个；注册合同外资11.81亿美元，比2011年增长12.2%，实际利用外资8.9亿美元（验资口径），比2011年增长0.3%。对外承包工程新签合同额1869万美元，比2011年增长54.8%；完成营业额767万美元，比2011年增长12.6%；对外派出劳务人员999人，比2011年增长14%。全社会固定资产投资完成1486.9亿元，比2011年增长33.3%。

【人民生活质量指标】 2012年社会消费品零售总额661.08亿元，比2011年增长17.3%。年末漳州市户籍人口482.47万人，总户数134.3万户；常住人口490万人，人口自然增长率7.92‰。城镇居民人均可支配收入23951元，比2011年增长13.3%，农民人均纯收入10389元，比2011年增长13.8%；城镇居民人均消费性支出16231元，比2011年增长13.4%，农民人均生活消费支出7582元，比2011年增长14.0%；城镇与农村居民家庭的恩格尔系数分别为43.3%和46.4%。

税收概况

【税收计划执行】 漳州市国税系统组织税收收入91.94亿元，同比增收21亿元，增长29.60%，剔除2011年同期古雷石化项目退税8.7亿元的影响，同比增收12.30亿元，同比增长15.44%。完成福建省国税局下达年度计划的110.78%，超收8.94亿元。其中税收直接收入74.04亿元，同比增收14.85亿元，增长25.08%。剔除古雷石化项目退税影响，同比增收6.15亿元，增长15.44%；办理免抵调库17.9亿元，同比增加6.15亿元，增长52.34%。按照财政口径计算，累计实现收入84.55亿元，同比增收11.53亿元，增长15.79%，完成年度计划93.56%，短收5.82亿元。

【税收优惠落实】 漳州市国税系统落实各项税收优惠政策，共办理各类减免税3.44亿元（含征前减免）；办理出口退税38.82亿元，同比增加4.82亿元，增长14.18%。落实资源综合利用税收优惠，2012年完成22户次资源综合利用企业资格审批；落实税务总局逾期增值税抵扣审批规定，全市共上报审批逾期增值税抵扣6户次，为企业挽回经济损失939万元；做好古雷石化项目税收服务，帮助企业解决项目建设过程中遇到税收政策问题。

【税收弹性与系数】 漳州国税收入与经济关联紧密，地区生产总值（GDP）可比价增长12.5%，现价增长13.11%，税收现价弹性系数（税收增幅与GDP现价增幅的比值）为1.18。税收弹性系数维持在0.8—1.2的合理区间内，显示税收增长与经济发展总体协调、稳定。其中三次产业预计完成增加值330亿元、959亿元和711亿元，分别增长5.2%、17%和10.1%。从税收产业结构看，第一产业比重较小，入库0.42亿元，第二、第三产业分别入库61.21亿元和30.31亿元，同比增长17.47%和10.95%，税收弹性系数分别为1.03和1.08。

【工业税收】 漳州市规模以上工业增加值实现750亿元，增长17%，增幅比上年回落5个百分点。工业税收累计入库59亿元，同比增加9.11亿元，增长18.26%，税收弹性系数1.07，增收贡献率74.07%。其中直接收入41.1亿元，同比增加2.96亿元，增长7.76%；免抵调库17.9亿元，同比增加6.15亿元，增长52.34%。分行业看，增收较多的有农副食品加工业、通用设备制造业、非金属矿物制品业和食品制造业，分别入库8.16亿元、2.53亿元、4.77亿元和3.62亿元，同比分别增收3.07亿元、1.25亿元、0.78亿元和0.75亿元，4个行业共增

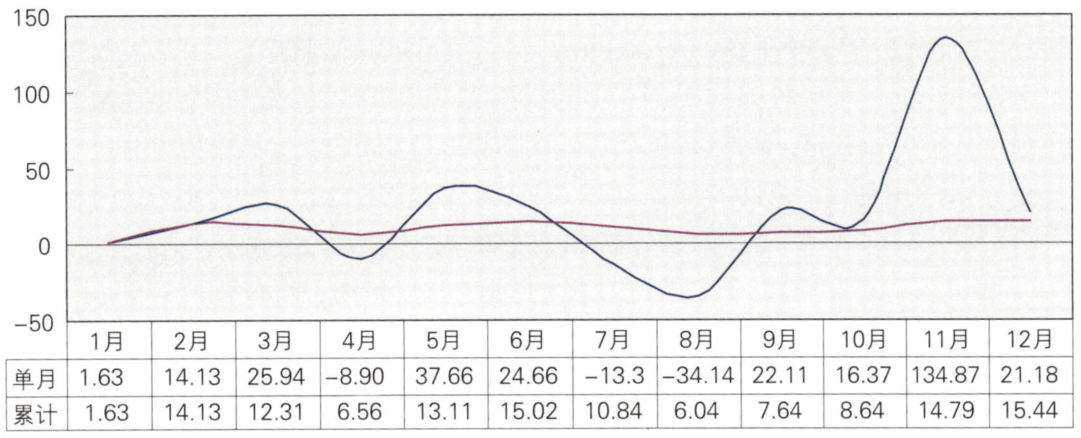

	1月	2月	3月	4月	5月	6月	7月	8月	9月	10月	11月	12月
单月	1.63	14.13	25.94	−8.90	37.66	24.66	−13.3	−34.14	22.11	16.37	134.87	21.18
累计	1.63	14.13	12.31	6.56	13.11	15.02	10.84	6.04	7.64	8.64	14.79	15.44

图8　漳州市国税局月份税收增幅（%）（剔除古雷影响）

收5.85亿元，占工业税收增收总额的64.22%。增收较多的企业有："豪氏威马"入库0.89亿元，增收0.57亿元；"诺尔起重设备"入库0.58亿元，增收0.54亿元；"燕锋水产"入库0.52亿元，增收0.31亿元。

【各征收单位税收计划执行】 漳州市14个征收单位中，除台商投资区受重点企业大幅减收的影响外，其余13个单位的税收收入均有不同程度的增长。增幅高于全市平均水平的8个单位中，有6个为县域经济区域。增长较快的有诏安县国税局（52.82%）、长泰县国税局（45.29%）、东山县国税局（31.17%）和龙文区国税局（28.30%）。增收较多的单位有长泰县国税局（2.39亿元）、芗城区国税局（2.14亿元）和东山县国税局（1.35亿元），三个单位共增收5.88亿元，占全市税收增收总额的47.80%。（详见表16）

【商业税收】 漳州市全社会消费品零售总额预计实现614亿元，增长16%。商业税收累计入库16.24亿元，同比增收1.33亿元，增长8.94%，增收贡献率10.81%。分细类看，烟草制品批发入库6.64亿元，同比增收1.18亿元，增长21.55%；建材批发入库0.51亿元，同比增收0.11亿元，增长26.75%；再生物资回收与批发入库3.47亿元，同比减收0.62亿元，下降15.08%，主要是受财税优惠政策到期影响。增收较多的企业有："漳州烟草公司"入库6.64亿元，增收1.18亿元；"长泰联益"入库0.89亿元，增收0.53亿元。减收较多的企业有："宝鼎贸易"入库0.67亿元，减收0.5亿元；"新鑫贸易"入库0.61亿元，减收0.35亿元。

税收法治

【规范性文件审查】 严格税收规范性文件制定审核关，做好税收规范性文件的备案登记、审查监督和纠正违规等工作，将税收规范性文件制定规范工作列为年度税收大检查的内容之一，对各县级国税局制定的税收规范性文件是否越级越权、是否合规合法进行重点检查，并要求系统各单位将制定的税收规范性文件在发布后30日内向上级局报送备案，年度终了后将本年度发布的税收规范性文件目录报送上级国税局。配合做好外部涉税规范性文件的日常审核和会签工作，2012年共完成14份市政府及各有关部门规范性文件的会审把关及反馈工作。

【依法行政机制】 建立健全市国税局党组统一领导、法规部门协调引导、相关部门各负其责和齐抓共管的依法行政领导体制和工作机制，实现法规部门牵头重点推进、所有部门共同参与整体推进的工作模式。督促系统各单位成立依法行政领导小组，建立依法行政目标责任制，明确依法行政工作分工和任务分解，开展依法行政工作实绩检查评议。在2012年召开的福建省国税系统依法行政工作会议及督查内审工作会议上，漳州市国税局均作为先进单位并在会上交流工作经验。

【重大税务案件审理】 2012年共审理14起重大税务案件，占本年度调查终结、符合一定标准的案件数的10%以上，其中漳州市国税局审理的2起重大税务案件，涉税金额近4000万元。

【税收执法监督】 开展税收执法责任制考核，运用税收执法管理信息系统对税收执法情况进行实时监控，按月定期对全市税收执法过错情况进行通报。2012年通过考核子系统监控的执法行为27.15万户次，申辩调整前过错886户次、执法正确率为99.67%，比2011年减少过错1800户次，执法正确率提高0.7个百分点。抓好相关问题的整改落实和执法过错责任追究，开展存在问题和产生根源核查、分析，于10月15日前完成了省国税局下派的655条疑点数据税收执法疑点信息的核查自查工作。加大执法过错追究力度，对确因主观因素造成的执法过错，按有关规定进行行政处理和经济惩戒，全年对284个相关责任人员进行责任追究，经济惩戒240人次金额7502元，行政处理44人次。其中，批评教育30人次，责令书面检查10人次，通报批评4人次。开展经济责任审计工作，先后对华安县国税局、芗城区国税局2个单位领导干部离任经济责任审计工作，制定下发税收执法督查处理意见书和审计意见书。

征收管理

【税务登记户数】 截至2012年12月31日，税务登记户数为64850户，其中企业25881户、个体工商户38969户；建立动态巡查工作制度，对新开业户、停歇业户、注销户每季度巡查一次并登记巡查记录。

【税源专业化管理】 总结漳浦县国税局和平和县国税局税源专业化管理改革试点经验，巩固2011年税源专业化管理改革试点成果，开展税源专业化管理专题调研，组织各县（市、区）国税局局长、市稽查局和征管科等相关业务科室负责人以及专业化试点办公室部分成员，到安徽省芜湖市国税局、泉州市国税局等地学习考察和交流税源专业化管理改革试点；召开推进税源专业化管理试点方案征求意见专题会议，几经易稿，最后形成涵盖科学分类税源、实施差异化管理、明确专业化的税源管理职责、扁平化、实体化机构设置、建立专业化管理流程、完善专业化的纳税服务体系、推进信息管税、提高税源风险分析能力，强化风险应对、创新考核激励办法，建立能级考核激励机制等9个方面的专业化管理改革方案上报福建省国税局。

【网络发票管理】 与网络运营商配合，协调处理网络发票推行工作中发现的各类问题，协助运营商及其软件合作商对纳税人进行免费培训，使纳税人掌握开票系统下载、使用操作功能；做好网络发票管理系统运行后续服务工作，保证纳税人网络发票管理系统的顺利安全运行；建立网络发票管理长效机制；不定期走访已开通系统和已开票企业，了解系统运行情况和所存在的问题，反馈给运营商和技术服务商。漳州市千元以上版面普通发票全部使用网络发票，系统运行稳定。

【纳税评估】 做好行业税源监控分析系统应用，将税负率、模型使用率、纳税评估户数占有率和纳税评估有效率作为风险识别与应对工作的考核内容，应用纳税评估v3.0系统实施纳税评估任务下达；选取50名业务骨干分6期参与福建省国税局组织的纳税评估专项培训，并在实战演练中查补缴税款1500万元；组织业务骨干107人进行为期8天的纳税评估培训，完成授课内容和评估实战演练。2012年共组织对2230户企业进行评估，查补缴税款19351万元，查补税款占税收收入比重的1.9%，名列全省第二，提前完成2012年度征管系列纳税评估入库税款工作考核目标，得到福建省国税局肯定。

【CTAIS系统运维】 做好征管软件日常运行维护工作，结合税收管理员平台“CTAIS数据质量”维护行业代码，完成“拆分类”行业代码修改；清理CTAIS系统垃圾数据，提升问题数据处理意识，定期登录到税收管理员工作平台查询CTAIS问题数据，做好相关错误数据的修改工作，降低差错比例，促进CTAIS数据质量的提升，确保综合征管软件的平稳运行；每月定期通报征管质量“四率”考核及预警申报期后欠税清理情况，跟踪督办，保持征管质量稳定在较高水平线上。

【重点税源管理】 在2011年度税收收入达到150万元的纳税人的监控标准基础上，将

表16

漳州市国税局各征收单位

序号	单位	累计税收收入		
		总税额	比去年同期增减	
			增减额	增减（%）
1	芗城区国税局	191158	21389	12.60
2	龙文区国税局	34820	7681	28.30
3	金峰	123644	12436	11.18
4	龙海市国税局	103763	7962	8.31
	其中：华阳	42623	-2725	-6.01
5	漳浦县国税局	76404	99673	428.35
	其中：古雷退税	0	86999	100.00
	其他	76404	12674	19.89
6	云霄县国税局	20063	4002	24.92
	其中：常山	6601	2211	50.38
7	诏安县国税局	23739	8205	52.82
8	东山县国税局	49819	13499	37.17
9	平和县国税局	22133	2686	13.81
10	南靖县国税局	35182	4571	14.93
11	长泰县国税局	76640	23890	45.29
12	华安县国税局	27503	5653	25.87
13	漳州开发区国税局	56513	8471	17.63
14	台商投资区	78057	-10151	-11.51
15	全市	919445	209972	29.60
16	其中：古雷退税	0	86999	100.00
17	其他	919445	122973	15.44

税收收入累计完成情况

单位：万元

其中：免抵调库			其中：直接收入					
调库额	比上年同期增减额	同比（%）	直接收入	比去年同期增减		完成年度计划任务（%）	本年度计划任务	
				增减额	增减（%）			
11344	4794	73.19	179814	16595	10.17	103.33	185000	
5574	3592	181.23	29246	4089	16.25	111.60	31200	
25982	8860	51.75	97662	3576	3.80	110.40	112000	
9980	4777	91.81	93783	3185	3.52	111.45	93100	
0	0	0.00	42623	–2725	–6.01			
19216	7788	68.15	57188	91885	264.82		72300	
0	0	0.00	0	86999	100.00			
19216	7788	68.15	57188	4886	9.34	105.68	72300	
2954	307	11.60	17109	3695	27.55	118.02	17000	
1902	774	68.62	4699	1437	44.05			
12039	5633	87.93	11700	2572	28.18	139.64	17000	
28000	10882	63.57	21819	2617	13.63	124.55	40000	
1035	363	54.02	21098	2323	12.37	103.91	21300	
7905	4501	132.23	27277	70	0.26	117.27	30000	
19231	7619	65.61	57409	16271	39.55	127.73	60000	
0	0	0.00	27503	5653	25.87	121.16	22700	
14627	6565	81.43	41886	1906	4.77	112.13	50400	
21110	–4186	–16.55	56947	–5965	–9.48	100.07	78000	
179000	61500	52.34	740445	148472	25.08	110.78	830000	
0	0	0.00	0	86999	100.00			
179000	61500	52.34	740445	61473	9.05	110.78	830000	

676户累计税收收入达到监控标准的企业一并纳入监控，2012年纳入监控范围企业实现税收66.07亿元，占漳州市税收总收入的71.86%。利用税收征管软件，筛选出注册资金较大、从业人员较多的重点新增企业，确定重点新增税源项目名单后，拟定调查提纲，从经济性质、投产时间、投资规模、设计产能等方面，逐户深入企业了解生产经营情况，定期开展新增企业（项目）生产经营及税收收入情况的调查。

【税收经济分析】 开展2011年度工业增值税宏观税负运行分析，对分行业工业增加值与工业增值税的增长速度、所占比重等动态和静态的弹性进行分析，选取20个主要行业，其工业增值税、工业增加值分别占总数的87.28%和93.14%，剖析工业增值税与其税基的匹配关系，判断税收与经济发展是否协调；开展2012年上半年商业增值税行业微观税负分析，上半年商业一般纳税人增值税税负2.26%，同比下降0.27%。其中批发业税负2.35%，同比下降0.31%；零售业税负1.89%，同比下降0.08%。

【税收资料普查】 调查企业1534户，全部为正常营业的企业，比2011年增加185户，增长13.71%。其中抽样调查企业170户，比2011年增加6户；重点调查企业1364户，比2011年增加146户。调查户中一般纳税人1392户，占全市所辖增值税一般纳税人总户数的18%，比上级要求的10%调查比重高出8个百分点。调查企业2011年度实际缴纳国内增值税27.09亿元，占漳州市国内增值税入库数的73.76%；调查企业实际缴纳国内消费税2.41亿元，占漳州市国内消费税入库数的98.37%，涵盖所有的消费税应税品目；实缴企业所得税14.82亿元，占漳州市企业所得税入库数的60.27%。完成年度减免税统计调查工作，共调查企业19148户。调查企业纳税人2011年度减免税金24.06亿元，其中国内增值税19.89亿元，企业所得税4.17亿元。调查个体工商户2011年度减免国内增值税0.35亿元。

【信息管税】 推进信息技术与业务融合，结合税收管理员平台CTAIS数据质量维护行业代码，先后完成“拆分类”行业代码修改、一户式电子档案系统和财税库银横向联网系统推行、推行涉税业务漳州市通办服务、推广网上发票核销业务、漳州市万元以上普通发票全部实现网络开票；继续完善企业所得税风险预警信息管理系统，有针对性地选择重点税源企业开展预警评估；配合金税三期广域网升级改造，全面完成全市系统36条电信主线路及13条联通备用线路的升级改造，顺利切换漳州市国税局到福建省国税局的交换线路，升级更换相应单位的硬件设备。

各税种管理

【增值税管理】 漳州市增值税一般纳税人9185户，其中纳入增值税防伪税控开票系统7077户、货物运输业增值税专用发票税控系统188户；开通网上认证7753户，占全部一般纳税人的84.41%，100%开通网上申报，网上抄报税占全部防伪税控户的80%以上。2012年共采集本地存根联106.23万笔，认证比对抵扣联121.82万笔，没有发生发票失控和存根联漏采集问题。开展税收风险识别，针对增值税滞留票、农产品购销加工企业纳税情况、异常海关完税凭证抵扣情况等方面筛选排序涉税风险信息，对82户增值税专用发票滞留金额超过100万元的一般纳税人进行风险评估，评估补税375万元；对230户以农产品收购发票抵扣税额超过200万元的一般纳税人进行风险评估，评估补税1695万元。组织对增值税转型以来企业固定资产进项抵扣情况开展核查，从CTAIS系统中抽取48户2011—2012年9月申报固定资产抵扣增值税规模较大企业，核查是否属于抵扣范围、在建固定资产是否属于不动产范围、是否存在耗用物料或劳务申报抵扣进项税额问题，共转出进项税额2824万元，补税30.28万元。2012年企业累计申报固定资产进项抵扣税额13.09亿元，同比增加5.76亿元，增长78.69%。开展大型超市、家电、汽车、家具等行业增值税负担调研，剖析大型连锁超市运营基本规律以及税收管征问题，了解掌握行业经营特点，并督促用票单位严格规定使用发票。做好涉税业务规程修订调研，提出相关其他需要增加或调整的建议意见。做好免征蔬菜流通环节增值税有关政策调研，增列漳州蔬菜品种在《蔬菜主要品种目录》中。

▲2012年12月1日，漳州市“营改增”试点首个纳税申报期成功运行。图为纳税人在该局办理网络申报纳税事宜

（摄影/陈文裕）

【“营改增”试点】 从2012年8月13日起，按照“试点当月顺利开票、试点次月顺利申报”的目标要求，成立工作领导小组，部署试点具体工作。漳州市共确认“营改增”试点纳税人2539户，其中一般纳税人176户，小规模纳税人2363户。11月1日试点纳税人成功开出首张增值税专用发票，12月试点纳税人成功办理首笔“营改增”纳税申报。12月17日2539户“营改增”试点纳税人完成首月申报，缴纳增值税1621万元，申报率百分百。

【车辆购置税管理】 漳州市共征收车辆购置税4.55亿元，车辆数12.1万辆。根据修改后的车辆购置税征收管理办法，按职设岗，按岗定人，按岗定责，在车购税办税服务厅设置受理业务、征税业务、开票业务、日常业务、档案扫描、票证管理、会统管理等7个岗位，方便纳税人申报。在业务管理上做好前台受理申报岗与后台综合业务岗衔接，每一个环节相互审核，重要事项实行岗位人员与负责人两级审核制。对纳税申报、计税价格审核、免税、退税等业务，按照统一工作标准，明确各岗职责。对办理免税的车辆按规定进行审核和审批，2012年共办理免税车辆289台，免税金额3640万元。

【所得税管理】 2012年组织入库企业所得税26.09亿元，完成年度计划23.6亿元的110.55%，比2011年24.59亿元增加1.5亿元，增长6.11%。其中内资企业13.66亿元，外资企业12.43亿元。组织入库非居民企业所得税9783万元，比2011年7576万元减少2207万元，下降18.41%。完成2011年度13409户企业所得税汇算清缴，汇算面100%。其中查账征收企业12257户、核定应税所得率企业1152户。汇算清缴核实盈利企业6154户，占汇算户数的45.89%，利润总额82.54亿元；亏损企业1866户，占汇算户数的13.92%，亏损总额

17.07亿元；零申报企业5390户，占汇算户数的40.19%。汇算清缴纳税调整后应纳税所得额95.02亿元，弥补亏损额23921万元，实际应纳税所得额926258万元，实际应纳所得税21.11亿元，已预缴企业所得税17.84亿元，预缴率84.51%，净补企业所得税3.27亿元。做好企业资产损失税前扣除申报监督管理，选择资产损失税前扣除大户和大宗资产损失，组织开展实地核查，清理重复申报35户次金额1566万元，错误申报1户金额5887万元，剔除不符合规定申报16户次，共核减资产损失税前扣除额2057万元，补缴企业所得税406万元。

加强企业所得税户籍管理，组织清理漏征漏管83户、补税17万元；加强跨地区建筑企业所得税管理，组织对119户跨地区经营建筑企业清理，补税1476万元；加强非经营企业所得税管理，清理核查9户民办学校、民办医院和学生公寓经营企业，补税75万元；加强融资性担保企业所得税管理，组织对18户融资性担保行业清理核查，补税56万元；加强企业股权转让所得税管理，组织对33户企业股权转让所得税核实，补税4842万元；加强企业所得税清算管理，组织对315户需要清算企业进行核实，补税4656万元；做好零申报户企业所得税核查，组织对561户收入零申报企业清理核查，补税226万元。督促所得税核定征收企业建账建制，引导纳税人向查账征收方式过渡，漳州市企业所得税管征18125户，其中查账征收17647户，占97.36%；核定征收478户，占2.64%；查账征收面比2011年提高12.32%。完成2012年企业所得税税源调查。

【大企业税收管理】 出台集团大企业管理办法和措施，探索大企业行业管理和以内控测试为重点的风险管理工作，调整大企业税收风险模型，探索大企业个性化服务路径和方法，尝试签订纳税遵从协议。对某些企业滞留票金额较大，税负偏离值大，固定资产抵扣金额大等异常情况进行连续跟踪，将其纳入风险评估、实地核查等风险管理工作范畴。通过制定风险管理策略，掌握被调查企业报送的经营和管理基本信息、股权结构、纳税申报、关联申报、税款缴纳、内控制度等情况。根据企业的生产经营特点、历年购销情况和相关财务指标，分析大企业的涉税风险点，查找潜在的税收风险。建立重点税源企业评估体系，监督企业及时改进管理，促进大企业税务风险内控机制建设，提高大企业税收遵从度，规范行业管理。2012年共完成重点税源企业风险内控机制调查和税收风险评估146户，查找出风险点148条，制定风险针对性措施147条，补缴入库税款及滞纳金8472万元。做好国家税务总局定点联系企业成员单位名单的确认清分、信息核实补缺和管理层级信息补录等工作，对3户省国税局定点联系企业下属成员单位的变化情况进行核实整理，下发更新成员单位名册。与漳州市地税局加强协作，对名册范围内的成员单位进行筛选，建立33户国家税务总局定点联系企业和177户成员单位重点税源数据库，对独立缴纳货物劳务税额和企业所得税额合计100万元以上的企业进行管理。

【反避税工作】 做好关联申报审核、同期资料管理和跟踪管理等基础性工作，2012年400户关联企业申报比2011年249户增长60.64%。历经6次谈判，某动力传动（漳州）有限公司特别纳税调整成功结案，核增企业2007—2010年出口销售额6401万元，比调整前出口收入增加29.92%；调整后平均毛利率为22.90%，比调整前企业平均毛利率-5.99%，提高28.89个百分点；核增企业应纳税所得额6401元，比调整前应纳税所得额-3917.33万元，增加1.63倍；核实后应纳税额595万元，扣除企业享受法定的税收优惠后，应补企业所得税273万元，并核增免抵税额合计1088万元，补税和核增免抵税额总数1361万元，国家税务总局肯定该特别纳税调整案在方法上有所创新。做好历年结案反避税调查企业的后续跟踪管理，21户反避税户核增应纳税所得额5631万元，应补企业所得税额1959万元。

【非居民税收管理】 做好申请开具对外支付税收证明的非居民企业征前审核判定，通过案头资料审核和实地核查，正确落实每个支付项目免征税政策，确保税收征收到位。与漳州市外经局、市工商局等部门沟通联系，及时获取非居民企业股权转让、引进境外工程项目等第三方信息，逐户开展调查，督促企业申报扣缴非居民企业股权转让企业所得税。对2008—2011年度870户外商投资企业利润分配支付境外非居民企业股东股息扣缴企业所得税情况进行调查，补征预提所得税349万元。

【风险预警系统】 2012年3月底前对照《行业类别代码表（2012年修订版）》，完成对企业所得税预警信息系统的行业修订工作；完成福建省国税局交办的企业所得税信息预警系统运行中存在问题系统的修订完善工作。运用企业所得税信息预警系统反映的预警状态，有针对性地选择2011年度“货币银行服务”“典当”行业、享受高新技术所得税优惠企业，以及所得税大户、重点税源企业开展纳税评估，所得税评估553户企业，涉及补税382户，核增应纳税所得额33998万元，核减亏损额8028万元，补缴企业所得税和滞纳金6353万元。

退税管理

【概况】 2012年办理出口退税认定企业1583户，比2011年增加54户；受理企业申报出口销售额63.56亿美元、同比增长2.79%，申报应退税额42.99亿元、同比增长6.98%；办理出口退税42批次8463笔，退税金额38.82亿元，同比增加4.82亿元，增长14.17%；办理的出口退税占同期增值税直接收入40.45亿元的95.97%，占税收总收入91.94亿元的42.22%。

【创新服务举措】 2012年4月，承办福建省国税系统进出口税收工作会议，9月份承办省国税局出口退税座谈会；5月初召开全市国税系统进出口税收工作会议，强调进一步规范进出口税收管理。进一步理顺和简化退税环节，实施即办事项当场办结和一次性告知制度。采取批量审批、限时办结等办法，加快办理出口退税进度。根据企业的出口规模、账务核算和信用等级情况，将出口企业分为A、B、C三类进行管理，在对企业申报信息资料审核无误的情况下，分别在7月、12月和20个工作日内办结，从9月份下旬开始将原来的20个工作日办结的限时服务承诺制缩短到15个工作日，做到每周至少送国库办理退库一次。建立“一对一”帮扶工作联系机制，对全市30家出口退税重点企业实施“一对一”政策帮扶，开辟绿色通道，对企业申报的退税，做到申报、审核、审批、退库“四个及时”。率先推行一月多次申报制度，在规定的申报期限内随时受理外贸企业的出口退税申报，对外贸企业采用一月多次申报制度，全面提高出口企业的申报速度。每月至少召开1次出口退税专题分析会，研究解决退税审核工作中遇到的新情况新问题，保证各项出口退税政策和管理制度及时、准确落到实处。

【落实退税新政】 做好企业2011年度出口业务清理，涉及的14家企业按新文件规定该退税的给予退税、该免税的给予免税，以前按规定已视同内销征税的该退还的给予退还，减轻企业负担83.85万元。梳理和调整退税操作流程，做好新旧政策的衔接工作，完成131户小型企业和新发生出口业务企业清理工作，办理退税2565万元。加强政策调研，先后走访对台贸易企业、LED灯生产企业、船舶和起重机等生产企业，向上级局争取政策，先后上报《关于对台小额贸易出口退税有关问题的请示》《关于LED灯具出口退税率问题的请示》和《关于生产周期超一年的交通工具、机器设备出口退税有关问题的请示》等文件，为企业争取有利的出口退税政策。

【引导规范经营】 针对外贸企业在对外贸易过程中经常存在资金流、货物流、票据流缺失或异常，如有的企业没有购销合同、运输单据缺失、外汇未按合同规定的期限核销、不能提供报验报检、装箱单及提单等单据，容易导致产生“四自三不见”“假自营真代理”，给企业的出口退税埋下骗税风险等问题，通过规范企业的生产经营和业务流程，引导企业完善内控内管机制，规避骗税风险，并对于同一批业务，没有涉及函调业务的部分，给予办理退税，缓解企业的资金压力。

【规范函调管理】 规范从发函到回函再到对复函的处理流程，明确每个岗位的工作职责，理顺工作流程。按季对各单位按时回函率进行考核并汇总进行通报，2012年准期回函率达99.37%，同比提高11.9%。其中发出核实函435份，涉及增值税专用发票5953份、计税金额合计58352万元，涉及退税6572万元；收到回函416份，审核回函416份，其中回函没有问题同意办理退税的有362份，涉及企业提供材料不完整、企业正在接受稽查或回函与企业提供材料不相符有待于进一步核实的函件54份。

【拓展审核模式】 在退税审核中引入商检、外管、货代、行业协会等数据，将原来的“就单审单模式”拓展为“审单与实地核查、系统比对”相结合模式，设计了审核指标，编写了下户核查模板，统一下户核查内容，完善核算管理。分析审核发现有1家供应葡萄的供货企业其参与抵扣的进项发票不符合规定，补征税款60多万元；有9家涉及水产品出口的企业补税和进项转出税款372万元；有1户家具生产出口企业提供虚假的出口退税申报资料，申请退税450多万元被发现并暂停办理退税；发现1家经营平板电脑的外贸企业的货源存疑，暂缓办理退税130多万元；继续查办东山、云霄两家电子企业的出口骗税案。

▲2012年，漳州市国税局推行出口重点企业“一对一”帮扶机制，服务外向型经济发展。图为该局工作人员深入漳州灿坤开展“一对一”服务

（摄影/陈文裕）

【税贸协作】 2012年8月，召开各县（市、区）政府分管外经工作领导、国税局和外经贸局分管领导和经办人员参加的漳州市税贸协作联席会，会上市国税局与市外经贸局签订了《税贸联席会议制度》；与市外经贸局联合召集30家被列入“一对一”帮扶出口企业负责人座谈会，就办理出口退税过程中存在的困难和需求

展开深入沟通交流，对灿坤、万利达、诺尔起重设备、豪氏威马等与会企业提出的涉及出口退税问题予以当场解答；15日，联合召开265家2011年出口销售额在200万美元以上规模企业参加的出口退税新政策培训会。

【退税职责调整】 将出口退税的专业化管理融入税源专业化试点方案，明确出口退税机构设置和职能划分，除免抵退税额未超过1亿元的华安县税局、平和县国税局外，其他12个县级国税局均增设退税专业机构或配备专职和专岗负责出口退税日常工作。拟定生产企业免抵退税岗位职责，优化工作流程，强化出口退税岗责体系，实现征退税有效衔接，完善征税、退税与纳税评估、税务稽查的监督制约。

税务稽查

【概况】 2012年共检查185户，立案185户，检查发现有问题176户，移送案件5起，共查补入库税款、滞纳金和罚款13337万元，比2011年查补数增加4214万元，同比增长158%，占全市税收直接收入的1.65%，居全省第一。按新口径计算稽查查补税款数15606万元，其中补罚税款11488万元、不予办理退税3086万元、核减增值税留抵税款394万元、核减亏损或核增应纳所得税额638万元，占漳州市税收直接收入的2.24%。

【开展专项检查】 根据国家税务总局、福建省国税局工作部署，确定2012年税收专项检查对象及专项整治重点项目，安排并辅导企业自查补税入库1849万元；安排专项检查133户，其中成品油购销企业2户、股权交易项目2户、电子服装家具出口企业26户、房地产建筑安装企业18户、地方股份制银行商业银行5户、自行开展检查80户，查补入库税款、滞纳金和罚款9603万元。确定股权交易、农副产品生产加工行业、水产品生产加工行业为区域整治对象，股权交易项目补缴税款3846万元；龙海市国税局农副产品生产加工行业区域整治补缴税款252万元；东山县国税局水产品生产加工行业专项整治查补入库税款、罚款和滞纳金881万元。4月1日—9月30日对接受成品油增值税专用发票的企业、资本交易项目、办理电子、服装、家具类产品出口退（免）税的企业、房地产业、地方股份制银行、地方商业银行进行检查等31户企业进行重点检查，查补税款1799万元。

【打击出口骗税】 结合税收专项检查，对56户电子、服装、家具类产品出口退（免）税企业开展检查，查补税款、滞纳金和罚款1090万元；与漳州市公安经侦支队联合破获东山圣奇电子有限公司和漳州卓亚数码电子科技有限公司出口骗税案，已由漳州市检察院以涉嫌骗取出口退税犯罪决定批准逮捕犯罪嫌疑人，其中东山圣奇应追缴已退税款818万元、不予办理退税338万元；漳州卓亚不予办理退税2748万元。

【发票专项整治】 联合公安、地税等部门，开展发票使用情况专项整治，提前完成福建省国税局下达120户的目标任务，共检查企业141户，查处违法企业户数128户，其中移交公安部门案件2起；查处非法取得发票769份，涉及金额1829万元，查补税款、滞纳金和罚款317万元。联合卫生、地税等部门，开展药品、医疗器械生产经营单位和医疗机构发票使用情况专项整治工作，采集发票4.62万份，开票金额10.7亿元。

【涉税举报】 建立举报案件跟踪台账和提醒制案件督办机制，2012年共受理各类举报案件20件，已查结12件，未查结8件，查补入库税款、滞纳金和罚款1485万元。

【金税协查】 做好协查信息管理系统V3.2版升级，保证各协查节点专人日常监控，做好协查案件登记、审批、检查和回复工作，提高协查委托发函质量和受托检查、受托回函质量。2012年通过协查系统委托发出协查80起，涉及发票567份，金额1.17亿元，税额1915万元；委托收到回复结果567份；收到受托协查户167次，涉及专用发票2507份，金额1.66亿元，税额2721万元，受托回复率100%。通过协查系统协查，确认虚开增值税专用发票的企业1户，涉及专票1份，金额25万元，税额4.36万元；确认取得虚开增值税专用发票的企业1户，涉及专票1份，金额8.55万元，税额1.45万元。

纳税服务

【办税服务厅建设】 除福建省国税局示范点办税大厅和平和县国税局、漳浦县国税局外，漳州市其他12个非示范点办税大厅按照办税服务厅规范化建设要求，全部统一区域划分、统一标识设置、统一窗口设置和统一服务设施，办税服务厅设置6个功能区，办税服务厅内部各类标识按照总局和省局文件要求，整合办税窗口设置综合服务、发票管理两类或综合服务、发票管理、申报纳税三类窗口，推行“一窗多能”“一窗通办”，配置办税用品，设置咨询台、公告栏电子触摸屏，设立意见箱、留言簿和投诉举报电话。办税服务厅以纳税人需求为导向，实行个性化服务，在全面落实全程服务、预约服务、提醒服务、延时服务、首问责任制等办税服务制度的基础上，完善重点行业、重点税源和弱势群体、特殊群体等纳税人的办税服务应急措施，满足纳税人多层次的个性化需求。

【网上发票核销】 从2012年3月开始，首先选择龙文区国税局和南靖县国税局进行网上发票核销业务试点。在总结试点单位成功经验和好做法的基础上，5月中旬在举办网上发票核销业务培训班，5月21日开始在漳州市范围内全面推广网上发票核销业务，为网上办税二期项目的拓展建设和推广奠定基础。

【税务代理】 配合福建省国税局注册税务师管理中心，做好税务代理机构的年度检验工作；配合漳州市委市政府开展中介机构专项清理整顿工作，市场中介组织与政府部门“四分开”工作检查验收工作，对漳州市税务代理机构单位进行规范整治；联系地税部门，对所属代理机构进行年检，对注册税务师事务所和执业注册税务师遵循执业准则、业务准则、业务规程等情况，以及执业资格、执业行为等方面进行检查。

【纳税信用评定】 从2012年5月份起，与漳州市地税局联合开展2010—2011年度纳税信用等级评定，按照统一的内容、标准、方法和程序进行审核调查，以日常管理、纳税评估、税务检查、宏观税负调查、税源监控为基础，结合征管信息系统和其他资料以及对纳税人各类涉税信息的搜集，评定41018户纳税人的纳税信誉等级，参评面100%。其中A级纳税信用企业140户，B级纳税信用企业36821户，C级纳税信用企业4048户，D级纳税信用企业9户，分别占评定户数的0.34%、89.77%、9.87%和0.02%。

【升级免填单系统】 对办税“免填单”服务管理系统进行升级，在原来的基础上增加12种表格，涉及税务登记、认定管理、证明管理、税收优惠管理、申报征收等模块，升级后的办税“免填单”服务管理系统，涉及税务登记管理、认定管理、发票管理、税收优惠管理、证明管理、申报征收等6大类105项涉税事项，基本涵盖纳税人在办税服务厅需要办理的各类涉税事项。

【全市通办】 在芗城区国税局、龙文区国税局、金峰开发区国税局、龙海市国税局、龙池开发区国税局和漳州开发区国税局等6个单位实现涉税业务“市区通办”的基础上，通过制订具体推广方案，召开动员大会，组织开展业务培训，做好企业金税卡和IC卡升级，2012年9月16日起将“市区通办”拓展为“全市通办”，纳税人在漳州市国税系统任一办税服务厅均可办理税务登记等8大类31项涉税业务，种类占纳税人所有涉税业务量的95%以上，基本上涵盖了纳税人日常办理的涉税业务。

【一户式电子档案】 召开漳州市国税系统“一户式税收征管档案管理系统”推广动员大会，制订推广工作方案，组织档案管理员、办税服务厅工作人员进行相关业务操作培训，完成单位纳税人税务登记资料补扫描工作，2012年4月1日正式启用以数据转换为主、人工扫描为辅、一户式介质存储的税收征管档案管理系统，实现税收征管资料从传统的手工化、纸质化操作向电子化、无纸化转变。

队伍管理

【领导班子建设】 由漳州市国税局人教、监察、机关党办、培训中心等部门人员组成6个考核小组，分别对15个县级国税局班子及成员进行考核，并汇总考核情况向市国税局党组专题汇报，同时建立年度班子及成员的考核档案。做好干部选拔任用和交流管理工作，晋升副科级非领导职务35人，县国税局局长与市国税局机关科长交流2人，市国税局机关调整22位同志充实各工作岗位。

【公务员考核】 漳州市国税系统参加年度考核人员1124人，确定优秀等次共206人，

▲2012年7月3日，福建省国税局总会计师陈慕斌（右二），漳州市委常委、常务副市长陈汉夫（右三），市人大副主任吴景辉（右四），市政协副主席柳建聪（前排左二）一起启动涉税业务“全市通办”仪式，并参观市国税局新办税服务厅

（摄影/陈文裕）

占18.33%；称职等次907人，占80.69%；未定等次11人，占0.98%。考核结束后，经过公示、发文等程序，落实对考核优秀人员的奖励，连续三年考核优秀的人员记三等功39名；当年考核优秀的人员嘉奖人员167名。做好17名2012年新招录公务员政审、报到及派遣工作，以及相关人事档案资料的收集归档；开展对2009—2011年度新录用33名公务员（事业干部）公务员登记工作，梳理核对人员信息。

【思想政治教育】 组织漳州市国税系统收听收看十八大相关报道，学习十八大工作报告原文及重点解读，开展干部职工乐于接受的学习竞赛和业务能手竞赛活动，采取“专题讲座”“每周一课”“每年一考”等形式，将思想工作与税收业务工作相结合，解决思想政治教育工作中遇到的新情况、新问题。长泰县国税局被福建省委和漳州市委授予“创先争优先进基层党组织”荣誉称号。开展福建国税核心价值观大讨论活动，通过演讲会、辩论会、座谈会、征文比赛、网上论坛、人物事件访谈等活动形式，收集60套讨论成果并上报福建省国税局参选。

【文明单位创建】 组织14个办税服务窗口参与漳州市文明委文明行业优质服务指数测评，在全部36个行业中以满分100分的成绩获第一名，文明行业测评工作再创好成绩。组织开展2012年度文明单位复查活动，漳州市国税系统11个省级文明单位及5个市级文明单位参与复查，对文明创建的文字资料、电子文档和声相档案进行分类归集。落实全国文明城市创建工作，营造人人参与创建的浓厚氛围。组织参加福建省国税系统2012年运动会，获得团体总分第三名、象棋及桥牌项目体育道德风尚奖。组织“我身边的好税官”评选活动，长泰县国税局林文山、龙海市国税局江彩诗两位同志获得全省国税系统“我身边的好税官”荣誉称号。组织开展形式多样的学雷锋志愿服务活动，发动国税干部无偿献血、关爱空巢老人和未成年人志愿服务行动，营造“我为人人、人人为我”的学习雷锋活动氛围。

【党风廉政建设】 落实好惩防体系《工作规划》责任分解和党风廉政建设责任制、领导干部“一岗双责”等制度，召开党风廉政建设情况暨队伍状况分析会，做好“两权”监督制约；大力推行政务公开，将2类58项公开目录和13类80项办税指南通过媒体向社会公

▲2012年1月17日，漳州市国税局副局长傅雄（右）一行走访挂钩村南靖下碑村，慰问特困户、小学老师和未成年人

（摄影/陈文裕）

开；加强机关作风建设，成立作风整顿小组，对市局机关每周检查1次，对基层每两周抽查1次，全年开展检查三十余次；机关效能在漳州市77个市直机关单位绩效考评中名列前茅，2011年度再次荣获优秀单位称号。

【老干部工作】 将老干工作纳入年度工作计划，每月召开1次老干部座谈会，组织老干部学习十八大会议精神、中央经济工作会议和税收工作会议精神，确保老干部参政议政；通过学习新党章、按期缴纳党费和召开支委民主生活会、民主评议党员，一年两次召开机关老干部座谈会，提高老干部党员意识；按惯例规定给予报销报刊费；春节、国庆、中秋节、重阳节对老干部进行慰问，每年对老干部进行全面体检，为生活困难的老干部、老党员、遗属困难户争取困难补助，做到老干部患病及时组织人员到医院看望，老干部逝世及时派人慰问家属，老干部家中有困难及时认真帮助解决；组织老同志开展一些力所能及的文体活动，如象棋、跳棋、飞镖等比赛；鼓励老同志参加老人大学的学习，依个人兴趣分别参加摄影、绘画、舞蹈、保健、烹调等专业就读，并按规定给予报销学费。

【教育培训】 做好小企业会计准则培训工作，开展4个专题培训辅导，处理好工学矛盾，组织会计准则业务考试，并对成绩优异的同志进行通报表彰；5月26日组织进行2012年漳州市国税系统业务考试，781名国税员工参加；组织机关干部进行知识更新培训，分别委托西安税校、辽宁税专和长沙税院等总局培训基地进行知识更新和能力拓展培训；做好业务骨干培训，举办业务培训10期，共765人次参加；举办2期基层分局长、科室长更新知识培训，聘请相关院校师资进行授课，结合拓展训练，提高组织协调能力和团队精神，至2012年年底基本完成县级局中层干部3年轮训一遍的规划。

【巡视工作】 配合福建省国税局巡视组回访工作，在漳州市国税局机关主页张贴巡视回访预告、安排办公场所做到早动员、早部署，确保巡视回访工作圆满完成。做好基层单位巡视工作指导，统筹部署各项工作，科学安排巡视计划，建立健全巡视工作规章制度，规范巡视工作程序，统一巡视工作文书格式，并按年初工作部署对不少于三分之一的下属单位开展巡视检查。

政务后勤

【预算管理】 组织收集预算和相关财务信息，开展“一上”和“二上”预算工作，分解控制数等相关指标；对大宗物品采购采取分期付款方式，解决项目经费按时序进度拨付款项少与采购大宗物品支付款项大的矛盾，实现时序支付项目经费；实行预算执行情况通报制度，每月10日前上报上月预算执行情况；上半年完成计算计等重大物品的采购，保证预算执行到位。

【资产管理】 做好存量资产产权确认工作，督促华安县国税局、龙海市国税局、漳浦县国税局等单位开展办证确权手续，完成产权证办理手续。细化分解预算控制数，控制资产购置，减少资产冗余，在“二上”预算中确定减少采购“照相机”“台式电脑”“笔记本电脑”等多项设备购置费用74.75万元。做好漳州市国税系统资产定期处置达到报废条件或低效资产，提高资产管理和使用效率，全年批准处置资产396万元。做好龙海市国税局和漳州台商投资区国税局开展资产移交调拨工作。做好非税收入收缴账户开户、账务处理、上缴和统计上报等工作，2012年共收缴非税收入246万元。

【税务审计】 完成对华安县国税局、芗城区国税局和南靖县国税局局长离任的经济责任审计；配合福建省国税局对林太桂任中经济责任审计，对审计发现的13个财务管理问题逐一整改，制订并实施整改措施。

【政府采购】 继续贯彻落实政府采购依法、依预算、依计划、依目录、依政策采购的要求，做到严格目录约束、严格程序约束和严格政策约束，确保省国税局的政府采购信息统计及计划管理系统信息准确；按计划完成计算机类设备、花卉租赁、大厅设备等项目的政府采购任务，2012年共完成采购工作577万元，比预算金额671万元节约14%。

【税收调研】 围绕税收工作重点开展调查研究，服务领导决策。林太桂撰写的调研文章《刍议如何增强国税文化的生命力和影响力》获国家税务总局科研所、中国税制改革与发展编辑部共同主办的《2012年中国税官论税制改革》征文评比活动三等奖；杨柳撰写的《税收执法风险的实证分析及管理借鉴》、陈文裕撰写的《以总部经济模式构建海西核心经济体的思考》均被省税务学会评为税收调研论文三等奖。

【税收宣传】 紧扣“税收·发展·民生”宣传主题，开展第21个全国税收宣传月活动，“立足岗位学雷锋、帮扶企业促发展”志愿服务活动授旗仪式等4个项目被福建省国税局确定为创新项目。做好涉税业务“全市通办”“免填单”服务、“营改增”试点和税收政策宣传，被《中国税务报》等国家级媒体采用新闻稿27篇、《福建日报》等省级媒体采用新闻稿180篇，《闽南日报》、漳州电视台等媒体对漳州国税工作进行多方位报道。编辑出版5期《漳州国税》内刊，宣传漳州国税形象。委托漳州邮政部门印制新年贺卡，寄送给2500户重点纳税人。

【政务信息】 2012年共编发全市国税系统政务信息2095条，其中漳州市国税局本部信息815条；向福建省国税局报送信息2525条，其中被福建省委省政府领导批示7条，福建省委省府采用40条，福建省国税局采用285条，全省排名第三。

【信访保密】 建立“属地管理、分级负责，分别受理、定期统计，督查跟踪、按期反馈”的信访工作机制，2012年收到信访件1件，比2011年减少5件；已办结1件，对漳州市信访局转办件

▲2012年6月27日，漳州市国税局副局长林绍君（*右二*）率相关科室业务骨干走进漳州广播电台行风政风热线直播间，就当前有关税收热点焦点问题接受广大听众咨询

（摄影/陈文裕）

在规定的期限内进行反馈。配合漳州市保密局，在涉密计算机、政务网安装监控软件，做好对要害部门部位、涉密载体、涉密信息传输以及重要涉密会议和重大涉密活动的保密管理，没有失泄密现象发生。

【督查工作】 对漳州市工作会议精神贯彻落实情况和年度工作要点，以及漳州市国税局局务会、专题会等会议议定事项进行立项督查，督促重要决策部署落实。通过局域网政务公开栏和门户网站，督促发布各类政务公开信息和落实安全值班管理制度，督促重大节假日安全隐患排查和综合治理工作，督促东山县国税局妥善做好涉税舆情处置工作。

（供稿：陈文裕）

泉州市国家税务局

经济概况

2012年实现地区生产总值（GDP）4726.50亿元，按可比价格计算，比上年增长12.3%，经济总量连续14年保持全省第一。其中第一产业增加值160.54亿元，增长1.6%；第二产业增加值2940.63亿元，增长15.0%；第三产业增加值1625.33亿元，增长8.3%。第二、第三产业对GDP增长的贡献率分别为76.2%和23.4%，分别拉动GDP增长9.3个和2.9个百分点。按常住人口计算，人均地区生产总值57291元（按年平均汇率折合9076美元），比上年增长11.2%。

第一、第二产业比重有所调减，第三产业继续上升，三次产业的比例由上年的3.6：62.3：34.1调整为3.4：62.2：34.4。

居民消费价格总水平比上年上涨2.6%，其中消费品价格上涨3.1%，服务价格上涨1.5%。工业生产者出厂价格比上年上涨0.3%。新建住宅销售价格下降0.5%，二手住宅交易价格下降3.2%，住宅租赁价格上涨1.5%，住宅物业服务价格上涨2.8%。

税收概况

【税收执行情况】 2012年，泉州市国税全年收入336.13亿元，同比增长9.09%，完成年度计划的100.04%，不含福建省国税局单列计划的联合石化，全市税收收入277.82亿元，增收34.28亿元，增长14.1%。完成市财政总收入311.82亿元，同比增收25.87亿元，增长9.05%，占全市572.43亿元财政总收入的54.5%。

【各征收单位计划执行情况】 泉州市12个征收单位有9个单位实现两位数增长，其中安溪县国税局、洛江区国税局、永春县国税局位列增幅前三名，分别增长31.23%、26.28%、17.97%；晋江市国税局、丰泽区国税局、南安市国税局位居增量前三名，分别增收11.67亿元、6.41亿元、3.57亿元。

【领导批示】 泉州市委、市政府主要领导和分管领导共15次对国税工作作出重要批示，肯定国税部门对地方经济发展的突出贡献。

【“营改增”试点顺利推进】 泉州市共确认“营改增”试点纳税人4217户。2012年11月1日，各征收单位均顺利开出发票，试点纳税人抄报税、专票税务端认证、报税子系统试运行取得成功；12月1日，丰泽区国税局进行申报测试，12月3日，共有147户企业顺利完成首日窗口申报和网络申报；截至2012年12月31日共缴纳税款2308.46万元，顺利实现了“营改增”税制转换。

【落实税收优惠政策】 泉州市共抵扣增值税固定资产进项税额14.77亿元；落实调高增值税起征点政策，3.7万户纳税人受惠，累计减免增值税1亿元；减免高新技术企业所得税4.57亿元，减免其他企业所得税12.08亿元。

征收管理

【征管改革】 泉州市国税局以完善运行机制、增强风险应对能力为重点，形成以“一个分析、四个应对”为主要内容的泉州征管改革模式。市国税局设立税收风险分析监控中心，依托自主开发的泉州税收风险管理平台和行业模型，对涉税信息进行分析比对，形成“市局集中分析、县局辅助分析、分局分类应对”的机制。2012年，泉州市国税局风险监控中心累计筛选三批次384户疑点企业，下发评估应对任务。全面推行企业纳税人自主纳税申报、税务机关依法按实征收方式，明确不得设定限制纳税人增值税进项税额抵扣范围、抵扣比例以及采取税收负担率等形式进行内部控制，不得实行最低应税所得率控制或变相定率征收企业所得税。全市按实征收比例达到99.32%（不含个体户），按实征收税款237.98亿元，占总收入比例的96.7%。

泉州市国税局征管改革试点工作在全国、全省税收征管改革会议上进行了经验交流，“泉州模式”在福建省总结推广。

【增值税管理】 开展年度增值税专项纳税评估。对省国税局下发133户增值税发票滞留企业、48户农产品企业异常企业、36份人工干预通过的海关完税凭证和8户比对（稽核）异常的海关完税凭证进行专项纳税评估。共计评估补税 139 户次，评估查补入库税款 2400.98 万元。

【金税工程运行工作】 加强金税工程专用设备安全管理和金税工程运行质量分析，定期通报金税工程运行情况。做好省级集中模

▲泉州市国税局总经济师黄育文（中）为税收志愿服务队授旗

式下的增值税专用发票稽核系统有关工作。执行《增值税存根联滞留票核查工作操作流程》，定期发布滞留票异常企业名单和发票明细数据。

【消费税管理】 按月开展消费税税源分析，加强消费税重点税源分析监控，做好卷烟消费税价格信息采集工作。

【车购税管理】 对验车范围进行缩小，将进口汽车车购税业务征收管理权限下放到各县（市、区）国税局车购税征收窗口，规范车辆购置税征收中的车辆验车、纳税评估、优化服务等方面的工作。加强车辆购置税档案管理。

【所得税管理】 2011年度汇算清缴网上申报率为83.84%，比2010年增长4.02个百分点。2011年度汇算清缴应补（退）所得税91143万元，同比增加11440万元。享受免税收入优惠94户，增加15户，增幅18.99%；减免收入金额139119.92万元，增加83337.28万元，增幅149.40%；享受减计收入优惠11户，增加1户，增幅10%；减计收入金额3951.66万元，增加1250.58万元，增幅46.30%；享受加计扣除优惠40户，增加8户，增幅25%；加计扣除金额17103.57万元，增加7059.29万元，增幅70.28%；享受减免所得额优惠70户，增加5户，增幅7.69%；减免所得额26932.46万元，增加2931.89万元，增幅12.22%；享受减免税优惠514户，减少245户，降幅32.28%；减免所得税额161934.74万元，增加15938.61万元，增幅10.92%；享受创业投资企业优惠1户，抵扣应纳税所得额3.13万元；享受抵免所得税额优惠14户，减少26户，降幅65%；抵免税额3574.64万元，减少1545.77万元，降幅30.19%。

【防范出口退税风险】 自主开发应用"出口退税风险识别辅助系统"，促进征退税衔接，防范出口退税风险。2012年对外贸企业各类疑点发函1090份，涉及应退税款10.15亿元，开展退税评估6户，移送稽查局立案检查5户。

【大企业税收管理】 经过一年的改革运行，大企业税收管理局的工作走上正轨，管理对象、工作流程、岗位职责、人员调配基体到位，与属地税务机关及市国税局业务科室、市国税局稽查局的关系基本理清，能较有效地组织开展风险应对。2012年共实施纳税评估42户次，

▲2012年4月6日，泉州市国税局2012年第一期纳税评估培训班在长沙开班

补税1.23亿元。

【纳税评估】 泉州市国税局按月通报各县（市、区）国税局和各税源管理分局纳税评估情况，召开全市纳税评估工作总结交流会，南安市国税局、丰泽区国税局、洛江区国税局、鲤城区国税局等单位按月召开纳税评估评析会，惠安县国税局、石狮市国税局、永春县国税局、安溪县国税局等单位分别对石材石雕业、服装业、医药零售业、藤铁业等开展了行业纳税评估。2012年共开展纳税评估1847户次，补税4.01亿元，占直接收入的1.72%。调整101户关联股权交易，股权转让征收非居民企业所得税1.29亿元，同比增长231.31%。

【税务行政审批】 梳理下放税务行政审批事权，清理取消和调整税务行政审批项目，共取消行政审批项目1项。规范和简化审批程序，加强对已取消审批项目和批准项目的后续监管。修订重大税务案件审理办法，出台《泉州市国家税务局重大税务案件审理工作规程》，规范案件审理提请材料和审理工作程序，调整重大税务案件标准，明确案件审理工作纪律。

【税务稽查】 泉州市稽查查补收入2.73亿元，占全市直接税收收入的1.17%；查处发票违法企业91户次，查处非法发票371份，查补收入469.65万元；税收专项检查组织企业自查789户，补税137.65万元，实施重点检查777户，查补收入1.5亿元。

【规范重大案件审理】 出台《重大税务案件审理工作规程》，2012年累计召开重大案件审理会议9次，审理27起重大税务案件，做出审议意见24起，退回补充调查6起，累计追补税款7300万元、罚款909万元。

【税收执法检查和执法监察】 开展互不交叉执法督察工作，执法考核子系统的执法正确率99.61%，税收执法过错责任追究398人次。

纳税服务

【办税服务厅规范化建设】 泉州市12个办税服务厅和9个办税延伸点均全面达标。

【完善纳税服务制度】 召开全市纳税服务工作会议，出台《办税服务厅管理办法》《涉税事项管理办法》《办税服务厅应急处理办法》和办税服务厅文明服务规章、早会制、导税制、绩效考核办法等制度。

【创新服务手段】 全面应用全市通办、自助办税终端服务、网上办理税务登记预申请、简单事项“免填单”、涉税业务受理单系统、网络发票、网上申报、网上认证、网上发票核销系统、短信催报催缴系统等。各基层单位相继推出纳税人学校、企业家大讲堂、POS机刷卡缴税、“税邮通”服务和“专家服务团队”等创新举措。

干部队伍建设

【人事调整】 通过差额方式竞争性选拔泉州市国税局机关8名正科级领导、10名副主任科员；通过竞争上岗提任市国税局机关5位副科级领导和县级局10位纪检组长、35位正科长、62位副科长；各县级国税局共提任56名副主任科员；交流、转任4个正科级领导、20个副科级领导。

【教育培训】 以专业化人才培养为重点，先后组织开展了大企业管理、出口退税、税务稽查、“营改增”等业务培训和长沙税院、扬州税院纳税评估专题培训共30多场次，累计2000多人次接受培训。

【党建和文明创建】 先后开展“服务税收发展，深入创先争优”“学雷锋志愿服务”和“下基层、解民忧、办实事、促发展”等主题活动，组织一系列国税文化建设和文体活动，做好离退休干部工作。泉州市有9个单位通过省级文明单位复查，德化县国税局、丰泽区国税局、晋江市国税局、永春县国税局、惠安县国税局等5个党支部被授予“创先争优先进基层党组织”，泉州市国税局在福建省国税系统运动会上获团体总分第二、篮球比赛冠军的成绩。

【创先争优】 丰泽区国税局、泉港区国税局办税厅继续保持全国“青年文明号”称号，石狮市国税局、洛江区国税局办税厅争创省级“青年文明号”，晋江市国税局、开发区国税局办税厅获泉州市“工人先锋号”，晋江市国税局创新纳税服务工作得到省长苏树林、副省长王蒙徽的高度评价，省国税局在全省总结推广晋江经验。

▲泉州市国税局党组副书记、纪检组长苏虎在泉州晚报政风行风直通车栏目接听市民来访

党风廉政建设

【党风廉政建设责任制】 执行《税收违法违纪行为处分规定》，深化内控机制建设，全市梳理出280个岗位权力事项和566个风险点，相应制订824条防控措施。

【廉政文化】 开展廉政文化建设作品征集评选等系列活动，参加全省廉政知识竞赛获得二等奖。

【政风行风评议】 深化纠风行评和效能建设，泉州市国税局在全省行业优质服务指数测评中取得实地测评、材料审核和汇总成绩三项满分，位列全市第一名，市国税局和各县级国税局在当地的政风行风评议中均名列前茅。

（供稿：林琳）

三明市国家税务局

概述

【经济概述】　2012年实现地区生产总值1339.29亿元，比上年增长12.2%。其中第一产业增加值211亿元，增长4.2%；第二产业增加值684.84亿元，增长16.9%；第三产业增加值443.45亿元，增长8.3%。人均地区生产总值53422元，比上年增长12.1%。第一产业增加值占地区生产总值的比重为15.8%，第二产业增加值比重为51.1%，第三产业增加值比重为33.1%。

居民消费价格一季度同比上涨3.4%，上半年上涨2.8%，前三季度上涨2.3%，全年平均比上年上涨2.3%。其中食品价格上涨5.0%，商品零售价格上涨1.4 %，工业生产者出厂价格下降4.3%。

2012年公共财政总收入121.68亿元，比上年增长15.4%，其中地方公共财政收入77.44亿元，增长20.0%；公共财政支出152.10亿元，增长25.9%。三明市国税税收收入58.38亿元（含海关代征6.71亿元），增长6.5%；地税系统组织各项收入90.23亿元，其中税收收入64.85亿元，增长12.4%。

规模以上工业增加值629亿元，比上年增长17.5%。工业产品销售率98.60%，比上年回落0.25个百分点。

全社会固定资产投资1117.25亿元，比上年增长21%。其中固定资产投资1092.86亿元，增长21.4%；农户投资24.38亿元，增长6.8%。

社会消费品零售总额319.16亿元，比上年增长17.1%。按经营地统计，城镇消费品零售额283.56亿元，增长17.7%；乡村消费品零售额35.59亿元，增长13.2%。按规模统计，限额以上批零和住餐业零售额138.82亿元，增长23%；限额以下批零和住餐业零售额180.34亿元，增长13%。

2012年进出口总额23.83亿美元，比上年增长43.2%。其中，出口22.02亿美元，增长42.4%；进口1.81亿美元，下降20.7%。进出口顺差（出口减进口）20.21亿美元，比上年增加7.05亿美元。

【国税概述】　三明市入库国税税收58.38亿元，同比增收3.55亿元，增长6.5%；国税部门共组织入库税收51.67亿元，同比增收4.02亿元，增长8.4%。全市国税系统所有单位均被评为文明单位，包括1个全国文明单位、11个省级文明单位和1个市级文明单位，系统涌现出了1个第八届全国“五好文明”家庭范咏秋家庭和1位中国“诚实守信”好人王官金同志。在三明市2012年度民主评议政风行风考评中，市国税局以92.89分在全市69个参评单位中荣获第一名。

税收概况

【税收计划执行】 三明市入库国税税收58.38亿元，同比增收3.55亿元，增长6.5%。其中中央级收入44.82亿元，同比增收2.26亿元，增长5.3%；地方级收入13.56亿元，同比增收1.29亿元，增长10.5%。国税部门共组织入库税收51.67亿元，同比增收4.02亿元，增长8.4%，超收0.17亿元，完成2012年收入任务的100.33%。其中增值税入库36.38亿元，同比增收2.28亿元，增长6.7%；企业所得税入库10.94亿元，同比增收1.58亿元，增长16.8%；消费税入库1.41亿元，同比增收0.10亿元，增长7.7%；车辆购置税入库2.94亿元，同比增长0.07亿元，增长2.6%。

海关代征税收6.71亿元，同比减收0.47亿元，下降6.6%；办理退（免）税10.75亿元，同比增加2.85亿元，增长36.1%。

【收入规模】 月收入在1月突破7亿元（达7.8亿元）大关后，2012年度国税组织收入突破50亿元大关，达51.67亿元。月均收入规模首次突破4亿元，达4.31亿元，继2008年月均收入上3亿元后再次突破。

【税源结构】 所得税比重及增收贡献继续提高，入库10.94亿元，占总收入的21.2%，比2011年提高1.6%，增收1.57亿元，增长16.8%，增收贡献率为39.4%，同比提高了2.3%。入库增值税36.38亿元，比重与增收贡献分别下降1.2%和0.8%。从企业类型看，股份制企业入库税收33.93亿元，为各类型企业最高，同比增长13.9%，占总收入的65.7%，比2011年提高8%；私营及国有企业占总收入的比重列二、三位，分别为14.1%和11.8%，涉外企业占总收入的

▲2012年1月1日，福建省国税局局长臧耀民（前排右一）在三明市市长邓本元（前排中）陪同下视察“营改增”首日运行情况

表17　　2012年三明市国税局各项收入完成情况

单位：万元

项　目	税额	增减额	增长（%）
一、总计（含出口退税）	476324	6884	1.5
1. 税收总收入	583774	35489	6.5
其中：中央级	448174	22622	5.3
地方级	135600	12867	10.5
省级收入	8367	2038	32.2
市级收入	33640	5954	21.5
县级收入	93593	6854	7.9
2. 海关代征	67082	-4706	-6.6
3. 其他收入	50	-105	-67.7
二、出口退税	-107500	-28500	36.1
其中：直接出口	-94000	-17000	22.1
三、税收资金运行指标			
4.1 本年应征税收	547420	-16847	-3.0
4.2 多缴税金期末余额	5249	5213	14480.6
4.3 在途税金期末余额	0	152	-100.0
4.4 欠税期末余额	6451	6608	-4208.9
4.4.1 本年新欠	928	748	415.6
4.5 缓征税款期末余额	0	-5956	-100.0
4.6 减免税金	11621	-1666	-12.5
4.7 清缴以前年度欠税	126	-194	-60.6
4.8 先征后退税金	-8127	-2487	44.1
4.9 入库查补税金	15058	11901	377.0
四、免抵已调增值税	13500	11500	575.0
五、企业申报免抵额	10083	9743	2865.6

8.5%，比2011年下降0.9%。

【区域税收】 三明市绝大多数征收单位组织收入实现增长，半数以上征收单位呈两位数增长，与2011年相比收入增减差距缩小了1.4%，但受资源类企业不景气及退税因素的影响，各征收单位间收入增减高低差仍高达84.6%。明溪县国税局、泰宁县国税局和建宁县国税局等3个税收未达亿元的单位收入发展加快，占全市税收收入比重为5.67%，较2011年提高1.56%，同比增收0.97亿元，增长49.7%，比全市平均增幅高41.3%，贡献率为24.1%，比上年提高22.1%，拉动税收收入增长2.04%。

【税源分析】 三明市国税收入近八成来源于商业、矿产品、电力、钢材、水泥、化工、金融、纺织、房地产、机械和林产品等11大产业，这11大行业入库税收均过亿元，共入库39.6亿元，增收2.73亿元，增长7.4%。其中商业、矿产品、电力、钢材、水泥五大行业收入均超过5亿元，占全市收入的64.6%。电力、钢材、商业（主要是烟草）和金融业是三明市2012年税收增收的主要行业，合计增收4.87亿元，拉动全市税收增长10.2%。电力行业为增收龙头，贡献2.07亿元的税收增量，拉动税收增长4.3%；传统产业钢材行业入库税收5.72亿元，增收1.13亿元，增长24.6%；商业（主要是烟草）和金融业分别入库税收0.81亿元和0.75亿元。矿产品和房地产行业收入大幅回落，分别入库税收6.89亿元和1.33亿元，分别减收1.49亿元和0.32亿元，合计影响税收下降3.8个百分点。

【重点企业】 三明市入库百万元以上的

表18　　2012年三明市国税局各单位税收完成情况

单位：万元

单位名称	年计划	完成任务数	年累计完成（%）	增减	增长（%）
合　计	515000	516692	100.3	40195	8.4
梅列区国税局	172900	185668	107.4	26748	16.8
三元区国税局	33200	34049	102.6	3450	11.3
永安市国税局	90000	82727	91.9	194	0.2
宁化县国税局	16800	18182	108.2	2927	19.2
大田县国税局	52000	40772	78.4	-7445	-15.4
清流县国税局	21600	22890	106.0	3734	19.5
明溪县国税局	7000	9438	134.8	2716	40.4
尤溪县国税局	36400	36659	100.7	2862	8.5
沙县国税局	38600	36633	94.9	-2467	-6.3
将乐县国税局	32000	29810	93.2	467	1.6
泰宁县国税局	8000	11701	146.3	4786	69.2
建宁县国税局	6500	8163	125.6	2223	37.4

企业480家，同比增加100家，入库税款38.95亿元，占全市总收入的75.4%，同比增收5.05亿元，增长14.9%；入库千万元以上的重点企业67家，同比增加13家，入库税款27.64亿元，占全市总收入的53.5%，同比增收6.13亿元，增长28.7%。入库5000万元以上重点企业12家，主要集中在钢材、烟草、煤炭、电力、水泥和通信行业。

▲2012年8月28日，福建省国税局纪检组长曾光辉（右二）深入尤溪县国税局调研

税收增收前5名的企业为福建三钢闽光股份有限公司、福建省烟草公司三明市公司、福建省永安市供电有限公司、宁化行洛坑钨矿有限公司、福建省尤溪县供电有限公司，合计入库11.45亿元，增收3.45亿元，占全市税收收入增收总额的85.8%；税收同比减收前5名的企业为大田县太华煤矿、大田县奇韬煤矿、中石化森美（福建）石油有限公司三明分公司、大亚木业（福建）有限公司、永安市农村信用合作联社居减收前五位，合计入库0.69亿元，减收1.06亿元。

税收法治

【税收执法过错责任追究】 每月通报分析税收执法情况，三明市国税局领导约谈排名后3名的单位主要领导。健全上下沟通联动机制，在主页设立咨询台，解答基层单位在工作中遇到的问题。坚持监督检查制度，检查过错申辩的理由是否充分，不充分的督促责任单位不予申辩调整。

三明市国税申辩调整前执法总数294987次，过错户744户，过错数758次，全市平均执法准确率为99.75%。申辩调整后执法总数为294984次，过错户187户，过错数195次，全市平均执法准确率为99.94%。2012年共责任追究340人次，其中通报批评35人次，经济惩戒305人次，经济惩戒金额8478元。

【税收执法督察】 成立税收执法督察工作领导小组，根据福建省国税局2012年度督察内审工作内容，结合本地税收执法的实际情况和工作需要，研究制定了2012年税收执法督察实施方案，明确检查的重点内容、目标要求和工作任务，选择重点领域、重点环节实施税收执法督察，税收执法督察自查面达100%，重点对梅列区国税局、三元区国税局、将乐县国税局和泰宁县国税局4个单位进行了执法督察。

表19

2012年三明市国税局

项　　目	税收收入			增值税		
	税额	增减	增减幅（%）	税额	增减	增减幅（
税收收入合计	583774	35489	6.5	363839	22782	6.7
一、第一产业	785	178	29.3	103	-345	-77.0
二、第二产业	336966	25983	8.4	291633	24388	9.1
（一）采矿业	67595	-16406	-19.5	61154	-16406	-21.2
1. 煤炭开采和洗选业	34682	-10430	-23.1	34416	-10267	-23.0
2. 黑色金属矿采选业	3152	-3668	-53.8	3024	-3556	-54.0
3. 有色金属矿采选业	18528	-3260	-15.0	12280	-4232	-25.6
4. 非金属矿采选业	11233	952	9.3	11434	1649	16.9
（二）烟草制品业	2059	2007	3859.6	1495	1495	
（三）纺织业	14703	-227	-1.5	13713	505	3.8
（四）纺织服装、服饰业	3763	455	13.8	5058	1417	38.9
（五）石油加工、炼焦和核燃料加工业	1801	-372	-17.1	3	2	200.0
（六）化学原料和化学制品制造业	28231	2744	10.8	22119	2386	12.1
（七）非金属矿物制品业	39347	393	1.0	37492	1873	5.3
（八）黑色金属冶炼和压延加工业	60765	14424	31.1	57157	11389	24.9
（九）电力、热力生产和供应业	61272	22191	56.8	50979	19797	63.5
其中：电力生产和供应业	55075	17027	44.8	50979	19797	63.5
（十）机械制造业	11326	-1454	-11.4	11408	591	5.5
1. 通用设备制造业	4315	-3347	-43.7	4136	-3202	-43.6
2. 交通运输设备制造业	288	-1073	-78.8	271	-996	-78.6
（十一）林产业产业	11040	-864	-7.3	10160	-757	-6.9
（十二）造纸及纸制品业	3773	-4471	-54.2	3825	-698	-15.4
（十三）食品饮料	7437	-1922	-20.5	2241	2241	

税收分税种、分税源完成情况

单位：万元

消费税			企业所得税			车购税		
税额	增减	增减幅（%）	税额	增减	增减幅（%）	税额	增减	增减幅（%）
14059	1008	7.7	109353	15726	16.8	29409	740	2.6
			137	87	174.0			
3789	–119	–3.0	39293	4285	12.2			
0	0	0.0	7783	1501	23.9			
			250	–94	–27.3			
			128	–108	–45.8			
			6248	1001	19.1			
			1157	702	154.3			
			1367	1367				
			773	–659	–46.0			
			288	166	136.1			
			5	4	400.0			
			5868	113	2.0			
			12970	676	5.5			
			36	–83	–69.7			
			3248	884	37.4			
			3248	884	37.4			
			1178	423	56.0			
			162	–123	–43.2			
			10	–61	–85.9			
					66.0			
			82	–30	–26.8			
3548	–165	–4.4	1367	1367				

项目	税收收入			增值税		
	税额	增减	增减幅（%）	税额	增减	增减幅（%
其中：啤酒	5901	-1341	-18.5	2241	2241	
（十四）建筑业	1954	-185	-8.6			
三、第三产业	246023	9727	4.1	72103	-881	-1.2
（一）批发和零售业	168240	5069	3.1	68451	-720	-1.0
1. 批发业	148478	4385	3.0	51537	-499	-1.0
其中：烟草批发	43636	9160	26.6	18009	1000	5.9
2. 零售业	19762	684	3.6	16914	-221	-1.3
（二）交通运输、仓储和邮政业	4113	-920	-18.3	617	617	
其中：交通运输业	4081	-926	-18.5	617	617	
（三）住宿和餐饮业	163	-2	-1.2	625	625	
（四）信息传输、软件和信息技术服务业	5527	202	3.8			
其中：电信、广播电视和卫星传输服务业	5527	202	3.8			
（五）金融业	24994	7438	42.4			
1. 货币金融服务	24478	24478				
其中：银行	23114	6927	42.8			
2. 资本市场服务	452	452				
3. 保险业	12	-15	-55.6			
（六）房地产业	13456	-3496	-20.6			
（七）租赁和商务服务业	929	-28	-2.9			
（八）文化、体育和娱乐业	68	68				
（九）新闻和出版业	56	56				
（十）广播、电视、电影和影视录音制作业	4	4				

续表

消费税			企业所得税			车购税		
税额	增减	增减幅（%）	税额	增减	增减幅（%）	税额	增减	增减幅（%）
3548	-165	-4.4	1367	1367				
			1898	-7	-0.4			
10270	1127	12.3	69894	11330	19.3			
10270	1127	12.3	24207	7690	46.6			
10270	1127	12.3	0	0				
10270	1127	12.3	15357	7033	84.5			
			0	0				
			575	-2	-0.3			
			575	-2	-0.3			
			160	-2	-1.2			
			5347	114	2.2			
			5347	114	2.2			
			24852	7566	43.8			
			0	0				
			23027	5741	33.2			
			0	0				
			0	0				
			13291	-3174	-19.3			
			700	-198	-22.0			
			0	0				
			0	0				
			0	0				

【经济责任审计】 根据国家税务总局和福建省国税局文件要求，对符合条件的梅列区国税局、三元区国税局、将乐县国税局、泰宁县国税局4个县、区局的主要领导下发经济责任审计通知书，抽调相关业务科室骨干与县局人才库人员组成审计组，于2012年7月9日—8月10日，分别对梅列区国税局陈登武、三元区国税局林孝勤、将乐县国税局卢国恭、泰宁县国税局郑普生，在2009年1月1日—2011年12月31日任职期间履行经济责任的情况进行了审计。审计组按照审计方案，对照审计内容、审计时间，执行审计立项、实施等步骤，对审计中发现的问题认真制作审计工作底稿，并结合被审计单位反馈意见，编制审计报告，下发审计意见书，督促被审计单位做好落实整改工作。

【案件审理】 贯彻执行国家税务总局和福建省国税局《重大税务案件审理办法》，在案件审理过程中，围绕稽查对象主体是否准确、执法程序是否合法、事实是否清楚、证据是否确凿、数据是否准确、适用法律是否恰当、资料是否齐全、处理意见是否得当等主要内容展开审理，并将审理意见提交重大案件审理委员会讨论，根据审委会意见制作税务处理决定书与税务处罚决定书或税务稽查结论。三明市国税系统稽查局立案查处132件，移送同级重大案件审理委员会审理案件42件，审理率为32%，其中维持初审意见数34件，发回复查数2件，改变调查部门拟处理意见6件。市国税局稽查局立案查处12件，移送市国税局重大案件审理委员会审理1件，经案审办公室初步审理，退回稽查局补充调查相关证据后，于2012年11月16日召开重大案件审理委员会，经审委会研究决定做出维持初审意见的决定。

征收管理

【征管概况】 三明市国税系统共管征户数44656户，其中企业16508户，个体户28147户，一般纳税人7479户。

【增值税管理】 2012年入库增值税36.38亿元，同比增收2.28亿元，增长6.7%。三明市国税局加强增值税税源监控分析工作，应用“增值税预警系统”，筛选出年度增值税国内应税销售额超过2000万元，对税负低于全市行业小类税负50%以上的90户企业，分析其税负偏低的具体原因，共补增值税近千万元。做好增值税一般纳税人资格认定工作，组织干部学习国

▲2012年5月31日，福建省国税局总会计师陈慕斌（左二）一行深入三钢调研

家税务总局、福建省国税局新出台的《增值税一般纳税人资格认定管理办法》及相关规定，办理增值税一般纳税人资格认定1197户。

落实增值税优惠政策，2012年，三明市国税系统办理资源综合利用企业增值税退税28户，退税6430万元；办理社会福利企业增值税退税51户，退税3746万元；小规模纳税人征前减免增值税3711万元；固定资产进项税额抵扣62377万元；一般纳税人申报免税销售额110.84亿元。

【企业所得税管理】 三明市国税共管征所得税企业10412户，其中查账征收8674户，核定征收1738户；新办企业3039户，同比增加1392户；跨地区经营汇总缴纳企业所得税的企业246户，其中总机构21户，二级分支机构就地预缴225户。

2012年入库企业所得税10.94亿元，同比增收1.58亿元，增长16.8%。其中内资企业入库所得税9.11亿元，同比增收1.64亿元，增幅21.89%；外资企业入库所得税1.61万元，减收2057万元，减幅10.91%。

开展2011年度企业所得税汇算清缴工作，三明市实际汇算清缴8979户，清缴面100%，纳税调整增加额12.69亿元，纳税调整减少额6.02亿元，调增净额28.13亿元，补缴入库企业所得税2.93亿元，比2011年同期多补0.75 亿元，增长34.4%。

加强企业所得税后续管理，印发《三明市国家税务局关于做好2011年度企业所得税后续管理有关事项的通知》，对三明市国税企业所得税后续管理审核任务进行统一部署和业务指导。市国税局汇总CTAIS2.0系统、税源风险管理信息系统、企业所得税风险预警信息管理系统中的申报数据，分析、查找、确定税源管理风险点和存在疑点企业，向基层局下发后续管理审核任务。基层局负责审核任务中的纳税人年度纳税申报表的逻辑性和有关资料的完整性、准确性。通过后续管理，调增应税所得额9015万元，补征税款1705万元。

推行企业所得税风险预警信息管理系统，制定推行工作方案，明确各部门职责，加强分工协作，形成合力。完善参数设置，设立了收入利润率为预警核心指标和八项辅助指标，实现企业申报数据的纵向对比；科学计算年度预警值，由单一年度产生修改为前三个年度动态计算产生，扩大样本量，并按年度的重要性引入“20%”“30%”“50%”权重进行加权计算；引入数理统计的离散分析法，对当年度综合预警值进行计算。开展操作培训，发挥业务骨干的带动作用，帮助干部掌握操作流程，提高应用水平。2012年通过所得税风险预警信息管理系统共布置评估企业503户，有问题企业387户，共调增应税所得额1.6亿元，核减亏损额9390万元，补征税款3196万元，滞纳金123.8万元。

承接福建省国税立项，开发企业所得税电子台账管理系统，制定实施方案，成立领导机构，由所得税科提供业务需求，信息中心负责开发软件。电子台账管理系统主要功能是自动提取、生成、统计汇总、比对信息，并可分类分户进行查询。至2012年年底，完成部分功能模块开发。

落实企业所得税优惠政策，为736户次企业办理税收减免3.17亿元。其中享受免税收入29户次，金额4603万元，减计收入19户次，金额5886万元；加计扣除34户次，金额1909万元；减免所得额159户次，金额1.67亿元；减免税户475次，金额1846万元；抵免所得税额6户次，金额720万元。

【消费税管理】 组织消费税有关政策的调查研究，形成调查报告上报福建省国税局。收集、整理消费税各税目存在的政策和管理问题，对问题成因进行分析，提出合理化建议；做好卷烟消费税计税价格信息采集和上报工作。2012年入库消费税1.41亿元，同比增收0.10亿元，增长7.7%。

【车辆购置税管理】 细化车辆购置税办税窗口功能，下放车辆购置税管理权限，三明市所有县（市、区）国税局均可办理车辆购置税征收业务。2012年入库车辆购置税2.94亿元，同比增长0.07亿元，增长2.6%。

▲2012年10月24日，三明市国税局局长林锡明（左二）参加全市交通运输“营改增”试点部分企业座谈会

【进出口退税管理】 做好出口退税信息系统二期网络版的升级和退税率调整的打补丁工作，开通电子口岸信息系统，实行出口企业退税资格网上审核和出口退税网上预审；利用出口退税预警评估软件，加强日常出口退税管理的分析、测算和监控，每月抽查2户出口单证备案情况，对单证备案不完整的出口货物暂缓退税；对28户出口退税重点企业实施“一对一”政策帮扶，及时宣传出口退税新政。2012年办理出口退（免）税10.75亿元，同比增退2.85亿元，增长36.1%。

【国际税收管理】 建立信息沟通渠道，主动联系走访外汇管理、工商、地税、外经贸等有关部门，获取境内企业技术引进、股权转让等涉税信息。通过上门辅导、税企座谈等方式，加强非居民企业税收的宣传辅导，争取纳税人支持和配合履行扣缴义务。以辖区内被转让股权企业为冲突口，通过查看股权转让合同或协议、银行往来凭证等，核实股权转让的真实价格及收益。2012年5月30日，三明市国税局成功划缴三明中银斑竹有限公司非居民所得税271万元，为入库外资企业股东以增资为名转让股权收益税款的首例，并作为典型案例在福建省国税系统资本运作与反避税高端交流会上进行讲解。2012年，三明市共入库非居民企业所得税734.3万元。

【推行“营改增”试点】 成立以局长为组长的工作领导小组，下设税收政策、征管技术和宣传保障3个专门的工作小组，制定“营改增”试点实施方案和倒计时方案，将工作目标分解为77个工作任务，每个任务确定完成时限、牵头单位、责任人和配合单位。建立向上级汇报请示的机制、与相关部门的沟通协调机制和内部科室沟通机制，定期召开工作例会，研究讨论试点工作中的问题。对全系统所有干部开展“营改增”相关知识培训，三明市国税局培训辖区内试点一般纳税人企业法人和财务负责人200余人次，其他类型纳税人由各县局组织培训，共培训纳税人3147人次。在推行工作的关键时期，组织3个督导小组，由局领导带队分赴各县对“营改增”试点工作进行督导。以内外网站为平台，借助市政府政务公开栏，开辟“营改增”试点工作宣传专栏；以主流媒体为阵地，在市政府门户网站、电视台、报纸的重点时段、重点版面推出“营改增”试点工作专题系列报道；通过下户走访、税企座谈等形式，送政策、送服务上门，对重点纳税人进行上门辅导，协调解决纳税人遇到的实际问题。《中国税务报》《福建日报》《三明日报》和三明电视台报道了三明市“营改增”推行情况，福建之窗、海西网、东南网以及新浪、网易等10余家媒体相继转载。

2012年11月1日，福建省国税局局长臧耀民、省国税局总会计师陈慕斌和三明市长邓本元、三明市副市长肖明光，在梅列区国税局办税服务厅见证了三明市营业税改征增值税试点成功启动。当天，三明市各地试点纳税人相继开出了交通运输业、部分现代服务业增值税专用发票。至12月底，三明市共2561户“营改增”试点纳税人如期申报缴税，申报率100%，实现新旧税制的顺利转换。

【税收征管改革】 2012年11月，推行税收征管改革和“市区一级稽查”工作模式。分别成立领导小组，由局长任组长，分管领导任副组长，下设办公室，相关科室负责人为办公室成员，负责调研制定改革方案并全力推行。将推行税收征管改革工作分为制定方案、组织实施和总结验收三个阶段。为保证推行工作顺利开展，三明市国税局对内加强学习，统一思想，提高干部对推行税收征管改革和“市区一级稽查”工作模式的认识；对外做好对地方党委政府、纳税人的宣传，取得各方的理解、支持和配合。在方案制定过程中，学习泉州市等单位经验，结合三明实际制定改革方案，多次召开领导小组及办公室成员会议讨论修改方案。2012年年底，在综合各县（市、区）局意见的基础上，经市国税局党组研究讨论，制定了《三明市国家税务局推进税收征管改革实施方案》和《三明市国家税务局“市区一级稽查”实施方案》，并上报福建省国税局批准。

【纳税评估】 开展行业建模梳理工作，重点梳理行业代码、模型参数、计算公式、补充申报信息等情况，修正、完善、增加行业监控参数指标，共整合、修正了15个行业模型。针对行业税收风险环节制定行业管理和防范风险的措施，提高风险识别水平和风险应对能力。三明市已完成214个行业模型设置工作，较2011年同期增加了59个，监控的户数比达89.01%，监控税额比达89.23%，均较2011年增长了10%以上。以“选拔纳税评估能手、打造纳税评估优秀案例”和“促收入、促规范”为主题，开展纳税评估，打造优秀案例。2012年完成纳税评估2112户次，评估直接入库税款9307万元，占年收入任务的1.88%。

【信息技术应用】 做好金税三期广域网项目建设，三明市国税局到省国税局的带宽由原来10M提升到20M，县国税局到市国税局的带宽由原来2M提升到8M。做好一户式电子档案、全国财税库银横向联网系统和网络发票推广工作。2012年4月1日，三明市国税局一户式电子档案系统顺利上线；5月2日，该市财税库银横向联网系统上线；5月20日，该市1244户纳税人正式启用网络发票；至12月13日，网络发票全部推行到位，共计3424户纳税人开通使用网络发票，实现了除领用百元版手工发票以外的纳税人全部通过网络发票管理系统开具发票。

纳税服务

【办税服务厅建设】 通知督促各办税厅总结学习2011年沙县国税局、泰宁县国税局两个示范点建设的经验，逐条对照国家税务总局、福建省国税局相关文件要求，补缺补漏。在全省办税服务厅规范化建设检查验收中，三

明市国税局办税服务厅全部达标。另外，泰宁县国税局在办税服务厅启用排队叫号和服务评价系统，不仅缓解纳税人众多、人员拥挤无序的矛盾，还可通过评价系统查看窗口工作人员的工作量、纳税人满意度、业务受理时间等各项量化指标，提升服务水平。

【特色服务】 推行“免填单”服务系统，纳税人根据办理的涉税事项可分别享受“免单”“免填单”和“简化填单”三种类型服务；开通短信平台“税企E通台”，将纳税申报、发票缴销等涉税事项的办结通知通过短信发送给纳税人；设立绿色办税通道和“大户服务区”，对特殊纳税人采取优先受理，特事特办、急事急办；开通网上发票核销功能，纳税人可以通过网上办税服务厅进行发票核销；实行非工作时间值班制度。在节假日期间设置值班窗口，为未能及时认证当月增值税专用发票的纳税人提供服务。

【落实结构性减税政策】 继续落实增值税转型、小微企业税收优惠等结构性减税政策。将2012年新出台的增值税起征点提高政策作为重点，通过报刊、网络等媒体宣传政策的内容和实施的意义，严格执行个体工商户计算机定额核定制度，科学设置路段、面积、行业的等级系数，依法认定征免对象，认真履行定额核定公示、公告和送达等程序。尤其是对小型微型企业和未达起征点个体户发展壮大后征收税款的，做好宣传解释工作。政策调整后，三明市新增7254户纳税人免税，新增免税额2045万元，约有32700户符合条件的小型微型企业免收税务登记证和发票工本费。2012年，三明市国税系统共办理各项税收优惠6.2亿元。

【税法宣传】 以税收宣传月为契机，开展税收法制宣传，主要开展以下活动：三明市国税局领导作客政府网解答税收工作热点问题；在《三明政府网》开辟“国税专栏”宣传税收工作；开展热门税收微语录有奖征集活动，共收到来自广东、江苏、福建、湖南等省税务系统内外361条作品，评选出一等奖1名，二等奖2名，三等奖3名；和“三明小鱼网”网络社区合作，开展税法走进网络社区活动；以世界客属第25届恳亲大会为契机，开展以“税收知识与客家文化同行”为主题的税收宣传活动；联合三明地税、三明学院、中国青年创业国际计划（YBC）三明站开办YBC青年创业税收讲坛。由市国税局主办的“三明市国税局征集热门税收微语录”、建宁县国税局举办的“‘诚信纳税促发展　共建文明新莲乡’税收宣传专题文艺晚会”、宁化县国税局开展的“万余小纸杯助力世客会”等3个活动项目被省国税局评为“福建省国税系统2012年税收宣传优秀创新项目”。

税务稽查

【概况】 三明市共检查企业134户，其中立案134户，有问题134户，选案准确率100%，结案134户，结案率100%，查补收入8245万元。稽查机构查补入库6929万元（其中：税款6520万元，滞纳金265万元，罚款144万元），入库率95.32%，占全市国税总收入473783万元（不含海关代征、车购税和免抵调库数）的1.46%。调减留抵税款61万元，调增应纳税所得额3171万元。

【专项检查】 三明市开展自查352户，有问题户数64户，占自查户数18.18%，查补收入（含自查补税及加收滞纳金）747.22万元；开展重点检查109户，有问题户数95户（移送司法机关1户），占检查户数的87.16%，查补税款2660.16万元，加收滞纳金123.24万元，罚款76.02万元，合计查补收入2859.42万元。另外，冲减增值税留抵税金31.93万元，调减亏损额1362.62万元。以上自查与重点检查两项查补

▲2012年11月27日，三明市国税局《小企业会计准则》暨稽查业务培训在沙县举行

收入3606.64万元，入库收入3454.04万元，入库率95.77%。根据福建省国税局关于开展税收交叉检查工作安排，自6月18日起对福建省国税局抽取莆田市的8户企业进行检查，发现问题企业7户，查补增值税225.86万元，查补企业所得税354.03万元，罚款74.48万元。

【大案要案】 打击骗取出口退（免）税违法犯罪活动，查出出口企业涉嫌违规退税3454.93万元，移送公安机关3户。查办福建省国税局的督办案件福建省金紫阳实业有限责任公司案，该公司属生产自营出口企业，涉嫌虚开增值税专用发票和农副产品收购业务发票，该案已移送公安机关。

打击发票违法犯罪活动工作，三明市检查企业133户，查处违法企业112户，移送公安部门6户，查处非法取得发票1399份，查补税款479.6万元。与公安部门密切配合查处一贩卖假发票窝点，当场缴获非法印制的增值税普通发票和货物销售普通发票8000余份，抓获犯罪嫌疑人1名。

【案件协查】 发出协查245起，涉及发票4125份，金额47362.74万元，税额8051.02万元。委托收到回复发票4139份，其中正常票2529份，无法核实的706份，有问题发票904份，选票准确率为21.84%。收到受托协查123起，涉及专用发票35023份，金额16270.65万元，税额2764.82万元。受托累计回复发票3520份，其中正常票2823份、有问题的发票608份、无法核实票92份，受托协查累计按期回复率100%。接收第三类案件共2户2份发票，查结2户2份发票，共查处税款19.27万元，罚款0.3万元，合计19.57万元，冲减留抵税款19.13万元。

【案件举报】 受理举报案件34件，其中上级转办6件（2户为重复举报），本局受理22件，县级局受理6件。查处案件34件，结案率100%，有问题16件，4件挂案待处理，其余案件均查无问题。查补收入301.11万元。

【稽查管理】 按照市（地）级稽查机构一级稽查模式调整的要求，结合三明市实际，推行“设区市局一级稽查，举报案件下查一级”的稽查模式，在市区建立“由市国税局统一领导，以市国税局稽查局为主要执法主体，整合并统筹市区稽查人力资源，集中精力办理各类涉税案件”的工作运行机制。全市国税稽查人员共有113人，占在职干部总人数996人的11.35%，其中市国税局稽查局实有人数24人，各县（市、区）国税局稽查局实有89人。市国税局稽查局内设综合科、综合选案科、检查一

科、检查二科、案件审理科、案件执行科等6个科，各县（市、区）国税局也按照稽查业务流程配备岗位人员。三明市国税稽查人员现有中共党员77人，占总数的68. 1%；大专以上102人（其中研究生1人），占总数的90.3%；注册税务师4人；35岁以下9人，占总数的7.9%；35～45岁19人，占总数的16.8%；45岁以上85人，占总数的75.2%。

人员机构

【机构与编制】 三明市国税局按照行政区划设置，是主管三明市国家税收工作的行政机构，实行垂直领导管理体制，为正处级全职能局。下辖梅列区国税局、三元区国税局、永安市国税局、宁化县国税局、大田县国税局、清流县国税局、明溪县国税局、尤溪县国税局、沙县国税局、将乐县国税局、泰宁县国税局、建宁县国税局等12个正科级全职能局，泰宁、建宁两县国地税机构未分设。全市系统共设有42个副科级基层税务分局。三明市国税局机关内设机构12个，级别为正科级，分别为办公室、政策法规科、货物和劳务税科、所得税科、收入核算科、纳税服务科（纳税服务中心）、征收管理科、财务管理科、人事教育科、监察室、大企业和国际税务管理科、进出口税收管理科；另设机关党委办公室、离退休干部科，级别为正科级。三明市国税局直属机构1个，即稽查局，级别为副处级。三明市国税局事业单位3个：信息中心、机关服务中心、培训中心，级别为正科级。截至12月31日，三明市国税系统在编干部职工1022人，其中公务员989人、事业干部7人、职工26人，平均年龄46.2岁。女干部职工237人，中共党员673人，大专以上学历935人（研究生学历8人，硕士学位9人），注册会计师4人、注册税务师39人、律师4人。三明市国税系统共有离退休人员218人（离休7人、退休209人、退职2人），各类临时人员230人。

【人员招录】 三明市国税系统根据福建省国税局招录计划共招录公务员13名，办理本省国税系统内跨地市干部调动4人，其中调出4人，办理到龄退休5人，自愿申请提前退休2人，取消公务员消录用2人，交流轮岗176人。

【干部选任】 根据干部选拔任用有关规定，选任了主任科员1人、副主任科员2人。根据福建省国税局党组关于全省国税系统县（市、区）局副科级非领导职务设置原则和全省系统取得“两证”的硕士研究生、博士研究生定级的会议纪要精神，对三明市符合条件的35人予以确定为副主任科员职务。执行干部选拔任用工作“一报告两评议”制度，对2012年干部选拔任用工作和2012年新选拔的干部进行民主测评。

【人事管理】 落实和健全“一把手”谈话制度、上一级党组对下一级党组点评制度和“一岗双责”的责任落实机制，开展与干部“交心谈心”活动。对1011名国税员工进行了2011年度考核，共评选出优秀等次203人，称职等次797人，基本称职等次1人，不定等次10人（尚在试用期的2011年新录用公务员9人、受行政撤职处分期1人），不属考核对象1人（长病人员）。落实重大灾病救助基金办法，2012年累计对三明市国税系统符合补助规定的9人予以补助了11.28万元；开展了特困在职职工慰问工作，共慰问25人，发放慰问金3万元。按规范化要求，加强日常人事档案资料的收集、整理、归档、转递、管理等工作。

干部队伍建设

【学习十八大精神】 组织三明市国税系

统全体干部收听收看党的十八大开、闭幕式，迅速印发《关于认真学习贯彻党的十八大精神的通知》，周密制订学习规划，明确学习方式、内容、时间和要求。举办局党组中心组扩大学习班学习贯彻党的十八大精神。举办专题辅导报告会，邀请三明市委党校陈锦琪副教授作了《高举旗帜，坚定道路，为全面建成小康社会而奋斗》专题讲座，讲述党的十八大的重大意义和主要特点、党的十八大重大创新和重要部署。开设学习贯彻党的十八大精神活动专栏、专区，展示全局学习贯彻活动情况。

【目标管理考核】 各科室负责人和县（市、区）国税局局长为第一责任人，跟踪考核内容、熟悉考核业务、协调考核工作。组织干部学习省国税局考核办法，对2012年的工作目标、工作任务进行重新梳理落实，做到任务到岗、责任到人。对照考核目标要求，细化考核指标，按时完成日常考核工作，加强目标管理考核督查督导，跟踪反馈考核情况。将目标管理考核与日常工作考核、年终评优评先相结合，奖优罚劣。在福建省国税系统目标管理考核中，三明市国税局机关名列第四，建宁县国税局（第9名）、梅列区国税局（第17名）获得优秀等次，三元区国税局（第25名）、明溪县国税局（第26名）、沙县国税局（第32名）、永安市国税局（第36名）、泰宁县国税局（第39名）、尤溪县国税局（第43名）、宁化县国税局（第48名）、清流县国税局（第50名）、将乐县国税局（第52名）获得良好等次，大田县国税局（第72名）获得合格等次。

【党风廉政建设】 学习贯彻《税收违法违纪行为处分规定》等廉政制度规定，层层签订党风廉政责任书，定期召开党风廉政建设分析会和党组民主生活会，执行党风廉政建设责任制和“一岗双责”制，深化内控机制建设，开展风险排查评估，完善大田县国税局、尤溪县国税局等税务廉政文化教育基地建设。继续开展预防职务犯罪教育活动，组织干部上预防职务犯罪知识法制课、参观三明市警示教育基地、观看反腐倡廉故事片。组织参加省国税局举办的廉政文化建设作品征集活动，荣获两个摄影类一等奖、一个书法类二等奖、一个文字类二等奖、一个摄影类三等奖、一个论文类三等奖。

▲2012年12月13日，三明市国税局《税收违法违纪行为处分规定》知识竞赛在尤溪举办

【干部培训】 推进分级分类培训，参加福建省国税局培训15人次，三明市国税局组织各类培训4期，参训人数220人次。其中举办1期纳税评估培训，培训各县（市、区）国税局评估岗位人员共50人次；在泰宁举办1期资本运作

涉税案例与反避税案例巡回演练交流会，培训100人次；举办2期“小企业会计准则”及所得税业务培训班，培训各县（市、区）局分局长及业务骨干等近70人。完成上级下达的培训任务，共选派15名干部参加了福建省国税局举办的各类培训班。

【文化建设】 继续开展球类、户外、棋牌等兴趣小组活动，丰富干部业余生活。关爱老干部，组织离退休干部学习党的十八大和中央领导重要讲话精神，半年召开一次老干部座谈会，节日慰问老干部，三明市国税局2012年共慰问老干部219人，发放慰问金72200元，代福建省国税局慰问离退休干部和特困户及遗属共计106700元。组织参加福建省国税系统2012年运动会，以团体总分8分的成绩，与漳州局、莆田局并列第三名，被运动会组委会授予体育道德风尚奖。

【文明创建】 规划、部署和落实新一轮文明单位和文明行业创建工作，开展“树国税形象、创文明城市”特色创建活动，组织参与社会公益活动，开展道德讲堂，投身“福建省百万志愿者学雷锋十大行动”，加强对与挂点扶贫村的帮贫支助行动。三明市国税系统共有1个全国文明单位、11个省级文明单位、1个市级文明单位，涌现出了1个第八届全国“五好文明”家庭范咏秋家庭和1位中国“诚实守信”好人王官金。

【政风行风建设】 制定印发《三明市国家税务局2012年政风行风评议活动实施方案》，以“转变作风从我做起、群众满意是我追求”为主题，以“马上就办”为要求，开展政风行风评议和“作风建设年”活动。通过走访纳税人、召开税企座谈会、聘请特邀监督员、发放调查问卷和测评表等方式，拓宽与纳税人沟通、交流的渠道，征求意见建议。围绕行风评议工作中发现的不足之处及纳税人关心的热点难点问题，结合“作风建设年”活动，加强日常监督考核力度，不断改进纳税服务和作风纪律。在三明市2012年度民主评议政风行风考评中，市国税局以92.89分，在全市69个参评单位中获第一名。各县（市、区）国税局也在当地民主评议政风行风考评中名列前茅，其中梅列区国税局、三元区国税局、宁化县国税局、建宁县国税局4个单位被当地政府授予“行风信得过”单位；沙县国税局、清流县国税局、明溪县国税局3个单位被授予“2012年度行风免评”单位；永安市国税局市、尤溪县国税局县、将乐县国税局县、泰宁县国税局4

▲2012年11月8日，三明市国税局机关干部收看党的十八大会议

个单位获第一名。

行政后勤

【财务监督】 做好2012年经济责任审计，完成梅列区国税局、三元区国税局、将乐县国税局、泰宁县国税局的经济责任审计。

【基本建设】 尤溪县国税局综合业务办公用房装修项目于2011年5月开工，总投资790万元，由福建省国税局委托中介机构对该项目进行竣工结算和财务决算审核。

泰宁县国税局综合业务办公用房新建项目于2006年11月开工，总投资1870万元，新建面积6090平方米，由省国税局委托中介机构对该项目进行竣工结算和财务决算审核。

明溪县国税局综合业务办公用房修缮项目于2011年12月开工，总投资243万元，正在决算审计前的准备工作。

大田县国税局综合业务办公用房修缮项目于2010年8月开工，总投资200万元，正在决算审计前的准备工作。

【政府采购】 三明市各级政府采购部门先后组织大、小项目采购92批次，采购金额341.56万元，节约资金70.22万元，资金节约率17.05%；其中市国税局机关采购170.7万元，节约资金16.1万元，资金节约率8.62%。

（供稿：郑晶亮）

莆田市国家税务局

经济概况

【经济规模】 2012年，莆田市实现地区生产总值1200亿元，增长12.8%。财政总收入129亿元，增长24.9%，税性比重达88.1%，其中地方级收入77.4亿元，增长21.1%。金融机构本外币存款余额1080亿元，增长23%；贷款余额920亿元，增长23%。实现社会消费品零售总额375亿元，增长15%。

【经济结构】 第一产业实现增加值108亿元，增长3%。农林牧渔业总产值180亿元，增长3.3%。农业产业化水平不断提升，138家市级以上农业产业化龙头企业销售收入168亿元，增长15%。天怡现代农业在香港成功上市。出口蔬菜质量安全示范区荣获“国家级食品农产品质量安全示范区”称号。第二产业实现增加值699亿元，增长16%。按原口径，规模以上工业产值1808亿元，增长16.5%。工业增加值578亿元，增长14.5%，对经济增长贡献率达58%；建筑业增加值121亿元，增长24%。第三产业实现增加值393亿元，增长10%。三次产业比例由上年的9.4：58.4：32.2调整为9.0：58.2：32.8。

【重点项目】 2012年实际利用外资（验资口径）2.55亿美元，与2011年基本持平；外贸出口29.5亿美元，增长6%。全社会固定资产投资943亿元，增长30%。392个重点项目完成投资656亿元，完成年计划的115.5%。“五大战役”均超额完成年度计划。“三维”项目成功对接246个，完成年度投资298亿元。鞍钢冷轧、仙游抽水蓄能电站首台机组、莆永高速公路莆田段等项目建成投产或投入运营；金钟水利枢纽工程、赛得利差别化纤维项目主厂房、向莆铁路莆田段路基工程、湄洲湾港口铁路支线陆域路段、沈海复线高速公路莆田段路基工程等项目基本完工；湄渝高速公路萩芦至五星段、乌溪水库等项目开工建设；一批项目前期工作取得突破，林浆纸一体化项目环评获得环保部审批，石门澳、涵江港海洋功能区划调整获国务院审批。

【城乡建设】 新建、续建木兰大道一期等多条城市道路，里长约100公里；改建荔园路等多条城市道路、里长约20公里；“白改黑”路面约52.6万平方米。中心城区路网密度每平方公里达7公里，人均城市道路面积近14

平方米。建成区面积达69.2平方公里，城镇化率达51%。万达广场建成开业。文献广场、木兰金融财富中心等一批城市综合体项目加快推进。新建 25个商住小区，约2万套、270万平方米。燃气管网铺设以及加气站建设、污水处理厂及配套管网等项目加快建设，城市生活垃圾焚烧发电厂二期竣工投入运营，城市垃圾处理率98.6%、污水处理率83.5%。城乡信息化基础网络初步建立。新建绶溪公园一期等城市公园，新增绿地面积120公顷，绿化覆盖率46%，荣获“国家园林城市”称号。开展城市管理志愿服务活动、中心城区施工围挡违法占道专项整治和道路交通安全综合整治“大会战”。全国节水型社会建设试点、创建全国绿化模范城市通过验收。湄洲岛被国务院批准为国家级风景名胜区，木兰陂等9个水利风景区荣获“省级水利风景区”称号。推进小城镇综合改革试点工作。开展村庄环境综合整治、农村家园清洁行动。

【人民生活质量】 木兰溪重点流域水环境污染整治等13项31件为民办实事项目基本完成。626所中小学初步实现标准化建设。校安工程完成一期项目建设。6所中职校入选全省首批“达标中等职业学校”。305个村卫生所初步实现标准化建设，药品配送覆盖所有行政村。实施城乡医疗救助14990人次，救助金额1105万元。莆田市社会福利中心、市慈康医院二期主体工程基本完工。新增城镇就业2.11万人，完成省下达指标的105.5%。城镇登记失业率2%，低于2.5%的目标控制线。建成保障性安居工程住房7986套。住房公积金新增缴存单位693个，发放贷款7.1亿元。城镇居民人均可支配收入24750元，增长13.3%；农民人均纯收入10300元，增长13.6%。新型农村社会养老保险137万人，参保率达90%以上；基本医疗保险参保率达95%以上；新农合参合人数260万人，参合率99.98%，居全省首位。

税收概况

【总体收入情况】 莆田市国税系统共组织税收收入66.7亿元，同比增收16.5亿元，增长32.8%，完成2012年计划任务55亿元的121.3%，超收11.7亿元。其中地方政府一般预算收入完成60.5亿元，同比增收15.24亿元，增长33.7%，收入完成进度和增幅连续十二个月位居全省第一，提前81天超额完成国家税务总局、福建省国税局任务，提前4天完成市委市政府下达的国税收入奋斗目标任务。

【收入特点】 从收入总量上看，莆田市国税收入继2011年突破50亿元后，2012年又突破60亿元大关，实现连续跨越式增长，三年翻一番。从增收额上看，2011年首破10亿元后，2012年再次突破16.5亿元，实现增收额连续两年突破10亿元大关。

【各县区收入情况】 莆田市6个执收单位全部完成2012年收入目标任务，其中秀屿区国税局增幅达81%，仙游县国税局、湄洲岛国税局、城厢区国税局等单位增幅均超过32%，荔城区国税局和涵江区国税局增幅均超过17%。

【分税种收入特点】 税种结构进一步优化。莆田市企业所得税仍然是增收主力，累计完成25.6亿元，同比增收8.83亿元，增长52.8%，对国税收入增收贡献率达53.6%；增值税在新增税源的拉动下，增幅创下了近年以来的新高，累计完成33.26亿元，同比增收6.45亿元，增长24%，增收贡献率达39.1%；消费税累计完成4.01亿元，增长11.3%；车辆购置税累计完成3.85亿元，增长26.2%；个人所得税同比下降69%。

【各经济类型收入特点】 非国有企业税收比重高，增收贡献大，收入增长较快。莆田市非国有企业2012年累计入库税收收入61.1

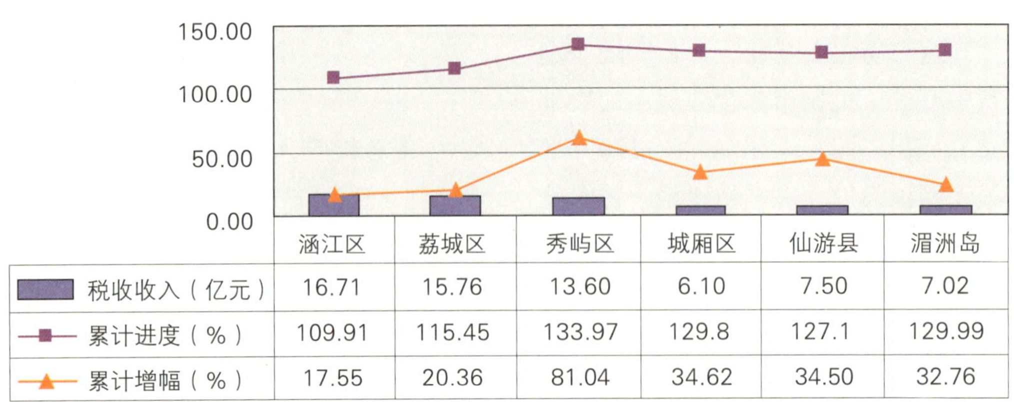

	涵江区	荔城区	秀屿区	城厢区	仙游县	湄洲岛
税收收入（亿元）	16.71	15.76	13.60	6.10	7.50	7.02
累计进度（%）	109.91	115.45	133.97	129.8	127.1	129.99
累计增幅（%）	17.55	20.36	81.04	34.62	34.50	32.76

图9　2012年度莆田市国税局各单位税收收入完成情况

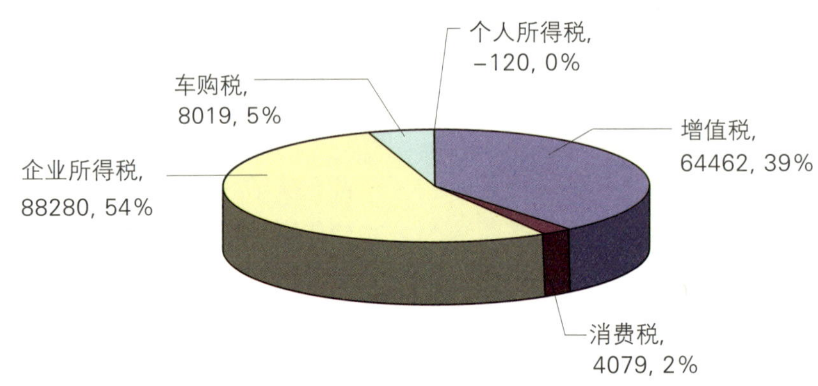

图10　2012年莆田市国税局各税种增收贡献情况（万元）

亿元，同比增收16.1亿元，增长35.2%，比国有企业快22.4个百分点，占莆田市税收收入比重的92.8%，比2011年提高了1.6个百分点，增收贡献率达97.6%，是拉动莆田市税收收入增长的主要力量。其中股份制企业33.2亿元，同比增收12.9亿元，增长63.9%，增收贡献率达78.2%，占莆田市税收收入比重的49.8%，总量、增量和增幅均居各经济类型之首，收入份额有所上升，逐步取代涉外企业占据主导地位；涉外企业23.1亿元，同比增收2.5亿元，增长11.9%；个体税收4.6亿元，增长20.9%；私营企业0.93亿元，下降11.2%；国有企业4.6亿元，增长13.8%；集体企业0.29亿元，下降35.2%。

【各月份收入特点】　从月份上看，各月税收收入规模进一步扩大，月均收入达5.56亿元，比2011年月均收入增加1.4亿元，增幅达33%。各月税收收入完成情况依次为8.79亿元、4.89亿元、7.11亿元、7.27亿元、5.26亿元、5.3亿元、7.52亿元、3.49亿元、4.94亿元、5.47亿元、3.41亿元、3.22亿元，同比分别增长51.1%、48.6%、60.1%、38.5%、4.2%、14.5%、45.2%、15.2%、33.3%、13.8%、37.3%、27.6%。从季度上看，第一季度入库20.8亿元，同比增长53.5%；第二季度入库38.63亿元，同比增长35.6%；第三季度入库54.6亿元，同比增长35.1%；第四季度入库66.7亿元，同比增长32.8%。

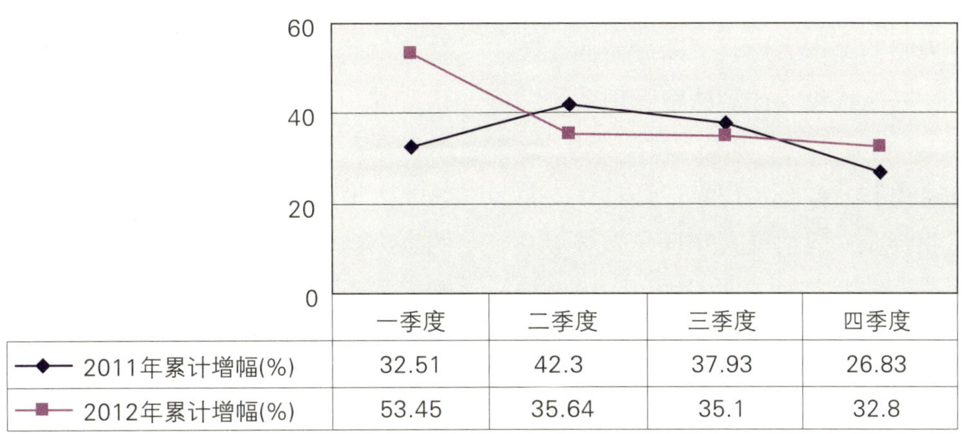

	一季度	二季度	三季度	四季度
2011年累计增幅(%)	32.51	42.3	37.93	26.83
2012年累计增幅(%)	53.45	35.64	35.1	32.8

图11　2012年莆田市国税局各季度税收收入增长情况

【重点税源收入情况】 重点企业收入龙头地位明显。2012年纳入市级监控的莆田市年纳税在300万元以上的重点企业有229家，累计入库税收收入50.7亿元，占国税税收收入的76%，其中年纳税总额达千万元以上的企业有66家，共入库税收42.26亿元，占国税收入比重近七成，年纳税额超亿元的企业有6户，共入库税收25.94亿元，税收贡献率达39%。

征收管理

【征管改革】 莆田市国税系统被福建省国税局定为全面实施税源专业化改革的试点单位，各单位狠抓税源专业化管理改革的推进落实工作，将风险管理理念贯穿税源管理全过程，按照分析识别、等级排序、应对处理、绩效评价等理顺工作流程，厘清工作职责，实现管理资源的优化配置。

【税务登记情况】 莆田市税务登记户数35363户，其中内资企业10704户，外资企业653户，外国企业2户，个体工商户24004户。增值税纳税人34656户，其中一般纳税人4884户。

【纳税申报与税款征收情况】 2012年，莆田市纳税申报户数34986户，其中上门申报户数4048户，电子申报户数30938户，申报税款总额46.83亿元。

【主要管征措施】 针对商品混凝土和建筑用石等两个行业存在的税务登记、发票使用不规范、成本核算不真实、企业账目管理混乱、行业税负不公等问题，相继出台了《莆田市国家税务局关于加强商品混凝土行业税收征管事项的公告》《莆田市国家税务局关于加强建筑用石行业税收征管事项的公告》，进一步规范行业管理、堵塞日常管理的漏洞。针对仙游工艺美术行业集中，但存在行业税收征管困难、税负不公等问题，出台了《仙游县工艺美术行业税收保障暂行办法》，于2012年8月12日起正式实施，成为第一个行业税收保障办法。加快推进第三方涉税信息交换平台建设工作，突出工商、电力、社保、医保、国土等部门的信息获取，加强和各相关部门的联系。2012年被省国税局确定为全省首家“一户式税收征管档案管理系统”推广试点单位，莆田市国税系统根据同城通办的业务流程，本着“谁受理、谁接收、谁保管”的原则做好涉税业务档案资料处理工作，构建“各司其职、各负其责、上下合作、整体互动”的管理模式及工作

责任机制，扎实有效地做好一户式电子档案的资料扫描整理归档工作，做到了同城通办无障碍，保证了“一户式税收征管档案管理系统”成功推行。

【行业建模】 截至2012年12月31日，莆田市共有工业企业一般纳税人2614户，全年共对33个行业进行模型搭建，共建立了129个行业模型，纳入行业模型监控企业的户数达2436户，工业企业一般纳税人户数比例为93.23%，行业建模增减率较2011年增加11.03%，在全省各设区市国税局中居第一。

【纳税评估】 莆田市应评估户数1403户，其中实际评估1348户，评估正常企业户数380户，评估有问题企业户数968户，实际评估行业占建模行业比例为82.58%，实际评估户数占有效监控户数比例为49.94%，补税户数占评估户数比例为79.47%，行业建模补充申报采集率达到99.96%，取得第三方数据利用数量14个。2012年度评估税款CTAIS评估入库数17969.25万元，其中税款15959.25万元，滞纳金2010万元。

各税种管理

【“营改增”】 截至2012年12月31日，莆田市“营改增”试点纳税人共有1769户，其中一般纳税人153户，小规模纳税人1616户。按行业分：交通运输业178户，现代服务业1591户。2012年“营改增”企业共入库增值税776.34万元，其中交通运输业263.4万元，现代服务业512.94万元。发票发售、认证、申报等税收管理基础工作逐渐走上正轨，11月1日实现“营改增”新旧税制转换，首月全市“营改增”纳税人申报入库增值税512万元，通过窗口代开发票840份，入库增值税款264万元，合计入库“营改增”增值税776万元。

【增值税管理】 截至2012年12月31日，莆田市共有一般纳税人4884户，其中2012年新认定的一般纳税人1235户。对18个行业增值税税负率预警峰值进行调整，使全市增值税一般纳税人增值税税负率预警峰值更加接近各行业的生产经营状况。针对增值税滞留票、农产品购销加工企业纳税情况、异常海关完税凭证抵扣情况开展专项纳税评估工作，共涉及全市62户企业，评估发现有问题企业19户，共补征税款462.93万元。2012年7月1日在全市选择5户企业开展增值税进项税额核定扣除试点，规范农产品进项税额抵扣。进一步修订了《莆田市国家税务局关于加强商贸企业增值税一般纳税人管理的通知》，从账务凭证管理、一般纳税人认定、发票管理、纳税评估等环节加强对“两头在外”业务的税收管理，规范相关纳税人经营行为，健全其财务核算，防范虚开增值税专用发票等税收违法行为发生。认真落实增值税转型政策，鼓励企业扩大固定资产投资，全年共审核企业申报抵扣固定资产进项税额35752万元。兑现节能减排优惠政策，办理资源综合利用企业资格认定及退、免税审批，全年共认定资源综合利用企业资格1户，审批先征后退84万元，审批免征增值税734万元。办理福利企业增值税即征即退，鼓励企业安置残疾人员就业，全年共审批福利企业增值税先征后退378户次，退税3953万元。

【企业所得税管理】 开展2011年度企业所得税汇算清缴工作，莆田市共汇算清缴企业所得税7156户，汇算申报率100%，汇算清缴期间共辅导补税21724万元，汇算申报后累计评估补税13196万元。在汇算期间，组织力量对重点企业进行纳税评估，其中莆田市烟草公司纳税评估入库税款400多万元，中海福建天然气有限责任公司纳税评估入库税款7000多万元。做好所得税风险预警信息管理系统的推行工作，要求各县区国税局根据系统生成的申报数据及系统行业预警值设置后产生的五种状态（正常状态、适度偏离状态、严重偏离状态、零申报状态和亏损户状态），加强数据分析利用，通过评估核实，查找系统运行中存在的业务问题与解决办法，确保系统自2012年6月1日起在全市全面推广应用。全年各县区国税局通过预警系统对低于行业应税所得率预警值的116户异常户进行评估，查补税款7985万元，全市申报后异常户率为1.5%。对全市房地产企业进行企业所得税结算，全年全市房地产企业所得税累计完工结算75户，累计查补入库企业所得税101167万元，其中2012年入库税款31289.26 万元。组织对建安企业评估检查，核实企业收入、成本、费用、利润核算情况，共检查4户，查补入库税款、滞纳金430.85万元。与工商、房产、地税、民政、编委等部门取得联系，对企业所得税进行 “地毯式” 清理，全市共清理企业所得税漏征漏管户215户，其中漏征户136户，漏管户79户，补办税务登记20户，补征企业所得税221.79万元。加强民办学校的管征，通过莆田市教育局、民政局、地税局调查民办学校登记、办证情况，督促23户民办学校在国税办证，共征收企业所得税423.82万元。积极做好企业查账征收的宣传辅导与建账建制工作，引导新办企业、零收入申报企业与小规模企业实行查账征收，全市企业所得税查账征收面由2011年的88%提高至94%。

【车辆购置税管理】 为方便纳税人，经福建省国税局批准，除了保留仙游县国税局、荔城区国税局征收点外，下放涵江区国税局、秀屿区国税局车购税管理权限，方便纳税人就地缴税。莆田市车购税征收入库3.85亿元，同比增收0.8亿元，增长26%。其中国产汽车22242辆，同比增长15%，入库车辆购置税2.63亿元，同比增长21%；进口汽车1926辆，同比增长40%，入库车辆购置税1.08亿元，同比增长48%；摩托车30196辆，同比增长0.81%，入库车辆购置税0.13亿元，同比增长1.56%；其他车辆入库车辆购置税0.01亿元。

【出口退税管理】 2012年6月，筛选莆田市出口额名列前茅的18家重点退税企业实行“一对一”帮扶，对帮扶企业特事特办，随时受理帮扶企业的出口退（免）税事宜。自10月起，将出口退税办理时限由原来的20个工作日办结缩短到15个工作日；继续推进出口退税分类管理，开展批量退税；重新进行出口企业分类管理认定，将近两年条件达标的守法经营企业62户列入AB类管理，占正常经营出口企业总户数17%，AB类出口企业实现了当月申报当月审核当月退税，2012年共办理A、B类企业退税近10亿元，占退税总量七成多。规范外购货物的出口货物函调管理，加强税贸协作，密切关注出口退税新动态，改变“就单审单”模式，加强“实地核查”工作，将退税辅导与风险防范相结合，提醒企业遵章守法、定期开展出口退税预警评估工作，坚决查处涉嫌骗税的不法行为。2012年共办理出口退税142000万元，比2011年的136000万元增加6000万元，增长4%；其中112户外贸企业申报出口额101440万美元，同比增长15%，办理退税83681万元，同比增长6.53%；299户生产企业申报出口额203235万美元，同比增长3.51%，办理退税额58319万元，同比增长1.51%。

【国际税收管理】 进一步规范国际税收管理职责及机构设置，明确市、县区国际税收管理部门的工作职责，推行莆田市国税局一级反避税管理模式，对复杂、重大的风险事项由市国税局直接组织力量进行应对处理，提高专业化水平，规范执法行为，降低执法风险。强化关联交易申报监控，莆田市共有523户企业对2011年度的关联交易情况进行申报，其中10户企业按要求准备同期资料。通过关联申报审

核、同期资料管理、特别纳税调整前期监控等手段，辅导企业自查自纠主动反映经营业绩，有效反映行业实际利润水平，全市所得税汇算后关联企业自行调增应纳税所得额43803.27万元，自行调增申报应纳税额10950.82万元。对往年已实施转让定价调查调整的企业加强跟踪管理，2012年共跟踪管理企业34户，调增应纳税所得额10547.61万元，应补企业所得税2636.90万元。加强与国际联合反避税信息中心（JITSIC）合作，采用电子邮件与电话交流等方式，与国家税务总局及其驻JITSIC的代表保持沟通和联系，及时通报已收到的3份涉及新加坡、美国的税收情报对目前查办案件的推动情况，了解国际避税的新动态和反避税的新做法。信息获取渠道不断拓展，从香港注册处网站，延伸至新加坡、美国、英国等政府机构及国际知名证券交易所网站。2012年，上报国家税务总局立案反避税案件6户，结案5户，查补税款5008.83万元，加收利息425.16万元。加强非居民企业税收管理，全面掌握居民企业对外支付信息和非居民税源，做好非居民税收申报登记、源泉扣缴、对外支付税务证明管理等工作。进一步拓宽非居民税收管征领域，完善与地税、外经贸局、工商局等有关部门定期联系制度，加强第三方信息采集，探索国际税源监控的常态机制。2012年共出具税务证明66份，共3户次企业享受税收协定待遇，减免税款1919.99万元。加强非居民企业股权转让所得税管理，防范利用低价、平价和间接转让手段逃、避税行为，选取部分企业综合运用情报交换、反避税等方法进行调整，股权转让调整得到突破，共完成7户非居民企业股权转让调查，补征税款2897.70万元。2012年，莆田市共入库非居民企业所得税5579.78万元，所辖所有县区国税局及直属单位均有非居民企业税收。

【大企业税收管理】 按照“专业化+实体化”的模式，协调指导全市5个县区国税局37户大型企业的税收风险管理，进行“纳税服务+户籍管理+申报征收+风险管理”的全职能实体化管理的全新尝试，初步建立一套“统一分析、分类应对”的风险管理体系，对不同税收风险的纳税人采取风险提示、纳税评估、税务稽查等差异化和递进式的风险管理策略。在CTAIS2.0系统、增值税与所得税峰值预警系统、一户式电子档案系统等多个系统的基础上，结合大企业具有行业典型标杆和莆田市的实际情况，自主研发出了“税收风险识别系统”，针对5个行业37户大企业构建了一个可动态更新、监控的经验数据库。该系统共设有风险指标发布、风险分类应对、风险应对管理、重点税源监控、一般纳税人分析、第三方数据应用、纳税人登记疑点、发票监控、系统维护9大功能模块、66项子模块，具有大企业税收数据一户式查询，税收数据综合分析和风险预警功能，实现了对大企业风险管理的全程跟踪监控。该系统数据从CTAIS2.0、一户式电子档案等各系统抽取更新，各县区国税局大企业风险管理对口部门进行二次风险数据录入与风险等级排序，大企业局协调指导进行风险策略应对与后续绩效考核。根据“税收风险识别系统”风险排查的结果，对企业风险等级进行分类，实行动态管理，按高、一般、低三种风险类别，确定风险管理的重点内容、重点环节，提醒企业和主管税务机关防控：对于低风险的纳税人，通过纳税辅导、风险提示等方式；对于一般风险的纳税人，引导和帮助企业自查，通过上述方式未消除疑点的，采取风险评估的方式；对高风险的纳税人和通过评估未消除疑点的，移交反避税、稽查等部门处理。进一步完善大企业税收管理的评估体系，即：对与税收相关的企业控制环境、内部控制设计的合理性和运行的有效性、不同企业、不同地区之间的横向比较，对具有普遍性的问题和对上、下游企业间有无利用转让定价等方法向集团内享受税收优惠的企业转移利润，利用税收筹划进行避税问题等进行分析评估。共评估入库税款滞纳金25246万元。莆田市12户定点联系企业（9户国家税务总局定点联系企业，3户省国税局定点联系企业）国税各税种总计缴纳税款19.299亿元，占莆田市国税税收收入的28.94%，较2011年增长27.64%。收入迅猛增长主要是企业产销同步增长。其中9户国家税务总局定点联系企业缴纳税款11.29亿元，较2011年增长29.77%，增值税6.72亿元，企业所得税3.24亿元，消费税1.33亿元，行业分布主要是通信、电力、烟草、石化、建材；3户省国税局定点联系企业缴纳税款8.009亿元，较2011年增长24.75%，增值税3.25亿元，企业所得税2.159亿元，消费税2.6亿元，行业分布主要是啤酒、银行。

【个体税收管理】 落实增值税起征点调整政策，莆田市年初原有个体工商定额户为19420户，其中达原起征点12079户，不达原起征点7341户。2012年1月增值税新起征点调整到20000元后，全市起征点户为3503户，不达起征点户增加8576户，增至15917户，占个体工商总户数的81.96%，户均月定税额212元，个体工商户平均每户全年受惠免税金额达2544元。全年累计免征个体工商户税款4000多万元。截至2012年底，全市个体户24004户，累计入库个体税收9721万元，比2011年的8956万元增加765万元，增长8.54%。

【发票管理】 推进网络发票推广应用。莆田市应推广网络发票3881户，已推广3073户，推广率达到79.18%，已推广网络发票因手工发票应核销未核销的户数为35户，未推广773户。全市共审核审批印制税务机关内部普通发票11875400份，其中“营改增”普通发票9098900份，企业冠名印制普通发票16306000份。

税收法治

【执法监督】 分别于2012年上、下半年各开展一次莆田市规模的税收执法督察，重点检查各单位2009—2011年度的企业注销清算工作、增值税一般纳税人资格认定管理、税务机关代开增值税专用发票、普通发票管理、减免税政策执行、流转税税收政策执行、企业所得税管理、出口企业退（免）税管理 、非居民企业所得税管理、税务稽查案件的程序和处理情况、惩治和预防腐败体系建设责任落实情况、执法监察和效能监察工作情况及前一次执法督察发现问题的整改落实情况。检查发现的问题共计29个，涉及12个方面。对发现的问题进行责任倒查，并追究责任，其中批评教育82人次，责令书面检查5人次，通报批评5次，经济惩戒7285元。配合福建省国税局完成了对黄亮明局长的任中经济责任审计。受省国税局委托，开展了对市国税局稽查局局长张玉泉的任中经济责任审计工作。莆田市执法考核工作总量综合评分指数在全省排名第一，执法管理信息系统目标管理考评全省排名第一。

【税收执法信息化建设】 建立三个层次的预警信息跟踪处理体系：执法人员的自查自纠，一线执法人员坚持每天查看预警信息；县区国税局专门岗位的跟踪提醒，发现未及时处理的预警信息，及时提醒责任单位、责任人员进行处理；市国税局督察岗位跟踪提醒，对于一些带有普遍性的、对政策理解偏差或监控系统缺陷造成的执法错误，通过内网专栏进行提示督办。加强对CTAIS相关业务技术分析，对预警执法错误信息产生的原因进行深入分析，避免因为采取不当措施而错上加错，提高纠错的效率和质量。把系统运行情况纳入执法督察内容，通过检查发现问题，限期整改，同时把系统运行质量纳入目标管理考核项目进行量化考核，促进系统运行质量提高。莆田市调整前执法正确率达到99.94%，衡量执法质量的“执法考核工作总量综合评分指数”达到0.9999。

【执法过错追究】 2012年通过执法考核系统以及各类型的人工追究，共追究执法过错责任205人次，其中批评教育122 人次，责令书面检查22 人次，通报批评1 人次，经济惩戒12190 元。

【复议应诉】 莆田市国税机关发生税务行政诉讼案件1起，经法院审理，一审判决驳回了原告的诉讼请求。发生行政复议案件2起，其中市国税局1起，县区国税局1起。经审理，其中1起因申请人提交撤销行政复议申请书终止复议；1起因转送抽象行政行为审查中止复议。

【行政许可】 根据税收业务的变化情况，全面清理职权项目，确定莆田市国税局机关行政许可1项，绘制权力运行的流程图，调整《规范行政权力运行工作资料汇编》有关内容，向莆田市政府相关部门报备。

【法制宣传】 2012年4月，围绕“税收·发展·民生”主题，开展第21个税收宣传月活动。主要项目有10项：在《湄洲日报》上发表市长署名文章，呼吁社会各界及广大纳税人关注税收、理解税收、支持税收；将2011年度纳税800万元以上的纳税人在《湄洲日报》制作专版，正面引导纳税人依法诚信纳税，提高税法遵从度和纳税人的光荣感；开展“百人走千户、服务促和谐”暖心工程活动，组织人员深入基层一线了解纳税人需求；开展“共植同心树，税企一家亲”活动，组织税收服务志愿者深入台湾农民创业园或黄石“农民公园”义务植树，体现税务部门与企业同心同德，两岸人民同根同源；举办“与税同行”有奖征文活动；依托“风雅颂”平台，与莆田学院联合举办有奖征文活动，从学子的角度看税收、写税收；开展“走进涵江，感触税务文化”宣传活动，邀请部分纳税人代表走进涵江区地税局、涵江区国税局，通过参观税务干部日常的业务工作和业余生活等系列活动，让纳税人感受税务文化，了解征税过程，理解征税艰辛；开展“泽披兴化，税润民生”系列宣传活动，在妈祖诞辰1052周年之际，组织税收服务志愿者，通过设点咨询等形式进行系列宣传；面向纳税人和社会公众，广泛宣传、介绍12366服务热线内容、功能特点及拨打流程，进一步推动纳税服务提速增效，打造“听得见的纳税服务”平台；将税收政策摘编成彩信手机报，免费发送给党政机关干部和纳税人；开展鸿雁“点对点”传税情活动，通过邮政局以“直邮快车”的形式对地方党政领导、企事业单位的财务负责人、大中型企业的法人代表、部分个体工商业户进行“一对一”的税法宣传。

纳税服务

【12366纳税服务热线】 莆田市12366服务热线共接收服务总量48个，主要为检举商家不按规定开具发票。回复及时率为100%。

【门户网站】 安排专人跟踪服务平台的纳税人咨询，做好受理、转办，并提醒各科室在承诺时间前及时给予解答。莆田市国税局综合服务平台共答疑解惑各类业务问题189个，国家税务总局外网咨询平台共答复问题13个。

【税法宣传】 立足办税服务厅这个税法宣传的阵地，在公告栏、LED显示屏、触摸屏上公布最新税收政策，利用网站、广播电视等渠道，加强税收优惠政策辅导。编制各种税收宣传材料，重点宣传“营改增”以及惠及纳税人利益的相关政策。莆田市共编印《国税惠企政策汇编》等各类宣传资料35210份，分发“营改增”宣传手册5000册。

【纳税咨询辅导】 在办税大厅设立咨询导税岗，当场解答纳税人疑问；在莆田市国税局门户网站“税企互动”栏目由各业务科室为纳税人答疑解惑；利用网络开展远程咨询辅导。各县（区）国税局均开设短信交流平台，建立QQ群、电子邮箱等，通过在线互动进行交流探讨，纳税人足不出户就可解决问题。涵江区国税局推出纳税服务QQ，实时在线解答。城厢区国税局每月制作税收电子简报，内容包括近期办税提醒、政策速递、QQ平台业务咨询热点问答等，第一时间通过短信平台发送给纳税人。大企业局编制税收政策电子期刊，分期分重点讲解最新税收法律法规，通过QQ群和短信平台按时发送给纳税人。全市办税服务大厅通过以上各种方式共接受纳税人税收政策咨询17520次。

【办税大厅建设】 按照国家税务总局、福建省国税局的规范化、标准化建设标准，对莆田市政府审批中心新建大楼国税窗口、秀屿区国税局新增设的纳税服务B厅和仙游县国税局扩建的办税服务厅进行重新布局和装修。在各县区国税局自助办税区安装添置复印机、扫描仪、票证打印机等各种便民服务设施，并统一安装电子评价系统和监控系统，将评价结果作为税工绩效考核和评先评优的重要参考依据，对税务工作人员进行业务监督和办税服务厅治安环境进行监控。全市办税服务厅全部都通过省级规范化建设验收，实现“整体设计协调、服务标识统一、办税设施齐全、办税场所整洁、办税方便快捷”。

【个性化服务】 开发“免填单”辅助软件，莆田市办税服务窗口于2012年10月1日起实现部分即办涉税事项“免填单”，其中“免单”服务包括六大类18个涉税事项；“免填单”服务包括五大类36个涉税事项。全市所有业务窗口实行“一机双屏”，实现阳光办税，全程接受纳税人的监督。在荔城区国税局、城厢区国税局、涵江区国税局三个单位试点成功的基础上，全市于9月1日起全面推行网上发票核销系统，减少纳税人的负担和税务机关的工作量。从5月1日起，全面推行财税库银横向联网系统，以适应信息数据大集中和税款及时准确入库的需要。荔城区国税局、涵江区国税局还根据各自业务实际，实现发票发售业务的“一窗通办”。

【投诉与反馈】 莆田市国税局通过12366服务热线平台和受理来信的途径，共处理涉税举报44起，处理对办税服务的投诉4起（其中3起为纳税人对税收政策不熟悉以及系统原因导致的错误），对外按照规定对税收违法行为进行处理，对内追究责任，进行批评教育，纳税人满意率达到100%。

【涉税事项办理】 莆田市政府审批中心国税窗口新办理税务登记证9943户，办理变更税务登记证13373户次。与7部门联合开展全市外商投资企业联合年检，企业应通过年检的户数为686户。实际参加联合年检且全部合格的540户，另有146户外资企业尚未参加联合年检，年检率达到78.72%，与2011年持平。

税务稽查

【概述】 莆田市稽查查补税收收入18609万元，入库100%。其中稽查机构实施检查99户，有问题户数99户，选案准确率100%，结案99户，结案率100%，查补总额9922.75万元，其中税款7731.01万元，滞纳金1362.96万元，罚款828.78万元。按查补税款金额统计，查补税款100万元以下的77户，100—500万元以下的19户，500—1000万元以下的3

户；按违法性质统计，偷税案件34户次，不进行纳税申报案件22户次，发票违法案件25户次，其他案件26户次；按企业类型统计，内资企业75户，港澳台商投资企业12户，外商投资企业9户，个体经营3户。

【专项检查】 重点开展对接受成品油销售增值税专用发票的企业，资本交易项目，办理电子、家具、服装类产品等出口退（免）税企业，列入福建省国税局重点税源监控且近两年未实施税收检查的重点税源企业及增值税一般纳税人低税负企业及所得税异常户等行业的税收专项检查工作。全市共开展自查企业户数441户，自查有问题户数98户，自查税款6207.08万元，税款已全部入库。其中成品油购销企业自查补税664.46万元，资本交易项目自查补税241.24万元，办理电子、服装、家具类产品出口退（免）税企业自查补税142.67万元，房地产业、建筑安装业自查补税1730.88万元，其他各地自行开展检查项目自查补税3427.83万元。重点检查下户检查16户企业，已查结16户，有问题16户，共计查补收入4913.99万元，其中增值税2816.12万元、企业所得税432.1万元、滞纳金279.38万元、罚款1386.4万元，选案准确率100%，结案率100%，入库率100%，处罚率39.3%。

【大案要案】 莆田市国税稽查部门共查结14件100万元以上的大要案，其中涉及鞋革行业专案3件、建筑行业专案1件、纺织行业专案3件、电子行业专案1件、商贸企业专案3件、保险业专案1件，查补税款3597.30万元，罚款1564.71万元，滞纳金390.63万元，共计5552.64万元。

【案件协查】 2012年共发出委托协查函件4份，涉及的8份增值税专用发票均为认证系统导入，涉及金额69.33万元、税额11.79万元，已全部收到委托协查回函，其中回复为“正常”的1份、“有问题”的1份、“无法核实”6份。收到受托协查函件56份，涉及增值税专用发票901份、涉及金额8391.18万元、税额1419.51万元，已全部按时回复。其中“有问题”发票14份，“无法核实”2份，查补税款135.19万元，按时回复率100%。发出第三类案件发票202份，已收到162份，回复率为80.2%，其中1份海关进口增值税缴款书回复为“假票”，查补税款5.02万元。

【案件举报】 莆田市共受理检举案件53件，其中转地税部门5件，转公安部门1件。到期应结案47件，已结案47件，结案率100%，查补入库合计516.03 万元，其中税款255.62万元，罚款117.5万元，滞纳金142.91万元。

【稽查管理】 莆田市国税系统实行一级稽查二级管理的模式，市国税局所在的城区国家税务局稽查职责由市国税局稽查局统一履行，保留仙游县国税局稽查局。全市稽查人员80人（含城区局四分局从事稽查工作人员），其中男68人，女12人；党员61人，占76.25%；研究生1人、大学本、专科以上学历76人，占95%，其他3人；35岁以下5人，35~45岁22人，45岁以上53人；拥有律师资格证书的1人；全市稽查机构配备汽车4辆，复印机9台，传真机6台，摄像机3架，照相机4架，扫描仪8台，计算机80台，其中便携式计算机47台。

信息化建设

【网络机房建设】 莆田市共计投入400032.80元。其中投入2500元购买网络设备1台，投入397532.80元购买2台大型存储设备。

【计算机等硬件配备】 莆田市投入64000元购置PC服务器2台；投入279180元购置台式计算机90台；投入126660元购置21台便携式计算机；投入152080元购买30台扫描仪；投

入67407元购置63台打印机；投入52300元购置105台移动存储设备。

【数据安全】 按照国家税务总局、福建省国税局的统一部署安装了桌面防护体系、入侵检测系统以及安全审计系统。

【运行维护】 莆田市共提请后台数据维护312条，通过市国税局审批并上报省国税局维护的96条维护请求，其中属于前台操作差错的55条占上报省国税局差错率的57.29%。

【金税工程】 出台《关于加强对防伪税控技术服务单位监督管理的通知》，明确对服务单位的管理要求，通过实地查看、召开座谈会等方式，强化日常监督管理，提高服务质量满意率。自主开发监控系统，强化报税、认证等关键数据的审核。2012年5月，组织莆田市从事金税工程申报认证岗位和金税工程业务管理岗位人员就金税工程认证业务、报税业务、红字发票通知书开具、纳税申报“一窗式”比对等内容进行专题培训。截至2012年12月31日，莆田市共有增值税一般纳税人4884户，金税工程各项指标均排在全省前列。

【应用软件的开发和使用】

2012年4—10月，成功开发《莆田市税源风险识别管理系统》，该系统通过设置异常指标入手（第一期引入19个异常指标），将散落在各个系统中的数据抽取出来（如：Ctais系统、出口退税审核系统、防伪税控系统），结合第三方信息（如：医保数据、工商数据、统计局数据等），系统可以有效监控超出异常指标范围值的企业名单，并可通过风险发布形成疑点纳税人的风险数据库；该系统将根据发布前设置的风险值自动产生疑点纳税人的风险等级，并根据相应的等级由系统自动生成风险识别报告书，税源风险管理人员可以根据风险企业的风险等级分别做出应对。该系统还可根据应对的情况进行跟踪反馈，并展现疑点纳税人的风险处理全过程和处理成果，从而形成税源风险的识别、发布、指引、应对、成效评估的闭环式管理。10—12月，受福建省国税局委托成功开发《福建省“营改增”管理信息系统》。该系统通过对Ctais系统、防伪税控的报税和认证子系统、货运发票系统、纳税人补充申报系统以及地税系统等六方面的数据进行综合加工分析，并以报表与图形相结合的方式，将纳税人大量相关联的静态信息转化为反映税收和税负变化的实时信息和趋势，满足“营改增”效应分析模块化、系统化、常态化和标准化的要求，实时反馈试点工作运行情况。同时，系统能够动态监控试点纳税人的开票、抵扣、申报等情况，使全省“营改增”试点工作的日常管征、效应分析和风险控制工作得以开展，为税务机关及财政部门分析报告的撰写提供翔实、准确的数据支持。

机构队伍

【机构设置情况】 莆田市国税局机关下设办公室、法规科、货物劳务科、所得税科、收入核算科、征管科、纳税服务科、财务科、人教科、监察室、国际科、出口退税科、机关党委办公室、离退休干部科、信息中心、服务中心、培训中心17个部门，下辖仙游县国税局、荔城区国税局、城厢区国税局、涵江区国税局、秀屿区国税局5个县区国税局和大企业税收管理局、稽查局2个直属单位。仙游县国税局下设办公室、人教科、监察室、收入核算科、财务科、法规科、税政科、征管科、信息中心、纳税服务科10个部门，下辖第一分局、第二分局、第三分局、第四分局、第五分局5个分局和稽查局等1个直属单位；荔城区国税局、城厢区国税局、涵江区国税局、秀屿区国税局4个区局分别下设办公室、人教科、监察室、收入核算科、财务科、税政科、征管科、信息中心、纳税服务科9个部门，下辖第一分局、第二分局、第三分局、第四分局4个分局；大企业税收管理局下设办公室、收入核算科、税政科、征管科、纳税服务科、税源管理一科、税源管理二科7个部门；莆田市国税局稽查局下设综合科、综合选案科、检查一科、检查二科、检查三科、案件审理科、案件执行科、举报中心8个部门。各县区国税局第一分局负责除第二分局之外的一般纳税人企业，侧重于税源监控与分析；第二分局负责免抵退税企业和非增值税企业的管理服务，以税收风险管理为导向，侧重于对有关业务的核实；第三分局负责小规模纳税人（含个体户）的管理与服务，侧重于税收执法巡查；第四分局负责行业建模和执行纳税评估任务；第五分局负责仙游县古典家具行业税收的管理。

【机构编制情况】 截至2012年年底，莆田市国税系统总编制623人，其中行政编制554人，事业编制69人。各单位编制情况一览表：

表20 2012年莆田市国税局各单位编制情况

单 位	编制数	行政编制	事业编制
市国税局机关	100	70	30
仙游县国税局	127	122	5
荔城区国税局	91	86	5
城厢区国税局	70	65	5
涵江区国税局	96	91	5
秀屿区国税局	64	59	5
湄洲岛国税局	43	34	9
市国税稽查局	32	27	5
合 计	623	554	69

截至2012年年底，莆田市国税系统实有人员634人，其中公务员588人，事业干部11人，工人35人。大专以上文凭592人，占总人数比例为93.38%。

【班子建设】 按照干部管理权限，选派莆田市国税局机关4名副科长到县（区）国税局任副职，从县（区）国税局和直属单位通过竞争性考察方式选拔2位同志到县（区）国税局任班子副职。莆田市国税局班子中，有1人次参加省国税局在中国（上海）浦东干部学院举办的福建省国税系统领导干部实践考察和专题学习培训，1人次参加国家税务总局举办的处级任职培训班，2人次参加处级业务培训班；县区国税局班子中，有7人次参加省国税局组织的培训，2人次参加莆田市国税局在北京大学举办的更新知识培训班。

【人员招录】 莆田市国税系统新招录1名军转干部、11名公务员。

【竞岗交流】 在莆田市国税系统采取竞争性考察选拔方式任用正副科级领导职位19名（其中正科7名、大副科4名、小副科8名）；在全市国税系统考察选拔晋升部分科级非领导职位11名（其中主任科员8名、副主任科员3名）；对市国税局机关任副主任科员、级别满10年以上的业务骨干，经考核共提拔晋升主任科员1名；全市国税系统对退休前一年干部，经考核晋升3名主任科员；对满足福建省国税局党组会议纪要规定的39名干部转任副主任科员。

廉政建设

【廉政教育】 针对“两节”期间易发、多发不廉行为的特点，采取“九个一”举措，严把“两节”廉政关口：“一书”，即全局上下全员签订一份廉政承诺书；“一课”，即由局长黄亮明在节前适时开讲一次以廉洁自律为主题的廉政教育动员党课；“一会”，即围绕主题召开党风廉政建设年度分析会；“一信”，即在“两节”及元宵前夕给市国税局机关、市国税局稽查局全体人员和县区国税局班子成员每天发送一条廉政短信；“一话”，即对下一级领导班子主要负责人进行一次任期廉政谈话；“一报”，即组织全系统副科级（含副主任科员）以上干部填写《领导干部个人有关事项报告表》；“一画”，即精心采编六组富有警示启迪教育意义的廉政漫画在市国税局办公网页“廉政教育专栏”“要情提示”链接，供大家点击观看；“一警”，即对国家税务总局公布的两起税务干部组织参与虚开增值税专用发票重大案件的通报；“一历”，即协助省国税局纪检组向全省国税系统制作印发《美丽中国》廉政教育台历，以中国古代廉政佳话为主题进行正面宣传教育。3—6月份，与检察院联合开展预防职务犯罪专题教育活动，主要活动有：开展一次巡回学习教育辅导宣讲，组织观看一部反腐倡廉题材电影《北极雪》，开展一次集中式的案例警示教育，开展一次“读书思廉”活动，邀请市检察院领导举办一场预防职务犯罪专题讲座，与检察院联合召开一场联席会议。贯彻落实《税收违法违纪行为处分规定》，在莆田市国税局机关主页“网络考场”开展廉政知识竞答活动，全市共有620人参加网络测试，平均成绩达94.4分；组织开展了《处分规定》闭卷抽考，共抽考60人，平均成绩为83.96分；组队参加福建省国税局《处分规定》知识竞赛，获三等奖，组织专业人才以原创漫画的形式按15类37种税收违法违纪行为逐一诠释《处分规定》，增强宣传教育的实效。

【党风廉政建设责任制】 2012年年初，莆田市国税局局长黄亮明结合节前廉政教育作《同心同德，匡正风气，为保持莆田国税良好形象和纯洁性再接再厉》的廉政党课教育。先后印发莆田市国税局2012年纪检监察工作要点和莆田市国税系统2012年党风廉政建设责任分解表，实行责任到人。签订廉政承诺书，每位领导干部都做出“五不”郑重承诺，并将市国税局党组成员的《廉政承诺书》在网页上公开，接受群众监督。推进《税务系统贯彻中央〈关于实行党风廉政建设责任制的规定〉实施办法》，层层签订党风廉政建设责任书，局长与领导班子成员、各县（区）国税局局长、市国税局稽查局局长签订党风廉政建设责任书，领导班子成员与分管部门主要负责人签订党风廉政建设责任书。

【行风评议】 将“提速提效优化纳税服务，立言立行树立行业新风”和“深化内控机制监督管理，加强队伍廉政建设”两个热点问题作为2012年行风评议选题，突出抓好两个重点参评科室（纳税服务科、征管科）建设。围绕莆田市政府“双正双提” 要求，重申严格遵守国家税务总局“五条禁令”，提出“五提倡五禁止”， 组织两个督查组多次深入县区明察暗访。在莆田市行评中市国税局获得第1名。

【惩防体系建设】 2012年年初，对全年纪检监察工作要点、党风廉政任务责任分解、党风廉政责任书和党风廉政建设年度工作会议作出布置，年中结合各项税收工作抓好督促落实和跟踪抽检，年终围绕惩防体系建设任务布置对照年度推进落实情况开展自查，并结合目标管理考核进行量化评比。着重围绕五大方面，对2008—2012年惩防体系建设五年工作规划进行全面盘点梳理，查找工作中存在的问题，为做好下一个五年规划奠定基础。

【廉政文化建设】 在莆田市国税局办公主页开辟“廉政文化教育专栏”。向全市国税系统征集廉政文化作品，组织选送的廉政文化作品共有37人次获奖，在数量和质量上均居全省前列。涵江区国税局在食堂区开辟廉政文化走廊，布置廉政警言和图片，受到国家税务总局监察局监察专员贺振福和省国税局纪检组长曾光辉的肯定。

【廉政制度建设】 2012年6月，出台《关于加强对国税人员操办婚丧喜庆事宜监督管理的通知》，对操办婚丧喜庆等容易越界出线、反映相对较多的事项以制度的形式进行监督管理。福建省国税局纪检组长曾光辉批示："这个监督管理意见很好，请监察室转发各地参照执行，同时抄报省里和总局监察局"。

【廉政监督】 2012年，共开展任职廉政谈话159人次，诫勉、提醒廉政谈话61人次；莆田市328位领导干部结合年度考核在规定范围内述职述廉，并进行廉政测评和等级认定；全系统共有科级干部进行收入和重大事项报告255人次；2012年共有6人次当场拒收"红包"或有价证券；1人次登记上交企业挂历16本。

【税务执法监察】 重点针对落实组织收入原则、推进依法行政、执行税收优惠政策、优化纳税服务以及深化推进税源专业化管理税收执法权、行政管理权重点岗位和关键环节内控机制建设、机关效能建设等情况开展监督检查工作。莆田市共查找税收执法责任制执行方面存在的问题7类18项，涉及纳税人41户次，全部按规定进行了处理；共行政处理117人次，其中批评教育82人次，责令书面检查30人次、通报批评5人次；经济惩戒113人次，扣绩效奖金7285元。2012年通过执法监察及其子系统共发现疑点29个，监察立项29个，办结29个。

【案件查处】 2012年，共收到群众来信来访件5件，比2011年的17件减少12件。其中福建省国税局交办3件，莆田市纪委交办1件，涵江纪委交办1件，涉及监察对象14人。初核5件，办结5件。从信访的内容及特点看，主要反映副科级以上领导干部，5件中反映副科级以上问题的有4件，占80%；"一案多人"（含二人）信访件明显增多，共3件，占总量的60%，涉及人数12人，主要反映廉政问题；越级信访举报的居多，占总量100%。

教育培训

【培训工作开展情况】 莆田市共举办各类业务培训班16期，累计培训人员1070人次。2012年6月，在北京大学举办一期县区国税局班子成员、分局长、市国税局机关副科以上领导干部提升领导执行力培训班，共40人参加；在延安举办一期弘扬延安精神，增强党性修养培训班，共35人参加；在市国税局机关举办纳税评估培训、综合征管系统征收票证管理业务培训、党员2012年度集中培训、金税工程和车购税业务培训、金税三期网络安全培训、反腐倡廉教育讲座、税库银系统培训、"营改增"业务培训班等。

精神文明建设

【扶贫帮困】 组建成立志愿者服务队，开展党员结对、"一日助""青年服务进农村，税民携手促民生""文明城市共建，志愿服务同行"学雷锋城市管理志愿服务、参加无偿献血等活动。莆田市国税局机关、市国税局大企业税收管理局、城厢区国税局被福建省红十字会、福建省文明办授予"2009—2011年度省级红十字爱心公益单位"称号。2012年全市国税系统各类赞助捐款达21多万元。

【文体活动】 在涵江区国税局召开莆田市国税系统文化建设现场交流会；组织广大税工参与"福建国税核心价值观"大讨论；征集福建国税之歌；开通莆田国税文化建设基地网站；组队参加全省国税系统运动会，获得团体总分第三名；组织开展国税文化作品征集活动，向福建省国税局报送经验文章类1篇、论文类8篇、书画摄影类5个、文学类1篇；组建各类兴趣小组。莆田市各单位通过举办球类、拔河、厨艺、讲坛、辩论、合唱等形式的文体活动。

【文明创建】 莆田市国税局成立“第七届创文明行业促跨越发展”活动领导小组，制订工作方案及创建工作计划，确定3个省级示范窗口和1个市级示范窗口。2012年，莆田市国税系统行业优质服务指数测评以总分100分的成绩在莆田市行政执法系统中和福建省国税系统中均名列第一。莆田市国税系统7个单位积极申报第十二届省级文明单位，城厢区国税局纳税服务科申报省级青年文明号，秀屿区国税局纳税服务科被团省委、省国税局授予“2012—2014年度省级青年文明号”荣誉称号。

党的建设

【思想建设】 组织党员干部学习十七届中纪委七次全会、全国经济工作会议、全省国税工作会议精神、市第六次党代会精神和胡锦涛同志在省部级主要领导干部专题研讨班上的讲话，组织学习《辩证看务实办——理论热点面对面2012》。举办《创建学习型干部的理论思考和路径探讨》《文化安全视角下的社会主义核心价值体系》和《人生价值》等专题党课培训，组织优秀党员代表和党务工作者前往延安开展革命传统教育活动。开展“创先争优见行动，喜迎党的十八大”主题教育活动，开展向税务系统内的全国创先争优先进基层党组织、优秀共产党员学习和向李林森、詹红荔、林海波等先进人物学习活动，引导机关党员干部“学先进见行动作奉献”。组织党员干部收听、收看党的十八大开幕会现场直播，给党员干部分发《十八大报告》《十八大报告辅导读本》《十八大文件汇编》和《中国共产党章程》等学习书籍，召开党组中心组和党支部学习讨论会，学习十八大报告和新修订的党章，举办专题辅导讲座，参加知识竞赛，机关全体干部职工每人撰写一篇不少于3000字的心得体会、每人为莆田国税工作提3条意见建议。

【组织建设】 6月，组织莆田市国税局机关第一党支部、第二党支部、稽查局党支部和湄洲岛国税局党支部四个支部进行换届选举，各党支部均配齐支部书记、组织委员、纪检兼宣传委员3名委员，支部书记由单位负责人或正科级以上领导担任。开展深化创先争优活动，对市国税局机关表现突出的11位优秀共产党员予以表彰，市国税局机关纳税服务科刘重卿同志被中共莆田市委评为创先争优优秀共产党员。做好新党员发展工作，2012年共确定入党积极分子7人，办理预备党员按期转正手续3人。截至2012年12月31日，莆田市国税局机关党委下属的五个党支部共有党员134人，其中在职党员112人，占干部职工数的81.16%；女党员30人占党员总数的22.39%；大专以上学历党员120人占党员总数的89.55%。

【党风建设】 党组成员带领相关科室到企业开展走访调研、座谈交流和政策辅导活动，倾听企业的意见建议。着重从加强出口“大通关”建设、助力小微企业发展、推进“营改增”工作、提升网络化办税服务水平、制订一系列帮扶发展举措，为全市重点项目的发展建设提供优质服务。开展“下基层解难题办实事解民忧”和“进百村入千企访万户”主题实践活动，各党支部多次深入挂钩的镇、村走访调研，与当地负责同志和村民座谈，了解挂钩村面临的主要困难和问题，帮助谋划发展思路。莆田市国税局机关第一党支部和湄洲岛国税局党支部挂钩仙游县园庄镇东石村，针对东石村地处偏僻、经济落后的情况，市国税局

积极发挥驻村干部的作用，和各级有关部门积极协调，争取项目和资金，努力改善村道路交通、村民安全用电、村文化教育等主要问题。莆田市国税局机关第二党支部和市国税局稽查局党支部挂钩秀屿区平海镇，针对平海镇加强综治平安建设的困难和需求，为该镇提供3万元专项经费用于强化镇里治安管理设施建设。市国税局机关111位党员干部、入党积极分子结对帮扶28户灾病特困户、残疾人、老党员、贫困学生，多次前往结对帮扶的贫困户中走访慰问，并捐款24900元以粮油、御寒棉被、慰问金等形式，送到结对帮扶对象手中，帮助他们渡过生活难关。

【工青妇活动】 莆田市国税局机关工会不断推进“工人先锋号”创建，国际税务管理科、稽查局被评为市级“工人先锋号”，李国清同志被福建省国税局评为“身边好税官”、被省总工会授予福建省五一劳动奖章。开展职工“五必访”工作，对税工的疾病和困难，派人走访慰问。为职工上缴“职工医疗互助金”，维护职工权益，解决职工的后顾之忧。加强职工书屋建设，充实各类书籍，规范书屋管理，市国税局被莆田市总工会确定为市级职工书屋示范建设单位。开展“一日助”活动，莆田市国税局机关和直属单位137位干部职工为“一日助”捐款9350元。莆田市国税局机关妇委会组织女税工开展十字绣、到厦门大嶝岛参观游览等活动，丰富女税工业余文化生活。市国税局机关青工委组织青年积极参与学雷锋志愿服务活动，开展清洗乱张贴、为高考考生送水、到湄洲岛进行妈祖文化宣传等活动，展示国税青年热于奉献的精神风貌。李国清被授予莆田市直机关青年创业奖，黄鹏被评为优秀团干部，蒋洁被评为优秀共青团员。

【离退休干部工作】 2012年2月，组织机关离退休干部春游涵江白塘公园赏花，参观涵江区国税局办税服务厅，感受标准化的“一站式”服务。6月，荔城区国税局组织离退休老干部参观莆田秀屿LNG产业园区，感受园区的企业文化理念与现代化的管理模式；涵江区国税局组织退休老干部到惠安聚龙小镇参观考察。10月，城厢区国税局举行重阳节健康养生座谈会，邀请莆田学院附属医院中医科许建平主任医师主讲健康养生之法。同月，组织部分老干部参加第三届福建省国税系统离退休干部书画笔会，选送老干部书法作品8幅参展，机关退休干部柯锦辉代表莆田国税在现场挥毫泼墨。

财务经费与后勤

【财务监督】 开展2012年财务内部审计工作，各县区自查面达到100%。对荔城区国税局、仙游县国税局、城厢区国税局、涵江区国税局、秀屿区国税局及湄洲国税局6个单位开展内部审计。2012年共审计出管理不规范资金10.10万元。

【基本建设】 2012年度，莆田市国税系统基建投资1865.95万元。其中荔城区国税局综合业务用房基建项目投资937.08万元，土建工程已竣工验收，正在进行二次装修施工，预计2013年底交付使用；城厢区国税局综合业务办公用房基建项目投资908.20万元，土建工程已基本完工，正在进行二次装修施工，预计2013年底交付使用；仙游县国税局鲤城分局综合业务用房基建项目投资20.68万元，完成前期各项准备工作，将于2013年3月开工建设。

【政府采购】 莆田市国税系统先后组织大、小项目采购97批次，采购金额513.57万元，节约资金52.04万元，资金节约率9.20%；其中市国税局机关采购33.34万元，节约资金15.57万元，资金节约率31.84%。

【机关后勤管理】 重新修订《机关公务车辆管理制度（试行）》和《莆田市国税局机关经费管理制度》，进一步规范机关车辆管理和机关经费支出的管理。按照《莆田市国家税务局机关经费管理制度》和《莆田市国家税务局机关固定资产管理实施细则》的要求，对机关固定资产建立资产登记卡片和统计台账；严格固定资产采购程序，规范采购流程，新购置资产价值为87982元；合理配置机关固定资产，做好固定资产维保；完成一年一度的固定资产（含房产）清理盘点，做到账账相符，账物相符；处置报废的非计算机类固定资产335164.98元。

（供稿：张明焕）

南平市国家税务局

经济概况

2012年，南平市实现地区生产总值（GDP）996.76亿元，增长11%。第一产业增加值234.49亿元，增长5.4%；第二产业增加值426.63亿元，增长16.4%；第三产业增加值335.63亿元，增长7.4%。三次产业结构为23.53∶42.80∶33.67。规模以上工业增加值286.85亿元，增长16.6%；实现利润54亿元，增长19.2%。社会消费品零售总额346.45亿元，增长16.7%。城镇居民人均可支配收入2.22万元，增长12.7%。出口15.66亿美元，增长44.9%。实际利用外资（可比口径）10.63亿美元，增长9.5%。完成全社会固定资产投资899.01亿元，增长30.2%。全市财政总收入92.05亿元，增长18.9%，税收收入占财政收入的比重为43%；财政支出131.51亿元，增长13.1%。

税收概况

【税收完成情况】 南平市国税系统累计完成各项税收收入400402万元，同比增收47857万元，增长13.57%，完成福建省国税局下达计划的105.09%，提前12天完成全年收入任务。其中税收直接收入365402万元，同比增收32357万元，增长9.72%；免抵调库收入35000万元，同比增收15500万元，增长79.49%。办理出口退税50000万元，同比多退2000万元，增长4.17%。

南平市本级累计完成各项税收收入124602万元（其中营业税改征增值税收入178万元），同比增收16444万元，增长15.2%，完成年计划的100.18%。其中税收直接收入110273万元，同比增收12951万元，增长13.31%；免抵调库收入14330万元，同比增收3492万元，增长32.23%。市本级地方级收入32024万元，同比增加3082万元，增长10.65%。

【各征收单位计划完成情况】 各征收单位均完成年度税收收入任务。其中，浦城县国税局、延平区国税局、光泽县国税局3个征收单位税收收入超过计划10个百分点以上。详见南平市国税局各征收单位税收收入情况：

根据南平市统计局提供的2012年南平市GDP初步核算数（GDP现价增长11.1%），测

表21　　2012年南平市国税局税收收入完成情况

单位：万元

项　目	税收收入	同比增加	同比增长（%）
税收收入	400402	47857	13.57
一、直接收入	365402	32357	9.72
1. 消费税	12874	1950	17.85
2. 增值税直接收入	216290	17039	8.55
3. 车购税	27851	1671	6.38
4. 企业所得税	108351	11777	12.19
5. 个人利息所得税	36	-80	-69.09
二、免抵调库	35000	15500	79.49

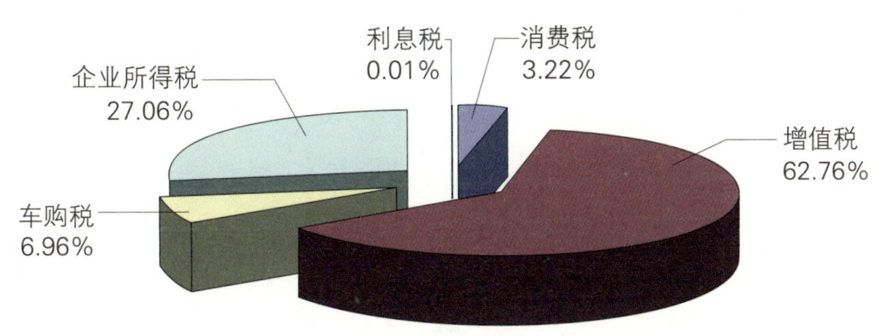

图12　2012年南平市国税局各税种比重图

表22　　南平市国税局各征收单位税收收入情况

单位：万元

单　位	延平区国税局	开发区国税局	邵武市国税局	建瓯市国税局	建阳市国税局	顺昌县国税局	武夷山市国税局	浦城县国税局	政和县国税局	光泽县国税局	松溪县国税局
税收（万元）	96504	87602	52550	34151	33501	25155	21661	22043	11007	8360	7869
同比增收（万元）	15845	7936	7572	3654	3109	-925	2441	4482	2162	950	630
增长率（%）	19.64	9.96	16.84	11.98	10.23	-3.55	12.70	25.53	24.44	12.82	8.71

算2011年全市国税税收弹性系数为1.22。

【重点税源】　南平市重点税源企业104户，税收总量从2007年的9亿元扩大到接近20亿元，年均增长19.8%。但重点企业的税收增幅却大体呈现下滑的趋势，从2007年的36.6%下滑到2012年的9.6%，首次出现个位数增长。主要原因是现有重点企业多数是传统及高竞争类行业，企业产值多，税收少。

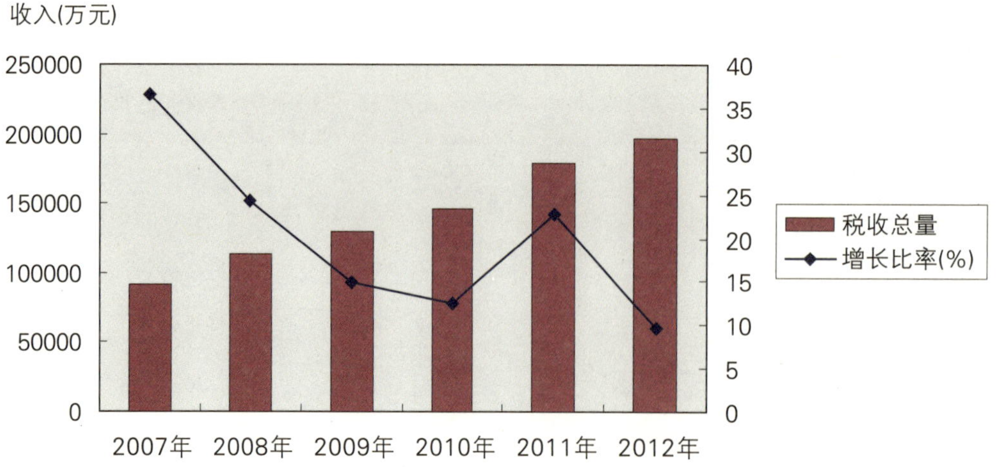

图13　2007—2012年南平市国税局重点企业税收趋势图

从重点税源企业的分布情况来看，主要集中在延平区国税局、开发区国税局、邵武市国税局、顺昌县国税局、建阳市国税局等地。以上5个征收单位，重点税源企业占总收入的比重较大，均超过40%。

表23　　南平市国税局重点企业税收收入分布情况

单位：万元

单　位	户数	2012年税收直接收入	2011年同期	同比增减	增减（%）	重点企业税收占税收总收入比重（%）
延平区国税局	20	66294	53449	12846	24.03	69.78
开发区国税局	13	53588	48641	4947	10.17	73.24
邵武市国税局	17	23797	23173	623	2.69	47.73
顺昌县国税局	12	14861	17519	–2658	–15.17	63.90
建瓯市国税局	7	7311	5460	1852	33.92	22.95
建阳市国税局	16	12319	13704	–1385	–10.10	41.08
浦城县国税局	5	5363	5261	103	1.95	34.29
武夷山市国税局	6	6368	5835	533	9.13	30.83
光泽县国税局	3	2255	2792	–538	–19.26	29.82
松溪县国税局	3	1701	1532	170	11.07	22.96
政和县国税局	2	2690	1986	705	35.50	24.44
全　市	104	196548	179350	17197	9.59	53.79

【各税种税收情况】 增值税入库216290万元，同比增加17039万元，增长8.55%，增速比2011年回落9.13个百分点，但增收总量居各税种之首，增收贡献率达52.7%；消费税入库12874万元，同比增加1950万元，增长17.85%，增速是各税种中最快的，但由于总量小，增收贡献率仅为6.03%；企业所得税入库108351万元（首次跨入10亿元），同比增加11777万元，增长12.19%，增收贡献率为36.4%；车购税入库27851万元，同比增加1671万元，增长6.38%，增收贡献率为5.17%。

【行业税收结构】 南平市9个行业增收千万元以上，共计入库税收直接收入204766万元，占全市税收直接收入的56%，同比增收35505万元（超过全市税收直接收入的增收总量），增长20.98%（超过全市税收直接收入增长11.26个百分点）。

表24　　南平市国税局各税种增速对比情况

税　　种	增值税直接收入	消费税	企业所得税	车购税
五年平均增长（%）	7.70	65.20	21.40	18.60
2012年度增长（%）	8.55	17.85	12.19	6.38

表25　　南平市国税局增减收显著行业税收情况

单位：万元

行　　业		本年累计	上年同期	±额	±%
增收行业	电力	39466	28472	10993	38.61
	货币金融服务	19295	9512	9784	102.86
	有色金属冶炼和压延加工业	6884	3436	3448	100.33
	房地产业	24453	21795	2657	12.19
	非金属矿物制品业	14514	12617	1897	15.04
	酒、饮料和精制茶制造业	7943	6140	1804	29.38
	纺织业	6091	4301	1790	41.61
	食品制造业	8114	6499	1614	24.84
	商业	78007	76490	1517	1.98
	合　　计	204766	169261	35505	20.98
减收行业	非金属矿采选业	6643	7791	-1149	-14.74
	化学原料和化学制品制造业	20377	25087	-4709	-18.77
	木材加工和木、竹、藤、棕、草制品业	18493.84	19292.45	-799	-4.14
	合　　计	27020	32878	-5858	-17.82

【企业规模税收结构】 南平市国税系统管征53492纳税户，其中增值税一般纳税人5627户，个体工商户35474户，未达起征点27540户。全市年税款500万元以上企业100户。其中年税款1亿元以上2户，5000万—1亿元4户，1000万—5000万元49户，500万—1000万元45户。

【各经济成分税收结构】 公有制经济税源与非公有制经济税源均衡发展，非公有制经济已成为税收收入增长的主力军。

表26　　2012年南平市国税局直接税收100万元以上企业情况

税收结构	户数	税收（亿元）	占全市税收比重（%）
100万—500万元	276	5.98	14.95
500万—1000万元	45	3.14	7.85
1000万—5000万元	49	9.17	22.92
5000万万—1亿元	4	2.28	5.7
1亿元以上	2	5.95	14.87
合　计	376	26.52	66.29

表27　　南平市国税局各类型经济税源占全年税收比重

单位：%

年　度	国有企业	集体企业	联营企业	股份公司	私营企业	外资企业	个体经营
2007	14.1	1.86	1.1	33.71	24.84	17.74	8.65
2008	13.72	1.34	0.43	29.76	23.45	20.91	10.39
2009	11.04	2.45	0.41	21.83	23.14	33.66	7.48
2010	13.69	1.91	0.49	21.84	21	33.11	7.96
2011	12.85	2.26	0.42	27.69	22.37	26.77	7.64
2012	13.2	4.05	0.59	29.43	24.07	20.07	8.59

税收法治

【依法行政】 召开南平市国税依法行政工作会议，总结“十一五”以来南平市国税依法行政工作，提出进一步提升南平市国税系统依法行政工作水平的“指导思想”和“总体思路”以及突出重点，统筹兼顾，重点做好六个方面依法行政工作任务。贯彻《行政强制法》，加强法规队伍建设，举办南平市国税税收法制业务知识培训。制定《南平市国税系统法规系列依法行政评价指标考核标准（试行）》，从制度建设、规范执法、执法监督、法律救济四个方面15项指标进行考核。加强税收规范性文件管理，对外公布南平市国税局废止及失效和现行有效的税收规范性文件目录。健全完善全市国税政策执行情况调研反馈网络，完善政策反馈的工作机制。

▲2012年4月17日，南平市国税局开展预防职务犯罪专题讲座

（摄影/郑敏莉）

【重案审理】 贯彻重大税务案件审理工作规程，执行重大案件审理制度，结合年度执法督察工作组织开展南平市执法案卷评查工作，推进证据制度建设，提高稽查工作质量。市、县两级共审理重大税务案件58件，全市重案审理率达47.5%。

【税收执法责任制】 贯彻福建省国税局税收执法责任制实施办法，健全完善责任落实和考核奖罚制度，抓好执法考核系统的预警监控，申辩调整和防范纠错工作，根据全省统一的税收执法管理信息系统考核，南平市调整前的执法准确率为99.83 %，调整后的执法准确率为99.94 %，执法准确率水平居全省国税系统第二名。同时，严格责任，强化问责和过错追究工作，全市国税共追究过错责任309人次，经济惩戒2.3万元。

【执法检查】 组织对4个县（市、区）国税局联合开展税收执法督察和执法监察、领导干部经济责任审计、财务审计等三项检查监督，纠正执法中存在的问题 367户（次），补征或追缴税款及滞纳金895万元，提出工作建议44项，责任追究87人（次），逐一下发整改意见。

【复议应诉】 贯彻落实国家税务总局税务行政复议规则，建立行政复议与调解有效结合的机制。做好法律救济，保障纳税人合法权益。2012年全年保持零复议和零诉讼。

征收管理

【征管改革】 按照“以纳税人自主申报为前提，以促进税法遵从为目标，以风险管理为导向，以纳税评估为重点，以分类分级管理为基础，以信息管税为依托，以完善制度、机制为保障，努力构建税源专业化管理新体系”总体思路推进改革工作。2012年在延平区国税局、武夷山市国税局、松溪县国税局被确定为全市首批税源专业化试点改革单位的基础上，实施税源专业化改革扩展到建阳市国税局、邵武市国税局、开发区国税局、政和县国税局等单位，光泽县国税局、建瓯市国税局、顺昌县国税局、浦城县国税局等单位。通过改革推进县（市、区）国税局内设科室的实体化进程，税源管理分局主要职能转变为纳税评估；市国税局开展风险识别、分析、排序、发布和监督、评价等部分税源管理的实体性工作。

通过改革，征管方式转变：一是由“属地管理”向“分类管理”转变，二是由“单兵作战”向“团队管税”转变，三是从“凡事必管”向“简政放权”转变，四是由传统的“事前管，事后查”向信息化、多层面监控转变，五是由“管户制”向“管事制”转变。

【行业建模】 将“水力发电”“竹席制造”“木质家具制造”三个行业模型提升为南平市行业模型；对“非金属矿采选业”“水煮笋罐头制造”“精制茶加工”等行业模型，由各县（市、区）国税局结合当地行业情况复制使用，以扩大行业模型监控面。在2011年行业建模的基础上，选择装潢用材料印刷、汽车贸易行业等17个行业为新增行业建模任务，扩大建模行业和模型监控户数，县级行业模型提升为全市行业模型3个。利用已搭建的67个行业模型指标进行分析、风险排序，下达评估任务，2012年评估企业1216户，补税4265万元。

【纳税评估】 6个县（市、区）国税局成立专业纳税评估机构，专业评估人员150多人。规范纳税评估工作流程，统一按照福建省国税局纳税评估V3.0软件流程运作。实行税收风险应对机制，实现税收风险识别与应对工作机构运作的有效衔接，加大行业模型的应用率。对纳税评估工作进行单项目标评比考核，开展纳税评估能手考评和纳税评估优秀案例评选活动。2012年纳税评估2044户，入库税款及滞纳金7766.06万元，评估入库税款占税收直接收入的2.12%，达到福建省国税局年度评估目标考核任务的424%。

【税收风险管理】 定期发布一般纳税人零、低税负、所得税长期亏损异常户、服装企业开票、废旧物资企业开票、林业资源综合利用企业纳税变动、民政福利企业、农产品加工企业进项抵扣异常情况、固定资产进项抵扣异常情况、出口退（免）税企业异常情况、稽查案件发现行业问题异常情况等10项预警提示通报，针对疑点和异常企业及时组织核查、评估以及行业的专项检查整治。落实风险分析识别、风险等级排序和风险应对机制，对高等级风险税源开展纳税评估。2012年通过“税源风险管理系统/纳税评估3.0”进行风险应对，开展纳税评估37户，补税1012.36万元。

【个体税收管理】 南平市共有个体工商户35474户，其中采取定期定额征收30700户，采取查账征收4774户，全年共征收个体税收10876.38万元。落实与工商部门信息交换制度，每月从工商部门定期取得登记、变更信息，与税务登记情况进行核对，下户核实，强化户籍管理。规范定额管理，对实行定期定额征收的个体工商户，履行自报、核定、公示、核准、下达、公布的程序；加强三级巡查，查处漏征漏管、假停歇业、假注销行为。全年共查处漏管户573户，查处假停歇业、假注销行为147起，补缴税款30.25万元；落实个体工商户起征点调整税收政策，全市未达户27546户（新增11943户），免征税款11905万元；四是简化办税程序，提高办税效率，全市共有13170户个体工商户采取网上申报（批扣方式）缴纳税款。

【发票管理】 开展网络发票推行工作，南平市共推行网络发票户数5630户，开具发票558930份，开票金额101.5亿元，接收网络发票26262份，销售额6.1亿元。通用机打票用户全部使用网络发票开具，万元版用户百分百推广到位，千元版用户逐步推广到位。抓好增值税专用发票存根联采集率、增值税专用发票核查按期完成率、增值税失控率考核工作，强化增值税专用发票管理。落实国家税务总局关于逾期增值税扣税凭证抵扣工作。开展已认证失控发票异常信息核查工作，2012年共核查异常发票信息21份，补税21.79万元。做好“营改增”试点普通发票的印制与供应，南平市共印制“营改增”普通发票630万份。

【信息管税】 第三方涉税信息交换平台于2012年12月6日实现上线运行，通过南平市政务网对各相关单位正式发布，发改委、电力、国土、房产交易中心、医保中心、工商、残联等12个单位的涉税信息纳入平台管理。推进普通发票网络开票工作。南平市共推行网络发票户数5630户，开具发票558930份，开票金额101.5亿元，其中红字发票1750份，接收网络发票26262份，销售额6.1亿元。通用机打票用户已全部使用网络发票开具。一户式电子档案管理系统4月底推行到位。完成金税三期广域网升级工作，各业务生产系统均正常运行。

【“营改增”试点】 根据财政部、国家税务总局《营业税改征增值税试点方案》，制定“营改增”试点工作实施方案和倒计时工作表。成立营业税改征增值税领导小组，由南平市国税局局长担任组长、分管局领导担任副组长，有关科室负责人任成员。从8月14日开始，组织开展试点纳税人确认、国地税征管衔接、宣传培训辅导、征管系统调整、技术平台保障等各项准备工作。11月1日开出首批发票，12月1日首日纳税申报和税款缴纳顺利。南平市经确认“营改增”试点纳税人1920户，其中交通运输业615户，现代服务业1305户。经认定为增值税一般纳税人74户，小规模纳税人1846户。营业税改征增值税收入累计1196万元。

【增值税管理】 按季开展纺织服装、残疾人就业企业增值税退税情况分析，防范虚开增值税专用发票违法行为和税收执法风险。开展增值税专用发票滞留金额超过100万元以上、以农产品收购发票抵扣税款超过200万元以上、海关完税凭证“一窗式”比对异常及稽核结果异常四类

▲2012年11月1日，南平市国税局“营改增”试点首日申报成功

（摄影/郑敏莉）

企业纳税评估，全市共评估128户，补税575.81万元。贯彻落实财政部、国家税务总局《关于在部分行业试行农产品增值税进项税额核定扣除办法的通知》，对19户酒及酒精、液态乳、植物油企业试行农产品增值税进项税额核定扣除办法。

▲2012年，南平市国税干部深入圣农食品有限公司开展纳税辅导。

（摄影/丁海平）

【企业所得税管理】 企业所得税征管户数11901户。其中查账征收户8269户，占总户数的69.48%；核定征收户3217户，占总户数的27.03%。核定征收户同比下降9.94个百分点。

各县（市、区）国税局根据当地税源情况确定重点税源企业作为重点税源监控范围。将享受税收优惠政策期间的企业、连续亏损3年以上的长亏不倒企业、低于同行业税负预警值的企业列入风险预警管理，各县（市、区）国税局还结合实际情况，实行行业利润率预警（风险预警管理）。与当地政府、发改委、高速办、财政、地税、建设等部门沟通协调，将全市在建的高铁、高速等重点项目纳入代征范围。2012年，南平市高铁、高速等重点建设项目代征税款1360万元。

运用数据分析掌握税源筛选风险企业，并把风险企业确定为纳税评估对象，组织力量进行重点评估，2012年评估企业所得税317户，补税5730万元，占2012年所得税入库数的5.3%。

【消费税管理】 按月开展消费税税源分析，对消费税重点税源进行分析监控，开展卷烟消费税价格信息采集工作。

【车购税管理】 落实新《车辆购置税征收管理办法》，取消车辆购置税过户、转籍、变更业务，调整实地验车范围，减轻纳税人办税负担，对免税条件消失车辆进行监管。开展车辆购置税完税证明换版、车辆购置税的电子档案建设和二维码申报信息采集系统应用、车购税征管系统升级工作。

【出口退税管理】 落实出口退（免）税政策，2012年南平市共办理出口退（免）税85007.63万元，同比增长25.93%。2012年共为企业办理出口企业资格认定及变更44户（次），审核出口企业加入中国口岸电子执法系统网上资质审核107户（次），为249户出口企业审核出口货物退税资料3100册，办理出口退税1820笔，办理出口企业申请退运证明15份，退运补税76295.22元，办理出口企业代理证明29份。完善征退衔接机制，防范出口退税风险。对服装、农产品加工等出口退税增长和出口退税异常、税负偏低、免抵较少等情况的企业进行逐户评估。2012年，南平市共评估出口企业85户，发现有问题的企业45户，补回税款751.12万元。针对全市外贸出口增长较大且敏感地区、敏感货物增多的情况，加大税收函调力度。全年累计发出调查函37份，涉及计税金额4561.27万元，涉及可退税额702.63万元；收回函件37份，回函有问题的3份。对函调回函有问题的，已退税款及时从企业其他退税款中扣回，未退税款不予办理。

【国际税收管理】 按照“围绕一条主线，完善四项机制，强化三个保障”的总体思路，采取措施加强非居民税收管理、反避税基础工作、税收协定工作。获取非居民企业在股权转让、提供劳务及对外支付情况等的外部信息，在南平市组织开展非居民股权转让调查。2012年，南平市共征收非居民企业所得税644.21万元，同比减少954.76万元，下降59.71%。落实《非居民享受税收协定待遇管理办法（试行）》，全年共办理非居民申请享受税收协定3户（次）。

【大企业管理】 组织开展重点企业税收风险分析评估工作，2012年共完成企业税收风险评估户数46户，发现税务风险点52条，提出针对性措施53条，补税金额3080.3万元，滞纳金53万元，已入库税款及滞纳金3133.3万元。落实《国家税务总局关于开展中国石油化工集团公司部分企业税收风险集中分析评估工作的通知》（国税函〔2012〕152号），做好中国石油化工集团公司涉及南平市企业税收风险集中分析评估工作，辅导企业自查查补增值税1.03万元、企业所得税98.42万元。

纳税服务

【基础建设】 开展办税服务厅规范化建设，南平市8个非试点单位办税服务厅建设实现达标。推行车辆购置税“免填单”服务和其他综合涉税事项“免单”“免填单”服务措施。落实涉税业务工作规程，简化、规范办税程序。将纳税人涉税事项申请统一集中由办税服务厅受理，即办事项当场办结，审批事项实行“窗口受理、内部流转、限时办结、窗口出件”。税源管理分局不再履行涉税审核、审批职责。南平市共配备办税服务厅人员172人，系统新招录的公务员全部充实到办税服务厅。

【服务发展】 落实各项税收优惠政策，2012年兑现增值税转型抵扣税款、出口退免、资源综合利用、残疾人安置、下岗再就业等税收优惠退、免、抵税款累计达12.95亿元，占南平市国税税收总收入的32%。其中出口退税50000万元，免抵调库35000万元，增值税转型抵扣税款22790万元，企业所得税各项税收优惠15538万元，资源综合利用退增值税4490万元，残疾人安置税收优惠1661万元。“推广使用网络发票”被南平市直党工委和效能办评为“服务发展十佳举措（品牌）”。

【税收宣传】 以“税收·发展·民生”为主题，组织第21个全国税收宣传月活动，南平市国税系统组织宣传月活动近100项，其中2个项目被省国税局评为“税收宣传月优秀创新项目”。通过宣传栏、公告栏公开发布税收政策，南平市共公告438条次。制作“纳税服务一单通”，加强与纳税人的沟通。开展每月信息上报管理，促进各县级国税局开展税收宣传。

【纳税咨询辅导】 在南平市办税服务厅统一设置税收政策咨询台，建立税企联系QQ群，受理、解答纳税人的提出的税收政策、办税程序等问题。组织12366服务热线培训，通过税务网站、办税服务厅公告栏、电子显示屏、QQ、短信、宣传册子和媒体等方式宣传12366服务热线。南平市全年累计受理纳税咨询6068次（其中咨询台咨询3382次、电话咨询1935次、QQ群咨询549次、网站咨询115次、下户咨询27次、其他咨询60次）。

【纳税人权益保护】 建立健全纳税人需求分析响应机制和纳税服务投诉处理机制，2012年共受理纳税人服务投诉2个，办结率100%。组织2010—2011年度A级纳税信用等级的评定工作。南平市参评户33995户，参评面100%，其中评定为A级的纳税人249户，B级的纳税人18490户，C级的纳税人15265户，无纳税人被评定为D级，未续评A级的纳税人52户。

税务稽查

【综述】 南平市稽查人员115人，其中市国税局29人，县（市、区）国税局86人。稽查人员占全市国税人员的比例为11.2%。2012年，南平市共检查纳税人132户，查补税款4016万元（其中检查补税3943万元，组织企业自查补税73万元），查补入库税款占全市工商税收收入总额（不含免抵退税和车辆购置税）的1.21 %，与去年同比增长31%。南平市选案准确率98%，结案率101%，税款入库率100%。

【专项检查】 研究、部署税收专项检查以及税收专项整治区域和行业。南平市累计选案81户，其中成品油企业8户、办理电子、家具、服装类产品等出口退（免）税企业5户、机械制造企业9户、食品加工企业9户、重点税源企业5户、地方金融企业5户、房地产企业10户、其他30户。重点查处虚开增值税专用发票企业和出口退（免）税企业，共查补税收2313.77万元。

【大案要案查处】 突破涉及9个省41户企业的“南平4.9虚开增值税专用发票及骗取出口退税案”。南平涉案企业6户，涉案金额1.54亿元，涉嫌骗取出口退税314.7万元（另97.86万元案发后南平市国税局停止办理退税），共查补税款、罚款合计1442.42万元，逮捕犯罪嫌疑人3人，刑拘1人，取保候审1人。2012年南平市共查结百万元大要案件4起，查补税款、罚款2050万元。

南平市全年查处发票违法企业111户，查出非法发票2224份，查处税滞罚款合计1410.23万元。移送公安2起，曝光案件10起；收集发票违法信息102条。

【案件协查】 2012年共收到受托函114件，涉及发票2742份，金额17576.28万元，税额2982.59万元，其中正常2281份，有问题468份，无法核实1份，补税630.84万元，受托函回复率达100%。对有疑问或有问题的增值税专用发票通过发协查函的方式进行协查，对协查有问题的进行查处。2012年共发出委托协查函86起，涉及发票1061份，金额9761.39万元，税额1638.29万元，收到有问题发票287份，无法核实144份，选票准确率为27.68%，补税80.64万元。

【检举受理】 落实《税务违法行为检举管理办法》，南平市共受理、登记检举案件27件，查处检举案件17件，结案18件，查补税款319.74万元、滞纳金55.46万元、罚款98.50万元，补税、滞纳金、罚款合计473.7万元，入库405.9万元，入库率85.69%。

机构队伍

【党的建设】 南平市国税局机关党委批准吸收2位预备党员。坚持按季组织党组中心组和党支部的理论学习。组织开展党建工作调研，调研文章《关于提高机关党员干部学习力的实践与思考》获全市党建调研文章三等奖。“七一”期间开展“一先三优”评选活动，表彰了3个先进党支部、13名优秀共产党员、3名优秀党支部书记、3名优秀党务工作者。市国税局黄源兴同志、市国税局稽查局党支部分别被南平市委、市直机关党工委授予“创先争优优秀共产党员”“先进基层党组织”称号。在2012年全市机关党的工作会议上，市国税局就如何做好机关党建工作做了经验交流。市国税局机关党委被列为南平市直机关“机关党组织党建工作示范点”，继续被列为市直机关“党务公开示范点”。

【机构与编制】 南平市国税局按照行政区划设置，是主管南平市国家税收工作的行政机构，实行垂直领导管理体制，为正处级全职能局。下辖南平市高新技术产业开发区国税局、延平区国税局、邵武市国税局、建瓯市国税局、建阳市国税局、武夷山市国税局、顺昌县国税局、浦城县国税局、光泽县国税局、松溪县国税局、政和县国税局11个正科级全职能局。其中松溪、政和两县国地税机构未分设。全市系统共设有40个副科级基层税务分局。市国税局机关内设机构12个，级别为正科级，分别为办公室、政策法规科、货物和劳务税科、所得税科、收入核算科、纳税服务科（纳税服务中心）、征收管理科、财务管理科、人事教育科、监察室、大企业和国际税务管理科、进出口税收管理科；另设机关党委办公室、离退休干部科，级别为正科级。市国税局直属机构1个，即稽查局，级别为副处级。市国税局事业单位3个：信息中心、机关服务中心，级别为正科级；福建省国家税务局南平培训中心，级别为副处级。

截至2012年12月31日，南平市国税系统在编干部职工1032人，其中公务员972人、事业干部11人、职工49人，平均年龄45岁。女干部职工290人，中共党员717人，大专以上学历981人（博士研究生1人，硕士研究生6人，研究生学历无学位2人，本科学历硕士学位5人），注册会计师6人、注册税务师64人、注册律师2人。全市国税系统共有离退休人员273

▲2012年11月9日，南平市国税局副科级干部学习十八大培训班

（摄影/郑敏莉）

人（其中：离休11人、退休262人），各类临时人员345人。

【人员招录及调配】 共招录公务员13名，干部职工调动8人，其中调出5人，调入1人，南平市国税系统内各县（市、区）局之间调动人员2人。南平市国税系统内各县（市、区）局内部交流轮岗88人。办理干部职工退休18人。

【人事管理】 根据税源专业化管理改革的需要，对基层局3名科室负责人进行岗位调整。按制度规定开展干部选拔任用工作，南平市国税系统共有30位科员晋升位副主任科员。落实福建省国税局《关于深化干部人事制度改革，创新人事工作机制的意见》和福建省国税系统干部队伍工作会议精神，组织召开了4场人事工作座谈会，就有关人事制度改革、创新管理工作征求各单位、各层面人员的意见和建议。推进人事管理系统2.0版规范运行与人事档案规范管理系统试点工作，2套系统正式运行。

【队伍建设】 落实、完善重大灾病救助基金管理办法，2012年累计对南平市国税系统23名干部职工帮扶救助20.24万元。开展评选系列“十佳单位”“十佳个人”等活动，弘扬先进典型。开展争先创优活动，推荐评选2名全省“我身边的好税官”。

【教育培训】 举办学习十八大、“营改增”、纳税评估、纳税服务、进出口退税、法制业务等各类专题培训班12期，培训干部职工800余人次。

【离退休干部工作】 在延平区国税局、邵武市国税局2单位组织开展老干片区活动，南平市国税系统共71名离退休干部参加了活动；组织市国税局机关退休离退休干部去松溪、政和调研。承办第三届全省国税系统离退休干部书画笔会。

▲2012年1月17日，南平市国税局新春团拜会

（摄影/郑敏莉）

【文明创建】 印发《南平市国家税务局关于开展第七届“创文明行业、促跨越发展”竞赛活动的意见》《南平市国税局机关2012—2014文明创建规划》和《2012年机关文明创建工作意见》。完成了第十二届省级文明单位的创建申报工作，全市国税系统签订文明行业创建责任状。南平市国税局文明创建工作经验交流材料，被市文明办收集编印到文明创建材料汇编。按月组织志愿者参加四鹤公交站点的清洁卫生志愿服务活动。与进贤社区的3户特困户签订帮扶协议，结为帮扶对子，支付当年帮扶款9000元。举办第二届趣味运动会和2012年春节团拜会文艺演出。完成2012年行业优质指数测评工作，以满分取得南平第1名、福建省国税系统并列第一的优异成绩。

【廉政建设】 推进惩防体系建设，南平市国税系统自上而下签订了廉政责任书。开展预防职务犯罪十项专题教育活动，组织学习《税收违法违纪行为处分规定》，开展知识测试，组织巡回宣讲。修订完善《南平市国税系统行政效能督察暂行办法》。推进两级党组下基层调研点评制度，每半年召开党风廉政建设分析会，建立苗头性问题预警和上下联动机制。2012年收到并办理信访件4件，全部为省国税局转办，市国税局自收件为0件，是近几年信访件最少的年度。

南平市国税系统共聘请了106位政风行风特邀监察员，重新公布全市国税系统各单位行风效能投诉电话，参加南平市政风行风热线直播节目，编印8期《国税纠风工作简报》。在全市开展“开门纳谏”活动，以“推广网络发票，方便纳税人”为主题开展选题评议。采取明察暗访、座谈走访、问卷调查等形式，收集纳税人意见。通过开门纳谏和明察暗访工作，累计通过走访纳税人110户、召开纳税人座谈会11场、发放问卷调查210份，收回210份，其中满意209份，占99.52%；基本满意1份，占0.48%。南平市国税局在全省国税系统2012年度行风评议考评中获得满分，在全市行政执法部门中名列第二名。

【挂村服务工作】 9月份圆满完成南平市第四轮下派挂村任务，下派村支书曾德荣同志回光泽县国税局任副主任科员。“三八节”期间市国税局机关全体女工开展爱心捐款，为光泽县国税局铁关村的3位留守儿童筹集资金3000元，3位女工与3位留守儿童结为对子，成为他们的“爱心妈妈”。

行政后勤

【安全稳定】 落实安全责任制，制定下发《南平市国税局机关2012年开展综治和平安创建工作具体实施方案》《安全工作应急预案》等文件，下发节假日、中央重要会议期间安全保卫和维稳等有关事项的通知，对节假日安全情况实行零报告制度。加强公务用车安全管理，落实公务用车使用审批、登记制度和节假日车辆管理制度。执行机要文件保密制度，全年没有发生差错和失、泄密事故。落实信访工作责任制，全年共受理来电来访等信访件8件，信访办结率100%。市国税局机关连续五年被南平市委、市政府评为“平安建设先进单位”。

【内部审计】 完成2个单位经济责任审计和2个单位的财务审计，审计面33.33%。出具审计报告4份，审计提出建议16条，要求被查单位制定整改措施4项，要求被查单位完善规章制度12条。

【资产管理】 加强固定资产制度建设，建立固定资产一人一表（资产使用明细表）管理制度及细化变动人员资产的收回制度。加强公务车辆管理和监督，完成公务用车专项治理工作。做好车辆编制核定工作。全市国税系统核定车辆编制138辆，其中公务用车13辆，执法执勤用车125辆。年末车辆实有数136辆。

【政府采购】 2012年，南平市国税系统实施政府采购448.75万元，实施采购批次101次，节约资金78.14万元，资金节约率为14.83%，完成年度计划执行率100%。

（供稿：林歆）

龙岩市国家税务局

经济概况

【经济规模指标】 2012年，龙岩市全年实现地区生产总值1374.65亿元，按可比价格计算比上年增长12.1%。全市财政总收入237.32亿元，同比增长15%，其中地方级财政收入101.51亿元，增长20.4%。全年财政总支出164.93亿元，增长19.8%。全年年末金融机构本外币各项存款余额1103.19亿元，比上年年末增长20.7%；金融机构本外币各项贷款余额1056.41亿元，增长19.5%。

【经济结构指标】 龙岩市第一产业增加值161.95亿元，增长3.6%；第二产业增加值784.34亿元，增长16.7%；第三产业增加值428.36亿元，增长7.2%。人均地区生产总值53590元，比上年增长11.8%。三次产业比例由上年的12.3∶56.5∶31.2调整为11.8∶57.1∶31.2。

【开发程度指标】 龙岩市外贸进出口总额348801万美元，比上年增长44.2%。其中出口210836万美元，增长13.8%；进口137966万美元，增长143.1%。新批外商直接投资项目16个，新签合同金额27587万美元，比上年下降40%；按验资口径统计的实际利用外商直接投资19908万美元，增长15%。

【城市建设指标】 全社会固定资产投资1000.45亿元，比2011年增长28.5%，其中城镇投资增长29%，农村投资增长10.7%。在全社会投资中，第一产业投资增长50.5%，第二产业投资增长23%，其中工业投资增长22.1%，第三产业投资增长34.9%。

【人民生活质量指标】 龙岩市城镇居民人均可支配收入23765元，比2011年增长12.7%，扣除价格因素实际增长9.7%；农民人均生活消费支出6873元，增长11%；城镇居民人均消费性支出17651元，增长8%。农民人均纯收入9396元，增长14.1%，扣除价格因素实际增长11.5%。

税收概况

【税收收入总体情况】 按福建省国税局口径计算，龙岩市国税总收入147.67亿元，同比增收14.16亿元，增长10.61%，完成福建省国税局下达年度考核计划144.3亿元的102.34%，2012年超收3.37亿元，提前7天完成全年收入任务。总收入中，进入市财政盘子（财政收入）136.59亿元，同比增收11.74亿元，增长9.41%。其中市财政盘子地方级收入（市、县财政可支配收入）19.63亿元，同比增收1.04亿元，增长5.61%。税收收入结构不断优化，龙岩市非烟税收67.18亿元，同比增收5.82亿元，增长9.47%。

龙岩市中心城区（新罗区、龙岩经济技术开发区）国税收入总量达113.88亿元，占全市总收入的77.1%，增长8.08%；各县（市）国税局收入达33.79亿元，占全市总收入的22.9%，增长20%；2012年办理免抵调库3.25亿元（全年海关代征税收1.47亿元，增长75.76%；办理出口退税11.44亿元，增长14.48%）。

【重点税源结构情况】 2012年国税收入在1000万元以上的重点企业户数达84家，比上年增加9户，主要分布在卷烟、煤炭、水泥、电力、机械、金属矿和金融等行业，合计实现国税收入122.6亿元，占全市国税收入总额的83%，增收贡献达86%。税源结构由“一强独大”向多元为主过渡，对卷烟等少数税源大户的依赖度逐年降低。

表28　　2012年龙岩市国税税收收入主要税源情况

单位：万元

项　目	年度考核计划	累　计			完成年度考核计划（%）
		税额	比上年同期增减		
			税额	增减（%）	
税收收入合计	1443000	1476739	141594	10.61	102.34
一、国内增值税	593600	606875	60017	10.97	102.24
其中：卷烟		141421	11182	8.59	
电力		49121	16261	49.49	
煤炭		119571	3113	2.67	
商业		76440	391	0.51	
纺织服装皮革		30062	9782	48.23	
化工产品		14662	1721	13.3	
水泥		34428	–718	–2.04	
非金属矿采选业		8449	586	7.45	
黑色金属矿采选及冶炼业		26037	6381	32.46	
有色金属业采选及冶炼业		12876	–1294	–9.13	
机械设备制造业		43966	–2189	–4.74	

续表

项　目	年度考核计划	累　计			完成年度考核计划（%）
		税额	比上年同期增减		
			税额	增减（%）	
二、国内消费税	628200	646187	67578	11.68	102.86
其中：卷烟		645919	67553	11.68	
酒		81	-21	-20.59	
三、企业所得税	175000	180432	13461	8.06	103.1
其中：市财盘子所得税收入（计入市财政收入的所得税）		109414	-13582	-11.04	
四、个人利息税	50	42	-81	-65.85	84
五、车辆购置税	46150	43203	619	1.45	93.61
注：免抵调库		32500	20501	170.86	

表29　　2012年龙岩市国税系统入库税款分性质情况

单位：万元

单　位	直接收入	其中：一般申报	比重（%）	纳税评估	比重（%）	稽查查补	比重（%）	企业自查补税	比重（%）
全省合计	8143420	7865753	96.60	154704	1.90	91760	1.12	31203	0.38
龙岩市国税局	596075	569179	95.49	12930	2.17	9332	1.57	4787	0.80
新罗区国税局	290952	277178	95.27	6824	2.35	2883	0.99	4218	1.45
长汀县国税局	44309	41967	94.71	933	2.11	1350	3.05	59	0.13
漳平市国税局	49880	47612	95.45	1221	2.45	1013	2.03	35	0.07
武平县国税局	34425	32917	95.62	722	2.10	683	1.99	103	0.30
连城县国税局	20261	19412	95.81	243	1.20	554	2.73	52	0.26
永定县国税局	120150	115314	95.98	2311	1.92	2400	2.00	125	0.10
上杭县国税局	36098	34780	96.35	674	1.87	449	1.24	195	0.54

注：1.本表直接收入不含车辆购置税。
　　2.福建省直接收入不含龙岩烟厂、联合石化。龙岩市国税局、新罗区国税局直接收入不含龙岩烟厂。

【收入分析】

●**分税种**：增值税60.68亿元，增收6亿元，增长10.97%；消费税64.61亿元，增收6.75亿元，增长11.68%；企业所得税18.04亿元，增收1.34亿元，增长8.06%；个人所得税42万元，减收81万元，下降65.85%；车辆购置税4.32亿元，增收619万元，增长1.45%。

●**分收入结构**：卷烟税收（指工业）80.49亿元，增收8.34亿元，增长11.57%，完成福建省国税局单列考核计划的103.6%。其中增值税14.14亿元，增收1.11亿元，增长8.59%；消费税63.45亿元，增收6.63亿元，增长11.67%；企业所得税2.89亿元，增收5942万元，增长25.81%。非烟税收67.18亿元，增收5.82亿元，增长9.47%，完成福建省国税局下达非烟考核计划的100.86%。

●**分地域**：龙岩市8个征收单位，除龙岩经济技术开发区国税局外都实现增收，其中新罗区国税局103.77亿元，增收10.78亿元，增长11.6%；永定县国税局12.37亿元，增收1.2亿元，增长10.78%；上杭县国税局3.98亿元，增收1.09亿元，增长37.97%；武平县国税局3.65亿元，增收1.22亿元，增长50.78%；长汀县国税局5.7亿元，增收1.07亿元，增长23.31%；连城县国税局2.27亿元，增收3630万元，增长19.01%；漳平市国税局5.8亿元，增收6706万元，增长13.06%。龙岩经济技术开发区国税局10.11亿元，减收2.27亿元，下降18.34%。

【收入特点】　主体税种收入增长不均衡，消费税仍是税收增长主体。消费税入库64.61亿元，增收6.75亿元，增长11.68%，增收贡献率47.72%，是增收的主要动力；增值税入库60.68亿元，增收6亿元，增长10.97%，增收贡献率42.38%；企业所得税入库18.04亿元，增收1.34亿元，增长8.06%；车辆购置税入库4.32亿元，增收0.06亿元，增长1.45%。

区域税收增长不均衡，县域增幅高于中心城区。从增幅情况看，县域税收入库33.78亿元，同比增长20.04%，其中武平县国税局以50.78%高增幅领先增长，是增收的主力；上杭、长汀、连城县国税局分别以37.97%、23.31%、19.01%中幅增长；漳平市、永定县国税局则在重点税源行业收入大幅减收的情况下仍然保持13.06%和10.78%的增幅。中心城区（新罗区、开发区局）税收（非烟部分）入库33.39亿元，增长0.5%，远低于6个县（市）的平均增幅，其中新罗区国税局入库23.27亿元，增长11.73%；开发区国税局入库10.11亿元，下降18.34%。

▲调研紫金矿业金铜矿湿法厂恢复生产情况

（上杭县国税局提供）

重点税源企业对税收增长拉动作用逐渐减弱。龙岩市重点监控的75户重点税源企业共入库税款117.8亿元，占国税总收入的79.7%，比较上年同期下滑3.46个百分点；增收6.76亿，增长6.1%，增收贡献率47.79%，贡献率比前三季度下跌5.19个百分点。非烟重点税源企业同比减收1.57亿元，下降4.05%，重点税源企业的龙头作用逐渐削弱。

表30　　2012年度龙岩市国税局纳税20强企业名单

单位：万元

序号	纳税人名称	税收收入			增值税	消费税	所得税
		本年累计	±额	±（%）			
1	龙岩烟草工业有限责任公司	804945.88	83441.71	11.56%	141420.85	634558.78	28966.24
2	永定县煤炭发展总公司	38625.04	-9881.98	-20.37%	38625.04	0	0
3	福建省烟草公司龙岩市公司	37833.84	4889.9	14.84%	15553.73	11359.97	10920.14
4	福建省龙岩市新罗煤炭工业有限公司	23659.54	-4999.98	-17.45%	23659.54	0	0
5	永定县煤炭管理局	21838.26	21838.26	不可比	21838.26	0	0
6	福建中烟工业有限责任公司龙岩发货点	14029.29	6450.29	85.11%	14029.29	0	0
7	漳平红狮水泥有限公司	14020.36	-136.59	-0.96%	7060.32	0	6960.04
8	福建龙净环保股份有限公司	13740.72	4374.27	46.70%	13740.72	0	0
9	福建塔牌水泥有限公司	12834.51	7129.53	124.97%	6749.78	0	6084.73
10	福建棉花滩水电开发有限公司	11422.25	-2110.64	-15.60%	10195.29	0	1226.96
11	福建煤电股份有限公司永定矿区办事处	10799.6	-2563.26	-19.18%	9617.23	0	1182.37
12	紫金矿业集团股份有限公司	9077.06	4020.14	79.50%	9077.06	0	0
13	福建煤电股份有限公司新罗矿区办事处	8472.61	-85.85	-1.00%	8472.61	0	0
14	福建省电力有限公司龙岩电业局	7503.86	2176.32	40.85%	7503.86	0	0
15	福建龙岩农村商业银行股份有限公司	7066.36	1880.39	36.26%	0	0	7066.36
16	中国移动通信集团福建有限公司龙岩分公司	6784.05	1648.04	32.09%	0	0	6784.05
17	福建省长汀金闽矿产有限公司	6371.64	-3492.65	-35.41%	5372.76	0	998.87
18	安踏（长汀）体育用品有限公司	6316.86	947.38	17.64%	3289.16	0	3027.7
19	永定县农村信用合作联社	6230.12	3000.98	92.93%	0	0	6230.12
20	龙工（福建）机械有限公司	5834.91	-11742.43	-66.80%	3738.39	0	2096.52

征收管理

【征管改革】 按照“整体推进、重点突破、分步实施”的工作思路，稳步推进税收征管改革。分别在新罗区国税局、永定县国税局、长汀县国税局召开座谈会，收集基层对税源专业化试点工作运行情况的意见和建议；组织龙岩市国税局班子成员、机关部分科（室）长（主任）和各县（市、区）国税局局长赴泉州，学习、借鉴泉州市国税局税源专业化管理试点改革经验。落实福建省国税系统税收征管工作会议精神，围绕“两提高、两降低”目标，草拟《龙岩市国税系统深化税收征管改革工作方案》报省国税局，待批复后2013年在全市铺开。

【税务登记】 龙岩市税务登记户数38744户（企业12452户，个体工商户26292户），其中增值税一般纳税人5101户，企业所得税户数8153户。

【纳税申报与税款征收】 龙岩市纳税申报户数（不含未达起征点户）27396户，其中上门申报户数15513户，电子申报户数11883户，共申报税款总额142.44亿元。

【主要管征措施】 开展行业建模应用工作，新建模型20个，覆盖47个行业1225户企业，监控增值税一般纳税人比率比2011年增长35%；采取理论培训和实战演练相结合、评选优秀纳税评估案例等形式，提升纳税评估人员整体素质，发挥评估骨干人员传、帮、带作用，提高纳税评估质效。“一户式税收征管档案管理系统”全面推广，龙岩市税收征管档案资料实现电子化储存和管理。网络发票管理系统推广到位，全市共推行网络发票用户4843户，开具网络发票57万份，开具金额85亿元，发票管理系统查询接

▲国家税务总局副局长丘小雄（前排右三）深入上杭县国税局古田税务分局调研，与税务干部合影

（上杭县国税局提供）

收网络发票2.96万份，销售额2.8亿元。规范个体税收管理工作，落实个体工商户起征点调整相关政策规定。2012年，因起征点提高龙岩市起征点以上户数1870户，未达起征点户20842户，因起征点提高享受免税优惠政策8245户，年减免税款2309万元。

【征管质量和效率】 制订征管质量考核细则，重点抓好税款入库率、欠税增减率和滞纳金加收率的考核管理。通过行业税源监控系统税收管理员平台数据和CTAIS系统运行情况进行分析，定期提交税收征管质量分析报告，提出整改措施。按季度在龙岩市国税局主页通报各县（市、区）国税局征管质量情况，发现和处理问题。2012年，全市滞纳金加收率99.98%，税款入库率99.99%。

【信息管税】 推广使用一户式电子档案管理系统。在完成推广动员、组织培训和实施设备采购等准备工作后，4月20日，推广使用一户式电子档案管理系统，为信息管税提供全面的基础数据，推进涉税事项审批无纸化工作。完成网络发票管理系统推行工作。千元版以上发票用户全部纳入网络发票系统，逐步限制百元版手工发票的使用范围，利用网络技术加强开票信息比对。2012年，龙岩市共推行网络发票用户4843户，开具网络发票570008份，开票金额85亿元；系统查询接收网络发票29553份，销售额2.8亿元。

【纳税评估】 加强纳税评估对象的分析选案，针对行业重点和难点制定不同行业的评估办法；引入第三方信息数据，加强对纳税评估过程的监控和质量的审核，加强评估工作绩效考核；采取理论培训和实战演练相结合、评选优秀纳税评估案例等形式，提升纳税评估人员整体素质。龙岩市共对2193户企业开展纳税评估，评估入库税款1.29亿元，占直接收入的2.17%。

各税管理

【增值税管理】 加强增值税一般纳税人认定管理工作，龙岩市增值税一般纳税人户数5229户，新增企业831户，占福建省总户数的5.79%。根据2008—2011年度“一窗式”比对异常海关完税凭证100户企业组织实施增值税专项评估工作，共计查补税款911.91万元（其中增值税686.12万元、企业所得税146.11万元、滞纳金及罚款79.68万元），进项税额转出254.39万元。继续落实固定资产进项税额抵扣的结构性减税政策，2012年，龙岩市固定资产进项税额申报抵扣41329万元，实际抵扣35360万元（待抵扣5969万元）；加强固定资产进项税额抵扣政策的管理，开展专项核查工作，核查转出进项税额312万元。抓好农产品进项抵扣政策调整试点工作，成功转换2户试点企业采用投入产出法计算当期允许抵扣的农产品增值税进项税额。

龙岩市办理享受资源综合利用增值税“即征即退”企业9户，应退税款2423.39万元，已退税款866.9万元；办理促进残疾人就业增值税“即征即退”企业52户，应退税款5537.93万元，已退税款5205.19万元；享受增值税“先征后退”政策1户，税额4341万元；落实农产品流通环节免征增值税企业21户，减轻纳税人税收负担达565.67万元；落实农业产品和农业生产资料享受征前减免优惠政策，涉及优惠企业355户，2012年实现征前减免增值税款40544万元。

【“营改增”试点】 2012年8月，龙岩市启动“营改增”试点准备工作，10月22日开始出售发票，11月1日正式实施并成功开出首份发票，12月申报期成功受理1417户试点纳税人申报“营改增”应税服务销售收入15882.53万元，入库税款566.93万元，其中交通运输业

入库税款230.39万元，现代服务业入库税款336.54万元，申报率100%。截至2012年12月31日，共登记“营改增”纳税人1547户，其中交通运输业219户，现代服务业1328户。

▲ “营改增”正式上线首日

（张艳萍提供）

【车辆购置税管理】 对2001年印制的《燃油税专用凭证》进行销毁；继续做好车购税历史档案电子扫描工作，逐步实现车购税档案电子化。2012年，车辆购置税完成收入43203万元，同比增收619万元，增长1.45%，占全省车购税收入69.89亿元的6.18%。

【企业所得税管理】 龙岩市国税管征企业所得税纳税人8252户，其中查账征收企业7535户，比上年增加1042户，增长16.05%；核定征收企业717户，比上年825户减少108户，下降13.09%。全市入库企业所得税18.04亿元，同比增收1.35亿元，增长8.06%（全省平均15.9%），完成年度考核计划的103.1%，占全市国税总收入的12.22%（全省平均31.2%）。

将2011年入库所得税500万元以上的48户企业列为重点税源分类管理对象，监控分析其企业所得税缴纳情况，重点监控企业本年共入库企业所得税14.64亿元，占入库税额的81%。核定征收户717户，占所得税管征户的8.68%，比2011年下降2.09个百分点，低于福建省平均水平。2012年应参加汇算清缴户数8252户，实际参加汇算清缴8252户，汇算面100%。汇算清缴纳税调整增加所得额15.8亿元，纳税调整减少所得额13.85亿元，实际应纳所得税额13.59亿元，累计实际已预缴所得税额11.8亿元，补缴所得税额1.79亿元。龙岩市完成436户企业评估工作，移交稽查14户，纳税评估核增所得额9284.56万元，核减所得额3114.45万元，补缴企业所得税1418.47万元，滞纳金42.99万元，罚款0.2万元。加强企业资产损失税前扣除的监督管理，完善资产损失申报工作。选择大户、大宗的资产损失，组织开展实地核查，共发现33户企业未按相关规定申报，调增应纳税所得额120.91万元，补缴入库企业所得税29.8万元。龙岩市558户企业享受企业所得税优惠政策，优惠面6.76%。减免所得税税额4634.13万元，购置环境保护、节能节水、安全生产专用设备投资额抵免所得税额425.67万元，减免所得额29622.3万元，加计扣除额3275.35万元，减计收入7694.41万元，免税收入38529.35万元。

【出口退税管理】　办理出口退（免）税11.45亿元，同比增加1.45亿元，增长14.50%，其中办理出口退税8.20亿元，下降6.82%，办理免抵税额调库3.25亿元，增长170.83%。2012年接收62户外贸企业申报1351批次，审核应退税额6.43亿元；基层县级退税部门接收142户生产企业申报1571户次，审核应退税额2.18亿元、免抵税额1.72亿元；市国税局统一办理出口退税32批次、8.2亿元；办理免抵税额调库7批次、3.25亿元。

【国际税收】　完成国家税务总局立案反避税案件1户，反避税入库税款40.94万元，龙岩市共入库非居民企业所得税5670.93万元，各县（市、区）国税局均有非居民企业税收。全市共有92户企业主动申报2011年度关联交易情况，其中境外有关联交易企业5户，关联交易总金额为14亿元。8户企业按要求做好同期资料准备。通过取得第三方价格和利润分割方法，对已立案1户反避税企业——永定圣兴鞋业有限公司进行特别纳税调整，调增转让所得448.18万元，补缴非居民企业所得税40.94万元。

核查龙岩市非居民企业股权转让情况，共调查9户股权转让企业，2户企业入库企业所得税3935.64万元。其中三德（中国）水泥股份有限公司股权转让征收企业所得税3902万元，为龙岩市征收最大一笔因股权转让征收企业所得税，有效防范非居民企业利用低价、平价和间接转让股权等手段进行逃避税。

【大企业税收】　龙岩市国税局共有4名干部负责大企业的税收管理工作。各县（市、区）国税局税政部门指派1名干部负责定点联系企业的税收管理，各管理分局配备税务管理员具体负责对各定点联系企业进行内控机制的调查、涉税诉求的收集与解决，针对企业生产经营特点，对大企业实施个性化服务。在龙岩市选择48户重点企业开展税收风险管理，实施风险分析和风险应对，共发现风险点40个，制订有针对性措施68条，查补税款4078.35万元，加收滞纳金131.85万元。龙岩市有国家税务总局定点联系企业14户、省国税局定点联系企业1户，主要涉及烟草、电力、通信、石油、天然气、水泥等行业，共征收税款85.42亿元（其中增值税17.82亿元、消费税63.45亿元、企业所得税4.15亿元），占龙岩市国税税收收入的

▲龙岩市国税局所得税工作会议会场

（武平县国税局提供）

57.85%，同比增收7.82亿元，增长9.15%。

税收法治

【执法监督和执法督察】 结合税收执法督察，组织对龙岩经济技术开发区国税局、漳平市国税局开展任中经济责任审计，检查内容重点主要是税收执法、组织税收收入、财务管理等方面，发现并纠正存在的执法不规范问题等5个类型30户（次），追缴企业所得税45.07万元。2012年，龙岩市执法考核工作综合得分居全省第三。

【执法过错追究】 通过考核子系统监控的执法行为正确率为99.97%。按照考核结果对相关责任人员进行了责任追究和经济惩戒。龙岩市通过执法考核系统及人工考核，追究执法过错责任22人次，其中批评教育14人次，责令书面检查7人次，通报批评1人次，经济惩戒3395元。

【重大税务案件审理】 龙岩市国税机关共审结税务案件109件，通过重大税务案件审理31件，重案审理率28.44%，其中维持初审意见数20件，改变初审意见数11件。

【行政审批】 贯彻《福建省国税局涉税业务工作规程》，简化审批程序，行政审批政策和审批结果全面公开，对擅自设立审批事项、逾期审批、违规审批、越权审批、滥用职权，违反廉政规定等不当的情形均列入日常考核并依法追究责任。2012年，处理待批文书39952件次，按时审批99.49%，比上年提高0.41%，逾期审批204次，比上年减少26次，执法审批准确率达100%。

【依法治税】 上杭县大金刚水泥有限公司（原福建省上杭县闽龙水泥厂）涉嫌偷骗税案，系龙岩市公安局2007年“1·17”专

▲国家税务总局总经济师张志勇（中）在上杭县国税局古田税务分局与税务干部座谈

（上杭县国税局提供）

案及福建省国税局督办重案，是龙岩市发生的首例涉嫌烧毁账簿、恐吓干部、毁坏车辆的暴力抗税案件。但是历经五年多的复议、诉讼，该案仍未了结，国家流失税款仍无法追回，违法当事人仍在逃避法律的追究和制裁。2012年7月25日，龙岩市委书记黄晓炎在市国税局报送的《关于上杭县大金刚水泥有限公司涉税违法犯罪案件的报告》做出批示："涉及执行税法问题，应予高度重视。请韶翔同志并市委政法委妥处。"同日，龙岩市委常委、政法委书记郭韶翔批示："07年市政府召开过案件协调会，此事应引起高度重视。请王副局长将原协调会所定情况向姜副局长沟通，并将原协调会精神与国税局沟通并上报市委。近期请王副局长及原经办人参加，由姜副局长牵头研究。切切！"2012年，龙岩市国税局应对上杭县大金刚水泥有限公司涉税违法犯罪案件，主动与市政法委、法院等部门沟通联系，请求市委、市政府和相关部门：对本案予以全程关注、支持，协调、督促相关部门依法、公正，尽快解决本案讼争；支持国税部门依法提请相关部门对企业采取强制执行措施，保证国家税款不致流失；出面协调，中止正在进行的行政诉讼，启动刑事追究，促进税法遵从，争取案件早日妥善解决。

▲税法宣传到商铺

【法制宣传】 坚持利用福建省国税局12366服务热线、龙岩市国税局门户网站、纳税服务平台、税企QQ群等平台，开展新税收政策法规宣传，拓展宣传深度和广度，为纳税人提供税法宣传、政策解读、办税指南、"热点"答疑，促进各项税收优惠政策得到落实。4月，筹划以"税收·发展·民生"为主题的第21个全国税收宣传月系列活动。龙岩市市长张兆民在《闽西日报》发表《税收服务发展，发展惠及民生》的署名文章，为第21个全国税收宣传月活动摇旗呐喊。上杭县国税局组织的"红土税风"税收宣传书画笔会、新罗区国税局开展税收助力"5+5"主题实践活动、武平县国税局"电影搭台，税宣借力"送税法下乡活动、永定县国税局税收宣传进土楼景区等4个活动项目，获福建省国税局"福建省国税系统2012年税收宣传优秀创新项目"。

纳税服务

【12366服务热线】 建立健全联动机制和快速响应机制，市、县国税局配合，做好福建省国税局12366服务热线转办事项的答复与处理工作。共办理福建省国税局热线转办的问题共45件（涉及涉税检举类 43 个、服务投诉类及意见建议类2 个），满意率100%。

【税法宣传】 各县（市、区）国税局利用办税服务厅，悬挂税收宣传标语口号，利用LED电子大屏幕、电子触摸屏播放最新税收政策等内容。向纳税人免费发送《12366热点问答》（2011年度）《我在办税服务厅征文集》《纳税人权利与义务公告》及解读等宣传材料。以触摸屏为平台，创建图文并茂、实用性强的税收宣传专刊。参加龙岩市政府门户网站的“在线访谈”活动，及时解答纳税服务咨询，与纳税人形成良好的互动。

▲耐心解答涉税问题

（童小岑提供）

【纳税咨询辅导】 通过门户网站咨询和12366服务热线咨询147人次。在龙岩市国税局门户网站解答各类业务问题89条（其中增值税类33 条、所得税类8条、出口退税类2条、发票类19条、一般咨询类 27条），国家税务总局纳税咨询库解答13条。

【办税服务厅建设】 在永定县国税局、龙岩经济开发区国税局2个办税服务厅示范点建设基础上，推进各县（市、区）国税局办税服务厅标准化、规范化建设。2012年9—10月，对6个非示范点办税服务厅进行验收，经验收6个非示范点办税服务厅达到规范化要求。各地结合实际，大力优化服务环境。如新罗区国税局配备两台自助办税终端一体机；漳平市国税局办税服务大厅推行“一机双屏”，在各窗口电脑加装1台面向纳税人的液晶显示屏，将窗口工作人员办税操作情况同步提供给纳税人，真正实现“阳光操作”；漳平市国税局还在办税服务厅安装背景音乐播放系统，营造轻松、欢快的办税环境。

【个性化服务】 2012年4月，在龙岩经济技术开发区国税局试点推行网上发票核销业务。在试点取得成功基础上，5月，开始在全市范围推广，达到既方便纳税人、又减轻窗口压力的效果。完善短信服务平台功能，实现了税收征管软件与短信业务的结合，及时批量发送催报催缴、政策发布等信息，平均每月发送短信息5000余条。向社会及“营改增”试点纳税人发送36115条宣传短信，为“营改增”试点工作营造浓厚氛围。推广财税库银缴税方式，创新服务形式。武平县国税局推出纳税服务“微博直通车”，突破传统宣传方式在时间、地点等方面的局限，实现多层次纳税“零距离”服务；长汀县国税局、漳平市国税局建立纳税服务QQ群，架起了税企交流新桥梁。

【投诉与反馈】 通过12366服务热线、门户网站及受理来信的途径，共处理对税务劳务派遣人员的投诉2起，处理涉税举报43起，并按照税收法律法规的规定对税收违法行为进行处理，追究责任。

税务稽查

【税务稽查】 龙岩市累计查补各项收入9332万元（其中税款8665万元，滞纳金437万元，罚款230万元），占非烟直接收入1.57%，全省排名第三位。其中稽查机构实施检查117户，有问题户数117户，选案准确率100%，结案114户，结案率97.44%。按查补税款金额统计，查补税款100万元以下的96户，100万～500万元以下的14户，500万～1000万元以下的1户；按违法性质统计，偷税案件19户，不进行纳税申报案件10户，发票违法案件10户，编造虚假计税依据1户，其他案件77户；按企业类型统计，内资企业76户，港澳台商投资企业10户，外商投资企业7户，个体经营14户，其他10户。查处非法发票584份，涉及金额2603.36万元。

【专项检查】 开展对资本交易项目、办理电子、服装类产品出口退（免）税的企业、房地产及建筑安装业、增值税一般纳税人低税负企业及所得税异常户等行业的税收专项检查工作。龙岩市共开展自查企业户数140户，自查有问题户数18户，自查补税金额7872.52万元，其中成品油购销企业1.14万元，资本交易项目3902.47万元，房地产及建安企业549.98万元，地方股份制银行及地方商业银行17.59万元，其他各地自行开展检查项目3393.34万元，区域税收专项整治8万元。自查税款已全部入库，入库率100%；下户重点检查86户，查结71户，其中有问题户62户，累计查补收入9332万元，占非烟直接收入1.57%，选案准确率82.56%，结案率72.09%，入库率92.82%。

【大案要案】 龙岩市国税稽查部门共查结17件100万元以上的大要案，其中涉及房地产行业专案3件、水泥行业专案2件，其他金融企业7件，查补收入6263.07万元，其中税款6010.03万元，加收滞纳金217.27万元，罚款35.77万元。

【案件协查】 共发出委托协查函件36份，有疑问的增值税专用发票计175份，涉及金额2652.94万元，税额447.46万元。收到委托协查回函发票160份，其中回复为“正常”的110份、“有问题”的1份、“无法核实”的49份，委托协查选票准确率达0.63%。共通过协查系统共收到受托协查函件142份，涉及增值税专用发票4207份、涉及金额29338.38万元、税额4951.47万元，已全部按时回复。其中“有问题”发票520

▲深入企业调研

（童小岑提供）

份，无法核实288份，查补税款83.81万元，加收滞纳金3.84万元，罚款26.84万元，按时回复率100%。

【案件举报】 龙岩市共受理检举案件46件，其中查处46件，应结案39件，已结案39件，查补合计 64.57万元，其中税款 48.74万元，罚款 14.67万元，滞纳金1.16万元。

【稽查管理】 实行龙岩中心城区一级稽查管理新模式，市国税局所在地的城区国家税务局稽查职责由市国税局稽查局统一履行。全市稽查人员86人，其中男72人，女14人；党员66人，占76.74%；大学本、专科以上学历81人，占94.19%；35岁以下4人，35—45岁22人，45岁以上60人；拥有会计师2人、律师资格证书的1人；全市稽查机构配备汽车10辆，复印机7台，传真机2台，照相机5架，扫描仪2台，计算机131台，其中便携式计算机57台。

信息化建设

【计算机等硬件配备】 龙岩市投入665128元购置台式机216台；投入100600元购置PC服务器4台；投入462900元购置便携式计算机62台；投入20630元购置打印机14台；投入13500元购置UPS电源1台；投入30460元购置扫描仪16台；投入7280元购置显示器13台。

【软件开发与推广应用】 完成金税三期广域网改造。涉及1个市级节点、8个县区级节点和20个二级（分局、行政中心）接入节点的38条主、备线路。建成省、市、县高速主干网和备份网，数据传输速率分别为20M和8M，达到了变更网络构架、提升网络速率、提高核心性能、优化系统质量、增加网络安全性等建设目标。建成“一户式税收征管档案管理系统”，全市税收征管档案资料真正实现了电子化储存和管理。服务“营改增”成功上线。“营改增”试点工作涉及9个系统软件升级，与业务部门密切配合，加强业务需求和技术实现的融合，注重上下协调、横向联动，及时掌握软件系统的运行动态，做好技术保障，通过模拟运行解难题，正式运行保畅通，常见问题速解决，确保2012年10月31日前完成各项系统运行准备工作。做好计算机类资产清理淘汰报废工作。4月份经省国税局批复，报废计算机类资产总数123台，总金额674.84万元。7月份依据《福建省国家税务局关于龙岩市国家税务局处置计算机类设备的批复》（闽国税函〔2011〕270号），报废计算机类资产总数28台，金额50.66万元。

【系统运行维护】 龙岩市共提请后台数据维护237条，通过市国税局审批并上报省国税局维护185条，福建省国税局运维小组处理161条；通过CTAIS数据质量监控系

▲共同攻克“营改增”试点遇到问题

（永定县国税局提供）

统提示处理问题数据231条，其中一般问题226条，占处理问题总数的97.8%。

机构队伍

【机构与编制】 截至2012年年底，龙岩市国税系统总编制928人，其中行政编制849人，事业编制79人。

【领导班子建设】 4名处级领导干部参加国家税务总局举办的处级业务培训班，县（市、区）国税局领导班子15人参加省局组织的培训。龙岩市国税局领导班子成员中有2名被福建省国税局授予嘉奖。

表31 龙岩市国税系统机构设置情况

序号	单位名称	下设机构名称
1	龙岩市国家税务局机关	办公室，政策法规科，货物和劳务税科，所得税科，收入核算科，征收管理科，纳税服务科（纳税服务中心），财务管理科，人事教育科，监察室，大企业和国际税务管理科，进出口税收管理科，机关党委办公室，离退休干部科，信息中心，机关服务中心，培训中心，稽查局
2	新罗区国家税务局	办公室，政策法规科，税政科，收入核算科，纳税服务科（办税服务厅），征收管理科，人事教育科，监察室，财务科，稽查局，龙津税务分局，登高税务分局，松涛税务分局，曹溪税务分局，适中税务分局，大池税务分局，雁石税务分局，白沙税务分局，龙州税务分局，信息中心
3	龙岩经济技术开发区国家税务局	办公室，政策法规科，收入核算科，纳税服务科（办税服务厅），征收管理科，人事教育科，监察室，稽查局，龙腾税务分局，东肖税务分局，信息中心
4	永定县国家税务局	办公室，政策法规科，税政科，收入核算科，纳税服务科（办税服务厅），征收管理科，人事教育科，监察室，财务科，稽查局，凤城税务分局，坎市税务分局，抚市税务分局，高陂税务分局，湖坑税务分局，湖雷税务分局，下洋税务分局，信息中心
5	上杭县国家税务局	办公室，政策法规科，税政科，收入核算科，纳税服务科（办税服务厅），征收管理科，人事教育科，监察室，财务科，稽查局，临江税务分局，古田税务分局，才溪税务分局，白砂税务分局，中都税务分局，庐丰税务分局，溪口税务分局，信息中心
6	武平县国家税务局	办公室，政策法规科，税政科，收入核算科，纳税服务科（办税服务厅），征收管理科，人事教育科，监察室，财务科，稽查局，平川税务分局，岩前税务分局，十方税务分局，中堡税务分局，桃溪税务分局，中山税务分局，信息中心
7	长汀县国家税务局	办公室，政策法规科，税政科，收入核算科，纳税服务科（办税服务厅），征收管理科，人事教育科，监察室，财务科，稽查局，汀州税务分局，新桥税务分局，南山税务分局，濯田税务分局，古城税务分局，四都税务所，信息中心
8	连城县国家税务局	办公室，政策法规科，税政科，收入核算科，纳税服务科（办税服务厅），征收管理科，人事教育科，监察室，财务科，稽查局，莲峰税务分局，北团税务分局，姑田税务分局，朋口税务分局，莒溪税务分局，庙前税务分局，信息中心
9	漳平市国家税务局	办公室，政策法规科，税政科，收入核算科，纳税服务科（办税服务厅），征收管理科，人事教育科，监察室，财务科，稽查局，菁城税务分局，麦元税务分局，双洋税务分局，拱桥税务分局，永福税务分局，象湖税务所，信息中心

表32　龙岩市国税系统编制情况

单位：个

单　位	编制数	行政编制	事业编制
龙岩市国家税务局机关	110	80	30
龙岩市国家税务局稽查局	25	21	4
新罗区国家税务局	170	164	6
龙岩经济技术开发区国家税务局	53	44	9
永定县国家税务局	104	99	5
上杭县国家税务局	100	95	5
武平县国家税务局	83	78	5
长汀县国家税务局	90	85	5
连城县国家税务局	88	83	5
漳平市国家税务局	105	100	5
合　计	928	849	79

表33　龙岩市国税局领导班子成员情况

姓　名	性别	职　务
黄培强	男	党组书记、局长
廖进平	男	党组成员、副局长
黄锋政	男	党组成员、副局长
王汉洪	男	党组成员、副局长
黄富龄	男	党组成员、总经济师
林　敏	男	党组成员、纪检组长

龙岩市国税系统实有人员909人，其中公务员862人，事业干部6人，工人41人。

【人员招录】　龙岩市国税系统新招录15名公务员。

【竞岗交流】　配合福建省国税局做好正处级领导干部竞争性选拔任用考察工作，4名符合条件的处级干部报名参加。

表34　龙岩市国税系统干部学历结构情况

单　位	人员合计	党员	研究生学历	本科学历	大专及以下学历
龙岩市国家税务局机关	112	91	1	72	39
新罗区国家税务局	162	87		60	102
龙岩经济技术开发区国家税务局	56	31		33	23
上杭县国家税务局	108	67	1	63	44
永定县国家税务局	110	78	1	55	54
连城县国家税务局	94	69		47	47
长汀县国家税务局	91	70		36	55
武平县国家税务局	78	50		50	28
漳平市国家税务局	98	59		50	48
合　计	909	602	3	466	440

【教育培训】 参加福建省国税局培训4期30人次，龙岩市国税局组织各类培训4期，参训人数252人次。其中，6月份在龙岩学院举办二期纳税服务业务培训班，各县（市、区）国税局窗口服务人员共计148人参加培训；7月上旬，在龙岩学院举办一期纳税评估培训班，各县（市、区）国税局评估岗位人员共70人参加培训；7月下旬，在清华大学举办一期公共管理高级研修班，龙岩市国税局班子成员、副处级干部、机关科室负责人、龙岩市国税局稽查局局长和各县（市、区）国税局长共34人参加了培训；7月县（市、区）国税局班子成员15人，参加省国税局在无锡举办的更新知识培训（三期）。9月（9月4日—11月14日）龙岩市国税系统2012年初任国家公务员15人（非财经类9人、财经类6人），参加省国税局在福州举办的“2012年新招录人员初任培训班”学习。

【文体活动】 2012年10月29日晚，福建省国税系统2012年运动会在宁德市艺术馆闭幕。龙岩市国税系统运动健儿参加的3个比赛项目中，桥牌队获第三名，篮球队获第六名，象棋队获团体第六名和个人（永定县国税局游士夫）获第四名。

【离退休干部】 2012年10月21日，龙岩市国税局机关组织离退休老干部和部分小学生开展“喜庆重阳，尊老爱幼关爱牵手”活动。龙岩市国税局副局长廖进平向老同志通报了国税工作情况，老同志与小学生们一起参加了投乒乓球、夹珠子等游园活动，老同志们还向孩子们赠送了图书、颁发了奖学金。

党建与廉政

【学习党的十八大精神】 2012年11月8日上午，龙岩市国税局机关以科室为单位，自行组织干部职工收听收看十八大开幕盛况，正在市国税局调研的福建省国税局党组成员、纪检组长曾光辉也与机关干部职工一同收听收看，之后，曾光辉与市国税局机关副科长以上干部就十八大开幕，结合国税工作实际，与大家一起畅谈收看体会。12月12日下午，市国税局举行学习贯彻党的十八大精神报告会，邀请龙岩市委讲师团团长谢少才副教授作辅导，市国税局机关全体干部职工参加听报告。

【党员活动】 结合福建省委提出的“下基层、解民忧、办实事、促发展”活动，响应龙岩市委开展干部“联乡挂村帮户”活动，组织各基层党组织和党员干部深入贫困乡村开

表35　龙岩市国税系统干部学历结构情况

人数	老干部职级	年龄结构	老干部地域分布
179	1.离休干部16人； 2.“5.12”干部12人； 3.退休干部140人； 4.工人11人。 其中： （1）厅局级1人； （2）处级9人； （3）科级67人； （4）科级以下102人。	（1）60岁以下8人； （2）60—69岁40人； （3）70—79岁67人； （4）80岁以上64人。	1.龙岩市国税局机关离退休干部18人； 2.新罗区国税局30人； 3.永定县国税局21人； 4.上杭县国税局23人； 5.武平县国税局19人； 6.连城县国税局18人； 7.长汀县国税局26人； 8.漳平市国税局22人； 9.龙岩经济技术开发区国税局2人。

展结对帮扶活动。2012年，市国税局为结对挂钩的永定县古竹乡瑶下村送去春节慰问金8000元、社会主义新农村建设补助款5万元；看望、慰问结对挂钩的13户贫困家庭和3位二女结扎妇；积极参与社区“金秋扶贫助学”志愿服务活动，与3位农民工子女结对子，为其购买书包、书籍等学习用品。

▲龙岩市国税局开展“喜庆重阳，尊老爱幼关爱牵手”活动

（龙岩市国税局提供）

【纪检监察】 召开龙岩市国税工作会议，传达贯彻全省国税系统党风廉政建设工作会议精神，部署2012年党风廉政建设和反腐败工作任务。层层签订廉政责任书，龙岩市国税局局长黄培强与市国税局领导班子成员及各县（市、区）国税局局长签订《2012年度党风廉政建设责任书》，龙岩市国税局领导班子成员与各分管科室、稽查局负责人签订责任书。抓好“两节”（元旦、春节）期间廉洁自律工作，全系统没有发现违反《廉政准则》规定的行为，也没有收到干部职工违法违纪的投诉举报。

【完善机制】 把惩治和预防腐败体系任务与业务工作同研究、同部署、同落实，加强协调配合，履行“一岗两责”职责。开展自查工作，按照《工作方案》内容，由牵头责任单位牵头，责任单位配合，开展贯彻落实《五年规划》自查工作，形成自查小结，收集整理各类资料。2012年年底，对各县（市、区）国税局和市国税局各成员单位工作情况进行检查，查找存在问题，分析原因，通报发现问题，督促各单位整改。针对推行税源专业化管理改革后税收风险在各职能部门转移的情况，相应调整和优化内控机制，把预防腐败要求落实到权力结构和运行机制各环节。市国税局机关各科室在完善本部门内控机制的同时，加大对系统管辖业务范围内的内控机制建设指导力度。各县（市、区）国税局围绕决策权、执行权、监督权行使的重点领域、重要岗位和关键环节，加强流程控制和风险管理，有效防范廉政风险和执法风险。

统一主题层层召开廉政分析会议。1月的主题为：“加强廉政教育和风险教育，提高全员廉洁意识、风险意识和自律意识”。各单位围绕主题，针对当前突出的社会现象和问题，分析查找本单位干部是否存在高息民间借贷、违规经商办企业等问题，探讨如何加强思想教育、廉政教育和风险教育，如何提高全员廉洁意识、风险意识、责任意识和自律意识，防范可能出现的各种问题和矛盾，消除隐患，打造和谐、平安国税机关和干部队伍。7月的主题为："加强作风纪律建设，治理慵懒梗散"。针对干部队伍存在精神萎靡、庸碌无为、效率低下、执行不力等问题，各单位以分析会为契机，查找作风纪律方面存在突出问题，探讨加强作风纪律建设的有效措施，以问事、问责、问效为主要手段，以治庸提能力，以治懒增效率，以治梗畅政令，以治散正风气，加强干部作风纪律建设。

【廉政教育】 在龙岩市国税局主页设立廉政教育专栏，把近年来发生在本省、本市国税系统职务犯罪典型案例及相关法律、法规发布在专栏上，要求全体干部职工学习了解相关法律法规规定，认真剖析案例，引以为戒。开展"读廉书，思廉洁"活动。广泛征集廉政文化作品，选送的廉政文化作品获多个奖项：张俊春的论文《国税部门以内部控制信息化促进预防职务犯罪工作的研究》获一等奖，章云侠的书法作品《养浩然气》、高海平的诗歌获二等奖，黄河的摄影作品《清贫》、傅林清的论文《构建闽西国税廉政文化建设的若干思考》、梁锦文的短信、李玉招的民谣获三等奖，另有10多件书法类、摄影类、绘画类、论文类、文字类作品获优秀奖。组织观看反腐倡廉教育专题片《北极雪》《忠诚与背叛》，举办预防职务犯罪专题法制讲座，组织干部到龙岩监狱参观职务犯罪警示教育基地。以武平、漳平税案为警示重点，剖析2009—2011年查处的福建省国税系统违法违纪案件的发案特点、规律和教训，以县（市、区）国税局机关科室、基层分局为单位，召开专题剖析会，反思并综合分析发生违法违纪案件的深层次原因和心态，警示干部教训就在身边、诱惑就在眼前、陷阱就在脚下、成败就在手中。建立与地方纪委、检察部门联络机制，通过报送相关信息，互通工作情况，不定期召开联络工作会，加强部门联络，增进税、纪、检部门的联系沟通。贯彻落实《税收违法违纪行为处分规定》。将《税收违法违纪行为处分规定》作为各类培训的重点内容之一。在内网主页发布《税收违法违纪行为处分规定》，按人手一册印制、发放学习材料。组织开展《税收违法违纪行为处分规定》知识全员测试，参加考试885人，平均成绩

▲国家税务总局副局长丘小雄在上杭县国税局古田税务分局为"共和国税收摇篮"陈列展题词

（上杭县国税局提供）

97.26分。

2012年12月28日，龙岩市国税局参加福建省国税系统《税收违法违纪行为处分规定》知识竞赛，获得三等奖。来自全省8个设区市国税局和省国税局机关共9支代表队参加竞赛。

【执法监察情况】 开展执法监察和效能监察“两权”监督。将执法监察和效能监察作为纪检监察的一项日常重要工作来抓。5月，组织各单位开展执法监察和效能监察自查工作，自查重点主要是重大决策部署落实情况的监督检查、税收执法权、行政管理权重点岗位和关键环节的执法监察和围绕深化内控机制建设、提高行政效能的监督检查。对自查发现的问题进行自我剖析、自我整改，按规定时间和要求完成自查任务。结合领导干部任中经济责任审计、结合税收执法督察，开展执法监察和效能监察重点检查，成立执法督察内审和执法监察检查小组。9—10月，对漳平市国税局、龙岩经济技术开发区国税局开展重点检查。采取听取汇报与实地查看相结合、内查与实地核查相结合、检查辅导与完善整改相结合等方法，发现执法不规范问题，督促被查单位整改，防范税收执法风险。

【政风行风评议】 龙岩市国税局在市直81个政风行风评议部门中，继续列入民主评议政风行风“免评单位”。但免评不免建，市国税局坚持抓好民主评议政风行风工作，着力纠正有章不循、有禁不止、管理弱化等问题，促进工作作风、办事效率和服务质量提高。

行政后勤

【财务监督情况】 开展2012年财务内部审计工作，各县（市、区）国税局自查面达100%。对漳平市国税局、龙岩经济技术开发国税局任期超过3年的主要负责人，结合经济责任任中审计进行财务审计。对长汀县国税局、永定县国税局进行2010—2011年财务内部审计。完成“小金库”专项治理全面复查工作，复查面达100%；在自查基础上，开展督导抽查工作，督查面达100%。2012年未发现违规违纪现象，未发现任何形式设立的“小金库”。

【基本建设情况】 龙岩市国税局综合业务办公大楼基建项目，于2005年12月25日开工，位于龙岩中心城市龙岩大道南端的东侧，

▲税收服务志愿者在行动

（武平县国税局提供）

漳龙高速路入口附近，总用地面积7577.3 平方米，总建筑面积12488平方米（国家税务总局2005年10月12日批文确认，2006年开工建设）。其中地上建筑面积9878.00平方米，地下建筑面积2610平方米，项目总投资额5535万元。大楼外墙装修、室内二次装修施工完成，正在办理综合竣工验收手续。

【政府采购情况】 龙岩市各级政府采购部门组织大、小项目采购31批次，采购金额350.91万元，节约资金68.38万元，资金节约率16.31%；其中市国税局机关采购79.89万元，节约资金14.11万元，资金节约率15.01%。

【后勤服务】 龙岩市国税局机关被龙岩市委、市政府评为2012年度“平安单位”。

【税收科研】 2012年，龙岩市国税系统参与12个重点课题调研，撰写的《用信息技术增加纳税评估的深度和广度》《加强网络团购中的涉税监管》等32篇调研文章在《中国税务报》《税官论坛》《海西税务》《闽西社科》等核心刊物和市级以上内刊发表。其中《加强大企业税收管理的探索与思考》《税收促进小微企业健康发展的若干思考》入选福建省国际税收研究会《2012年度论文汇编》，《税收促进小微企业健康发展的若干思考》荣获2012年龙岩市优秀调研文稿三等奖。

【政务信息工作】 龙岩市国税局围绕服务海西建设和国税工作重点，针对税收中心工作和各级领导关注的热点、难点，组织撰写有价值的政务信息服务供各级领导决策，发挥政务信息的宣传和参谋作用，政务信息工作的水平和质量不断提升，信息工作的成效和影响日趋明显。与福建省国税局进出口处联合报送的《省国税局建议积极关注我省外贸出口“不征不退”税新现象》信息专报，先后获福建省省长苏树林、副省长王蒙徽批示；报送的《龙工集团反映企业生产经营中面临的困难及建议》信息专报，获龙岩市委书记黄晓炎批示；报送的《龙岩市国税局反映一季度我市机械制造行业增值税严重下滑》信息专报，被龙岩市市长张兆民批示。2012年被福建省国税局采用225条，获得2300分，龙岩市国税局办公室被福建省国税局评为政务信息工作先进单位，《省国税局建议积极关注我省外贸出口“不征不退”税新现象》被省国税局评为优秀调研信息，傅林清、林邦杭、童小岑3位同志被省国税局评为政务信息先进个人。2012年，龙岩市国税局办公室还被龙岩市政府办公室授予“信息工作先进单位”称号，傅林清同志被龙岩市政府办公室授予“信息工作先进个人”称号。

（供稿：傅林清）

宁德市国家税务局

经济概况

2012年，宁德市实现地区生产总值1077.73亿元，比上年增长12.6%。分产业看，第一产业增加值201.4亿元，增长5.5%，占地区生产总值的比重为18.7%，比上年上升0.6个百分点；第二产业增加值515.54亿元，增长19.7%，占地区生产总值的比重为47.8%，上升0.9个百分点；第三产业增加值360.79亿元，增长7.0%，占地区生产总值的比重为33.5%，下降1.5个百分点。人均地区生产总值38015元，比上年增长11.1%。

居民消费价格全年比上年上涨2.4%，其中食品价格上涨5.5%。工业生产者出厂价格下降0.2%，农产品生产价格上涨2.3%。

2012年城镇新增就业2.58万人，完成年预期目标任务108%；新增农村劳动力转移就业4.18万人，完成年任务104%。全年有1.06万下岗失业人员实现了再就业，完成年预期目标任务106%。年末城镇登记失业率2.04%，低于省控制目标1.96个百分点。

2012年财政总收入（不含基金收入）104.45亿元，比上年增长25.2%，其中，公共财政预算收入70.64亿元，增长30.1%；财政支出141.79亿元，增长24.3%。

税收概况

【总体收入情况】 2012年，宁德市国税总收入完成56.13亿元，同比增收7.17亿元，增长14.6%。扣除海关代征后，国税部门组织税收收入41.94亿元，完成省国税局年度考核计划的106.7%，同比增收5.91亿元，增长16.4%。其中税收直接收入完成38.24亿元，同比增收4.41亿元，增长13.0%；办理免抵调库3.7亿元，同比增收1.5亿元，增长68.2%。财政口径国税税收收入完成37.64亿元，同比增收5.82亿元，增长18.3%。

【收入特点】 2012年税收收入增长不稳定，月份间增幅波动大，上半年和下半年税收收入分别呈大“M”形和小“M”形的“跳跃式”发展态势。各单位收入发展不平衡，沿海县（市、区）局贡献近八成税收收入。各税种全面增长，主体税种增收贡献明显。重点企业税收收入回落较大，增幅明显偏低（如图14）。

【各县区收入情况】 从增长情况看，宁德市10个征收单位除柘荣县国税局（-2.6%）减收外，其余单位均呈不同程度增收，其中闽东华侨经济开发区国税局和寿宁县国税局增幅低于10%；蕉城区国税局、霞浦县国税局、古田县国税局和周宁县国税局增幅高于全市平均水平（16.4%），分别增长62.1%、42.6%、33.7%和24.8%；福安市国税局、屏南县国税局和福鼎市国税局分别增长14.8%、14%和13%。从完成情况看，除福安市国税局外，其余单位均超额完成2012年收入任务（如图15）。

【分税种收入特点】 国内增值税、企业所得税、消费税和车辆购置税分别增长20.9%、10.7%、9.0%、1.1%，主体税种国内增值税和企业所得税对税收收入贡献明显，合计增收贡献率达97.5%。其中国内增值税入库27.51亿元，同比增收4.76亿元，占税收增收总额的80.5%，拉动税收收入增长13.2个百分点，增幅居各税种之首。企业所得税入库10.41亿元，同比增收1.01亿元，占税收增收总额的17.0%，拉动税收收入增长2.8个百分点。受国家宏观调控影响，消费内需拉动不足，消费税和车辆购置税仅增长9.0%和1.1%，增幅比上年分别回落了5.7个和23.4个百分点（如图16）。

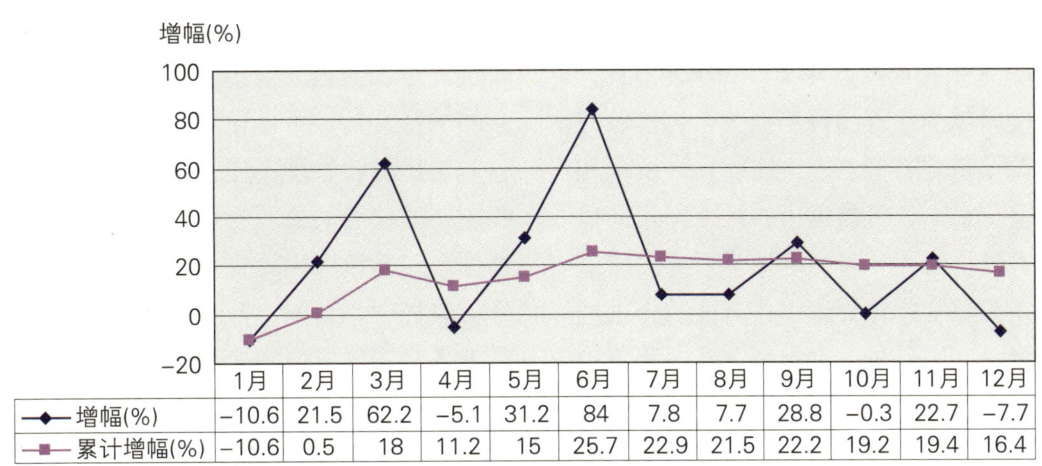

	1月	2月	3月	4月	5月	6月	7月	8月	9月	10月	11月	12月
增幅(%)	-10.6	21.5	62.2	-5.1	31.2	84	7.8	7.7	28.8	-0.3	22.7	-7.7
累计增幅(%)	-10.6	0.5	18	11.2	15	25.7	22.9	21.5	22.2	19.2	19.4	16.4

图14 2012年宁德市国税局单月及累计增幅情况

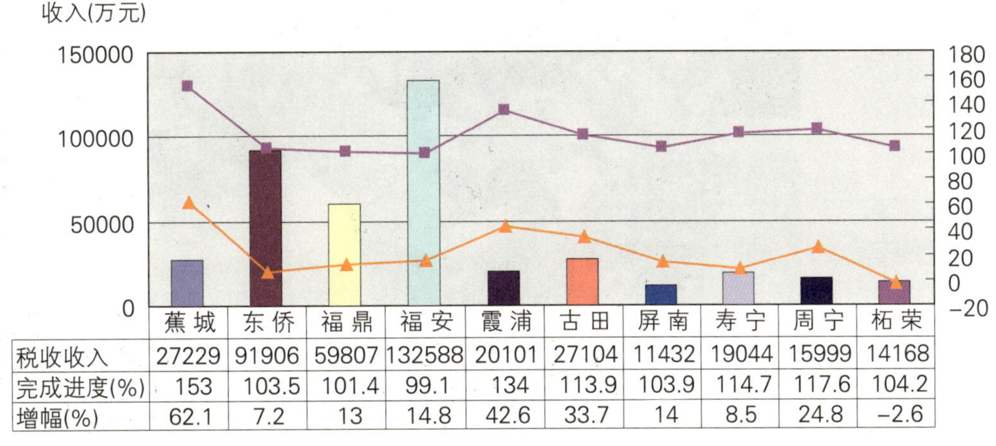

	蕉城	东侨	福鼎	福安	霞浦	古田	屏南	寿宁	周宁	柘荣
税收收入	27229	91906	59807	132588	20101	27104	11432	19044	15999	14168
完成进度(%)	153	103.5	101.4	99.1	134	113.9	103.9	114.7	117.6	104.2
增幅(%)	62.1	7.2	13	14.8	42.6	33.7	14	8.5	24.8	-2.6

图15 2012年宁德市各县市区国税税收收入完成情况

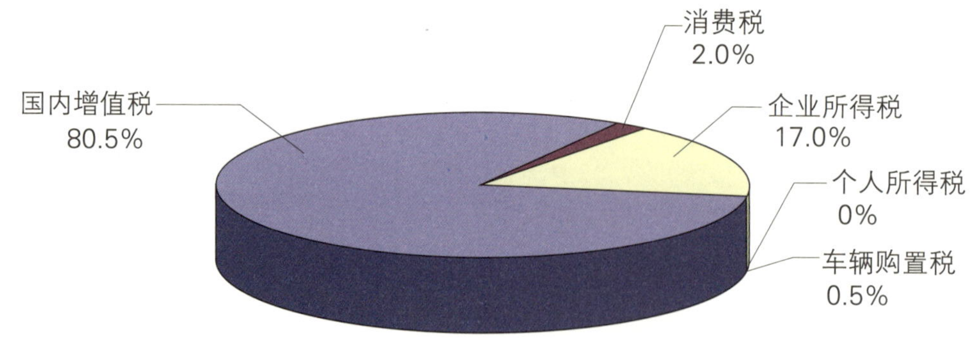

图16　2012年宁德市国税局各税种增收贡献率

征收管理

【税源专业化管理改革】　2012年3月，宁德市国税局被福建省国税局列为全省税源专业化管理改革的试点单位。3月19日，组织相关业务科室负责人、各县（市、区）国税局负责人前往安徽、江西和泉州等地学习兄弟省、市国税局在税源专业化管理工作方面的先进经验。经过多次调研分析，制定税源专业化管理实施方案上报省国税局审批，并实施，2012年年底专业化改革全面到位。经过改革，取得四个方面的突破：一是税源管理分类上的突破，市国税局大企业税收管理科职能转型，主要负责全市大型企业、重点企业和重点行业的纳税评估、个性化服务以及全市的反避税和非居民税收管理工作，其他日常管理仍在属地。二是纳税评估上的突破，实现分层次的评估，市国税局大企业税收管理科实体化，主要负责组织实施大型企业、重点企业和重点行业的纳税评估、个性化服务以及全市的反避税和非居民税收管理工作；调整原税源管理科的职能，改设后的税源管理科主要负责纳税评估工作。三是税源风险管理上的突破，设立风险分析监控中心，统一开展风险识别、排序、任务推送和评价工作，建立起以设区市国税局为

▲2012年3月31日，宁德市国税局召开税源专业化管理工作研讨会

主、县（区）国税局参与的税收风险识别分析以及以县（区）国税局为主、设区市国税局为辅的风险应对机制。县（市、区）国税局征管科和信息中心进行职能整合，成立征管科技科，主要负责税收风险应对的牵头工作。四是税源日常管理职责调整上的突破，将原由税源管理分局承担的日常管理职责，分别移到办税服务厅的后台和征管科技科。

▲2012年1月13日，宁德市国税工作会议在宁德市召开

【税务登记情况】 宁德市税务登记户数46049户，其中企业户数20355户，个体工商户25694 户，一般纳税人6213户。

【税收风险管理】 依托税源监控分析系统，引入电力等部门的第三方信息，对已建立的钢坯、采石、制冰、石板材、造纸、铸造、供电、汽车、医药等行业的风险特征进行识别，筛选出电费收入占申报收入50%以上的工业企业、偏离增值税预警值25%以上，且申报收入等于开票收入的企业、所得税利润率偏离预警值超50%以上，和水电行业财务费用和维修费用占收入比偏离预警值较大的中、高风险户数2158户纳税人分三期进行纳税评估，已结案1907户，共评估入库税款16191万元，占2012年收入（扣除免抵调库和车购税）的4.54%，增幅位居全省国税系统第一。

【个体税收管理】 宁德市国税系统管征的正常开业个体工商户为19642户，未达起征点个体工商户达18007户，月减免销售额11223万元，月减免增值税336.68万元，2012年减免增值税4040万元；全市国税系统共免收793.22万份小型微型企业发票工本费，减免工本费61.66万元。对于注册资金在20万元以上以及销售额在一般纳税人临界点左右的个体工商户，引导纳税人建账，实行查账征收。

各税种管理

【“营改增”情况】 成立“营业税改征增值税”领导小组，召开营业税改征增值税试点动员部署暨培训会议，全面部署试点工作。2012年8月20日，制订实施方案、任务倒计时工作方案、培训工作方案，对试点工作任务进行分解。依托报纸、网络、纳税服务平台、短信、电视台等新闻媒体，开展宣传工作，先后向宁德市委、市政府提交了4份专题报告，与宁德市人民广播电台联合举办了一期“营业税改增值税”专题访谈节目，协调好宣传部、财政局、交通局、工商局等部门关系，为试点工作营造和谐的社会环境。组织开展试点业务培训，在全市共举办一般纳税人培训班24期，计3660人（次）参加培训。从8月23日开始，展开对省国税局下发清册的2063户试点纳税人查找确认工作，共发出确认书1518户，收回确认书1258户（其中属于“营改增”范围的1200户，不属于“营改增”范围的58户），截至12月底，全市登记“营改增”试点纳税人1523户（交通运输业298户，现代服务业1225户）。12月1日，完成首日纳税申报，首个申报期共缴纳税款429万元，申报率达97%，实现“营改增”平稳转换。

▲2012年5月17日，宁德市国税局工作汇报会在宁德市召开

【增值税管理】 共征收增值税275144万元，同比增收47640万元，增长21%。2012年新认定增值税一般纳税人1127户。开展2012年增值税专项评估工作，共评估97户企业，查补税款573.74万元，其中增值税273.66万元，增值税进项税额转出149.53万元，所得税150.55万元。对一般纳税人税负预警值重新进行制订，测算方法主要采取“多元回归分析法”、验证方法采取“销售实耗扣税法”，除此之外还采用推定法、比照法等。做好试点纳税人农产品进项税额核定扣除工作，对符合要求的7户企业耗材量进行测算，规范农产品进项税额抵扣。

【消费税管理】 入库消费税14152.4万元，完成年度计划的101%，同比增收1164万元，增长9%。加强消费税管理，布置各县（市）国税局收集、整理消费税各税目存在的政策和管理问题，对柘荣县珠宝首饰及珠宝玉石行业、黄酒行业相关消费税征收政策进行明确。

【企业所得税管理】 宁德市国税系统入库企业所得税104078.6万元，完成年度计划的104%，同比增收10086.4万元，增长11%。抓好所得税汇算清缴工作，对外通过税务网站、短信平台、办税服务厅、举办辅导培训班等多种渠道加强对企业的宣传辅导，重点加强对资产损失扣除新办法、减免税管理、总分机构管理等内容的辅导培训，促进汇算清缴工作质量的提高。2012年，实际参加汇算清缴11865户（其中盈利企业5373户，亏损企业2883户，零申报企业3609户），比上年增加2965户，汇算面98.96%；实现营业收入730.82亿元，比上年增加212.77亿元；营业成本649.99亿元，比上年增加207.95亿元；利润额合计8.77亿元，比上年减少10.12亿元；汇算清缴共核增应纳税所得额19.51亿元，调减应纳税所得额12.50亿元，通过汇算清缴补征企业所得税4600万元。

【车辆购置税管理】 宁德市征收车辆购置税25989.1万元，同比增收272万元，增长1%。全面推行车购税电子档案管理，推行车辆购置税纳税申报二维码信息系统，全市10个征收单位配备了11 台二维码信息扫描枪，该系统减少了纳税人网络预申报环节，减少了税务机关预申报核对环节，减轻了工作量，提高了纳税申报的准确性。

【出口退税管理】 宁德市出口企业退税申报393户，累计申报出口销售15.18亿元美元，同比增长26.18%。办理出口退税 10.75亿元，同比增长35.65%，其中生产企业办退8.88亿元，同比增长26.9%，外贸企业办退1.87亿元，同比增长23.12%，外贸企业中省外供货比例达到16.15%。退税增幅高于全市出口增长16.61% 的19.04个百分点。出口增长的同时税负及免抵退结构有所优化，宁德市出口企业总体税负3.35%，较2011年的3.11%增加0.24个百分点；总体应退税比重由去年同期的73.7%降为70.8%，免抵税额比重提高2.9%（不含新能源）。办理免抵调库3.3亿元，同比增长140.8%。

【大企业和国际税收管理】 入库非居民企业所得税1275.37万元。通过反避税入库税款232.79万元（其中立案1户查补税款28.79万元、加收利息5万元，另通过反避税政策宣传企业自行调整入库税款 199万元）；其他方法入库非居民企业所得税1042.58万元（其中企业自行申报入库308.83万元，通过与日本三菱公司谈判入库特许权使用费所得税585.05万元，通过纳税评估调整非居民企业股权转让所得入库税款133.43万元、加收滞纳金15.27万元）。

税收法治

【执法监督】 在各单位自查的基础上，对所辖10个县（市、区）国税局开展互不交叉执法督察工作，补征或追缴税款及滞纳金0.82万元，发现有问题纳税人220户次。

【执法过错追究】 做好税收执法管理信息系统的预警监控，提醒各管理单位做好预警工作，按月通报执法考核系统的信息数据。对申辩调整情况进行复查督导，并对执法过错信息进行系统全面监控分析，查找原因并提出改进办法。重点加大自动考核、日常人工考核、专项执法检查考核三个部分的内容，落实执法责任制考核与追究机制。2012年共追究执法过错458人次，予以经济惩戒372人次，金额共计16545元。

【重案审理】 注重加强案件审理的层级指导，跟踪宁德市目前在审案件情况，了解掌握在审案件审理进度，对基层在重大税务案件审理过程中提出的有关事实认定和法律适用等方面的各种疑难问题，跟踪和提出合理化意见。在合法的前提下，引入人性化的服务观念，提高对税务案件合

▲2012年4月26日，宁德市国税局举办预防职务犯罪专题讲座，邀请市纪检委卢明光副书记主讲

理性审查的地位，实现兼顾纠正错误与化解争议的功能和目标。宁德市国税系统重案审理委员会共审理案件7件，审理率17.9%，其中维持初审意见数1件，发回复查数1件，改变调查部门拟处理意见5件。

纳税服务

【办税服务厅建设】 从软、硬件两方面加强办税服务厅规范化建设，为纳税人创造了“环境整洁优美、功能实用齐全、办税简便快捷、服务优质高效、管理统一规范”的办税场所。宁德市10个办税服务厅均达到规范化建设标准要求，实现了“一县一区一办税服务厅”的规范化建设工作目标。其中，福鼎市国税局、屏南县国税局2个示范点办税服务厅规范化建设于2011年已通过省国税局验收。2012年，市国税局成立两个检查组对8个非示范点办税服务厅的规范化建设进行检查验收；福建省国税局于2012年11月实地抽查蕉城区国税局和福安市国税局2个办税服务厅的规范化建设，均达到要求。

【优化纳税服务】 全面推行征管档案“一户式”电子化管理，减少纳税人纸质资料报送；通过简化业务流程、简化审批环节，落实福建省国税局涉税业务规程，实现涉税业务流程“四个统一”：即统一办税服务厅即办事项，统一涉税审批环节和时限，统一纳税人涉税报送附列资料，统一CTAIS业务流程和文书流转的设置。在宁德市中心城区范围内“同城通办”业务全面运行，实现了申报征收、发票购销、代开发票、税务咨询、纳税证明、发票轻度违章简易处罚六项业务的同城通办。11月，正式启用“宁德国税纳税人免填单服务管理系统”，纳税人根据不同业务类型，可分别享受到“免单”“免填单”和“简化填单”三种类型的服务，该项服务共涉及税务登记、认定管理、发票管理、证明管理、税收优惠管理、纳税申报6大类共105项涉税事项。

【门户网站】 在闽东华侨经济开发区国税局作为福建省国税系统“网上发票核销业务”试运行的基础上，宁德市国税系统全面推广运行网上发票核销业务，减轻核销岗的录入工作量，加强发票管理，减少纳税人排队等候时间，提升窗口的办税效率。目前国税门户网站已经覆盖所有税种的网上申报、税款缴纳，并提供涉税事项查询、网上

▲2012年2月16日，宁德市国税局召开宁德核电非居民税收协调会，与日本国三菱会社就宁德核电设备特许权使用费征税问题开展第一轮谈判

发票认证、出口退税预审、政策咨询解答等办税服务，网站受理的申报税款占同期直接组织收入的比例逐年递增，90%以上纳税人通过网上申报。

【税法宣传】 2012年4月，围绕“税收　发展　民生”主题，开展全国第21个税收宣传月活动，9月，围绕“倡导诚信兴商，共建和谐社会”主题，开展诚信兴商宣传月活动。此外，发挥税务网站、12366服务热线、短信平台、办税服务厅窗口单位的宣传优势，全方位开展宣传服务，开通“税企零距离”热线、“税企之桥”QQ群、手机彩信报、“税企通”邮箱等拓展宣传渠道，全面公开有效的税收政策。

▲2012年3月2日，福建省国税局局长臧耀民（前排右二）一行在寿宁县国税局调研

【纳税咨询辅导】 做好12366服务热线转办事项的答复与处理，共接受福建省国税局下派工单45件，其中发票拒开投诉35件，业务咨询7件，服务质量问题1 件，其他2件，及时回复率达100%。在各县（市、区）国税局设立专门的咨询服务岗，选派工作责任心强、业务精通、沟通协调能力强的人员担任专职咨询员，并设立咨询专家组，解决疑难问题，答复纳税人。通过问卷调查、座谈会、电话咨询、门户网站等方式，收集纳税服务热点难点问题，归类整理提出规范性答复，推进纳税指南库的建设。

【维护纳税人合法权益】 贯彻《纳税服务投诉管理办法（试行）》，专人负责纳税服务投诉事宜，落实纳税服务投诉管理，规范投诉受理和事后回访程序，促进纳税人投诉举报的有效处理。2012年，共受理纳税人投诉案件39起，除了办税态度方面的投诉，还涉及税法宣传、纳税咨询、办税服务以及纳税人权益保护工作等方面。结合行评以多种形式召开纳税人需求座谈会，当场向纳税人代表发放《纳税服务满意度调查表》和《纳税服务需求调查表》征求意见。

税务稽查

【概述】 继续深化“一级稽查”模式，宁德市国税局在福建省国税系统率先实行“统一选案、集中审理”的工作模式，稽查案源、选案工作集中由市国税局稽查局统一管理，同时集中力量强化案件的审理。推行分级检查制度，2012年组织8个检查组对16户企业开展异地交叉检查。通过稽查体制改革，选案的准确率同比提高了8.75%；减轻了县（市）国税局稽查案件办案压力；稽查执法标准尺度趋于统一；进一步整合稽查资源，提高稽查收入比例。2012年累计开展税务稽查71户，查补各项税款3537万元，同比增收824万元，增长30.4%，稽查收入增长超过福建省国税局要求稽查直接查补收入占工商税收收入总额1%的考核目标。

▲2012年1月29日，宁德市委书记廖小军（前排左二）、市长郑新聪（前排右一）一行在春节后首个工作日莅临宁德市国税局慰问干部职工

【专项检查】 确定指令性检查项目：即接受成品油销售增值税专用发票企业的检查、资本交易项目的检查、办理电子、家具、服装类产品等出口退（免）税企业及承接出口货物业务的货代公司的检查。指导性检查项目为：从国家税务总局列举的检查项目中选择房地产业、建筑安装业、地方股份制银行、地方商业银行进行检查。此外，各县（市、区）国税局结合本地实际，选择其他重点税源检查项目进行检查。2012年税收专项共检查企业户数62户，有问题55户，查结30户，查补税款2076万元，滞纳金415万元，罚款122万元；自查企业户数2户，查补税款87万元。

【大案要案】 把“查大案、查大户”放到中心位置，重拳出击查处大案要案，依据涉税违法案件规律，探索税案预警机制，依法查处各类涉税违法行为，共查处查补额在100万元以上的大要案4起，查补各税及罚款2665万元，占本期稽查收入总额4082万元的65.3%。

【一级稽查】 本着“精减、效能、制衡”的原则，撤销市区各国税局的稽查机构，将城区范围内的稽查职能上收，宁德市国税局稽查局在主要承担查处涉税案件的同时，还承担辖区八个（县、市）的稽查业务管理职能。实行“统一选案、集中审理”的工作模式，即稽查案源集中由市国税局稽查局统一管理，选案工作由市国税局稽查局统一进行，县级稽查局不再进行选案，同时集中力量强化案件的审理（全市国税稽查部门的案件审理工作由市国税局稽查局案件审理部门组织审理，各县（市）国税局稽查局所有须经审理的案件一律上报市国税局审理）。在统一选案的基础上，推行分级检查制度。辖区内重大涉税违法案件、国家税务总局和省国税局转办的涉税举报案件、上级督办案件由市国税局稽查局检查部门负责检查，重大案件统筹安排全市稽查力量组成专案组开展检查，其他案件由县国税局组织检查。

【打击发票违法犯罪】 宁德市累计查处涉案企业违法发票共110户，累计查处涉案发票5672份，涉及金额10443.23万元，税额1310.94万元，滞纳金176.62万元，罚款168.02万元。其中增值税专用发票732份，交通运输发票3333份，商业发票551份，建筑安装发票12份，饮食发票12份，其他发票983份。

机构队伍

【机构设置情况】 截至2012年12月31日，宁德市国税局机关设置13个内设科室、1个直属单位（稽查局）、3个事业单位（培训中心、机关服务中心、信息中心），下辖蕉城区国税局、闽东华侨经济开发区国税局、福安市国税局、福鼎市国税局、霞浦县国税局、古田县国税局、屏南县国税局、寿宁县国税局、周宁县国税局、柘荣县国税局10个县（市、区）国家税务局。所辖10个县（市、区）国家税务局共设置92个内设科室、10个直属单位、10个事业单位、32个税务分局和2个税务所。

【机构编制情况】 宁德市国税系统共有行政编制926个（含国地税未分设县地税行政编制147个），事业编制105个（含国地税未分设县地税事业编制12个）。

【人员招录】 2012年，宁德市国税系统共录用13名国家公务员。

▲2012年9月20日，宁德市国税局与市人民检察院举行税检预防职务犯罪联席会议

【创新人事管理】 2012年年初，制定下发《关于进一步推进人事工作机制创新的意见》，提出了14条措施，进一步完善选人、用人机制。加大干部选拔任用力度，充实队伍中层力量，选配了8个县（市、区）国税局纪检组长、9个正科级领导干部、10名主任科员和一批县级国税局中层干部，并选派2名副主任科员到基层国税局挂职任副局长，激发队伍活力，调动干部干事创业的工作热情。

廉政建设

【廉政教育】 学习贯彻《税收违法违纪行为处分规定》，开展集中学习讨论活动，并组织干部职工进行测试，增强干部主动防范意识。加强与纪委、检察院等部门的协作，开展预防职务犯罪专题教育活动，组织干部到宁德市检察院预防职务犯罪警示教育基地参观学习，邀请市纪检委人员举办廉政讲座，集体观看警示教育专题片等，开展廉政文化建设，增进干部廉政意识。

【党风廉政建设责任制】 2012年3月，举行党风廉政责任书签字仪式，由宁德市国税局长与班子成员、各县（市、区）国税局局长，分管局领导与科室负责人签订《党风廉政建设责任书》，做到党风廉政责任制一级抓一级，层层抓落实。下发《2012年宁德市国家税务局机关党风廉政建设和反腐败工作任务责任分解意见》，促进“一岗双责”的落实。落实党风廉政建设分析会制度，召开全市上半年、下半年党风廉政建设分析会议，查找并解决队伍中存在的苗头性问题。

【行风评议】参与地方政府组织的政风行风评议和行风热线活动，发《宁德市国税系统2012年纠风工作实施意见》。探索和把握政风行风建设与纳税服务工作的结合点，把构建和谐税收征纳关系等内容作为纠风工作和效能建设的重点，重视纠正侵害纳税人利益的行为，解决纳税人反映强烈的突出问题，保护纳税人合法权益。印发《宁德市国家税务局机关深入开展“转作风、提效能、促发展”活动方案》。6月，重新聘请2012—2013年度政风行风评议代表暨特邀监察员。

▲2012年4月13日—15日，由国家税务总局离退休干部办公室举办的全国部分省、市国税局离退休干部处长座谈会在宁德召开，共有12个省、市国税局23个代表参加，国家税务总局离退办主任程军（中）主持会议

【加强两权监督】 先后对宁德市10个基层单位开展执法督察和执法监察、效能监察专项检查工作。加强对预算管理、经费使用、基建项目、工程招投标、政府采购的过程监控，前移监督关口，防止商业贿赂行为的发生。开展财务审计工作，完成对蕉城区国税局、闽东华侨经济开发区国税局、屏南县国税局3个县国税局领导干部任中经济责任审计。落实“一案双查”办法，继续推进加强内控机制建设，努力从源头上住漏洞、从机制上解决问题。

教育培训

【培训工作开展情况】 宁德市国税系统干部共参加各级举办培训班33期，培训790人，培训1682天次。其中市国税局共举办6期培训班，培训210人，培训554天次。基本实现了2008—2012年将所有干部轮训一遍的目标。

精神文明建设

【扶贫帮困】 宁德市国税系统各类赞助捐款达36.5万元。市国税局机关和各县级国税局均参与地方组织的挂点帮扶贫困村工作，在自身资金紧张的情况下帮助贫困村修建道路、图书馆等设施，帮助困难群众脱贫致富，扶持农村经济发展。此外，还参与阳光助学、救灾捐款、爱心捐助、爱心妈妈、义务献血等扶贫济困献爱心等活动。

【文体活动】 开展国税文化建设，参与福建省国税系统开展的福建国税核心价值观大讨论和调研活动，形成讨论成果35套；10月，圆满承办2012年全省国税系统运动会。在宁德市国税系统开展“解放思想、力求先行”大学习大讨论活动，开展以“爱岗敬业、公正执法、诚信服务、廉洁奉公”为基本内容的职业道德教育，查找思想、作风和工作上的差距。

【离退休干部工作】 宁德市国税系统共有离退休干部职工269人，其中离休干部12人，“5·12”退休干部10人、处级离退休干部12人，最大的94岁，平均年龄为72岁。贯彻落实中央、地方及省国税局有关离退休干部工作的有关精神，市国税局成立老年门球队，在屏南县国税局县国税局设立门球训练基地，举办多期老干部棋牌赛、登山、趣味运动会及外出观光等文体健身活动。

（供稿：谢正伟）

统计资料

2013

福建国税年鉴

福建省国家税务局厅级干部名单

姓 名	职 务	备 注
	省国税局领导班子	
臧耀民	党组书记、局长	
连开光	党组成员、副局长	
陈 滨	党组成员、副局长	
刘孟全	党组成员、副局长	
谭坚平	巡视员	1月21日前任党组成员、纪检组长
于海春	党组成员、副局长	
曾光辉	党组成员、纪检组长	
雷致青	党组成员、总经济师	
陈慕斌	党组成员、总会计师	
	其他厅级干部	
张金水	福建省政协十届委员、省政协常委、省政协经济委员会副主任	
谭坚平	巡视员	2012年3月退休
苏祖华	副巡视员	
郑新光	副巡视员	
刘少波	副巡视员	

福建省国家税务局机关处级干部名单

单　位	职　务	名　　单
办公室	主任	包逸生
	调研员	林知国、曾庆友（6月退休）
	副主任	倪秉莲、郑玲秀
	副调研员	魏林春、程立金（7月退休）
	记者站站长	陈光平（10月退休）
政策和法规处	处长	黄玲（10月调省委党史研究室）
	副处长	杨　林
	副调研员	金文景、李　钟
货物和劳务税处	处长	李增源
	副处长	庄建顺
所得税处	处长	沈家骏
	副处长	朱春发
收入规划核算处	副处长	王合作、苏守国
纳税服务处	处长	阮诗雄
	调研员	姜　苏、陈国新
征管和科技发展处	处长	林国镜
	副处长	李国良
	副调研员	林少校、余　萍
财务管理处	处长	周元福
	调研员	陈振福、王敏奇（兼采购中心主任）
	副处长	王大华
	副调研员	林辉龙
督察内审处	调研员	陈义端（兼副处长）
	副处长	林惠麟、林兴旺
	副调研员	陈　轲
人事处	处长	魏润水
	副处长	林　娟、王志荣
	副调研员	赵　岚（12月退休）
巡视办	主任	翁　浩
	副调研员	黄月明

续表

单位	职务	名单
教育处	处长	张道金
	副处长	郭晓岚
	副调研员	林茂理
监察室	主任	李　晖
	副主任	何卫东
	副调研员	邱红卫、卓仕阳
大企业税收管理处	处长	陈霖
	调研员	董昌芳
国际税务管理处	处长	吴桀云
	副处长	郑　萍
	副调研员	邱清安
进出口税收管理处	处长	林孟奇
	副处长	王　彬、宋启英
	副调研员	潘奋农
机关党办	主任	张森强
离退休干部处	调研员	吴纯寿
稽查局	局长	张梦桂
	副局长	梁建华
	纪检员	林家云
	副调研员	蔡　春、孙建榕、高锦芬、游在雄、林国清
信息中心	主任	方新加
	副主任	安　辉、王　烈、郑　立
机关服务中心	主任	陈文雄
	调研员	李新发、刘安平
	副主任	黄　翎
	副调研员	李卫进
税收科学研究所	所长	顾志珊
注册税务师管理中心	主任	朱文翀
	调研员	陈久铭
福建省税务干部学校	校长	陈　荣
	副校长	冯　明

福建省国税局机关处级以下干部职工名单

姓　名	部　门	职　务	备注
姜闽兴	办公室	正科长级职务	
何荔春	办公室	主任科员	
叶　明	办公室	主任科员	
李　滨	办公室	主任科员	
叶生成	办公室	主任科员	
吴　雷	办公室	主任科员	
张叶霖	办公室	主任科员	
林　昀	办公室	主任科员	
兰延灼	办公室	主任科员	
黄小燕	办公室	主任科员	
王丽平	办公室	副主任科员	
林佳睿	办公室	副主任科员	
陶　然	办公室	见习期公务员	
倪周锦	政策法规处	主任科员	
郭秀琼	政策法规处	主任科员	
陈　泓	政策法规处	副主任科员	
黄　钢	货物和劳务税处	主任科员	
孙　园	货物和劳务税处	主任科员	
李　雄	货物和劳务税处	主任科员	
林　玲	货物和劳务税处	主任科员	
陈世明	货物和劳务税处	主任科员	
孟立文	货物和劳务税处	副主任科员	
郑梦思	货物和劳务税处	见习期公务员	
黄黎娟	所得税处	主任科员	
高芝琴	所得税处	主任科员	

续表

姓 名	部 门	职 务	备 注
詹 冰	所得税处	主任科员	
黄 泓	所得税处	主任科员	
杨 强	所得税处	主任科员	
黄小丽	所得税处	副主任科员	
翁锦晖	收入规划核算处	主任科员	
李 红	收入规划核算处	主任科员	
施 希	收入规划核算处	主任科员	
林 雪	收入规划核算处	主任科员	
郑兴俊	收入规划核算处	主任科员	
薛东晖	收入规划核算处	副主任科员	
李煌雁	收入规划核算处	见习期公务员	
潘玉玲	纳税服务处	主任科员	
江俊强	纳税服务处	主任科员	
黄胜荣	纳税服务处	主任科员	
陈 默	纳税服务处	主任科员	
吴红萍	纳税服务处	主任科员	
刘伟太	纳税服务处	主任科员	
丁 莹	纳税服务处	主任科员	
郦 峰	征管和科技发展处	主任科员	
黄德兴	征管和科技发展处	主任科员	
黄身应	征管和科技发展处	主任科员	
邓宗善	征管和科技发展处	主任科员	
连惠阳	征管和科技发展处	主任科员	
吴建业	征管和科技发展处	主任科员	
张伟文	征管和科技发展处	主任科员	
刘 斌	征管和科技发展处	主任科员	
杨 妹	征管和科技发展处	副主任科员	

续表

姓 名	部 门	职 务	备 注
林本强	征管和科技发展处	见习期公务员	
聂 霞	财务管理处	主任科员	
何祥琮	财务管理处	主任科员	
何 毅	财务管理处	主任科员	
林柳枝	财务管理处	主任科员	
黄显良	财务管理处	主任科员	
林 东	财务管理处	主任科员	
汤晓珍	财务管理处	主任科员	
王正阳	财务管理处	副主任科员	
柯文林	财务管理处	见习期公务员	
唐祝钦	督察内审处	主任科员	
郑忠武	督察内审处	主任科员	
肖颖琦	督察内审处	副主任科员	
刘孟雄	人事处	主任科员	
曹 泳	人事处	主任科员	
刘先熙	人事处	主任科员	
康培阳	人事处	副主任科员	
温笑露	人事处	见习期公务员	
于建寅	巡视办	主任科员	
林宗绥	巡视办	主任科员	
伍智利	教育处	主任科员	
郑旭田	教育处	主任科员	
李叶华	教育处	副主任科员	
程晓君	教育处	副主任科员	
刘隆贵	监察室	主任科员	
王力萍	监察室	主任科员	
吴 勇	大企业税收管理处	主任科员	

续表

姓 名	部 门	职 务	备 注
郭金荣	大企业税收管理处	主任科员	
林桂华	大企业税收管理处	主任科员	
陈建钦	大企业税收管理处	主任科员	
王丽华	大企业税收管理处	主任科员	
卢兆福	国际税务管理处	主任科员	
潘晓耿	国际税务管理处	主任科员	
李孟军	国际税务管理处	主任科员	
严安琪	国际税务管理处	副主任科员	
邹丽俐	国际税务管理处	见习期公务员	
王碧娟	进出口税收管理处	主任科员	
沈燕琴	进出口税收管理处	主任科员	
陈效武	进出口税收管理处	主任科员	
杨雄富	进出口税收管理处	主任科员	
盛乐玲	进出口税收管理处	主任科员	
童远烽	进出口税收管理处	主任科员	
刘 琨	进出口税收管理处	见习期公务员	
廖燕庆	党办	主任科员	
赖秀良	党办	主任科员	
陈 佳	党办	副主任科员	
林宜好	离退休干部处	主任科员	
林小鹇	离退休干部处	主任科员	
林晓明	稽查局	主任科员	
董琰胜	稽查局	主任科员	
苏翔天	稽查局	主任科员	
陈秋林	稽查局	主任科员	
卢周玮	稽查局	主任科员	
陈 伟	稽查局	主任科员	
倪适雨	稽查局	主任科员	

续表

姓 名	部 门	职 务	备 注
高正忠	稽查局	主任科员	
范作雄	稽查局	主任科员	
赵斯仪	稽查局	主任科员	
李荔彤	稽查局	主任科员	
蔡燕青	稽查局	副主任科员	
白 芸	稽查局	见习期公务员	
张忠民	信息中心	主任科员	
张朝军	信息中心	主任科员	
杨 榕	信息中心	主任科员	
蔡明强	信息中心	主任科员	
潘 锐	信息中心	主任科员	
谢小雄	信息中心	主任科员	
黄 征	信息中心	主任科员	
杨晓娟	信息中心	主任科员	
陈 宁	信息中心	主任科员	
周 强	信息中心	主任科员	
柯小青	信息中心	主任科员	
魏智健	信息中心	主任科员	
李王伟	信息中心	主任科员	
严丽星	信息中心	副主任科员	
鄢 宁	信息中心	副主任科员	
林文雅	信息中心	副主任科员	
魏冬生	信息中心	副主任科员	
钟玉斌	信息中心	副主任科员	
刘炜炜	信息中心	副主任科员	
潘晓晖	信息中心	副主任科员	
叶一帆	信息中心	科员	
刘清华	机关服务中心	主任科员	

续表

姓 名	部 门	职 务	备 注
何文辉	机关服务中心	主任科员	
林俊勇	机关服务中心	主任科员	
龚小利	机关服务中心	主任科员	
叶志锋	机关服务中心	主任科员	
郭金萍	机关服务中心	主任科员	
郭金玉	机关服务中心	主任科员	
储向荣	机关服务中心	主任科员	
周 晖	机关服务中心	主任科员	
孙桂喜	机关服务中心	主任科员	
许细俤	机关服务中心	主任科员	
郑泽开	机关服务中心	主任科员	
陈宗斌	机关服务中心	主任科员	
陈水官	机关服务中心	职工	
王国权	机关服务中心	职工	
赖秀源	机关服务中心	职工	
张 皓	机关服务中心	职工	
杨东海	机关服务中心	职工	
吴 强	税收科学研究所	主任科员	
王秀琴	税收科学研究所	主任科员	
林建立	税收科学研究所	主任科员	
杨美珍	税收科学研究所	见习期公务员	
姜莉芳	注册税务师管理中心	主任科员	
廖海敢	福建省税务干部学校	主任科员	
王 晨	福建省税务干部学校	主任科员	
吴国顺	福建省税务干部学校	主任科员	
高 玮	福建省税务干部学校	主任科员	
魏彼同	福建省税务干部学校	副主任科员	
蔡先强	福建省税务干部学校	副主任科员	

福建省设区市国家税务局领导班子名单

姓　名	职　务
福州市国家税务局	
郑元芳	党组书记、局长
季台禹	党组成员、副局长
朱义顺	党组成员、副局长
叶守光	党组成员、副局长
陈丽萍	党组成员、纪检组长
卓　勇	党组成员、副局长
张孔院	党组成员、总会计师
李建乐	党组成员、总经济师
漳州市国家税务局	
林太桂	党组书记、局长
傅　雄	党组成员、副局长
陈汉堤	党组成员、副局长
林绍君	党组成员、副局长
王跃进	党组成员、纪检组长
林镇权	党组成员、总经济师

姓　名	职　务
泉州市国家税务局	
林　滇	党组书记、局长
苏　虎	党组副书记、纪检组长
朱国彬	党组成员、副局长
邱鹏亮	党组成员、副局长
施维天	党组成员、副局长
王　烈	党组成员、副局长（挂职）
黄育文	党组成员、总经济师
王庆福	党组成员、总会计师 （兼晋江市国家税务局党组书记、局长）
三明市国家税务局	
林锡明	党组书记、局长
林秉俊	党组成员、副局长
陈占考	党组成员、副局长
吕永明	党组成员、副局长
廖尧天	党组成员、副局长
吴剑锋	党组成员、纪检组长
刘泽生	党组成员、总经济师

续表

姓　名	职　务
莆田市国家税务局	
黄亮明	党组书记、局长
张青山	党组成员、副局长
陈国珍	党组成员、副局长
林庆森	党组成员、副局长
崔建兴	党组成员、副局长
林玉成	党组成员、副局长
刘春朗	党组成员、纪检组长
邱红卫	党组成员、副局长（挂职）
南平市国家税务局	
王良辉	党组书记、局长
黄永明	党组成员、副局长
陈明祥	调研员 （6月28日前任党组成员、副局长）
吴永生	党组成员、纪检组组长
肖　文	党组成员、总经济师
张　健	党组成员、总会计师（挂职）
林辉龙	党组成员、副局长

姓　名	职　务
龙岩市国家税务局	
黄培强	党组书记、局长
廖进平	党组成员、副局长
黄锋政	党组成员、副局长
王汉洪	党组成员、副局长
林　敏	党组成员、纪检组组长
黄富龄	党组成员、总经济师
宁德市国家税务局	
林茂椿	党组书记、局长
陈祖铭	党组成员、副局长
钱自国	党组成员、副局长
黄　辉	党组成员、副局长
杨润生	党组成员、纪检组长
黄子文	党组成员、总会计师
蔡翠芳	党组成员、总经济师

福建省市局直属机构、各县（市、区）国家税务局局长名单

	职务	姓名
福州市国家税务局稽查局	局长	张　耕
福州市鼓楼区国家税务局	党组书记、局长	黄兆琼
福州市台江区国家税务局	党组书记、局长	林华俤
福州市仓山区国家税务局	党组书记、局长	刘宜楷
福州市晋安区国家税务局	党组成员、局长	温长奕
福州经济技术开发区国家税务局	党组书记、局长	徐孝坤
福州市琅岐经济区国家税务局	党组书记、局长	陈恭义
福清市国家税务局	党组书记、局长	郑永开
长乐市国家税务局	党组书记、局长	黄建锋
闽侯县国家税务局	党组书记、局长	郭爱莲
闽清县国家税务局	党组书记、局长	张乃鹏
连江县国家税务局	党组书记、局长	林增辉
罗源县国家税务局	党组书记、局长	陈向东
平潭县国家税务局	党组书记、局长	王辰乐
永泰县国家税务局	党组书记、局长	黄游兴
福州市国家税务局直属税务分局 （福建省福州高新技术产业开发区国家税务局）	局长	谢贤昇
漳州市国家税务局稽查局	暂缺	
福建省招商局漳州开发区国家税务局	党组书记、局长	赖建昌
漳州台商投资区国家税务局	党组书记、局长	吴亚成
漳州金峰开发区国家税务局	党组书记、局长	贾国光
漳州市芗城区国家税务局	党组书记、局长	叶剑华

续表

	职　务	姓　名
漳州市龙文区国家税务局	党组书记、局长	孙镇南
龙海市国家税务局	党组书记、局长	陈雪煌
漳浦县国家税务局	党组书记、局长	黄横山
云霄县国家税务局	党组书记、局长	何少将
东山县国家税务局	党组书记、局长	朱春木
诏安县国家税务局	党组书记、局长	兰义福
南靖县国家税务局	党组书记、局长	黄江峰
长泰县国家税务局	党组书记、局长	林鸿强
华安县国家税务局	党组书记、局长	黄辉煌
泉州市国家税务局稽查局	局长	林保成
泉州市国家税务局大企业税收管理局	局长	李幼农
泉州市鲤城区国家税务局	党组书记、局长	陈春林
泉州市丰泽区国家税务局	党组书记、局长	肖云南
泉州市洛江区国家税务局	党组书记、局长	苏庆辉
泉州市泉港区国家税务局	党组书记、局长	陆苏英
泉州经济技术开发区国家税务局	党组书记、局长	王森林
晋江市国家税务局	党组书记、局长	王庆福
南安市国家税务局	党组书记、局长	陈秀凤
石狮市国家税务局	党组书记、局长	谢铭峰
惠安县国家税务局	党组书记、局长	吴亚龙
安溪县国家税务局	党组书记 局长	黄雅莉
永春县国家税务局	党组书记、局长	郑少达
德化县国家税务局	党组书记、局长	黄炳昌
莆田市国家税务局稽查局	局长	张玉泉
莆田市荔城区国家税务局	党组书记、局长	陈振煌

续表

	职 务	姓 名
莆田市城厢区国家税务局	党组书记、局长	黄玉贤
莆田市涵江区国家税务局	党组书记、局长	刘 勇
莆田市秀屿区国家税务局	党组书记、局长	陈玉标
莆田市湄洲岛国家税务局	局长	任金表
仙游县国家税务局	党组书记、局长	黄文善
龙岩市国家税务局稽查局	局长	阮广茂
龙岩市新罗区国家税务局	党组书记、局长	黄庆民
龙岩经济技术开发区国家税务局	党组书记、局长	杜炳高
永定县国家税务局	党组书记、局长	邱伟煌
上杭县国家税务局	党组书记、局长	朱希贤
武平县国家税务局	党组书记、局长	王良发
长汀县国家税务局	党组书记、局长	吴水养
连城县国家税务局	党组书记、局长	李勤星
漳平市国家税务局	党组书记、局长	黄京容
三明市国家税务局稽查局	暂缺	
三明市梅列区国家税务局	党组书记 、局长	陈登武
三明市三元区国家税务局	党组书记、局长	林孝勤
永安市国家税务局	党组书记、局长	管连汉
宁化县国家税务局	党组书记、局长	吴邦暖
大田县国家税务局	党组书记、局长	郑礼广
清流县国家税务局	党组书记、局长	刘宗华
明溪县国家税务局	党组书记、局长	庄志宏
尤溪县国家税务局	党组书记、局长	詹长乐
沙县国家税务局	党组书记、局长	罗朝昶
将乐县国家税务局	党组书记、局长	卢国恭

	职　务	姓　名
泰宁县国家税务局	党组书记、局长	郑普生
建宁县国家税务局	党组书记、局长	罗土根
南平市国家税务局稽查局	局长	季建国
南平市高新技术产业开发区国家税务局	党组书记、局长	林庆国
南平市延平区国家税务局	党组书记、局长	陈永顺
邵武市国家税务局	暂缺	
建阳市国家税务局	党组书记、局长	吴　波
建瓯市国家税务局	党组书记、局长	赖培泉
顺昌县国家税务局	党组书记、局长	吴星华
武夷山市国家税务局	党组书记、局长	池良凯
浦城县国家税务局	党组书记、局长	张福先
光泽县国家税务局	党组书记、局长	吴　俊
松溪县国家税务局	党组书记、局长	王荣耀
政和县国家税务局	党组书记、局长	黄小明
宁德市国家税务局稽查局	局长	阮思文
宁德市蕉城区国家税务局	党组书记、局长	林　健
宁德市闽东华侨经济开发区国家税务局	党组书记、局长	王振堂
福鼎市国家税务局	党组书记、局长	刘伟雄
福安市国家税务局	党组书记、局长	赵永生
霞浦县国家税务局	党组书记、局长	孙建丁
古田县国家税务局	党组书记、局长	卓主胜
屏南县国家税务局	党组书记、局长	罗重峰
寿宁县国家税务局	党组书记、局长	林锦平
周宁县国家税务局	党组书记、局长	谢维松
柘荣县国家税务局	党组书记、局长	杨常青

福建省国税系统

项目		编号	总计			学历						学位	
				女	少数民族	研究生	大学本科	大学专科	中专	高中技校职高	初中以下	博士	硕士
总计		1	8962	2252	113	183	5069	3059	189	357	105	7	209
干部	小计	2	8584	2214	111	183	4975	2927	168	285	46	7	209
	公务员	3	8485	2172	109	183	4886	2918	168	284	46	7	208
	事业干部	4	99	42	2		89	9		1			1
正式工人		5	378	38	2		94	132	21	72	59		

人员基本情况统计

政治情况				年龄										人员分布			
共产党员	共青团员	民主党派	无党派或群众	30岁以下	31至35岁	36至40岁	41至45岁	46至50岁	51至54岁	女	55至59岁	女	60岁以上	局机关	直属机构	派出机构	事业单位
6364	124	36	2438	558	564	1189	1783	3529	829	179	509		1	4657	1727	2101	477
6197	123	36	2228	550	472	1135	1753	3437	787	179	449		1	4657	1727	2101	99
6136	109	36	2204	499	456	1115	1747	3432	786	179	449		1	4657	1727	2101	
61	14		24	51	16	20	6	5	1								99
167	1		210	8	92	54	30	92	42		60						378

福建省国税系统处级

序号	姓 名	任命职务	免去职务
1	黄培强	龙岩市国家税务局党组书记、局长	福建省国家税务局进出口税收管理处处长
2	林孟奇	福建省国家税务局进出口税收管理处副处长（调研员）	福建省国家税务局所得税管理处调研员
3	叶守光	福州市国家税务局副局长	福州市国家税务局党组纪检组组长
4	刘瑞明	漳州市国家税务局副调研员	漳州市金峰开发区国家税务局局长
5	李　晖	福建省国家税务局纪检组副组长、监察室主任	福建省国家税务局收入规划核算处处长
6	郑新光	福建省国家税务局监察室调研员	福建省国家税务局监察室主任、纪检组副组长
7	张梦桂	福建省国家税务局稽查局局长	福建省国家税务局货物和劳务税处处长
8	李增源	福建省国家税务局货物和劳务税处处长	福建省国家税务局稽查局局长
9	刘少波	福建省国家税务局督察内审处调研员	福建省国家税务局督察内审处处长
10	陈义端	福建省国家税务局督察内审处副处长（调研员）	福建省国家税务局财务管理处调研员
11	陈振福		福建省国家税务局采购中心主任
12	王敏奇	福建省国家税务局财务管理处副处长兼采购中心主任	福建省国家税务局纳税服务处副处长
13	刘安平	福建省国家税务局机关副调研员	福建省国家税务局机关服务中心副主任
14	陈明祥	南平市国家税务局副调研员	南平市国家税务局党组成员、副局长
15	林孟奇	福建省国家税务局进出口税收管理处处长	福建省国家税务局进出口税收管理处副处长（调研员）
16	陈文雄	福建省国家税务局机关服务中心主任	福建省国家税务局机关调研员
17	吴桀云	福建省国家税务局国际税收管理处处长	福建省国家税务局国际税收管理处调研员
18	周元福	福建省国家税务局财务管理处处长	南平市国家税务局党组成员、副局长
19	朱文翀	福建省国家税务局注册税务师管理中心主任	福建省国家税务局货物和劳务税处副处长
20	顾志珊	福建省国家税务局税收科学研究所所长	福建省国家税务局税收科学研究所副所长

以上干部任免情况

任免时间	任免文件
2012年2月2日	闽国税党〔2012〕9号、闽国税任〔2012〕12号
2012年2月2日	闽国税任〔2012〕6号
2012年5月9日	闽国税党〔2012〕20号、闽国税任〔2012〕21号
2012年5月9日	闽国税党〔2012〕22号、闽国税任〔2012〕22号
2012年6月28日	闽国税党〔2012〕40号、闽国税任〔2012〕43号
2012年6月28日	闽国税党〔2012〕40号、闽国税任〔2012〕43号
2012年6月28日	闽国税任〔2012〕57号
2012年6月28日	闽国税任〔2012〕57号
2012年6月28日	闽国税任〔2012〕33号
2012年6月28日	闽国税任〔2012〕33号
2012年6月28日	闽国税任〔2012〕33号
2012年6月28日	闽国税任〔2012〕33号
2012年6月28日	闽国税任〔2012〕34号
2012年6月28日	闽国税党〔2012〕33号、闽国税任〔2012〕35号
2012年7月12日	闽国税任〔2012〕44号
2012年7月12日	闽国税任〔2012〕41号
2012年7月12日	闽国税任〔2012〕44号
2012年7月12日	闽国税党〔2012〕41号、闽国税任〔2012〕44号
2012年7月12日	闽国税任〔2012〕41号
2012年7月12日	闽国税任〔2012〕41号

序号	姓 名	任命职务	免去职务
21	包逸生	福建省国家税务局办公室主任	福建省国家税务局税收科学研究所所长
22	杨　林	福建省国家税务局政策法规处副处长	龙岩市国家税务局党组成员、纪检组组长
23	陈丽萍	福州市国家税务局党组成员、纪检组组长	福建省国家税务局监察室副主任
24	吕永明	三明市国家税务局副局长	三明市国家税务局党组纪检组组长
25	黄　玲	福建省国家税务局法规处处长	福建省国家税务局法规处副处长
26	林锡明	三明市国家税务局党组书记、局长	漳州市国家税务局党组成员、副局长
27	王良辉	南平市国家税务局党组书记、局长	三明市国家税务局党组成员、副局长
28	吴剑锋	三明市国家税务局党组成员、纪检组组长	
29	林　敏	龙岩市国家税务局党组成员、纪检组组长	
30	李新发	福建省国家税务局机关调研员	福建省国家税务局机关服务中心主任
31	郭晓岚	福建省国家税务局教育处副处长	福建省国家税务局征管和科技发展处副处长
32	李国良	福建省国家税务局征管和科技发展处副处长	福建省国家税务局稽查局副局长
33	王敏奇	福建省国家税务局财务管理处调研员	
34	刘安平	福建省国家税务局机关服务中心调研员	
35	林知国	福建省国家税务局办公室调研员	
36	陈　轲	福建省国家税务局督察内审处副调研员	
37	林国清	福建省国家税务局稽查局副调研员	
38	赵　岚	福建省国家税务局人事处副调研员	
39	陈明祥	南平市国家税务局调研员	南平市国家税务局副调研员
40	陈　滨	福建省国家税务局巡视员	福建省国家税务局党组成员、副局长
41	郑新光	福建省国家税务局副巡视员	
42	刘少波	福建省国家税务局副巡视员	

备注：退休免职未列入；挂职未列入。

续表

任免时间	任免文件
2012年7月12日	闽国税任〔2012〕42号
2012年7月12日	闽国税党〔2012〕36号、闽国税任〔2012〕36号
2012年7月12日	闽国税党〔2012〕37号、闽国税任〔2012〕45号
2012年7月12日	闽国税党〔2012〕35号、闽国税任〔2012〕37号
2012年7月12日	闽国税任〔2012〕44号
2012年7月12日	闽国税党〔2012〕38号、闽国税任〔2012〕40号
2012年7月12日	闽国税党〔2012〕39号、闽国税任〔2012〕39号
2012年7月12日	闽国税党〔2012〕47号
2012年7月12日	闽国税党〔2012〕48号
2012年8月20日	闽国税任〔2012〕38号
2012年8月21日	闽国税任〔2012〕47号
2012年8月21日	闽国税任〔2012〕47号
2012年9月20日	闽国税任〔2012〕51号
2012年9月20日	闽国税任〔2012〕51号
2012年9月20日	闽国税任〔2012〕51号
2012年9月20日	闽国税任〔2012〕51号
2012年9月20日	闽国税任〔2012〕51号
2012年9月20日	闽国税任〔2012〕51号
2012年9月20日	闽国税任〔2012〕55号
2012年9月27日	国税党字〔2012〕89号、国税任字〔2012〕176号
2012年9月27日	国税任字〔2012〕177号
2012年9月27日	国税任字〔2012〕177号

福建省国税系统省部级表彰情况

表彰时间	被表彰单位	授予荣誉称号
2012年6月	中共闽侯县国家税务局总支部委员会	2010—2012年全省创先争优先进基层党组织
2012年6月	中共厦门市同安区国家税务局总支部委员会	
2012年6月	中共长泰县国家税务局总支部委员会	
2012年6月	中共莆田秀屿区国家税务局总支部委员会	
2012年6月	中共福安市国家税务局机关委员会	

福建省国税局机关年度考核立功嘉奖名单

姓　名	授予单位	奖　项
臧耀民	国家税务总局	三等功
陈　滨	国家税务总局	嘉奖
林国镜	福建省国家税务局	三等功
李增源	福建省国家税务局	三等功
林　娟	福建省国家税务局	三等功
高芝琴	福建省国家税务局	三等功
邓宗善	福建省国家税务局	三等功
何　毅	福建省国家税务局	三等功
郑忠武	福建省国家税务局	三等功
李叶华	福建省国家税务局	三等功
范作雄	福建省国家税务局	三等功
柯小青	福建省国家税务局	三等功
王　晨	福建省国家税务局	三等功
陈慕斌	福建省国家税务局	嘉奖
李　晖	福建省国家税务局	嘉奖
郑新光	福建省国家税务局	嘉奖
阮诗雄	福建省国家税务局	嘉奖
黄培强	福建省国家税务局	嘉奖
林知国	福建省国家税务局	嘉奖
黄　玲	福建省国家税务局	嘉奖
朱文翀	福建省国家税务局	嘉奖
顾志珊	福建省国家税务局	嘉奖
王合作	福建省国家税务局	嘉奖
陈丽萍	福建省国家税务局	嘉奖
王敏奇	福建省国家税务局	嘉奖
张叶霖	福建省国家税务局	嘉奖
兰延灼	福建省国家税务局	嘉奖

姓　名	授予单位	奖　项
倪周锦	福建省国家税务局	嘉奖
黄　钢	福建省国家税务局	嘉奖
孙　园	福建省国家税务局	嘉奖
翁锦晖	福建省国家税务局	嘉奖
郑兴俊	福建省国家税务局	嘉奖
江俊强	福建省国家税务局	嘉奖
潘玉玲	福建省国家税务局	嘉奖
刘　斌	福建省国家税务局	嘉奖
汤晓珍	福建省国家税务局	嘉奖
刘孟雄	福建省国家税务局	嘉奖
刘先熙	福建省国家税务局	嘉奖
林宗绥	福建省国家税务局	嘉奖
王力萍	福建省国家税务局	嘉奖
吴　勇	福建省国家税务局	嘉奖
卢兆福	福建省国家税务局	嘉奖
陈效武	福建省国家税务局	嘉奖
林宜好	福建省国家税务局	嘉奖
倪适雨	福建省国家税务局	嘉奖
卢周玮	福建省国家税务局	嘉奖
潘晓晖	福建省国家税务局	嘉奖
杨晓娟	福建省国家税务局	嘉奖
魏智健	福建省国家税务局	嘉奖
严丽星	福建省国家税务局	嘉奖
郭金玉	福建省国家税务局	嘉奖
叶志锋	福建省国家税务局	嘉奖
许细俤	福建省国家税务局	嘉奖
林建立	福建省国家税务局	嘉奖
李　雄	福建省国家税务局	嘉奖
蔡诗杰	福建省国家税务局	嘉奖

福建省国税系统专项立功嘉奖名单

姓名	授予单位	奖项	姓名	授予单位	奖项
林国镜	福建省国家税务局	三等功	魏冬生	福建省国家税务局	嘉奖
李王伟	福建省国家税务局	三等功	林文雅	福建省国家税务局	嘉奖
刘先熙	福建省国家税务局	三等功	刘炜炜	福建省国家税务局	嘉奖
沈家骏	福建省国家税务局	三等功	高芝琴	福建省国家税务局	嘉奖
詹　冰	福建省国家税务局	三等功	李　宁	福建省国家税务局	嘉奖
潘玉玲	福建省国家税务局	三等功	蔡榕金	福建省国家税务局	嘉奖
周　强	福建省国家税务局	三等功	冯德福	福建省国家税务局	嘉奖
黄　钢	福建省国家税务局	三等功	李晓巍	福建省国家税务局	嘉奖
孙　园	福建省国家税务局	三等功	陈　默	福建省国家税务局	嘉奖
黄身应	福建省国家税务局	三等功	潘　锐	福建省国家税务局	嘉奖
陈　宁	福建省国家税务局	三等功	李　滨	福建省国家税务局	嘉奖
叶一帆	福建省国家税务局	三等功	陈　泓	福建省国家税务局	嘉奖
卢周玮	福建省国家税务局	三等功	郑梦思	福建省国家税务局	嘉奖
李孟军	福建省国家税务局	三等功	郑兴俊	福建省国家税务局	嘉奖
孟立文	福建省国家税务局	三等功	姜　苏	福建省国家税务局	嘉奖
安　辉	福建省国家税务局	三等功	吴红萍	福建省国家税务局	嘉奖
蔡明强	福建省国家税务局	三等功	李国良	福建省国家税务局	嘉奖
杨晓娟	福建省国家税务局	三等功	邓宗善	福建省国家税务局	嘉奖
潘晓晖	福建省国家税务局	三等功	杨雄富	福建省国家税务局	嘉奖
黄德兴	福建省国家税务局	嘉奖	柯小青	福建省国家税务局	嘉奖
吴建业	福建省国家税务局	嘉奖	郑　立	福建省国家税务局	嘉奖
何荔春	福建省国家税务局	嘉奖	张朝军	福建省国家税务局	嘉奖

续表

姓名	授予单位	奖项	姓名	授予单位	奖项
蔡燕青	福建省国家税务局	嘉奖	林　飞	福建省国家税务局	嘉奖
钟玉斌	福建省国家税务局	嘉奖	骆　泳	福建省国家税务局	嘉奖
刘　斌	福建省国家税务局	嘉奖	苏其龙	福建省国家税务局	嘉奖
林柳枝	福建省国家税务局	嘉奖	林超辉	福建省国家税务局	嘉奖
龚小利	福建省国家税务局	嘉奖	陈　林	福建省国家税务局	嘉奖
鄢　宁	福建省国家税务局	嘉奖	林小龙	福建省国家税务局	嘉奖
郦　峰	福建省国家税务局	嘉奖	戴龙玲	福建省国家税务局	嘉奖
黄德兴	福建省国家税务局	嘉奖	池劲松	福建省国家税务局	嘉奖
林　辉	福建省国家税务局	三等功	林彩云	福建省国家税务局	嘉奖
陈　青	福建省国家税务局	三等功	童　芳	福建省国家税务局	嘉奖
梁江洪	福建省国家税务局	三等功	翁　蓉	福建省国家税务局	嘉奖
卓丽健	福建省国家税务局	三等功	黄身捷	福建省国家税务局	嘉奖
林　清	福建省国家税务局	三等功	林　晖	福建省国家税务局	嘉奖
朱义顺	福建省国家税务局	三等功	郑小锋	福建省国家税务局	嘉奖
朱春灿	福建省国家税务局	三等功	许　威	福建省国家税务局	嘉奖
刘　雯	福建省国家税务局	三等功	苏　胜	福建省国家税务局	嘉奖
鲍朝灵	福建省国家税务局	三等功	席　涛	福建省国家税务局	嘉奖
林剑文	福建省国家税务局	三等功	林海平	福建省国家税务局	嘉奖
胡剑航	福建省国家税务局	三等功	刘文锋	福建省国家税务局	嘉奖
郑云怀	福建省国家税务局	三等功	林志辉	福建省国家税务局	嘉奖
陈小铭	福建省国家税务局	三等功	姜　冰	福建省国家税务局	嘉奖
罗大晖	福建省国家税务局	嘉奖	郑志阳	福建省国家税务局	嘉奖
黄敬耀	福建省国家税务局	嘉奖	陈　彦	福建省国家税务局	嘉奖
陈永铭	福建省国家税务局	嘉奖	陈仕强	福建省国家税务局	嘉奖

续表

姓名	授予单位	奖项	姓名	授予单位	奖项
池巍岗	福建省国家税务局	嘉奖	许易强	福建省国家税务局	嘉奖
陈茂华	福建省国家税务局	嘉奖	黄文周	福建省国家税务局	嘉奖
陈孔杰	福建省国家税务局	嘉奖	郑　清	福建省国家税务局	嘉奖
陈　宇	福建省国家税务局	嘉奖	甘金美	福建省国家税务局	嘉奖
李　霞	福建省国家税务局	嘉奖	林　岚	福建省国家税务局	嘉奖
黄斌辉	福建省国家税务局	嘉奖	杨小红	福建省国家税务局	嘉奖
陈　虹	福建省国家税务局	嘉奖	林月华	福建省国家税务局	嘉奖
何　华	福建省国家税务局	嘉奖	杨国强	福建省国家税务局	嘉奖
陈　岚	福建省国家税务局	嘉奖	黄少敏	福建省国家税务局	嘉奖
周淑娟	福建省国家税务局	嘉奖	林长青	福建省国家税务局	嘉奖
林　辉	福建省国家税务局	嘉奖	游庆文	福建省国家税务局	嘉奖
黄龙斗	福建省国家税务局	嘉奖	林美顺	福建省国家税务局	嘉奖
黄原发	福建省国家税务局	三等功	林小莉	福建省国家税务局	嘉奖
陈勇鹏	福建省国家税务局	三等功	吴志江	福建省国家税务局	嘉奖
孙庆池	福建省国家税务局	三等功	陈荣兴	福建省国家税务局	嘉奖
吴勇军	福建省国家税务局	三等功	吴文娟	福建省国家税务局	嘉奖
曾文基	福建省国家税务局	三等功	郑建明	福建省国家税务局	嘉奖
庄丽云	福建省国家税务局	三等功	朱万兴	福建省国家税务局	嘉奖
林长青	福建省国家税务局	三等功	郑俊福	福建省国家税务局	嘉奖
黄黎明	福建省国家税务局	三等功	朱玉东	福建省国家税务局	嘉奖
陈大兴	福建省国家税务局	三等功	张进强	福建省国家税务局	嘉奖
杨秀枝	福建省国家税务局	三等功	潘燕燕	福建省国家税务局	嘉奖
罗彩定	福建省国家税务局	嘉奖	陈连辉	福建省国家税务局	嘉奖
陈文胜	福建省国家税务局	嘉奖	郑榕秀	福建省国家税务局	嘉奖

续表

姓名	授予单位	奖项	姓名	授予单位	奖项
林 巍	福建省国家税务局	嘉奖	蒋 丰	福建省国家税务局	嘉奖
林 宏	福建省国家税务局	嘉奖	施 琨	福建省国家税务局	嘉奖
肖春林	福建省国家税务局	三等功	林志毅	福建省国家税务局	嘉奖
许少君	福建省国家税务局	三等功	王思源	福建省国家税务局	嘉奖
何 巍	福建省国家税务局	三等功	唐红刚	福建省国家税务局	嘉奖
王曦霞	福建省国家税务局	三等功	王建嘉	福建省国家税务局	嘉奖
邱鹏亮	福建省国家税务局	三等功	艾长胜	福建省国家税务局	嘉奖
王 烈	福建省国家税务局	三等功	廖明娇	福建省国家税务局	嘉奖
谢培坤	福建省国家税务局	三等功	林春江	福建省国家税务局	嘉奖
吴志宏	福建省国家税务局	三等功	雷德彬	福建省国家税务局	嘉奖
庄宣明	福建省国家税务局	三等功	陈四海	福建省国家税务局	嘉奖
林丽萱	福建省国家税务局	三等功	陈训才	福建省国家税务局	嘉奖
吕良排	福建省国家税务局	嘉奖	许惠颖	福建省国家税务局	嘉奖
陈朝晖	福建省国家税务局	嘉奖	谢正川	福建省国家税务局	嘉奖
吴志平	福建省国家税务局	嘉奖	蔡炯熙	福建省国家税务局	嘉奖
姚智宗	福建省国家税务局	嘉奖	崔建兴	福建省国家税务局	三等功
黄维奇	福建省国家税务局	嘉奖	谢征宇	福建省国家税务局	三等功
杨 明	福建省国家税务局	嘉奖	武秀梅	福建省国家税务局	三等功
黄颖漫	福建省国家税务局	嘉奖	吴立强	福建省国家税务局	三等功
林毓鹏	福建省国家税务局	嘉奖	林 辉	福建省国家税务局	三等功
张小萍	福建省国家税务局	嘉奖	姚佳器	福建省国家税务局	三等功
施秉华	福建省国家税务局	嘉奖	黄志强	福建省国家税务局	三等功
郑娟娟	福建省国家税务局	嘉奖	宋继昌	福建省国家税务局	三等功
林锋华	福建省国家税务局	嘉奖	黄 海	福建省国家税务局	三等功

续表

姓名	授予单位	奖项	姓名	授予单位	奖项
郑　重	福建省国家税务局	三等功	黄　鹏	福建省国家税务局	嘉奖
黄文远	福建省国家税务局	三等功	张建忠	福建省国家税务局	嘉奖
关金良	福建省国家税务局	三等功	蔡荣贵	福建省国家税务局	嘉奖
吴永发	福建省国家税务局	三等功	郑奕琼	福建省国家税务局	三等功
黄　海	福建省国家税务局	嘉奖	傅静卉	福建省国家税务局	三等功
郑文荣	福建省国家税务局	嘉奖	张新仙	福建省国家税务局	三等功
林　辉	福建省国家税务局	嘉奖	李志强	福建省国家税务局	三等功
黄文远	福建省国家税务局	嘉奖	谢国亮	福建省国家税务局	嘉奖
陈庆红	福建省国家税务局	嘉奖	何忠明	福建省国家税务局	嘉奖
林瑞通	福建省国家税务局	嘉奖	林炼华	福建省国家税务局	嘉奖
吴开建	福建省国家税务局	嘉奖	简仲玲	福建省国家税务局	嘉奖
柯丽贞	福建省国家税务局	嘉奖	谢昌明	福建省国家税务局	嘉奖
翁秀莲	福建省国家税务局	嘉奖	章建潮	福建省国家税务局	嘉奖
柯志雄	福建省国家税务局	嘉奖	陈生强	福建省国家税务局	嘉奖
林黎海	福建省国家税务局	嘉奖	邱筱娟	福建省国家税务局	嘉奖
毛祥青	福建省国家税务局	嘉奖	江小兰	福建省国家税务局	嘉奖
曾理锋	福建省国家税务局	嘉奖（两次）	钟文娟	福建省国家税务局	嘉奖
周建聪	福建省国家税务局	嘉奖	李玉招	福建省国家税务局	嘉奖
林洪强	福建省国家税务局	嘉奖	邱亚倩	福建省国家税务局	嘉奖
陈天明	福建省国家税务局	嘉奖	邓仁华	福建省国家税务局	嘉奖
杨国华	福建省国家税务局	嘉奖	章永华	福建省国家税务局	嘉奖
方　岚	福建省国家税务局	嘉奖	李丰光	福建省国家税务局	嘉奖
曾昭新	福建省国家税务局	嘉奖	李科伟	福建省国家税务局	嘉奖
蒋　洁	福建省国家税务局	嘉奖	李秀华	福建省国家税务局	嘉奖

续表

姓名	授予单位	奖项	姓名	授予单位	奖项
冯钦荣	福建省国家税务局	嘉奖	全　芳	福建省国家税务局	嘉奖
郑城宗	福建省国家税务局	嘉奖	刘慧姬	福建省国家税务局	嘉奖
何洪昌	福建省国家税务局	嘉奖	刘幼莲	福建省国家税务局	嘉奖
黄火红	福建省国家税务局	嘉奖	朱邦惠	福建省国家税务局	嘉奖
张晓春	福建省国家税务局	嘉奖	陈志忠	福建省国家税务局	嘉奖
蓝　岗	福建省国家税务局	嘉奖	马礼淦	福建省国家税务局	嘉奖
陈德桃	福建省国家税务局	嘉奖	武林仙	福建省国家税务局	嘉奖
郑京伟	福建省国家税务局	嘉奖	马春梅	福建省国家税务局	嘉奖
许仁艺	福建省国家税务局	三等功	林宗杰	福建省国家税务局	嘉奖
苏辉旭	福建省国家税务局	三等功	詹大方	福建省国家税务局	嘉奖
阮　亮	福建省国家税务局	三等功	张　滨	福建省国家税务局	嘉奖
魏炽升	福建省国家税务局	三等功	陈　琼	福建省国家税务局	嘉奖
林孝勤	福建省国家税务局	三等功	丁应生	福建省国家税务局	嘉奖
陈仪烨	福建省国家税务局	三等功	欧阳志英	福建省国家税务局	嘉奖
廖　晶	福建省国家税务局	三等功	肖　勇	福建省国家税务局	嘉奖
吴江海	福建省国家税务局	三等功	李泉南	福建省国家税务局	嘉奖
罗光明	福建省国家税务局	嘉奖	雷　晴	福建省国家税务局	三等功
龚禄生	福建省国家税务局	嘉奖	张昌增	福建省国家税务局	三等功
陈由胜	福建省国家税务局	嘉奖	郑　斌	福建省国家税务局	三等功
张财明	福建省国家税务局	嘉奖	王玉芳	福建省国家税务局	三等功
陈从柏	福建省国家税务局	嘉奖	李碧花	福建省国家税务局	三等功
吴新盛	福建省国家税务局	嘉奖	章恩飞	福建省国家税务局	三等功
吴玉珊	福建省国家税务局	嘉奖	陈良晖	福建省国家税务局	三等功
林祖兴	福建省国家税务局	嘉奖	吴安辉	福建省国家税务局	三等功

续表

姓名	授予单位	奖项
李　辉	福建省国家税务局	三等功
李　浦	福建省国家税务局	嘉奖
高　松	福建省国家税务局	嘉奖
叶文健	福建省国家税务局	嘉奖
李光华	福建省国家税务局	嘉奖
刘毅彤	福建省国家税务局	嘉奖
黄伏平	福建省国家税务局	嘉奖
姜丽华	福建省国家税务局	嘉奖
吴锦活	福建省国家税务局	嘉奖
杨凤丽	福建省国家税务局	嘉奖
朱成斌	福建省国家税务局	嘉奖
刘文武	福建省国家税务局	嘉奖
范金旺	福建省国家税务局	嘉奖
黄玉芬	福建省国家税务局	嘉奖
詹仕强	福建省国家税务局	嘉奖
刘秀芳	福建省国家税务局	嘉奖
钟建雄	福建省国家税务局	嘉奖
柯盛寿	福建省国家税务局	嘉奖
林声文	福建省国家税务局	嘉奖
张新华	福建省国家税务局	嘉奖
刘芝城	福建省国家税务局	嘉奖
吴　兵	福建省国家税务局	嘉奖
彭金曲	福建省国家税务局	三等功
陆长盛	福建省国家税务局	三等功
蔡丽芳	福建省国家税务局	三等功
曾　颐	福建省国家税务局	三等功
陈晓明	福建省国家税务局	三等功
翁保宝	福建省国家税务局	三等功
彭志奇	福建省国家税务局	三等功
苏　青	福建省国家税务局	嘉奖
杨士良	福建省国家税务局	嘉奖
高丽红	福建省国家税务局	嘉奖
刘位松	福建省国家税务局	嘉奖
杨　俊	福建省国家税务局	嘉奖
卢宁锋	福建省国家税务局	嘉奖
林少英	福建省国家税务局	嘉奖
施淑芳	福建省国家税务局	嘉奖
邱燕青	福建省国家税务局	嘉奖
苏岩福	福建省国家税务局	嘉奖
华海峰	福建省国家税务局	嘉奖
高丽红	福建省国家税务局	嘉奖
张赛乔	福建省国家税务局	嘉奖
孙方晖	福建省国家税务局	嘉奖
陶　忠	福建省国家税务局	嘉奖
刘义富	福建省国家税务局	嘉奖
林　辉	福建省国家税务局	嘉奖
范希明	福建省国家税务局	嘉奖
陈松兴	福建省国家税务局	嘉奖
林海斌	福建省国家税务局	嘉奖
林德岁	福建省国家税务局	嘉奖
张　远	福建省国家税务局	嘉奖

福建省国税系统“我身边的好税官”名单

姓　名	单　　位
张俊钦	闽清县国家税务局梅城税务分局分局长
李　健	福州市鼓楼区国家税务局纳税服务科科长
林文山	长泰县国家税务局纳税服务科科长
江彩诗	龙海市国家税务局征收管理科副科长
郭　峰	泉州市丰泽区国家税务局纳税服务科科长
施文造	晋江市国家税务局纳税服务科副科长
李国清	莆田市国家税务局国际税务管理科主任科员
苏　婧	莆田市涵江区国家税务局纳税服务科科长
胡发东	将乐县国家税务局税政科科长
邹水贤	泰宁县国家税务局杉城税务分局副分局长
廖名红	松溪县国家税务局纳税服务科副科长
宋祖通	政和县国家税务局熊山税务分局分局长
陈生强	龙岩市开发区国家税务局龙腾税务分局副分局长
王云英	武平县国家税务局人事教育科科员
章高绍	宁德市蕉城区国家税务局纳税服务科副科长
刘家辉	霞浦县国家税务局纳税服务科副科长

福建省各设区市国税局领导班子成员年度考核立功嘉奖名单

姓　名	授予单位	奖　项
邱鹏亮	福建省国家税务局	三等功
张青山	福建省国家税务局	三等功
杨林	福建省国家税务局	三等功
陈占考	福建省国家税务局	三等功
魏润水	福建省国家税务局	嘉奖
张孔院	福建省国家税务局	嘉奖
林锡明	福建省国家税务局	嘉奖
傅雄	福建省国家税务局	嘉奖
林滇	福建省国家税务局	嘉奖
林玉成	福建省国家税务局	嘉奖
黄锋政	福建省国家税务局	嘉奖
郑元芳	福建省国家税务局	嘉奖
陈明祥	福建省国家税务局	嘉奖
吴永生	福建省国家税务局	嘉奖
林茂椿	福建省国家税务局	嘉奖
蔡翠芳	福建省国家税务局	嘉奖

2012年福建省国税系统税收

单 位	一、税收收入（不含海关代征）	国内增值税	国内消费税
全省合计	14770233	7591660	1866981
厦门市合计	3791884	1889520	493068
直属税务分局	1133979	272022	467807
思明区	497252	281169	3417
湖里区	402914	281145	720
火炬区	358097	212730	
象屿保税区	33938	14310	
集美区	399714	281827	9437
海沧区	418658	265912	8254
同安区	270951	198219	3100
翔安区	118589	82186	333
车购税分局	157792		
进出口税收管理处			
福州市合计	3217529	1375239	90442
福州市直属分局	371943	125339	226
鼓楼区	380361	143246	2267
台江区	961031	162596	1132
仓山区	147191	108114	180
晋安区	214466	100270	31738
开发区	195223	110298	117
琅岐经济区	4959	1526	
进出口税收管理处			
闽侯县	284226	158116	52235

收入分税种分征收单位统计

单位：万元

企业所得税	个人所得税	车辆购置税	二、海关代征	三、出口退税
4610949	772	699871	4424809	-6617000
1250760	100	158436	1831192	-3040000
394050	100			
212666				-33265
121049				-76195
145367				-82521
19628				-4634
108450				-129447
144492				-114156
68988		644		-73423
36070				-6359
		157792		
			1831192	-2520000
1566024	196	185628	684736	-1266800
246378			58282	-117176
234807	41			-9329
637040	37	160226		-11040
38897				-54400
82430	28			-6688
84800	8		300842	-103001
3433				
				-598581
72016	14	1845		-92882

单　　位	一、税收收入（不含海关代征）	国内增值税	国内消费税
福清市	249378	169376	127
连江县	71441	52784	2353
长乐市	177867	136280	14
罗源县	40982	29967	5
闽清县	64203	53265	2
永泰县	18122	12671	18
平潭县	36136	11391	28
三明市合计	516694	363840	14059
梅列区	185668	119485	10406
三元区	34051	24632	3517
永安市	82726	64498	14
宁化县	18182	10250	3
大田县	40773	33640	27
清流县	22889	16327	2
明溪县	9438	7024	2
尤溪县	36659	28936	15
沙县	36633	24895	66
将乐县	29810	20639	6
泰宁县	11701	8569	1
建宁县	8164	4945	
泉州市合计	3361307	1913549	526381
晋江市	979529	695128	237
泉港区	634354	139081	478935
丰泽区	467044	170975	41955
南安市	280958	219785	255

续表

企业所得税	个人所得税	车辆购置税	二、海关代征	三、出口退税
64331	37	15507	325612	-202181
15920	9	375		-20435
37372	10	4191		-36657
10475	1	534		-2698
10440	6	490		-8609
4739	4	690		-1184
22946	1	1770		-1939
109353	32	29409	67081	-107500
33509	5	22263		-46440
5899	2		67081	-14322
15035	5	3174		-13793
7490	4	435		-224
5930	5	1171		-3211
6021	1	538		-5623
2003	1	408		-1598
7365	2	341		-5273
11183	3	486		-12430
9049	2	114		-2805
2860	1	270		-672
3009	1	209		-1109
775526	232	145619	1313705	-1107000
259820	50	24294		-90900
15373	3	962		-4100
145279	28	108807	1204443	-24600
58977	58	1883		-27900

单　位	一、税收收入（不含海关代征）	国内增值税	国内消费税
石狮市	246063	153276	112
鲤城区	174720	120869	213
惠安县	174013	118838	4413
安溪县	121858	85766	37
开发区	121000	79920	7
永春县	60077	47260	204
洛江区	53813	41918	2
德化县	47876	40731	11
直属局	2	2	
进出口税收管理科			
宁德市合计	419379	275144	14152
蕉城区	27230	19869	20
东侨区	91906	34003	13528
福鼎市	59806	40864	550
福安市	132588	99789	16
霞浦县	20100	14381	12
古田县	27104	19943	11
屏南县	11433	8808	13
寿宁县	19044	14628	
周宁县	16000	10977	1
柘荣县	14168	11882	1
进出口税收管理科			
漳州市合计	919444	583562	29706
芗城区	191163	112581	26857
进出口税收管理科			

续表

企业所得税	个人所得税	车辆购置税	二、海关代征	三、出口退税
91125	8	1542	109262	-26700
53632	6			-42700
49409	31	1322		-23800
32214	25	3816		-15400
41073				-13600
10808	13	1792		-8700
11581	2	310		-21100
6235	8	891		-7500
				-800000
104081	14	25988	141920	-162000
7341				-7253
26924	1	17450	141920	-5379
16314	2	2076		-5476
28952	2	3829		-15559
5009	1	697		-1700
6503	4	643		-770
2278	1	333		-633
4057	2	357		-130
4881	1	140		
1822		463		-100
				-125000
260890	67	45219	216666	-567200
51709	16		192743	-11344
				-388200

单　　位	一、税收收入（不含海关代征）	国内增值税	国内消费税
龙文区	34820	25201	18
龙海市	116047	79295	1133
漳浦县	76404	51576	34
云霄县	20063	12062	11
诏安县	23739	17429	8
东山县	49819	39064	
平和县	22133	16531	4
南靖县	35182	28311	9
长泰县	76640	60938	11
华安县	27503	20007	111
招商局漳州开发区	56514	22504	
金峰开发区	123644	46222	1502
漳州台商投资区	65773	51841	8
南平市合计	400402	251290	12875
延平区	96481	56611	11278
南平开发区	87626	52890	1
邵武市	52550	37467	265
建阳市	33501	22021	109
顺昌县	25156	18181	9
建瓯市	34151	21473	983
浦城县	22044	13329	90
武夷山市	21658	11801	32
光泽县	8360	6476	41
松溪县	7868	5104	
政和县	11007	5937	67

续表

企业所得税	个人所得税	车辆购置税	二、海关代征	三、出口退税
9600	1			-5574
35045	15	559		-12391
23500	7	1287		-19216
7243	4	743		-2954
5694	6	602		-12039
10294	2	459	23923	-28001
5016	6	576		-1035
6381	5	476		-7906
15130	2	559		-19231
7177	3	205		
34010				-14628
36167		39753		-25982
13924				-18699
108350	35	27852	62489	-85000
28584	8			-51502
22959		11776	60822	-14432
12229	5	2584		-2689
8367	3	3001		-3510
6125	3	838		-1900
8393	5	3297		-2300
6347	5	2273		-6401
7221	2	2602	1667	-1006
1503	2	338		-800
2412	1	351		-460
4210	1	792		

单　　位	一、税收收入（不含海关代征）	国内增值税	国内消费税
莆田市合计	666856	332641	40111
荔城区	157595	63267	26
仙游县	75001	46220	29
城厢区	61023	33740	40
秀屿区	135983	77108	
湄洲岛	70196	25802	14025
涵江区	167058	86504	25991
进出口税收管理科			
龙岩市合计	1476739	606875	646187
新罗区	1037700	315341	646064
永定县	123720	106204	68
上杭县	39856	24159	35
武平县	36492	22035	10
长汀县	57050	38848	8
连城县	22724	16413	
漳平市	58050	40147	2
经济开发区	101147	43728	
进出口税收管理科			

续表

企业所得税	个人所得税	车辆购置税	二、海关代征	三、出口退税
255533	54	38517	92284	-167000
58764		35538		-13000
25777	17	2958		-4000
27243				-2200
58869		6		
30332	37		92284	
54548		15		-5800
				-142000
180432	42	43203	14736	-114500
76275	20		14736	-6934
15716	4	1728		-1838
12951	5	2706		-1048
12659	4	1784		-279
15182	2	3010		-9728
5109	2	1200		-1261
16140	5	1756		-6409
26400		31019		-5003
				-82000

2012年福建省国税系统税收收入分税种分入库级次统计

单位：万元

项　　目	合　计	中央级	地方级
一、税收收入合计	19195042	15634844	3560198
1. 增值税收入	11992804	10075258	1917546
（1）国内增值税	7591660	5674114	1917546
（2）进口货物增值税	4401144	4401144	
2. 消费税收入	1890646	1890646	
国内消费税	1866981	1866981	
进口消费品消费税	23665	23665	
3. 企业所得税	4610949	2968602	1642347
4. 个人所得税	772	467	305
5. 车辆购置税	699871	699871	
二、出口退税合计	-6617000	-6617000	
1. 出口货物退增值税	-5191819	-5191819	
2. 免、抵调减增值税	-1425000	-1425000	
3. 出口消费品退消费税	-181	-181	

2012年福建省国税系统分税种分项目减免税统计

单位：万元

项　目	合　计		高新技术企业	残疾人就业	其他减免
		涉外企业			
一、税收减免合计	644120	456920	235985	24501	383634
1. 增值税	123122	23668	44628	24501	53993
2. 消费税	7231	3280			7231
3. 企业所得税	497480	429958	191357		306123
4. 车辆购置税	16287	14			16287

2012年福建省国税系统税收收入分税种分企业类型统计

单位：万元

项目		税收收入合计	1. 增值税收入	2. 消费税收入	3. 企业所得税	4. 个人所得税	5. 车辆购置税
合计		19195042	11992804	1890646	4610949	772	699871
内资企业	小计	9648611	5583960	1291983	2652628		120040
	国有企业	2466244	1392506	828567	220046		25125
	集体企业	179640	131586	668	45456		1930
	股份合作企业	142997	12376	16	130022		583
	联营企业	35904	14537		20177		1190
	股份公司	5068631	2694287	460269	1867257		46818
	私营企业	1665357	1302884	2459	352213		7801
	其他企业	89838	35784	4	17457		36593
港澳台投资企业		3968679	2930873	47719	988797		1290
外商投资企业		4865943	3345842	550200	969524		377
个体经营		711809	132129	744		772	578164

2012年福建省国税系统税收收入分税种分行业统计

单位：万元

序号	项目	合计	其中：税收收入（不含海关代征）	国内增值税	国内消费税	企业所得税	个人所得税	车辆购置税	海关代征
1	合计	19195042	14770233	7591660	1866981	4610949	772	699871	4424809
2	一、第一产业	10015	10015	5542		3199		1274	
3	二、第二产业	13042777	9570725	6056139	1682546	1820581		11459	3472052
4	（一）采矿业	291330	291330	270422		20299		609	
5	1. 煤炭开采和洗选业	167170	167170	164272		2781		117	
6	2. 石油和天然气开采业	54	54			0		54	
7	3. 黑色金属矿采选业	38178	38178	36865		1275		38	
8	4. 有色金属矿采选业	42865	42865	31249		11558		58	
9	5. 非金属矿采选业	41817	41817	37128		4607		82	
10	6. 其他采矿业	1246	1246	908		78		260	
11	（二）制造业	11726070	8254018	5040271	1682546	1523608		7593	3472052
12	1. 农副食品加工业	151189	151189	122060		28931		198	
13	2. 食品制造业	154166	154044	116241		37315		488	122
14	3. 酒、饮料和精制茶制造业	256672	256672	145189	55370	56043		70	
15	4. 烟草制品业	1390187	1390187	254862	1078668	56629		28	
16	5. 纺织业	225427	225258	183539		41177		542	169
17	6. 纺织服装、服饰业	696302	635489	471589		162755		1145	60813
18	7. 皮革、毛皮、羽毛及其制品和制鞋业	688917	688917	528763		159742		412	
19	8. 木材加工和木竹藤棕草制品业	70773	70771	62459	27	8092		193	2
20	9. 家具制造业	73563	73563	61797		11553		213	
21	10. 造纸和纸制品业	171263	168792	116873		51673		246	2471
22	11. 印刷和记录媒介复制业	45554	45554	35630		9838		86	

续表

序号	项　目	合计	其中：税收收入（不含海关代征）	国内增值税	国内消费税	企业所得税	个人所得税	车辆购置税	海关代征
23	12. 文教、工美、体育和娱乐用品制造业	131389	131389	107965		23318		106	
24	13. 石油加工、炼焦和核燃料加工业	587981	587981	107905	479145	840		91	
25	其中：成品油	584841	584841	105643	479143	55			
26	14. 化学原料和化学制品制造业	212935	212935	151718	51	60942		224	
27	15. 医药制造业	67305	67305	53062		14198		45	
28	16. 化学纤维制造业	84657	84657	55788		28805		64	
29	17. 橡胶和塑料制品业	317843	317832	205033	11869	100714		216	11
30	18. 非金属矿物制品业	524755	524755	411054		113359		342	
31	19. 黑色金属冶炼和压延加工业	153557	153557	141289		12117		151	
32	20. 有色金属冶炼和压延加工业	79279	79279	53062		26162		55	
33	21. 金属制品业	194866	194818	147813		46738		267	48
34	22. 通用设备制造业	279509	173213	135831		37200		182	106296
35	23. 专用设备制造业	259233	167673	123510		43894		269	91560
36	24. 汽车制造业	392538	300978	193629	56634	50500		215	91560
37	25. 铁路、船舶、航空航天和其他运输设备制造业	298418	115298	99465	782	14950		101	183120
38	26. 电气机械和器材制造业	476560	385000	278076		106747		177	91560
39	27. 计算机、通信和其他电子设备制造业	693715	693715	501541		192024		150	
40	28. 仪表仪器制造业	43015	43015	36370		6579		66	
41	29. 其他制造业	3004502	160182	138158		20773		1251	2844320
42	（三）电力、热力、燃气及水的生产和供应业	918125	918125	743613		173396		1116	

续表

序号	项　目	合计	其中：税收收入（不含海关代征）	国内增值税	国内消费税	企业所得税	个人所得税	车辆购置税	海关代征
43	1. 电力、热力生产和供应业	782827	782827	680293		101779		755	
44	2. 燃气生产和供应业	110496	110496	41311		69005		180	
45	3. 水的生产和供应业	24802	24802	22009		2612		181	
46	（四）建筑业	107252	107252	1833		103278		2141	
47	1. 房屋建筑业	30244	30244	68		29785		391	
48	2. 土木工程建筑业	17674	17674	466		16972		236	
49	3. 建筑安装业	36051	36051	884		35035		132	
50	4. 建筑装饰和其他建筑业	23283	23283	415		21486		1382	
51	三、第三产业	6142250	5189493	1529979	184435	2787169	772	687138	952757
52	（一）批发和零售业	2830087	2179839	1444030	184435	538688		12686	650248
53	1. 批发业	2383294	1733046	1090914	174831	463527		3774	650248
54	2. 零售业	446793	446793	353116	9604	75161		8912	
55	（二）交通运输、仓储和邮政业	161917	161917	13123		131502		17292	
56	1. 交通运输业	152401	152401	11418		123947		17036	
57	2. 仓储业	8586	8586	1521		7003		62	
58	3. 邮政业	930	930	184		552		194	
59	（三）住宿和餐饮业	25961	25961	300		25425		236	
60	1. 住宿业	13765	13765	216		13432		117	
61	2. 餐饮业	12196	12196	84		11993		119	
62	（四）信息传输、软件和信息技术服务业	228238	228238	13117		211748		3373	
63	1. 电信、广播电视和卫星传输服务业	182200	182200	1112		179443		1645	
64	2. 互联网和相关服务	371	371	16		243		112	
65	3. 软件和信息技术服务业	45667	45667	11989		32062		1616	
66	（五）金融业	1162706	1162706	1599		1159954		1153	

续表

序号	项　目	合计	其中：税收收入（不含海关代征）	国内增值税	国内消费税	企业所得税	个人所得税	车辆购置税	海关代征
67	1. 货币金融服务	1065978	1065978	1577		1064143		258	
68	2. 资本市场服务	31942	31942	21		31814		107	
69	3. 保险业	17288	17288	1		17012		275	
70	4. 其他金融业	47498	47498			46985		513	
71	（六）房地产业	563635	563635	81		560918		2636	
72	（七）租赁和商务服务业	38667	38667	5363		27886		5418	
73	1. 租赁业	5549	5549	748		4412		389	
74	2. 商务服务业	33118	33118	4615		23474		5029	
75	（八）科学研究和技术服务业	17325	17325	3501		12834		990	
76	（九）居民服务、修理和其他服务业	53545	53545	13979		37477		2089	
77	（十）教育	2873	2873	26		1853		994	
78	（十一）卫生和社会工作	2031	2031	26		734		1271	
79	（十二）文化、体育和娱乐业	13635	13635	4945		8240		450	
80	（十三）公共管理、社会保障和社会组织	4912	3245	997		161		2087	1667
81	（十四）其他行业	1036718	735876	28892		69749	772	636463	300842

2012年福建省国税系统分税种分地区减免税统计

单位：万元

地区	一、税收减免合计	1. 增值税	2. 消费税	3. 企业所得税	4. 车辆购置税
合计	644120	123122	7231	497480	16287
厦门	271860	16302	660	251488	3410
小计	372260	106820	6571	245992	12877
福州	96029	43115	99	48751	4064
三明	13198	10827		1798	573
南平	21433	18058	1257	1247	871
宁德	4304	1144		2381	779
莆田	18647	7278	4708	6105	556
泉州	168015	9959		154643	3413
漳州	34397	6685	1	26031	1680
龙岩	16237	9754	506	5036	941

2012年度福建省纳税百强企业名单

序号	企业名称	序号	企业名称
1	龙岩烟草工业有限责任公司	25	福建三钢闽光股份有限公司
2	兴业银行股份有限公司	26	厦门海投房地产有限公司
3	福建联合石油化工有限公司	27	建明（厦门）房地产有限公司
4	厦门烟草工业有限责任公司	28	泉州浦西万达广场投资有限公司
5	中国烟草总公司福建省公司（含所辖单位）	29	厦门正新橡胶工业有限公司
6	福建省电力有限公司	30	厦门银鹭集团有限公司
7	中国移动通信集团福建有限公司	31	世纪宝姿服装（厦门）有限公司
8	厦门航空有限公司	32	福建欢乐天地置业有限责任公司
9	紫金矿业集团股份有限公司	33	国家开发银行股份有限公司福建省分行
10	中国工商银行股份有限公司福建省分行	34	华阳电业有限公司
11	中国建设银行股份有限公司福建省分行	35	名城地产（福建）有限公司
12	中海福建天然气有限责任公司	36	厦门ABB低压电器设备有限公司
13	戴尔（中国）有限公司	37	华能国际电力股份有限公司福州电厂
14	安踏（中国）有限公司	38	三六一度（中国）有限公司
15	中国农业银行股份有限公司福建省分行	39	福建海峡银行股份有限公司
16	福州万达广场投资有限公司	40	福建中烟工业有限责任公司
17	中国银行股份有限公司福建省分行	41	欣贺股份有限公司
18	中石化森美（福建）石油有限公司	42	兴业国际信托有限公司
19	百威英博雪津啤酒有限公司	43	福建奔驰汽车工业有限公司
20	融侨集团股份有限公司	44	中国建设银行股份有限公司厦门市分行
21	中国电信股份有限公司福建分公司	45	厦门银行股份有限公司
22	永定县煤炭发展总公司	46	中信银行股份有限公司福州分行
23	厦门银鹭食品集团有限公司	47	翔鹭石化股份有限公司
24	东南（福建）汽车工业有限公司	48	中国人民财产保险股份有限公司福建省分公司

续表

序号	企业名称	序号	企业名称
49	厦门正新海燕轮胎有限公司	75	福建省海峡西岸投资有限公司
50	厦门ABB开关有限公司	76	福建群升置业有限公司
51	福建水口发电集团有限公司	77	福建七匹狼实业股份有限公司
52	厦门湖里万达广场投资有限公司	78	福建大唐国际宁德发电有限责任公司
53	乔丹体育股份有限公司	79	泉州世茂新领域置业有限公司
54	厦门国际银行	80	福建铂阳精工设备有限公司
55	中国人寿保险股份有限公司福建省分公司	81	福建煤电股份有限公司
56	招商局漳州开发区有限公司	82	厦门经济特区房地产开发集团有限公司
57	福建省永安煤业有限责任公司	83	莆田万达广场有限公司
58	中国民生银行股份有限公司福州分行	84	厦门建发股份有限公司
59	厦门国贸金海湾投资有限公司	85	贵人鸟股份有限公司
60	中国工商银行股份有限公司厦门市分行	86	翔鹭（厦门）房地产开发有限公司
61	福建省龙岩市新罗煤炭工业有限公司	87	福建晋江天然气发电有限公司
62	宸鸿科技（厦门）有限公司	88	福建南平南孚电池有限公司
63	华福证券有限责任公司	89	泉州东海开发有限公司
64	联想移动通信科技有限公司	90	中国农业银行股份有限公司厦门市分行
65	达芙妮投资（集团）有限公司	91	福建恒安集团有限公司
66	联发集团有限公司	92	福建世茂置业有限公司
67	九牧王股份有限公司	93	戴尔（厦门）有限公司
68	福建百宏聚纤科技实业有限公司	94	柯林（福建）服饰有限公司
69	利郎（中国）有限公司	95	厦门龙祥房地产开发有限公司
70	招商银行股份有限公司福州分行	96	中国平安财产保险股份有限公司福建分公司
71	厦门海晟房地产开发有限公司	97	中海福建燃气发电有限公司
72	厦门新景地集团有限公司	98	福清中联置业有限公司
73	厦门溢源昌房地产开发有限公司	99	宁德万达广场有限公司
74	福建华电可门发电有限公司	100	兴业证券股份有限公司

附 录

2013

福建国税年鉴

福建省情

建制沿革

“闽”最早出现在周朝，西周时福建称闽越，《周礼·夏官》称七闽。秦始皇二十六年设置闽中郡，治东冶（今福州），福建为闽中郡辖区的一部分。从此，福建作为一个行政区划出现在中国的版图上。汉高祖立无诸为闽越王，都东冶。西汉昭帝始元二年（公元前85年）立为冶县（后复名东冶），东汉改为东侯官。汉建安八年（公元203年），析东侯官置建安县，此时福建有侯官、建安、南平、汉兴和东冶5个县。三国吴永安三年（公元260年）设置建安郡，治建安（今南安市丰州镇），辖建安、南平、将乐、建平、东平、昭武、吴兴7个县。西晋太康三年（公元282年）设置晋安郡，治原丰，属扬州。南朝梁天监年间析晋安郡置南安郡，治南安；陈永定年间析晋安郡置闽州，改晋安郡为丰州。隋代开皇元年（公元581年）废郡，改丰州为泉州，大业初年（公元605年）更名为闽州，大业三年（公元607年）又废州改设为建安郡。唐武德元年（公元618年）改建安郡为建州，治闽县（今福州）；武德五年设置丰州，治南安，武德六年分置泉州，治闽县；贞观初年丰州并入泉州；垂拱二年（公元686年）析出泉州南部设置漳州，治漳浦（今云霄）；圣历二年（公元699年）泉州析地设置武荣州，治南安；景云二年（公元711年）武荣州更名为泉州，治晋江，后改泉州为闽州，治闽县（今福州）；开元十三年（公元725年）闽州更名为福州；开元二十一年（公元733年）设置福建经略使，“福建”之称由此始；天宝元年（公元742年）改属江南东道，改福建经略使为长乐经略使；乾元元年（公元758年）以长乐郡为福州都督府，经略使改为都防御使；上元元年（公元760年）升格为节度使；大历六年（公元771年）置都团练观察处置使；乾宁三年（公元896年）置为威武军节度使，治福州。五代时梁开平三年（公元909年）封王审知为闽王，贞明六年（公元920年）在福州设立大都督府；长兴四年（公元933年）福州升为长乐府；开运二年（公元945年）改长乐府为东都。宋代雍熙二年（公元985年）设立福建

路，下辖福、泉、建、汀、漳、南剑六州和邵武、兴化两军，时全省已有42个县。元代至元十四年（公元1277年）在泉州设立行宣慰司，第二年改为行中书省，后行省迁回福州。明代改设福建布政使司，治福州，辖8府1州60县。清代继承明制，省辖府、县两级，省府之间设道；康熙二十三年（公元1685年）福建省增设台湾府；光绪十二年（公元1887年）台湾从福建析出设立台湾省；清末，全省行政区划为宁福、兴泉永、汀漳龙、延建邵4道，福州、福宁、兴化、泉州、汀州、漳州、延平、建宁、邵武9府，永春、龙岩2州，58县、6厅。

民国时期，福建省行政区划废府、州、厅，实行省、道、县三级制。民国元年（1912年）全省划分为东路、南路、西路、北路4道。民国三年（1914年）以原辖区改为闽海道（闽东）、厦门道（闽南）、汀漳道（闽西）、建安道（闽北）4道。合并闽县、侯官为闽侯县；建安、瓯宁为建瓯县；改永春、龙岩2州为永春、龙岩2县；同安县析厦门岛设置思明县，析浯州岛（金门岛）和大、小嶝岛置金门县；改永福县为永泰县；全省4道、61县。民国四年（1915年），诏安县析桐山岛和漳浦县的古雷岛设置东山县。民国十四年（1925年），废除道制，实行省、县两级制。民国17年（1928年），设置华安县。民国22年（1933年），十九路军在福州发动“福建事变”，成立中华共和国人民革命政府，定福州为首都，将福建划为闽海、延平、兴泉、龙汀4个省和福州、厦门2个特别市，辖64个县。民国23年（1934年）人民革命政府解散，又成立福建省政府，7月实行行政督察专员公署制度，将全省划分为10个行政督察区公署，辖64个县，8月光泽县由江西省划归福建省管辖。民国24年（1935年）设立厦门市，撤销思明县。民国27年（1938年）福建省政府迁往永安，全省行政区划为7个行政督察区、1个市、62个县、7个特区。民国29年（1940年），建瓯析出部分行政区域设置水吉县，沙县、永安和明溪析出部分行政区域设置三元县。民国30年（1941年）福州沦陷，第一区专署迁往福安。民国32年（1943年）全省行政区划调整为8个行政督察区、2个市、64县、2个特区。民国33年（1944年）闽侯县更名为林森县。民国34年（1945年）9月设置周宁县，10月设置柘荣县，11月省政府迁回福州。民国35年（1946年）福州市正式成立，全省行政区划调整为9个行政督察区、2个市、66个县。民国36年（1947年）全省行政区划调整为7个行政督察区、福州、厦门2个市、67个县，10个区、899个乡（镇）。

1949年8月24日，福建省人民政府成立，9月，省人民政府公布福建省行政区划通令，将全省行政区域分为福州、厦门2个市，8个行政督察专区和67个县。

1950年3月，8个专区依次更名为建瓯、南平、福安、闽侯、泉州、漳州、永安、龙岩专区；9月，泉州专区更名为晋江专区，漳州专区更名为龙溪专区，建瓯专区更名为建阳专区；11月，设立泉州市。

1958年，我国基层政权改制为政社合一的人民公社，全省共建656个人民公社。

1960年，设立三明市（地级）；1963年，设立三明专区，三明市改为县级市。

1965年全省共辖2个地级市、7个专区、6个市辖区、4个县级市、63个县、1258个人民公社。

1971年，各专区更名为地区；南平地区更名为建阳地区；福安地区更名为宁德地区；闽侯地区更名为莆田地区。

1976年全省共辖2个地级市、7个专区、9个市辖区、4个县级市、62个县、835个人民公社、129个镇（街人民公社）。

1983年，撤销三明地区，设立三明市（地

福建省行政区划（2012年）

设区市名称	县级行政单位数（个）				县级行政单位名称
	合计	县	县级市	市辖区	
总计	85	45	14	26	
福州市	13	6	2	5	鼓楼区 仓山区 台江区 马尾区 晋安区 福清市 长乐市 闽侯县 连江县 罗源县 闽清县 永泰县 平潭县
厦门市	6			6	思明区 海沧区 湖里区 集美区 同安区 翔安区
莆田市	5	1		4	城厢区 涵江区 荔城区 秀屿区 仙游县
三明市	12	9	1	2	三元区 梅列区 永安市 明溪县 清流县 宁化县 大田县 尤溪县 沙县 将乐县 泰宁县 建宁县
泉州市	12	5	3	4	鲤城区 丰泽区 洛江区 泉港区 石狮市 晋江市 南安市 惠安县 安溪县 永春县 德化县 金门县
漳州市	11	8	1	2	芗城区 龙文区 龙海市 云霄县 诏安县 漳浦县 长泰县 东山县 南靖县 平和县 华安县
南平市	10	5	4	1	延平区 邵武市 武夷山市 建瓯市 建阳市 顺昌县 浦城县 光泽县 松溪县 政和县
龙岩市	7	5	1	1	新罗区 漳平市 长汀县 永定县 上杭县 武平县 连城县
宁德市	9	6	2	1	蕉城区 福安市 福鼎市 霞浦县 古田县 屏南县 寿宁县 周宁县 柘荣县

级）。

1984年，撤销人民公社，设立乡镇建制；全省共辖4个地级市、5个专区、14个市辖区、6个县级市、59个县、189个镇，1076个乡，18个民族乡。

1985年，撤销晋江地区，设立泉州市（地级）。

1988年，建阳地区驻地从建阳县迁驻南平市，并更名为南平地区；撤销宁德县，设立宁德市（县级）。

1994年，撤销南平地区，设立南平市（地级）。

1996年，撤销龙岩地区，设立龙岩市（地级），原县级龙岩市改设新罗区。

1999年，撤销宁德地区，设立宁德市（地级）。

2010年底，全省共辖9个设区市、26个市辖区、14个县级市、45个县、173个街道办事处、595个镇、315个乡、19个民族乡。

2012年底，全省共辖各85个县级行政单位，其中，县45个，县级市14各，市辖区26个。

地理气候

福建位于我国东南沿海，东隔台湾海峡与台湾省相望。陆地平面形状似一斜长方形，东

西最大间距约480千米，南北最大间距约530千米。全省大部分属中亚热带，闽东南部分地区属南亚热带。土地总面积12.4万平方千米，海域面积13.6万平方千米。

境内峰岭耸峙，丘陵连绵，河谷、盆地穿插其间，山地、丘陵占全省总面积的80%以上，素有“八山一水一分田”之称。地势总体上西北高东南低，横断面略呈马鞍形。因受新华夏构造的控制，在西部和中部形成北（北）东向斜贯全省的闽西大山带和闽中大山带。两大山带之间为互不贯通的河谷、盆地，东部沿海为丘陵、台地和滨海平原。

闽西大山带以武夷山脉为主体，长约530千米，宽度不一，最宽处达百余千米。北段以中低山为主，海拔大都在1200米以上；南段以低山丘陵为主，海拔一般为600—1000米。位于闽赣边界的主峰黄岗山海拔2158米，是我国大陆东南部的最高峰。整个山带，尤其是北段，山体两坡明显不对称：西坡陡，多断崖；东坡缓，层状地貌发育。山间盆地和河谷盆地中有红色砂岩和石灰岩分布，构成瑰丽的丹霞地貌和独特的喀斯特地貌景观。

闽中大山带由鹫峰山、戴云山、博平岭等山脉构成，长约550千米，以中低山为主。北段鹫峰山长百余千米，宽60—100千米，平均海拔1000米以上；中段戴云山为山带的主体，长约300千米，宽60～180千米，海拔1200米以上的山峰连绵不绝，主峰戴云山海拔1856米；南段博平岭长约150千米，宽40—80千米，以低山丘陵为主，一般海拔700—900米。整个山带两坡不对称：西坡较陡，多断崖；东坡较缓，层状地貌较发育。山地中有许多山间盆地。

东部沿海海拔一般在500米以下。闽江口以北以花岗岩高丘陵为主，多直逼海岸。戴云山、博平岭东延余脉遍布花岗岩丘陵。福清至诏安沿海广泛分布红土台地。滨海平原多为河口冲积海积平原，这些平原面积不大，且为丘陵所分割，呈不连续状。闽东南沿海和海坛岛等岛屿系风积地貌发育。

陆地海岸线长达3751.5千米，以侵蚀海岸为主，堆积海岸为次，岸线十分曲折。潮间带滩涂面积约20万公顷，底质以泥、泥沙或沙泥为主。港湾众多，自北向南有沙埕港、三都澳、罗源湾、湄洲湾、厦门港和东山湾等6大深水港湾。岛屿星罗棋布，共有岛屿1500多个，平潭岛现为全省第一大岛，原有的厦门岛、东山岛等岛屿已筑有海堤与陆地相连而形成半岛。

全年年平均气温19.6℃。冬季（12—次年2月）平均气温11.9℃，春季（3—4月）平均气温15.9℃，雨季（5—6月）平均气温23.4℃，夏季（7—9月）平均气温28.0℃，秋季（10—11月）平均气温18.5℃。全年年降水量为1961.3毫米，冬季（平均）降水量272.2毫米，春季（平均）降水量472.4毫米，雨季（平均）降水量706.0毫米，夏季（平均）降水量404.4毫米，秋季平均降水量93.4毫米。

全省土地总面积12.40万平方千米，占全国土地总面积的1.30%，其中：耕地133.83万公顷，园地80.15万公顷，林地836.59万公顷，草地23.84万公顷，城镇村及工矿用地56.9万公顷，交通运输用地18.11万公顷，水域及水利设施用地55.88万公顷，其他土地34.2万公顷。

海域面积13.6万平方千米，比陆地面积大12.4%；水深200米以内的海洋渔场面积12.51万平方千米，占全国海洋渔场面积的4.5%；滩涂面积2068平方千米。有闽东、闽中、闽南、闽外和台湾浅滩5大渔场；海洋生物种类2000多种，其中经济鱼类200多种，贝、藻、鱼、虾种类数量居全国前列。

陆地海岸线长达3752千米，位居全国第二；海岸线曲折率1∶7.01，居全国第一位。沿海岛屿星罗棋布，大于500平方米的岛屿1321

个（其中有居民岛屿98个），居全国第二位，占全国的1/5。大小港湾125个，其中深水港湾22处，可建5万吨级以上深水泊位的天然良港东山湾、厦门湾、湄洲湾、兴化湾、罗源湾、三沙湾、沙埕港等7个，港口吞吐量可开发潜力大。

风景名胜

福建山多海阔，山海兼容，优越的亚热带海洋性气候，多种多样的海岸类型，景色秀丽的岛屿，千姿百态的海蚀景观，加之沿海众多富有宗教、文化、军事、历史内涵的名胜古迹和新兴的港口城市，构成理想的观光度假胜地，其中有被列为国家重点风景名胜区的鼓浪屿、清源山、太姥山、海坛岛和国家旅游度假区的湄洲岛以及“海上绿洲”东山岛等。“山海一体，闽台同根，民俗奇异，宗教多元”是福建旅游的鲜明特色。迷人的武夷仙境（双世遗）、浪漫的鼓浪琴岛、神圣的妈祖朝觐、奇特的水上丹霞、动人的惠女风采、神奇的客家土楼、光辉的古田会址、悠久的昙石山文化、神秘的白水洋奇观、壮美的滨海火山构成了福建独具特色的十大旅游品牌。截至2010年年底，全省拥有4座国家历史文化名城，8座中国优秀旅游城市，16个国家级风景名胜区，12个国家级自然保护区，28个国家森林公园，6个国家地质公园，85个全国重点文物保护单位，2家全国特色景观旅游名镇名村，国家级工业旅游示范点8家，国家级农业旅游示范点16家；省级工业旅游示范点16家，省级农业旅游示范点21家。

福建还有许多秦汉至明清各朝代的名胜古迹。泉州是国务院首批公布的全国24座历史文化名城之一，随后福州、漳州、长汀也被列为历史文化名城。省内有全国重点文物保护单位19处（其中革命遗址及革命纪念建筑物4处，古建筑及历史纪念建筑物10处，石刻及其他类2处，古遗址1处，古墓葬2处），省级文物保护单位有167处。泉州洛阳桥、东西塔、老君岩坐像、九日山摩崖石刻，晋江安平桥，南安郑成功墓，惠安崇武古城，泰宁尚书第，上杭古田会议会址以及东山铜山古城，漳浦赵家堡，永定土楼，南靖土楼等，还有朱熹、郑成功、林则徐等众多的名人故居遗迹，都是名闻遐迩的人文景观。

福建的工艺品和土特产品享有很高的声誉。福州脱胎漆器与北京景泰蓝、江西景德镇瓷器并列中国传统工艺品三宝；晶莹璀璨的寿山石雕，洁白细润的德化瓷器，玲珑典雅的软木画和棉花画，形象逼真的泉州木偶头等，都是令人爱不释手的独特工艺品。闽菜作为中国八大菜系之一，花色品种有200多种，其代表名菜“佛跳墙”“鸡汤氽海蚌”等都是别有风味的美食佳肴。福建民间戏曲种类繁多，主要有南音、梨园戏、莆仙戏、木偶戏、高甲戏、芗剧、闽剧等，形式多样，风格各异，其中南音被称为闽南“乡音”，梨园戏、高甲戏和莆仙戏被视为地方戏的“活化石”。

人口、民族

第六次全国人口普查，2010年11月1日零时福建省常住人口3689万人，与2000年第五次全国人口普查登记的人口相比，10年共增加218万人，增长6.28%；年平均增长率为0.61%。全省常住人口中，居住地与户口登记地所在的乡镇街道不一致且离开户口登记地半年以上的人口为1107万人，其中市辖区内人户分离的人口为83万人；具有外省户籍的迁入人口为431万人。普查数据显示，福州、厦门、泉州3市常住人口1878万人，占全省人口的比重为50.89%，比2000年第五次全国人口普查的46.12%提高4.77个百分点；三明、南平、龙岩、宁德4市常住人口1053万人，占全省人口的比重为28.54%，比2000年的32.44%下降3.90个百分点。2012年，常住总人口 3748人。其中，男1927人，女1821人；城镇2234、农村1514人。人口密度302人/平方公里。

福建是全国著名侨乡，闽籍华侨华人总数1264万人，分布于176个国家和地区，其中改革开放以后出国定居的新侨人数为110多万人。闽籍香港同胞112多万人，澳门同胞11万人。闽籍社团有1916个。海外闽籍侨胞经济实力雄厚，人才荟萃，其中不少人是全球有影响的商界巨子和科技、政界才俊。闽籍侨胞在海外艰苦创业，形成了“善观时变、顺势有为、敢冒风险、爱拼会赢、合群团结、豪侠仗义、恋祖爱乡、回馈桑梓”的独特品质，数百年来与居住国人民同命运、共患难，更与祖国、家乡同呼吸、共荣辱，在福建济建设和社会发展中发挥着重要而独特的作用。改革开放以来，福建实际利用外资940多亿美元，其中侨资680多亿美元，占全省实际利用外资的72.3%。闽籍侨胞捐赠福建公益事业累计216亿元，其中捐赠亿元以上的有19人（次），千万元以上的有263人（次）。截至2010年年底，全省共有台籍同胞17024人，其中高山族同胞615人。

福建是少数民族散杂居地区，有54个少数民族成分，少数民族人口58.38万人，占全省总人口的1.71%，是全国畲族人口最多和祖国大陆高山族人口较多的省份，回族发祥地之一。全省少数民族人口万人以上的县（市、区）17个，千人以上的乡（镇、街道）150个，有18个民族乡（其中畲族乡17个，回族乡1个）和一个省级民族经济开发区（福安畲族济开发区），543个少数民族村。世居的少数民族有畲族、回族、满族、蒙古族等。畲族是福建省的主体少数民族，全省共有37.51万人，占全国畲族人口的52.87%，占全省少数民族人口的64.27%，其中三分之二以上分布在宁德、漳州和福州3市；福建省的回族人口大多是通过海上丝绸之路而来的古阿伯、波斯人的后裔，全省共有10.98万人，占全省少数民族人口的18.82%，主要分布在泉州、莆田等市；满族人口7094人，约70%分布在泉州和福州两市；蒙古族人口6114人，约45%居住在泉州市；高山族人口416人，约占大陆高山族人口的9%，近40%分布在漳州市。福建省少数民族人口的70%分布在边远山区或半山区，90%以上居住在农村。

宗　教

福建宗教文化发达。西晋太康年间始有佛教寺院。唐宋时期，佛教兴盛，尤以禅宗为著，禅门五宗的兴起都与福建有密切关系。列为汉族地区佛教全国重点寺院的有14座，如闽侯雪峰寺、福州涌泉寺、福州西禅寺、福清黄檗山万福寺、宁德支提寺、莆田广化寺、泉州开元寺、晋江龙山寺、漳州南山寺、厦门南普陀寺等都是蜚声海内外的古刹名寺，在台湾及东南亚、日本等地有很大影响。泉州有“世界宗教博物馆”之称，其中清净寺有近千年历史，是世界伊斯兰教历史悠久、保存完好的五大清净寺之一；灵山圣墓是世界上除穆罕默德墓和阿里墓之外，现存最古老、最完好的伊斯兰圣迹。晋江摩尼草庵是世界少有的摩尼教遗址。妈祖、陈靖姑、祖师公、保生大帝、广泽尊王等主要民间信仰在海外也有广泛影响，拥有众多的信徒。

福建有佛教、道教、伊斯兰教、天主教、基督教五大宗教，可统计的教徒人数约112万人，有宗教活动场所7505座，其中佛教寺庙4185座，道教宫观1210座，伊斯兰教清真寺5

座，基督教堂1860座，天主教堂245座；佛教寺庙数量和僧尼人数均居全国汉族地区首位，其中被国务院确定为首批汉族地区佛教全国重点寺院的寺庙有14座，占汉族地区全国佛教重点寺院总数近10%。有县级以上爱国宗教团体273个；有福建佛学院、福建神学院、闽南佛学院3所宗教院校，在校生600多人。此外，福建民间信仰活动场所之多、人数之众、影响之深远、供奉神祇之庞杂、与海外联系之密切，在国内均属罕见。据初步统计，全省建筑具有一定规模的民间信仰活动场所达2万多座。

语　言

福建是汉语方言最复杂的省份之一，全国各大方言区中，福建占着5种。

闽方言。福建分布最广的是闽方言，境内的闽方言又分为5个区：闽东方言区，分布在闽江下游的福州、闽侯、长乐、福清、平潭、永泰、闽清、连江、罗源、古田、屏南等11个县市的是南片，以福州话为代表；分布在福安、宁德、周宁、寿宁、柘荣、霞浦、福鼎等7个县市的是北片，以福安话为代表。莆仙方言区，分布在莆田、仙游、涵江3个县市（区），以莆田话为代表。闽南方言区，分布在泉州、厦门、漳州3个市，包括厦门、金门、泉州、晋江、南安、惠安、永春、德化、安溪、同安、大田、漳州、龙海、长泰、华安、南靖、平和、漳浦、云霄、东山、诏安以及龙岩、漳平等地，以厦门话为代表；泉州、漳州、龙岩3种口音都有些差异。闽中方言区，分布在永安、沙县、列东、列西等4个县市（区），以永安话为代表。闽北方言区，分布在建瓯、松溪、政和、南平、顺昌（东南部）、建阳、崇安、浦城（南部），以建瓯话为代表。

客家方言。分布在闽西的宁化、清流、长汀、连城、上杭、永定、武平以及闽南的平和、南靖、诏安的西沿，以长汀话为代表。在闽、客、赣3种方言之间，明溪、将乐、顺昌一带也可以说是过渡区，因为那里的方言兼有3种方言的特点。

吴方言。浦城县的中北部和浙江省连界，那里说的是和浙江方言相近的吴方言。

在南平市区和西芹一带以及长乐县的琴江村，有两个官话方言岛。

畲语。居住在闽东的福安、罗源、宁德等地，闽北的建瓯、建阳、顺昌等地，闽中的永安、漳平等地的畲族同胞所说的话是一种也还保留着一些本族语言的、和客家话比较相近，又吸收了一些当地闽方言成分的带有混合性质的语言，通常也称为畲语。

闽方言和客家方言也都有在区外相互穿插分布的。闽南活在闽中、闽北、闽东都有方言岛。客家话在闽北、闽东也有不少小方言岛。在武平县的中山镇通行的“军家话”是比较接近赣方言的方言岛。

主要经济指标

福建省实现地区生产总值19701.78亿元，比上年增长11.4%。分产业看，第一产业增加值1776.47亿元，增长4.2%；第二产业增加值10288.59亿元，增长14.6%；第三产业增加值7636.72亿元，增长8.5%。

（一）农业生产稳定发展。2012年，福建省农林牧渔业总产值3007.18亿元，比上年增长4.3%。其中，农业、林业、牧业和渔业分别增长3.9%、3.1%、5.3%和4.6%，农林牧渔服务业增长5.2%。全年粮食总产量659.30万吨，比上年减产13.50万吨，下降2.0%；水果产量708.83万吨，增长3.0%，茶叶产量32.10万吨，增长8.4%，食用菌产量87.80万吨，增长7.1%；肉蛋奶总产量241.59万吨，增长7.9%，生猪出栏、存栏分别增长6.1%和3.3%；水产品产量628.61万吨，增长4.1%。

（二）工业生产稳中有进。2012年，福建省规模以上工业增加值7856.29亿元，比上年增长15.2%，增速比上年回落2.3个百分点。从累计进度看，一季度、上半年、前三季度增速分别为14.9%、14.6%和14.9%。分轻重工业看，轻工业增长15.5%，重工业增长14.9%；分经济类型看，国有企业增长5.1%，集体企业增长10.9%，股份制企业增长20.0%，外商及港澳台投资企业增长11.5%；分行业看，38个行业大类中有27个增加值增速在两位数以上；三大主导产业完成工业增加值2669.70亿元，增长14.6%，其中，电子信息增长19.0%，石油化工增长17.3%，机械装备增长10.4%。产销率为97.77%，比上年回落0.30个百分点。规模以上工业企业实现出口交货值5843.70亿元，比上年增长11.2%。

（三）固定资产投资较快增长。2012年，福建省完成全社会固定资产投资12709.66亿元，比上年增长25.5%，增幅分别比上半年和前三季度回落3.0个和2.1个百分点，比上年回落1.6个百分点。其中，固定资产投资（不含农户）12452.24亿元，增长25.9%；农户投资257.42亿元，增长10.1%。在固定资产投资（不含农户）中，第一产业投资增长42.1%；第二产业投资增长23.3%，其中，工业投资增长22.9%；第三产业投资增长27.1%。2012年基础设施投资3495.58亿元，比上年增长22.4%，增幅比上年提高12.2个百分点。从到位资金情况看，2012年到位资金13827.63亿元，比上年增长23.2%。其中国家预算内资金增长51.4%，国内贷款增长9.7%，自筹资金增长23.2%，利用外资下降9.2%，其他资金增长27.7%。全年新开工项目计划总投资8397.08亿元，比上年增长30.8%；新开工项目13666个，增加2427个。

2012年全省房地产开发投资2824.12亿元，比上年增长17.4%，增幅比上年回落14.7个百分点；其中住宅投资增长11.4%，回落51.8个百分点。福建省商品房销售面积3258.94万平方米，增长20.4%，增幅比上年加快15.3个百分点；其中住宅销售面积增长23.9%，加快20.4个百分点。商品房销售额2817.70亿元，增长34.1%，增幅比上年加快3.7个百分点；其中住宅销售额增长39.1%，加快12.2个百分点。2012年房地产开发企业土地购置面积925.64万平方米，比上年下降39.9%。福建省商品房待售面积872.24万平方米，增长18.4%，增速比上年回落7.1个百分点。2012年房地产开发企业本年到位资金4120.73亿元，增长18.4%，增速比上年回落17.1个百分点。其中国内贷款增长33.7%，自筹资金下降0.1%，利用外资下降71.7%，其他资金增长32.5%。

（四）城乡消费增幅差距缩小。2012年，福建省社会消费品零售总额7149.54亿元，比上年增长15.9%，增速比上年回落2.3个百分点。按经营地统计，城镇消费品零售额6563.57亿元，增长16.0%；乡村消费品零售额585.97亿元，增长14.6%。城镇市场与乡村市场增幅差距由上年的4.9个百分点缩小至1.4个百分点。按消费形态统计，商品零售额6276.04亿元，增长15.7%；餐饮收入额873.50亿元，增长17.6%。在限额以上企业商品零售额中，家具类零售额比上年增长47.8%，金银珠宝类增长47.4%，服装鞋帽针纺织品类增长32.5%，食品饮料烟酒类增长24.9%，汽车类增长14.7%。

（五）进出口增速回落。2012年，福建省进出口总额1559.27亿美元，比上年增长8.6%，增幅分别比一季度、上半年和1—3季度回落6.2个、3.6个和0.5个百分点。其中，出口978.36亿美元，增长5.4%；进口580.91亿美元，增长14.6%。进出口差额（出口减进口）

397.45亿美元，比上年减少24.08亿美元。全年新签外商直接投资项目916个，比上年减少11.8%。出口额中，一般贸易出口675.66亿美元，增长6.8%；加工贸易出口255.32亿美元，增长1.3%。进口额中，一般贸易进口382.38亿美元，增长26.5%；加工贸易进口155.61亿美元，与上年持平。按验资口径统计，合同外资金额92.91亿美元，增长0.8%；实际利用外商直接投资63.38亿美元，增长2.2%。

（六）市场价格涨幅回落。2012年，居民消费价格比上年上涨2.4%，涨幅比上年回落2.9个百分点。其中，城市上涨2.4%，农村上涨2.4%。分类别看，食品价格比上年上涨4.6%，烟酒及用品上涨2.4%，衣着上涨5.0%，家庭设备用品及维修服务上涨1.7%，医疗保健和个人用品上涨2.3%，交通和通信上涨0.1%，娱乐教育文化用品及服务下降1.2%，居住上涨1.6%。在食品价格中，粮食价格上涨3.0%，油脂价格上涨5.4%，肉禽及其制品价格上涨2.0%，鲜菜价格上涨21.2%，鲜果价格下降1.9%。12月份，居民消费价格同比上涨2.5%，环比上涨0.8%。全年工业生产者出厂价格比上年下降1.3%；12月份同比下降1.4%，环比下降0.3%。全年工业生产者购进价格比上年下降2.3%；12月份同比下降2.1%，环比上涨0.1%。

（七）财政金融运行稳健。2012年，福建省财政总收入3008.91亿元，比上年增长15.9%，增幅比上年回落10.4个百分点。其中，地方财政收入1776.21亿元，增长18.3%，增幅回落12.1个百分点。税收收入占地方财政收入的比重为81.1%，比上年回落2.4个百分点。全省财政支出2601.08亿元，增长18.3%，增幅回落11.4个百分点。12月末，福建省金融机构本外币存款余额25057.75亿元，比上年末增长16.2%；其中人民币存款余额增长15.3%。金融机构本外币贷款余额22427.45亿元，增长18.2%；其中人民币贷款余额增长16.8%。

（八）居民收入同步增长。2012年，福建省城镇居民人均可支配收入28055元，比上年增长12.6%，扣除价格因素，实际增长10.0%，增幅提高1.3个百分点。在城镇居民人均家庭总收入中，工薪收入增长14.5%，经营净收入增长11.5%，财产性收入增长2.4%，转移性收入增长11.1%。农民人均纯收入9967元，比上年增长13.5%，扣除价格因素，实际增长10.8%，增幅回落1.5个百分点。在农民人均纯收入中，工资性收入增长15.0%，家庭经营收入增长11.6%，财产性收入增长9.7%。

（资料来源：《福建年鉴》《福建统计年鉴》）